프랑크푸르트학파부터 지구화론까지

현대사회이론의 모든 것

앤서니 엘리엇 지음

김봉석 · 박치현 옮김

Contemporary Social Theory

앨피 Long Playing Book

머리말

사회이론만큼 넓고 다학제적이며 정치적으로 중요한 학문 영역도 없을 것이다. 이 책을 쓰면서 나는 현대사회이론 분야에 대한 읽기 쉽고 포괄적이며 비판적인 개설서를 만들고자 했다. 사회이론은 현재 자아 정체성과 섹슈얼리티, 기표부터 젠더, 지구화, 거버넌스에 이르기까지 모든 것을 다루는 고난이도의 작업이다. 현대사회이론에 관한 적절한 설명을 제공하고자 프랑크푸르트 학파, 포스트모더니즘, 구조주의, 포스트페미니즘 등 주된 사상적 전통 대부분을 다루고자 애썼다. 뿐만 아니라 최근에 일어난 최신 발전 흐름을 개괄하려 했다. 그러다 보니 지구화 및 전지구적 전자경제, 포스트모더니즘, 네트워크 사회, 기후변화 등에 관한 세세한 논의도 포함하게 되었다.

　서문에서는 이 책의 만듦새에 영향을 미친 최근의 사회이론 발전에 대해 간략히 언급하는 것이 좋을 것이다. 사회이론은 유럽 계몽주의의 맥락에서 출현했고, 우리 삶의 사회적 동학 및 근대의 동학에 대한 근본적인 질문들을 다루며, 대개는 유럽대륙의 산물이다. 현대사회이론을 대표하는 인물들은 미셸 푸코, 자크 라캉, 자크 데리다, 줄리아 크리스테바, 장 보드리야르, 뤼스 이리가레 등이다. 이들의 면면이 말해 주듯 현대사회이론은 사회이론 자체의 풍성함과 다양성, 비교성秘敎性뿐만 아니라, 우리가 현대를 살아가는 방식에 대한 야심찬 비판을 담고 있다. 이 책 전반에 걸쳐 주장할 테지만, 현대사회이론은 일종의 이중적인 작업이다. 사회과학과 인문학에 걸친 다학제적인 기지와 노고를 쏟아야 하는 작업인 동시에, 다른 한편으로는 이데올로기적 사고 및 이성, 자유, 진리, 주체성, 문화, 정치 담론들에 대한 절박한 비판 작업이기도 하다. 이러한 작업의 최고 수준을 보여 주는 이들이 헤르베르트 마르쿠제, 위르겐 하버마스, 피에르 부르디외, 앤서니 기든스, 주디스 버틀러, 지그문트 바우만, 조르조 아감벤 등의 이론가들이다. 현대사회이론은 진보적 정치의 미래에 개입할 뿐 아니라, 권력의 작동에 대한 정교하면서도 번뜩이는 비평을 제공한다.

이 책의 2판을 준비하는데 도움을 준 사람들과 기관들에 감사를 표해야 겠다. 특히 세 분이 힘써 주셨다. 게르하르트 붐가르덴은 내 친구이자 루틀리지 출판사의 편집자로서 이 책의 모양새에 중요한 역할을 했다. 그가 여러모로 준 도움에 감사한다. 그리고 운 좋게도 2판을 집필하는 내내 찰스 레머트를 지적 동료로 둘 수 있었다. 그에게 많은 중요한 코멘트와 제안을 빚졌다. 니콜라 제라티는 이번에도 놀랄 만한 도움을 주었다. 이 책에 준 여러 가지 도움에 감사한다.

나는 사우스오스트레일리아대학교의 호크연구소에서 2판을 쓰고 준비하였다. 에릭 추는 2판의 프로젝트 매니저로서 내내 매우 효과적으로 나를 지원해 주었다. 그의 노고와 헌신에 깊은 감사를 표한다. 또한 아담 핸더슨과 댄 토로디의 꼼꼼한 원고 조사와 편집에 감사하며, 호크연구소의 다른 친구들, 제니퍼 루더포드, 데이빗 래드포드, 다니엘 채퍼, 모린 카튼, 페베 스미스, 리네트 코푸스에게도 감사 드린다. 마지막으로 루틀리지의 에밀리 브릭스에게도 감사하고 싶다.

2판 출간을 준비하면서 몇 년 동안 원고를 쓰고 또 썼다. 브리스톨, 더블린, 캔터베리, 런던, 헬싱키, 애들레이드를 오가며 쓰고 수정했다. 이 지역들을 옮겨 다니면서 가족들이 고생을 했다. 우리 가족 중 가장 신진의 사회이론가인 니암에게 이 책을 바친다. 니암은 아이 특유의 본능적인 호기심으로 프로이트가 주장했듯이 기존 어른들의 세계를 뒤흔들고 사회이론에 도움이 되는 모델을 제공해 주었다.

2013년

오스트레일리아 애들레이드에서

앤서니 엘리엇

차 례

울리히 벡: 위험사회에서 조직화된 삶 480
성찰적 근대화에 관한 벡의 논의 485
■ 개인화 489
벡에 대한 비판 491
유동화와 함께하는 삶: 바우만 496
■ 부수적 피해: 바우만의 사회 불평등 논의 503
유동적 삶, 사랑, 공포에 관한 바우만의 논의 507
바우만에 대한 비판 509

11장 지구화 521
지구화 논쟁 526
지구화 회의론자들 | 급진적 지구화론자들 | 지구화 변형론자들 | 9 · 11 이후의 지구화
■ 전 지구적 코스모폴리탄주의 536
지구화 논쟁에 대한 비판 550
지구화, 노동, 새로운 경제
■ 전 지구적 전자경제에서의 불확실한 삶 555
지구화, 커뮤니케이션, 문화 559
지구화와 새로운 개인주의 563
■ 이동 중인 삶: 엘리엇과 어리 566

후기 오늘날의 사회이론과 2025년을 향한 전망 574
조르조 아감벤부터 마누엘 데란다까지

참고문헌 589

사회는 어떻게
구성되는가

**1
장**

나탈리Natalie는 런던에 거주하는 26세의 패션디자이너다. 그녀는 노팅힐에 위치한 디자인 스튜디오에서 주중의 절반 정도를 보내고, 나머지 절반은 파리 지사에서 근무한다. 비행기를 타고 정기적으로 런던과 파리를 오가는 생활이 4년이나 이어졌기 때문에 이제 나탈리에게는 '일상'이 되었다. 하지만 작년에 핀란드로 발령받은 남자친구 로스Ross를 보러 가는 여행은 아직 익숙하지 않다. 여행 자체가 어려운 것이 아니라 시간을 내기가 쉽지 않은 것이다. 나탈리에게 시간은 공급이 부족한 일종의 희소자원이라 할 수 있다.

나탈리는 미국에 이주한 대만인 부모의 딸로, 브루클린에서 자랐다. 부모님은 여전히 브루클린에 살고 있다. 아버지는 웨이터로 일하고 있으며, 어머니는 세탁소에서 장시간 노동을 한다. 나탈리의 삶은 부모의 삶과는 현격히 다르다. 모두 부모님이 외동딸의 교육에 헌신한 덕분이다. 나탈리는 규칙적으로 부모님과 전화 통화를 한다. 최근에는 부모님께 컴퓨터를 사 드렸다. 이메일로 더 잘 연락하기 위해서다. 부모님과 더 직접적으로 접촉하길 바라는 나탈리는, 종종 부모님과 너무 떨어져 사는 건 아닌지 고민한다. 하지만 얼마 전 미국에 가서 휴가를 보내기로 하면서 이 고민은 다소 줄어들었다. 브루클린에서 부모님뿐 아니라 남자친구도 만나기로 했다. 로스를 부모님께 소개시킬 작정이다.

나탈리의 삶은 오늘날의 세계에 대해 무엇을 말해 주는가? 그녀의 직업 생활과 사생활은 변화하는 사회의 향방을 어떤 식으로 반영하는가?

먼저, 나탈리의 삶이 서구 도시에 사는 많은 이들처럼 지속적인 커뮤니케이션과 장거리 여행을 필요로 한다는 것은 분명하다. 나탈리의 사생활뿐 아니라 직업적 성공도 새로운 통신기술과 반복되는 교통시스템(자동차, 철도, 항공) 이용에 의존하고 있다. 기술혁신이 나탈리의 장거리 이동에 핵심이라면 그녀의 삶은 여행과 통신으로 설명될 수 있지만, 브루클린을 거의 떠난 적이 없는 부모님의 인생에서는 이러한 사회적 발전이 차지하는 비중이 미미하다. 나탈리의 부모님은 여전히 이메일 같은 '가상적인virtual' 방식으로 여행한다. 그에 못지않게 중요한 것은, 나탈리와 부모님이 대만인이자 미국인 그리고 영국인으로서 다양한 문화적·사회적 환경에 속해 있거나 연계되어 있다는 점이다.

이를 좀 더 확대해 보면, 우리는 나탈리의 삶이 오늘날의 사회적·문화적·경제적 삶에 지구적 규모로 일어나고 있는 역동적인 변화를 반영한다고 말할 수 있다. 예를 들어 나탈리가 새로운 정보기술을 어떻게 사용하는지를 보면, 사람과 장소가 서로 얽히는 데 영향을 미치는 사회적 변화를 포착할 수 있다. 오늘날 세계에서는 25억 이상의 인구가 인터넷을 사용하고 있으며, 나탈리의 부모님은 최근에야 인터넷을 사용하게 된 인구일 뿐이다. 나탈리가 지구의 이곳저곳을 이동하며 배출하는 탄소의 양을 생각해 보라. 그녀는 정기적으로 영국과 유럽대륙을 오가며 대서양을 횡단한다. 현재 매년 9억 회 이상 국제선이 뜨고 있으며, 가까운 장래에 10억 회를 돌파할 것이다. 이러한 통계가 나탈리처럼 서구의 대도시에 사는 젊은 여성이 겪는 점점 더 복잡해지는 (때로는 지리적이고, 때로는 소통적이며, 때로는 가상적인) '국경 횡단'을 보여 준다면, 다른 한 편에는 미디어가 별로 주목하지 않지만 분명 우리를 불편하게 하는, 현재의 지구화 시대를 지배하는 인간 이주 현상이 벌어지고 있다.

이주 현상은 나탈리나 그의 부모가 경험하는 것과는 다르지만, 확실히 오늘날 세계 사회의 구성에 근본적인 중요성을 지닌다. 일례로 로버트 노이워스Robert Neuwirth는 매년 7천만 명이 고국을 떠나 멀리 떨어진 약속의 땅을 찾아 떠난다고 했다. 그리고 그 약속은 대부분 영영 이루어지지 못한다. 오늘날 수천만의 난민과 망명자들이 거주권이나 시민권 없이 세계를 떠돌고 있다. 이들은 이탈리아의 사회이론가 조르조 아감벤Giorgio Agamben이 '벌거벗은 삶bare life'라고 부른 사회적·육체적 비참함을 경험하고 있다. '벌거벗은 삶'은 몇 푼의 돈을 벌기 위해 매달리는 불법 이주노동자나 사회 주변부에 거주하는 정처 없는 사람들의 곤궁함을 묘사하는 데 적용될 수 있다. 동시에, 세계 인구 30억 명의 수입이 불과 3백 명의 최상위 부자들의 수입과 동일한 이 세계의 정치적 분위기를 포착하는 데에도 적절하다.

그러므로 사회의 구성texture에 대한 질문을 던지려면, 한편으로 가장 특별한 잠재력뿐만 아니라 점점 우려스러워지는 사회 흐름도 고려해야 한다. 아무리 나탈리가 주변부 사람들, 가난한 사람들, 정처 없이 떠돌며 존엄성을 상실한 사람들의 벌거벗은 삶의 현실을 인식할 수 있다 해도, 그녀가 직접 이런 상황을 중단시킬 수는 없어 보인다. 왜냐하면 나탈리가 속한 사회는 21세기 초엽에 벌어진 강제된 인간 이주의 충격적인 흐름을 깨닫지 못하도록 매우 잘 분리되어 있기 때문이다.

다들 알다시피, 그녀가 속한 사회는 바로 서구 사회이다. 서구 사회는 매혹적인 정보 네트워크와 눈부신 디지털 기술, 그리고 유혹하는 소비문화로 뒤덮여 있다. 하지만 잠시 멈추어 생각해 보면 이런 질문이 남는다.

나탈리는 정말 어떤 사회에 속한 것인가? 그녀는 미국에서 자랐다. 하지만 가족은 그녀가 아기일 때 대만에서 미국으로 이주했다. 그녀는 지금 런던에 살지만, 규칙적으로 파리에서 일한다. 그리고 남자친구는 핀란드 헬싱키에 살고 있다. 그녀는 과연 어떤 사회에 속하는 것일까?

사회란 무엇인가?

'나탈리가 어떤 사회에 속해 있는가?'란 질문에 대한 하나의 답변은 상식으로부터 도출된다. 그녀는 그녀가 사는 곳, 고향, 국가에 속한다. 일상생활에서처럼 사회이론에서도 이와 같은 답변은 사회적 삶이 국가 및 국가가 보증하는 소속의 권리(즉, 시민권적인 권리와 의무) 속에서 구성되어야 함을 강조한다. 이러한 시각에서 볼 때, 나탈리는 미국 시민이자 영국에서 살고 일하는 영국 영주권자이다.

사회과학에서 국가와 사회의 관계에 대한 이야기는 상당히 일반적인 논의이다. 국가는 역사적으로 상당히 오랜 시간 동안 사회적 거점societal homes을 제공하는 것으로 여겨져 왔다. 물론 국가는 각각의 역사적 시기마다 다양한 힘과 형식으로 이루어진다. 그렇다면 지구화가 강력하게 진행 중인 현 시대에 이르러서는 국가가 더 이상 충분한 사회적 거점이 되지 못하는 이유는 무엇일까? 예전과 달리 사람들이 계속해서 이동한다는 점도 한 가지 이유이다. 나탈리의 삶을 생각해 보라. 앞에서도 언급했듯이, 그녀는 브루클린에서 성장했고, 지금은 영국에 살고 있다. 하지만 매주 며칠씩 프랑스에 가며, 주말은 핀란드에서 보낸다. 우리가 '사회'라고 부르는 이들 국가 중 그녀는 어느 국가에 속하는가? 더 나아가, 우리는 또한 나탈리의 다차원적인 국가와 세계 경험이 그녀의 사회 경험과 인식에 어떠한 영향을 주는지 질문할 수 있다.

아마도 '나탈리가 어떤 사회에 속하는가'란 질문에 대한 더 나은 답변은 "지구the globe"이리라. 여행과 통신 같은 분야의 새로운 기술적 혁신을 통해 시간과 공간 차원을 압축해 버리는 나탈리와 유사한 삶의 매일 같은 작동을 보편화한다면, 이 질문에 대한 답변은 지구화globalization가 될 것이다. 이러한 시각에서 보면, 나탈리는 '지구시민'이다. 초국가주의 시대의 복잡한 삶에 대해 코스모폴리탄적인 이해를 지닌, 그리하여 어느 지역에 살든 편안함을 느끼는 지구시민 말이다. 다시 말해, 지구시민은 지구사회의 시민이다.

하지만 국가사회를 말할 때와 마찬가지 방식으로 지구사회를 말하는 것이 과연 유의미한지는 논란거리다(지구화에 대해서는 11장에서 다룰 것이다). 나탈리가 미국시민 또는 영국시민이라고 특정해서 말할 수 있다면, 어떤 의미에서 그녀가 실제로는 지구시민이라고 말할 수 있을까? 사회 개념을 국가적인 용법에서만 규정하는 것은, 사회의 작동 경계선과 국경선, 지정학적 공간에 의거해 사회 개념을 제한하는 것이다. 사회를 민족국가의 영토를 넘어서도록 규정하는 것은, 인간의 소속과 결합을 제한이 없는 방식으로 조직되도록 열어젖히는 것이라 할 수 있다. 사회적이고 정치적인 인식의 경계를 끝까지 밀어붙이는 셈이다. 어떤 의미에서 이는 우리 시대의 핵심적이면서도 해결하기 어려운 난제이다. 사회이론가들은 이 문제에 사로잡혀 있으며, 오늘날 정치적 논쟁의 핵심으로도 떠오르고 있다.

지금까지의 고찰은 현대사회이론의 핵심적인 심장부인 '사회의 본질'로 우리를 데리고 간다. 아직까지 사회이론에서는 사회에 대한 통합된 적절한 정의가 존재하지 않는다. 실제로 이 책의 한 가지 목표는, 20세기와

2000년대 초반 10년 동안 사회이론에 출현한 사회에 대한 다양한 정의들을 탐색하는 것이다. 우리가 이 책 전반에서 만나게 될 광범위한 사회 개념의 의미들을 살펴보기에 앞서, 최근 사회이론들에서 제기되는 정의定義들을 무작위로 추출해 보았다. 다음 목록들을 살펴보자.

① 불균등한 권력관계와 지배의 제도화

② 이성과 억압의 결합

③ 사회적 제도와 사회적 상호작용의 구조화

④ 언어적 구조들이 사회적 규제로 전환되는 과정

⑤ 기표와 기의가 서로 얽혀드는 사회적 형식

⑥ 사회적 차이들에 의해 구조화되는 사고 형식

⑦ 양성 간의 불균등한 관계를 조장하는 가부장제 관념들과 이데올로기들

⑧ 성적 기호와 인간 몸을 코드화시키는 사회적 삶의 젠더화된 과정

⑨ 체계적으로 왜곡되는 의사소통

⑩ 성찰적으로reflexively 지향되는 사회적 실천들

⑪ 액체성liquidity

⑫ 자기 성찰적인 사회행위자가 매일의 행동들을 조직하는 네트워크 또는 흐름들

⑬ 지구적인 것과 지역적인 것이 상호연관되는 사회적인 것의 지구화

이 목록에 대해서는 언급해야 할 요점들이 많다. 무엇보다도, 이러한 정의들 중 일부는 사회를 긍정적인 것으로 보고 다른 것들은 부정적인 것으로 본다. 어떤 것들은 분명 모호한 입장을 취한다. 사회에 대한 정의가 긍정적일수록 사회를 사회적 관계의 재생산을 위한 필수적인 매개체로 보

며, 상호적 관계의 유익함과 상호문화적 소통의 잠재적인 이점을 강조한다. 이때 사회는 대체로 기술적인 방식으로 간주되고, 정체성의 구성 및 사고방식의 정교화뿐 아니라 사회적 상호작용(이를테면, 세대를 이어 가는 가족적 삶) 및 사회적 제도(이를테면, 학교·병원·감옥)의 시간과 공간을 가로지르는 재생산을 용이하게 하는 과정이 강조된다. 반면에 다른 정의들은 사회를 잘못된 믿음과 이데올로기의 주입으로 이루어진 것이라며 경멸적인 시선으로 보고, 따라서 인간에 대한 다양한 착취 형태 속에 존재하는 경제적이고 정치적인 힘들의 역할을 강조한다.

또 하나 지적할 것은, 이러한 사회 정의定義 목록들이 우리가 살고 있는 세계를 이해하는 데 상당한 함의를 갖는다는 점이다. 학술적인 함의뿐만 아니라 일상생활에도 그러하다. 일부 정의들은 사회의 심층적인 변형 과정에 초점을 맞춰, 고전적 사회이론에서 기원한, 사회라고 알려진 것의 존재 자체가 환상이거나 불필요한 치장물이라고 규정한다. 바로 구조주의적 사회이론에서 출현한 사회 탐구 노선이다. 사회를 언어 또는 언어학적 과정처럼 간주하는 이 노선은, 포스트모더니즘과 다른 형태의 비판적 사회사상으로까지 이어진다. 포스트구조주의와 포스트모더니즘에서 지구화 연구까지, 이러한 입장에 서 있는 수많은 개념적 접근들은 사회과학이 이 학문의 주요 대상을 근본적으로 재사고해야 한다고 제안한다. '경계지워진' 사회들의 세계가 한때 존재했는지 몰라도, 더 이상은 존재하지 않는다는 것이다. 또 다른 사유 전통은 훨씬 더 주의 깊다. 일부에서는 이른바 사회적인 것의 '열림'은 과장된 것이라고 논박한다. 그들은 사회는 존속되고 있으며, 잘 존재하고 있다고 주장한다. 사회 개념이 사라지는 것은 단지 사변적인 사회이론가들(특히 프랑스 이론가들)의 저술에서나 일어나는 일일 뿐이라고 보는 시각이다.

사회와 사회이론

나탈리도 종종 '사회'에 관해 생각하곤 한다. 적어도 그녀가 정기적으로 지나치고 이동하는 사회들에 대해서 말이다. 그녀는 특히 현재 전 지구적으로 불어오는 사회변동의 폭과 속도에 대해 예민한 감각을 지니고 있다. 예를 들어, 그녀는 정부든 기업이든 어떠한 단일한 힘으로도 글로벌경제를 통제할 수 없다고 믿는다. 또, 민족국가가 자본주의를 관리할 수 있다는 관념에는 심각한 결함이 있다고 생각한다. 결과적으로 나탈리는 영국에서 지내며 존중하게 되었지만 미국에서 자랄 때는 잘 몰랐던 복지국가 제도가 시민들(특히 증가하는 노인인구)의 요구에 더 이상 부응할 수 없다는 생각에 공감한다. 하지만 사회의 미래와 관련하여 나탈리가 느끼는 더 심각한 고민거리는 다른 데 있다. 바로 지구 전체가 '비상 상태'에 놓여 있다는 위기감이다. 과거와는 다른 새롭고 거대한 위험이 등장하고 있다. 테러리즘, 특히 첨단기술인 핵테러의 위협은 그녀가 사는 세계를 송두리째 날려 버릴 수도 있다는 확신이 든다.

나탈리가 생각하는 오늘날 세계가 처한 고도의 위험에는 지구온난화와 환경파괴도 들어간다. 예를 들어, 나탈리는 자신의 탄소 배출과 그것이 장차 세계에 미칠 영향을 우려한다. 하지만 이 우려의 한편에는 자신과 후손들의 미래를 밝게 비춰 주는 또 다른 사회적 흐름도 있다고 본다. 그녀는 현재 자신의 삶을, 흥미로운 경험들로 이동해 가는 과정이라고 묘사한다. 여러 도시와 나라들을 옮겨 다니면서, 직업적으로나 개인적으로 다르게 생각하고 다른 삶을 살아가는 사람들과 접촉하면서 말이다. 나탈리는 이러한 사회적 복잡성을 포용할 뿐 아니라, 증가하는 문화적 다양성과 코스모폴리탄적 삶을 향해 이동하는 것을 기쁘게 받아들인다.

자신이 사는 세계가 빠르게 변하고 있다는 것에 대한 나탈리의 본능적 감각은, 현 시대 인간 조건에 대한 현대 지식인들의 평가를 반영한다. 사회를 '이끌어 나가는 것'이 무엇인지, 거기서 새로운 사실은 무엇인지에 대한 치열한 논쟁이 사회이론의 초점이다. 이 책은 현재 우리가 살고 있는 복잡한 삶의 방식에 대한 여러 가지 중요한 평가들을 담고 있다. 앞으로 우리가 살펴볼 사회이론 중 일부는 그냥 봐서는 잘 보이지 않게 작동하는 (경제나 관료제 같은) 사회구조를 지탱하는 '구조적 방식'을 찾아내려 애쓴다. 이 방식은 다양한 사회 분석가들의 연구를 통해 확장되어 사회과정, 조직의 생태, 제도적 변형, 글로벌 네트워크 등을 포괄할 정도로 넓어졌다. 문화주의적인 시각을 개발한 다른 사회이론가들은 몸, 욕망, 무의식, 섹슈얼리티, 젠더 등을 통해 우리가 살고 있는 새로운 지구적 환경을 이해하려 시도한다.

새로운 시대는 새로운 사고를 요구한다. 1920년부터 현재에 이르는 현대사회이론의 발전을 추적하면서, 이 책은 사회의 근본을 파고드는 사회학의 이론적 관심이 어떻게 해서 자아, 권력, 지배, 섹슈얼리티, 젠더 같은 주제들을 지적 · 정치적 논쟁의 최전선으로 이끌었는지 탐구한다. 사회이론의 발전을 살피면서 내가 설정한 목표는, 현대사회의 다차원적인 측면을 대하는 가장 도전적인 시각과 놀랄 만한 혁신들을 독자들에게 소개하는 것이다. 이론가들의 의견은 엇갈리지만 그래도 광범위한 시각의 이론가들이 동의하는 바는, 새로운 사회적 · 문화적 조직화가 이루어지는 새로운 세상에 우리가 살고 있다는 점이다.

이와 같은 새로운 시대정신을 포착하기 위해 엄청나게 다양한 용어와 용어법이 발전되어 왔다. 테오도르 아도르노에 따르면, 긴급한 것은 '총체적으로 관리되는 사회'와 관련된 제도적 변형들이다. 반면 헤르베르트 마르쿠제는, 오늘날 사회병리의 핵심은 '잉여억압'에서 나온다고 본다. 이와 대비되게 위르겐 하버마스는 '체계적으로 왜곡된 의사소통'이 현대사회를 병들게 한다고 분석한다. 악셀 호네트는 이러한 의사소통에 대한 초점을 확장시켜 인정과 무시 문제를 포괄한다.

최근 일부 분석들이 소통과 문화에 관심을 쏟고 있다면, 구조주의와 포스트구조주의, 해체이론은 매우 새로운 방식으로 언어와 사회적 현실의 관계에 주목한다. 프랑스 기호학자 페르디낭 드 소쉬르의 '사회 속의 기호들'을 분석해야 한다는 선언은 기표, 섹슈얼리티, 시뮬라시옹 등을 현대사회이론의 정당한 연구 대상으로 설정하는 데 기여했다. 롤랑 바르트, 자크 라캉, 미셸 푸코, 루이 알튀세르, 자크 데리다의 기호와 사회의 상호 얽힘에 대한 선구적인 저작들은 일상생활에서 언어, 담론, 코드의 근본적인 중요성을 주목하도록 만들었다.

새로운 사회이론들 중 일부는 상대적으로 덜 문화론적이며 제도에 더 관심을 갖는다. 앤서니 기든스는 현 시대를 '성찰적 근대화'의 시대로 명명한다. 울리히 벡은 '위험사회'를 제시하며, 지그문트 바우만은 '액체 근대성'을 제시한다. 마누엘 카스텔은 '네트워크 사회'를, 프레드릭 제임슨은 '후기자본주의'를 제안한다. 관련 사회이론가들은 모두 각기 다른 방식이긴 하지만, 현대성modernity과 관련된 사회적 조건과 제도적 삶에서의 변동을 설명한다. 이 설명들은 새로운 정보기술의 발흥과 당대 세계경제, 무엇보다 21세기 초 몇 년간에 대한 사유를 대표하는 강력한 접근법들이다.

오늘날 무엇이 진정 새로운지를 이론화하는 또 다른, 아마도 더 익숙한 시도로 '지구화' 이론이 있다. 지구화론은 오늘날 대중의 복잡한 삶에 대해 사회이론이 최근에 내놓은 응답 중 가장 유명할 것이다. 지구화 개념의 모험은 초국적 금융경제의 출현으로부터 지구적 위성통신에까지 이른다. 이와 관련해 사회이론가들은 새로운 글로벌 시대를 포착하고 규정하는 새로운 개념들을 창안해 왔다. 이 책에서 다룰 몇 가지만 언급해도 '글로벌 변형'(데이비드 헬드), '경계 없는 세계'(오마에 겐이치), '글로컬리제이션'(롤랜드 로버트슨) 등을 들 수 있다.

기후변화에 대처하기: 앤서니 기든스

오늘날에는 나탈리처럼 많은 사람들이 기후변화에 대해 우려한다. 일부의 걱정은 대체로 추상적이다. 지구온난화가 언젠가는, 어쩌면 몇 년 후부터 우리 삶에 부정적인 영향을 미칠 것이라고 염려한다. 다른 이들은 좀 더 나아가, 자신들의 일상적 행동이 고탄소 사회의 확대에 어떤 식으로 영향을 미치는지를 고민한다. 나탈리도 그중 한 사람으로, 지금 여기의 기후변화에 대해 걱정한다. 그녀는 스스로 자신의 삶을 고탄소 라이프스타일로 여길 뿐 아니라, 별 생각 없이 사는 사람들의 행동이 거슬린다. 나탈리는 일 때문에 어쩔 수 없이 장시간 이동하고 있지만, 자신을 포함한 사람들이 기후변화를 되돌리기 위해 일상적으로 노력하면 지금과 달라질 수 있다고 믿는다.

우리가 살펴볼 영국의 사회이론가 앤서니 기든스는 확고하게 일상생활의 관심사와 문제거리에 착목하여 기후변화를 연구했다. 예를 들어, 그는 SUV자동차라는 곤란한 주제를 끄집어내어 솔직하게 묻는다. "사람들은 왜 단 하루라도 더 SUV를 몰고자 하는가?" 만일 가스차 SUV 운전자면 억울함이 덜 할 것이다. 기든스는 SUV를 서구의 빠르고 세련된 도시적 삶에 대한 은유로 묘사한다. "우리는 모두 SUV 운전자다." 이는 나탈리로서는 받아들이기 어려운 말이리라. 하지만 기든스가 의미하는 바가 무엇인지는 좀 더 고찰할 만하다.

기든스는 이 대목에서 "우리에게는 기후변화의 정치가 없다"고 주장한다. 기후변화야말로 현 세계가 전통적인 정치의 한계를 넘어서는 정치적 혁신을 시급히 이루어야 할 테마라고 말이다. 온실가스가 가져올 지구적 위험에 대해 역설하는 것을 넘어, "우리는 저탄소 미래의 실질적인 모델을 창조해야 한다"고 기든스는 쓴다.

지구온난화의 위험과 새로운 저탄소 기술 및 코스모폴리탄 정치의 유토피아적 요소와 가능성을 혼합하면서, 기든스는 《기후변화의 정치학The Politics of Climate Change》의 여러 대목에서 낙관주의자의 모습을 보인다. 확실히 기든스는 우리가 일상에서 기후변화에 잘 대처할 더 나은 동기를 찾게 하는 데 유머나 아이러니를 활용하는 것을 주저하지 않는다. 그는 "기후변화 전망이 긍정적"임을 강조하면서, 마틴 루터 킹도 "나는 악몽을 꾼다"며 사람들을 행동하도록 촉구하진 않았다고 덧붙인다.

기후변화에 대비한 정치과정이 알맞은 시기에 취해져도, 어떤 이들은 다른 이들보다 더 적절한 때에 행동을 취한다. 비록 기후변화의 정치에 대한 분석들은 저마다 형태는 다르지만, 대개는 전 지구적으로 파국적인 과정이 진행되고 있음을 강조한다. 어쩌면 이는 놀라운 일이 아니다. 21세기 지구의 온도는 종전의 예측치인 섭씨 2도~3도가 아니라 국제 과학공동체가 예측한 대로 섭씨 4도~7도나 상승했고, 이에 따라 많은 이들에게 세계의 종말이 급속히 다가오고 있음이 더 분명해졌다.

이 같은 종말론적 사고와 파국주의에 대항하는 강력한 진술들을 제기하며, 기든스의 매력적인 기후변화 연구는 논점을 정치로 끌어간다. 그것은 구체적인 정책 제안도, 에너지 넘치는 유토피아적 비전도 아닌 정치적 비전이다. 기든스는 이렇게 주장한다.

"유토피아적 사고를 첨가하여 정책에 조미료를 치자? 왜? 어찌되었든, 우리는 지금 살고 있는 사회와는 아주 다른 형태의 사회를 향해 나아가고 있기 때문이다."[2009:13]

비단 분류뿐 아니라 명확히 하는 것에 따르는 문제는, 지구 기후온난화의 결과로 우리가 직면하게 되는 위험은 미래에 관한 추상적인 주장으로 건너뛰기가 거의 불가능하다는 점이다.《기후변화의 정치학》에서 저자는 이것을 '기든스 패러독스'라고 부른다. 기든스 패러독스의 공리는 다음과 같다.

"지구온난화로 야기되는 위험은 그것이 아무리 엄청난 것이라도 매일매일의 일상생활에서는 확실하지도 즉각적이지도 가시적이지도 않기 때문에, 많은 이들이 팔짱을 끼고 구체적인 일을 하지 않는다. 하지만 그것이 가시화되고 고통스러워질 때까지 기다리고, 그때서야 심각한 행동을 취할 것인가. 그때는 이미 늦는다."

그리고 기든스는 이것이 왜 사람들이 계속해서 SUV를 모는지를 설명해 준다고 말한다. 미래는 무시되고 기후변화는 마음속에서 잊혀진다.

기든스의 저작은 기후변화로부터 유래하는 광범위한 정치적 이슈를 명료하고 이해하기 쉽게 다루면서도, 언제나 저탄소 미래의 가능성을 찾는다. 세계 화석연료 자원 분석 및 석유의 한계점뿐만 아니라 기후변화 테크놀로지에 대한 광범위한 문건을 주의 깊게 고찰한다. 탄소세와 식량 문제의 전모를 비판적으로 살필 뿐 아니라, 지구온난화의 지정학을 다루기도 한다. 기든스는 기후변화 논쟁에 사회학적 날카로움과 급진적인 정치적 예봉을 들이댄다. 이는 최근의 많은 비평들에서는 종종 결여되어 있던 점이다.

진보성향을 띠는 기든스의 정치적 감수성은 특히 기후변화, 전 지구적 불평등, 에너지 안보 간의 복잡한 관계들을 논의할 때 분명히 드러난다. 그는 개발도상국과 그곳에 거주하는 가장 가난한 사람들이야말로 기후변화에 극히 취약하다는 점을 강조한다. 그러면서 세계공동체는 극단적 빈곤 속에 사는 이들을 위한 '발전 원칙'을 깨달아야 한다고 역설한다.

"더 가난한 나라일수록 지구온난화에 가장 약한 영향을 미친다. 그 나라들은 발전할 기회를 가져야 한다. 그러한 과정이 일시적으로 급격하게 탄소 배출을 늘릴지라도. 발전은 도덕적 이유만으로 부정할 수는 없는 무엇이다. 기후변화의 결과들은 전 세계에 영향을 미치면서 기왕의 전 지구적 불평등이 초래하는 거대한 긴장을 더 악화시킬 것이다. 기술이전과 여타 수단을 통하여, 개발도상국이 예전 산업국가들이 갔던 길을 그대로 따르는 것을 피할 수 있

어야 한다. 하지만 실질적으로 발전된 국가와 저발전된 국가 간의 협상은 있어야 할 것이다."[2009:9]

　기든스의 저작에 담긴 이 같은 학문적이고 정치적인 관심으로 인해 《기후변화의 정치학》은 재빨리 이 분야의 핵심적인 책이 되었다. 빌 클린턴이 이 책을 '이정표가 될 만한 연구'라고 보증했으며, 런던 왕립학회 회장인 마틴 리즈Martin Rees 또한 이 책을 높이 평가했다. 이 책이 런던에서 출간되었을 때, 토니 블레어나 노르웨이 외무부 장관 요나스 스토레 같은 다양한 유력 정치인들이 기후변화에 관한 새로운 사유 방식을 제시한 기든스의 노력을 상찬했다.

　어떤 관점에서 보면, 기든스의 《기후변화의 정치학》은 앨 고어Al Gore의 《불편한 진실An Inconvenient Truth: The Planetary Emergency of Global Warming and What We Can Do About It》(2006)과 쌍을 이루는 저작이다. 고어가 임박한 재난을 말한다면, 기든스는 정치적인 혁명과 경영 혁신을 말한다. 고어가 사람들을 놀라게 하여 행동하게 한다면, 기든스는 기회를 강조함으로써 사람들에게 행동할 수 있는 동기를 부여하려 한다. 기든스가 보기에, 저탄소 기술로 가는 길은 새로운 비즈니스 기회를 열어 준다. 야심 찬 공적/사적 파트너십, 코펜하겐 스타일의 초국적 협약, 거대한 규모의 정부 계획 등이 가능해진다는 것이다.

　기후변화 논쟁에 기든스가 한 공헌을 어떻게 생각하는가? 과연 논의를 일상생활 속에서 프레이밍하는 것이 다른 차이를 만들어 내는 걸까?

현대사회이론의 핵심 테마들

이 책《현대사회이론의 모든 것》은 몇 가지 핵심 테마를 중심으로 구성되어 있다. 이어지는 장들에서 우리는 반복해서 핵심 테마로 돌아갈 것이다. 첫 번째 핵심 테마는, **개인과 사회의 관계** 또는 **인간 행위와 사회구조의 관계**에 관한 것이다. 이는 아마도 사회이론에서 가장 괴로운 쟁점 중 하나일 것이다. 이 책에서 우리가 다룰 대부분의 사회이론가들, 가령 아도르노, 마르쿠제, 바르트, 푸코부터 당대 이론가들인 기든스, 벡, 줄리아 크리스테바, 주디스 버틀러에 이르기까지 모두 첫 번째 이슈를 해명하려 했다. 그들은 개인의 행위 수행을 강조하거나 사회구조의 힘을 강조하거나 한다. 아니면 대립하는 지향을 개념적으로 통합하려 한다. 이 논쟁에서 어느 편을 택할지는, 실제 사회적 삶이 어떻게 발생하고 역사적으로 유지되는지를 생각할 때 개인이 먼저인지 사회가 먼저인지를 정하는 나의 선호에 달렸다.

패턴화된 사회적 삶을 창조하는 것이 개인의 행위 수행이라는 아이디어에 공감하는 이들은 대중의 이성, 동기, 믿음, 감정, 욕망에 관한 체계적인 연구가 비판적인 사회 분석을 발전시키는 데 가장 적합한 방식이라고 생각한다. 이러한 관점에서는 사회이론이 우리가 사는 사회뿐 아니라 우리 시대의 가치와 윤리 및 도덕성의 근본적인 갈등에 적절히 개입하려 할 때 개별 인간의 이익을 동기화하는 것이 무엇인지, 특히 개인의 행위가 시간이 흐르면서 집합적인 사회적 습속으로 나아가는 복잡한 방식을 이해하는 것이 필수적이라고 본다.

이와 대조적으로 사회구조에 초점을 두는 이들은 개인 행위 수행에 대한 강조를 거부하고, 그 대신 사회적 설명의 핵심 요소로 현대사회의 제도나 조직들에 집중한다. 이 접근에서는 대중이 공통의지의 원천이라고 믿지 않는다. 개인들의 실천이 집합적인 것이 되도록 보증하는 것은 오히려 가족, 학교, 감옥이나 자본주의적 조직과 대규모 관료제에 이르는 사회적 제도들이다. 사회적 삶에서 사회를 우선하는 설명이 큰 호소력을 발휘하는 한 가지 이유는, 정말 많은 이들이 스스로 하고 싶지 않은 일을 수행해야 하는 사회에 우리가 살고 있기 때문이다. 사람들은 비정규직이라도 붙잡고 매달리며, 부모님이 화낼까 봐 이불을 박차고 기상하고, 아픈 친척을 돌봐야 한다. 구조가 어떻게 우리 개인의 행위를 결정하는지를 이해하는 것은, 앞의 사례에 대입했을 때에는 경제구조와 사회화 및 도덕성 등의 강력한 구조의 결과로 이해하는 것은, 권력이 어떻게 작동하며 현대사회에서 어떻게 불평등한 사회관계가 유지되는지를 포착하는 데 매우 중요하다.

사회적 관계의 메커니즘을 숙고할 때에는, 언제나 행위 수행과 구조의 관계에 대해 질문하는 것이 유용하다. 사회는 비인격적인 정치 · 문화 · 경제구조의 힘이 개별 행위자들의 활동을 찍어누름으로써 재생산되는가, 아니면 반대로 개인들이 일상생활에서 행하는 다양한 선택과 결정이 사회구조를 구성하는 것인가? 이 책 전반에 걸쳐 우리는 이 문제에 대한 사회이론가들의 다양한 판단을 고찰할 것이다. 유연한 주관주의의 개인주의적 편향을 비판하는 이론가부터, 강고한 객관주의를 조심하는 이론가들에 이르기까지 말이다.

나의 견해는 개인 우선적인 입장과 사회 우선적인 입장 모두 유용하며, 어떤 입장이 가장 적절한 접근인지는 그것이 고찰하는 사회적 실천에 따라 달라진다고 본다. 만일 어떤 개인의 특정 영화에 대한 반응, 대중음악에 대한 전념, 책에 대한 사랑 등을 이해하고자 한다면, 당연히 개인 우선적인 요소를 채택하는 정신분석이나 포스트페미니즘, 포스트모더니즘 같은 이론적 접근을 고려해야 할 것이다. 반대로 정치적인 선거제나 경제적인 다국적기업의 무역 형태를 연구하고자 한다면, 구조가 어떻게 활동을 규정하는지를 강조하는 것이 온당하다. 그러나 책을 읽어 가다 보면 명백해지겠지만, 이와 같은 대조는 과장되어 있다. 확실히 최근 사회이론 논쟁의 일각에서는, 사회이론이 단지 구조(여기서는 개인들이 형해화形骸化된다) 또는 개인 행위자(여기서는 사회체계가 개인에게 가하는 영향을 깎아내린다) 중 어느 한쪽에만 초점을 맞추게 되면 사회적 삶을 적절히 다룰 수 없다고 주장하고 있다. 이 책 6장에서 앤서니 기든스와 피에르 부르디외의 작업을 다루면서 살펴보겠지만, 이러한 교착 국면을 탈피할 한 가지 방법은, 대립적인 두 접근을 혼합하여 어떻게 행위가 일상생활을 구조화하는지, 그리고 어떻게 행위의 구조적 특성이 현대사회에서 재생산되는지를 고찰하는 것이다.

이 책의 두 번째 핵심 테마는, **현대사회의 합의와 갈등 정도**에 관한 것이다. 이에 대한 관심은 사회의 지배적인 가치나 규범의 유지를 두고 벌이는 사회이론 논쟁과 관련되어 있다. 몇몇 사회이론가들에 따르면, 이러한 가치나 규범은 효과적으로 사회들을 통합시킨다. 개인들은 때로는 공개적으로 때로는 암묵적으로 의견일치에 도달한다. 가족과 학교에서 초기 사회화 개념을 도입하는 것에서부터 커뮤니케이션 매체를 이용해 지배적인 가치와 규범을 전파하는 것에 이르기까지, 통합 관념은 통합적인 믿음과 가치들을 전수하는 메커니즘을 통해 사회적 질서의 재생산과 정당성이 유지된다고 본다. 사회가 성공적으로 통합을 달성했다고 말하는 것은, 사람들이 그들을 둘러싼 커다란 사회적 힘에 효과적으로 흡수되는 세계에 살고 있다고 말하는 것이나 다름없다. 그런 세계에서 개인들은 타인이 그들에게 갖는 기대를 수용하고, 문화가 그들에게 요구하는 규범을 수용한다. 물론 사회 연구자는 그와 같은 사회의 지배적 가치 내면화가 인간 행위자에 대한 온전한 인식 또는 이해라고 받아들일 필요는 없다. 실제로 많은 사람들의 세계 경험, 특히 오늘날의 경험은 증대하는 사회적 복잡성과 문화적 다양성, 정치적 갈등으로 가득 차 있다. 따라서 개인들이 각자의 정체성과 광활한 사회 세계를 마주하며 겪는 복잡하고 혼란스러운 경험을 지나치게 단순화하지 않으려면, 사회이론도 사회의 다양성과 문화의 복잡미묘함에 대한 감수성이 있어야 한다.

현대사회에서 벌어지는 합의와 갈등을 둘러싼 이슈들을 탐구하기 위해, 우리는 이 책 전체에서 다양한 사회이론들이 사회의 재생산과 문화 변형에 대해 무슨 주장을 했는지를 주목하여 살펴볼 것이다. 일부 사회 분석가들은 사회의 통합성이 자본주의의 경제적 모순으로 가능해진다고 주장한다. 예를 들어, 프랑크푸르트학파는 현대 문화에서 작동하는 합리화와 억압의 뒤섞임에서 '총체적으로 관리된 사회'의 통합적 특성을 읽어 낸다. 다른 분석가는 이와는 달리 사회의 통합성은 어디에서나 발견된다고 주장한다. 또 다른 사회이론가들은 언어에 초점을 맞추어, 사람들이 말하는 언어를 통하지 않고서는 사회적 관계를 인식할 수 없다고 본다. 이 책 4장과 5장에서 살펴보겠지만, 이와 같은 사회이론의 언어적 전환을 통해 우리가 세계와 우리 자신을 보는 방식이 언어 속에서 그리고 언어를 통해 구성된다는 점을 보게 된다. 따라서 사회를 통합해 내는 것은 언어이다. 비록 이러한 '통합성'이 근본적으로는 환상일지라도 말이다.

일부 이론가들은 사회질서가 모종의 합의를 전제하는 것은 아닌지 의심한다. 소위 '사회의 통합성'에 대한 문제 제기는 여러 형태를 띠고 있다. 한 가지 접근법은, 사회의 재생산은 실제적인 합의보다는 암묵적으로 이루어진다는 입장이다. 이를테면, 피에르 부르디외의 저작에서 사회의 통합성은 개인의 실천이 객관적인 사회적 조건에 맞추어지는 '문화적 무의식'으로 가능해진다. 다른 접근법은, 사회구성체의 분산과 파편화를 강조한다. 믿음·가치·규범의 파편화는 현존하는 사회질서에 대립하는 것이 아니라, 사회가 분산되고 탈근대적이며 유동적인 상태 그대로 재생산되도록 한다는 것이다.

세 번째 테마는 **변동** 또는 **사회변동**이다. 오늘날 우리는 엄청난 사회변동의 시기를 보내고 있다. 지구화, 새로운 정보기술, 멈추지 않는 소비 증대, 전쟁 기술의 산업화 등. 이러한 변화는 현대적인 제도들 속에서만 일어나는 것이 아니다. 일상생활의 구성 방식 자체가 변하고 있다. 현대의 사회이론은 오늘날 우리 삶에서 벌어지는 변동의 속도를 평가하는 데 관심을 기울인다. 그리고 그러한 사회변동을 야기하는 거대한 규모의 제도적 힘을 비판한다. 일부 현대사회이론가들은 자본주의의 변동을 강조하며 새로운 경제(탈산업주의, 포스트포디즘, 포스트모더니즘 경제)의 출현을 설명한다. 1980~90년대 서구에서 일어난 (공장과 대규모 조립라인으로 대표되는) 산업적 생산의 변모와 이후 제조의 아웃소싱 및 후발국가의 저임금 경제를 많은 사회이론가들은 자본주의 시스템 전체에 일어난 변형의 핵심 요소로 본다.

다른 이론가들은 경제가 이제는 문화적인 것이 되었다고 본다. 서구 전역에서 산업적 생산이 서비스, 통신, 금융 영역으로 이동하고 있다는 것이다. 또 다른 비평가들은 현재의 변동을 설명하는 핵심 사항은 문화적이거나 제도적인 요인이라고 본다. 1970년대 지구 위로 쏘아올린 상업 인공위성은 즉각적인 통신(즉, 인터넷)의 확대를 촉진시키며 우리 시대를 새롭게 규정하는 통신혁명의 핵심이다. 혹은 20세기 말의 과학적 또는 전문가적 지식의 위기로 인해 사회 · 문화 · 예술 · 생활양식에 대한 (대개 '포스트모던'으로 부르는) 새로운 문화적 태도가 유행하게 되었다고 보는 이들도 있다. 이러한 관점들에서 변동 또는 사회변동은 본질적이다. 사회변동 테마가 이 책의 여러 장들에서 다룰 사회이론을 살펴보는 틀을 제공해 줄 것이다.

네 번째 테마는 **젠더** 이슈이다. 사회이론은 오랫동안 페미니즘과 관련을 맺어 왔다. 페미니스트들은 여성의 개인적 문제를 남성 지배 사회에서 살기 때문에 발생하는, 더 폭넓은 사회적이고 정치적인 문제로 보아야 한다고 주장해 왔다. 고전적인 사회이론이 젠더와 섹슈얼리티 문제를 전혀 다루지 않았던 것은 아니다. 대부분의 분석이 불충분하지만 말이다. 현대 사회이론은 남녀 간의 사회적 · 정치적 · 심리적 · 문화적 불평등을 직접 다룬다. 그리고 많은 경우, 여성운동과 사회적 정의를 추구하는 움직임에서 직접적인 역할을 수행했다. 이 책 8장이 특히 페미니즘과 포스트페미니즘 사회이론의 발전을 탐구한다. 주로 현대사회에서 벌어지는 감정, 욕망, 행동, 사회적 역할의 젠더화를 중점적으로 다룰 것이다. 낸시 초도로우, 제시카 벤저민, 제인 플랙스, 줄리아 크리스테바, 뤼스 이리가라이, 주디스 버틀러 등이 페미니즘과 포스트페미니즘 사회이론의 중심적 인물들이다. 그들은 성적 욕망이 광범위한 쾌락과 권력의 문제, 몸의 정치, 개인적 · 집합적 정체성의 재생산과 얽혀드는 복잡한 방식에 주목한다. 젠더와 섹슈얼리티 문제는 사회이론에서 시급하게 다루어야 할 문제이다. 이에 따라 이어지는 장들은 반복해서 이 문제를 다룰 것이다.

마지막 테마는 **사회적인 것과 감정적인 것의 관계**, 그리고 **공적 영역과 사적 영역의 관계** 문제이다. 현대사회이론은 우리의 공적 삶과 사적 삶의 관계를 통제하는 주류 사회과학과 광범위한 공공생활에 존재하는 수많은 대립도식들에 강력히 문제를 제기한다. 사회이론 안에는 떠들썩한 정치적 사건이나 지구화의 힘을 사회 외부에서 일어나는 것으로 여기지 않고, 사회적·문화적·정치적 과정이 고정되고 규제하며 정체성과 감정적 삶의 층위에서 작동하는 복잡한 방식을 비판적으로 탐구하는 다양한 전통들이 존재한다. 비록 개인들의 감정적 반응이나 반작용으로 변형되기도 하지만, 최근 사회이론에서는 공적 삶이 사적 삶을 조직하는 방식이 많이 거론되고 있다. 테오도르 아도르노, 헤르베르트 마르쿠제, 자크 라캉, 롤랑 바르트, 앤서니 기든스, 줄리아 크리스테바, 뤼스 이리가라이, 주디스 버틀러 등이 모두 사회적인 것과 에로틱한 것, 상징적인 것과 무의식적인 것, 문화적 조건과 생생한 경험, 지구적인 것과 지역적인 것의 얽힘을 다채로운 방식으로 다루었다. 그러한 작업들의 결과로 정체성, 욕망, 감정의 문제들이 분명 사회이론에서 근본적인 관심사가 되었다. 이 책에서 나는 사회적 현실에 대한 비판적 연구는 문화적이면서도 개인적인 층위에서, 즉 공公과 사私가 어떻게 연계되는지를 살피면서 분석해야 함을 강조한다.

심화 질문

① 자신의 삶이 빠르게 변모하는 세계를 어떻게 반영한다고 생각하는가?

② 사회 개념을 어떻게 이해하고 있는가?

③ 핵심적인 사회제도들, 예를 들어 학교, 병원, 감옥, 정부 등이 사회에서 어떠한 역할을 한다고 생각하는가?

④ 이러한 여러 사회제도에 대한 참여가 어느 정도나 합의되거나 강제되는가?

⑤ 우리가 급속히 변동하는 세계에 살고 있다는 주장에 동의하는가?

더 읽을거리

1장은 사회이론에 대해 소개하고자 폭넓은 이야기를 다루었다. 다음 장부터는 더 깊이 생각하는 데 유용한 논의를 제공할 것이다. 자아가 세계를 어떻게 헤쳐 가는가와 관련된 논쟁과 이슈들은 앤서니 엘리엇의《자아란 무엇인가Concepts of the Self》(Cambridge: Polity Press, 2007)를 보라. 더 깊이 들어가고 싶으면, 어빙 고프먼Erving Goffman의 일상생활의 사회학에 도전해 볼 만하다. 고프먼에 관한 가장 훌륭한 개설서는 찰스 레머트Charles Lemert와 앤 브레너만Ann Branaman이 편집한《고프먼 리더Goffman Reader》(Blackwell, 1997)이다. 뿐만 아니라 앤 브레너만의《자아와 사회Self and Society》(Blackwell, 2000)와 앤서니 엘리엇의《우리 자신으로의 종속Subject To Ourselves》(2판, Paradigm Publishers, 2004)도 참조할 만하다.

마지막으로, 나탈리의 삶과 세계 경험을 논의하면서 나는 미래에 오게 될 사회뿐 아니라 현재의 사회 경향성을 다루는 다양한 사회이론 저작들을 명시적으로든 암묵적으로든 끌어들였다. 현재의 사회 경향성에 대한 21세기의 최신 사회이론들을 살펴보고 싶다면, 무엇보다 기든스의《질주하는 세계》(Profi leBooks, 1999), 테리 이글턴의《이론 이후》(Allen Lane, 2003), 존 어리의《모빌리티》(Cambridge: Polity Press, 2007)를 참조하면 된다. 현 시대를 더욱 비극적으로 그려낸 저작으로는 조르조 아감벤의《호모 사케르Homo Sacer: Sovereign Power and Bare Life》(Stanford University Press, 1998)가 있다.

인터넷 링크

www.theory.org.uk

www.thechangingworld.org

www.open2.net/society/socialchange/newsociety_mnv.html

www.socialtheory.info

고전 사회학과 현대 사회학의 연관성

2장

앞 장에서 우리는 21세기를 배경으로 열광적 라이프스타일을 살아가는 나탈리라는 젊은 여성으로부터 이야기를 시작했다. 나탈리는 많은 점에서 우리 시대의 인물이며 본인의 시대를 살고 있다. 그녀의 세계관은 대체로 코스모폴리탄적이고, 그녀의 지향은 매우 근대적이며, 그녀의 삶은 빠른 커뮤니케이션과 이동을 특징으로 하는 새로운 경제에 맞춰져 있다. 여러 가지 측면에서 나탈리는 격렬한 지구화가 일어나고 있는 세계가 촉진하는 단기적 준거틀과 잘 맞아떨어지는 삶을 살고 있다.

그러나 나탈리가 그 순간만을 살고 있는 것은 아니다. 무언가를 하는 전통적 방식, 전승된 관습과 습관 등 과거의 궤적은 그녀의 일상생활과 개인적 정체성에 대한 감각을 형성한다. 이는 특히 가치의 측면, 즉 나탈리의 도덕적 헌신과 윤리적 지향에서 뚜렷하게 드러난다. 그녀가 자신에 대해 이야기할 때, 친구에 관한 것이든 가족에 관한 것이든 아니면 정말로 그녀 자신에 관한 것이든(그녀의 삶이 영위되는 곳을 반영한), 나탈리는 부모님의 지배sway만을 의식하지 않는다. 그녀는 부모님의 사회적 삶의 세계, 부모님이 경험한 시대와 당시의 문제, 그리고 그러한 경험이 어떻게 본인에게 '전승됐는지'도 상당히 염두에 둔다. 나탈리는 종종 자신의 개인적 정체성 감각이 상당히 분화돼 있다고 여긴다. 그녀가 자신의 실험적 자아(그녀가 가공할 만한 새로운 전 지구적 시대의 복잡한 상황과 타협하면서 감수하는 모든 위험)로 간주하는 것과, 전승받은 자아(부모와 그들의 세계관에 의해 형성된 사회적·문화적 적립물)가 이러한 생각을 만들었다.

우리는 여전히 이런 질문을 할 수 있다. 이것이 사회이론과 무슨 관련이 있는가? 이것이 사회이론의 기원, 즉 사회사상의 '고전'과 무슨 관련이 있는가? 나탈리가 현재를 어떻게 사느냐의 문제에서 과거의 영향력을 인식한다고 할 때 그것은 우리를 둘러싼 사회적 실재에 영향을 미치고 그것을 재구성하는 특정한 개념적 가정들, 격언들, 관념들(수십 년 전은 물론이고 이전 세기까지도 거슬러 올라가는)이 깔려 있다는 말이다. 따라서 과거를 순전히 역사적 용어들로만 정의하는 것은 과거가 어떻게 현재의 질서를 형성하고 조정하는지를 간과하는 것이다.

실제로 현대의 일부 사회 분석가들은 과거가 현재를 '사로잡고' 있고 어둠으로부터, 개인 및 문화에 대한 숨겨진 억압으로부터 우리에게 달려들고 분출된다고 주장한다. 사회적 삶을 이런 방식으로, 즉 현재에 대한 과거의 지속적인 압력으로 생각하는 것은 고전 사회사상의 다양성과 근대적 이성 및 지식의 복잡성을 바탕으로 그리고 그것을 통해 생각하는 것이다. 고전 사회사상의 유산은 나탈리의 삶에서, 그녀가 어떻게 그녀의 삶을 살고 자신의 정체성과 사회 전반에 대해 어떻게 생각하는지에서도 다양한 방식으로 그러나 명백히 드러난다. 예를 들어, 나탈리는 스스로 강한 직업윤리를 갖고 있다고 여긴다. 여기서 우리는 종교와 개신교 윤리의 연관성 및 근대 자본주의의 발흥에 관한 베버 사회이론의 흔적을 발견하게 된다. 또한 나탈리는 부자와 빈자 간 격차의 확대, 특히 가난한 사람들, 난민들, 주변인들에 대한 착취를 우려한다. 여기서는 자본주의의 모순과 착취에 관한 마르크스주의 사회사상의 영향을 발견할 수 있다. 더 나아가 나탈리는 사회의 도덕적 상태도 우려하는데, 윤리에 대한 이러한 강조는 뒤르켐 사회사상의 흔적을 보여 준다. 그리고 나탈리는 이 모든 사회적 영향력으로 어려움을 겪을 때면 종종 인생의 깊은 정서적 긴장과 고뇌에 대해 돌아보기도 하는데, 이러한 개인적·사회적 수준의 고통은 프로이트의 사회사상이 포착한 측면이다.

그렇다고 나탈리가 고전 사회사상 전통 중 특정한 것을 읽었다거나 거기에 관여돼 있다는 말은 아니다. 이 책의 논의 중 일부는 현대이론은 물론이고 고전이론까지 사회이론의 영향력이 개념적일 뿐만 아니라 실제적이기도 하다는 것이다. 이런 의미에서 사회이론은 우리의 실제적 능력을 배양해 주는 것이라 할 수 있다. 사회이론은 더 큰 사회 세계에 대한 지향을 제공함은 물론, 이를 촉진시키기도 한다. 따라서 이 장에서는 고전 사회이론이 현대와 연결되는 관련성에 주목할 것이다. 그러나 그 방식은 통상적이지 않다. 늘 그래 왔듯이 예전으로 돌아가는 방식이 아니다. 그 첫 출발은 지금부터 다룰 고전 사회이론의 네 영역을 현재의 사회과학이 어떻게 접근하고 있는지부터 살피는 것이다. 이 과정을 거치고 나면 사회에 관한 현대적 아이디어들이 사회적 삶의 실재에 관한 고전적 사고에 기초해 있음을 이해하고 그 궤적을 추적할 수 있다.

근대성의 모순: 마르크스

사회적 삶은 종종 자유와 구속, 또는 가능성과 한계의 양면에서 묘사된다. 누군가가 스스로 즐기는 것을 할 수 있는, 나아가 새롭고 색다른 것을 경험할 수 있는 역량은 근대적 자유의 특징으로 인식된다. 실제로 우리는 이러한 창의적 경험이 다수의 사람들에게 극적으로 확대되어 온 시대를 살고 있다. 이는 시장과 경제 지구화에 기인한 소비자의 선택권 확대 덕분이다.

사람들은 선택의 자유를 갈망한다. 마치 선택 말고 다른 것은 할 수 없다는 듯이 말이다. 그러나 소비자의 자유는 현대의 다른 자유들과 마찬가지로 근본적으로 제약의 유형이기도 한 것이, 우리의 선택 경로는 소비산업에 의해 이미 형성되고 결정돼 있기 때문이다. 우리는 자유를 원하며, 자유는 인간의 경험에 가장 생동감 있고 흥미진진한 것으로 다가온다. 하지만 이러한 자유는 외견상 너무도 자주 그 반대로 귀결되어 개인으로 하여금 공허함, 조종당한다는 느낌, 또는 타인들과 떨어져 있다는 느낌을 갖게 한다.

현대를 과거와 구별짓는 더 분명한 것 중 하나는, 자유와 구속의 이러한 혼합이 격화 또는 심화된다는 점이다. 부유한 북반구에 사는 수백만 명의 사람들에게는 삶이 자유, 혁신, 자기창조의 끝없는 신장이었다. 오늘날 사람들은 전문적 경력(기업, 기관, 조직 내에서)의 수준에서는 물론이고 사적인 수준(가족, 성, 친밀성)에서도 매우 실험적인 삶을 살고 있다. 하지만 실험이 꼭 우리가 의도한 대로 진행되는 것은 아니다. 스릴이 있으면 잃는 것도 있다. 현대의 여성과 남성이 예전에는 상상할 수 없던 방식으로 자유를 실험한다면, 이전 세대가 결코 겪어 보지 못한 위험에도 직면하게 된다. 이러한 점에서 본다면, 디지털 라이프의 즐거움이나 미용성형 문화의 가능성은 지구온난화의 위험 또는 전 세계적 금융위기의 위험을 초래할 수 있는 불안 요인이다.

근대성은 전통과 모순이 생길 때 어떤 일이 일어나는지에 대한 대답이다. 다원화되고 파편화된 근대성의 문화는 전통과 관습, 습속을 넘어 여기에 압력을 가하는 특정 생활양식을 수반한다. 전통은 사회적 삶과 더 이상 연관성이 없다기보다 더 이상 지속 가능하거나 견고하거나 확고하지 않게 된다. 오늘날 사람들의 일상의 삶에는 근대와 전통이 수없이 혼합돼 있다. 이는 그 자체로 근대사회의 쉼 없는 역동성의 단면—균열된 리듬과 탈구된dislocating 발전—중 일부를 보여 준다.

마셜 버먼Marshall Berman의 유명한 책《현대성의 경험: 견고한 모든 것은 대기 속으로 녹아 버린다All That is Solid Melts into Air》는 근대사회의 모순을 잘 포착해 낸 흥미로운 시도이다. 버먼에 따르면, 근대 자본주의사회는 파편화됨과 동시에 균일화되며, 자유롭게 함과 동시에 억압한다. 버먼은 현대 도시생활이 한편으로는 개인적 고립 및 외로움, 다른 한편으로는 고도의 사회적 유사성 및 문화적 상호연결성의 독특한 혼합을 창출한다고 지적한다. 근대성이 존재에 부여하는 고도의 인격적 · 사회적 · 문화적 탈구 dislocation, 이를테면 고립감과 사회적 연결의 상실은 역설적으로 새롭고 즉각적인 문화적 가능성과 쾌락의 세계의 창출에 기여한다.

> 근대적이 된다는 것은, 우리가 우리 자신과 세계의 모험, 권력, 쾌락, 성장, 변화를 약속함과 동시에 우리가 가지고 있고 알고 있으며 우리 그 자체인 모든 것을 파괴하려 위협하는 환경에 처해 있음을 인식하는 것이다. 근대적 환경과 경험은 지리적 · 민족적 · 계급적 · 국가적 · 종교적 · 이념적 경계를 허물어 버린다. 이런 점에서, 근대성은 인류를 통합한다고 할 수 있다. 그러나 이는 역설적 통합, 즉 분열적 통합a unity of disunity이다. 이는 우리를 끝없는 해체와 재생, 투쟁과 모순, 모호성과 고뇌의 격변 속으로 몰아넣는다.[1983: 15]

버먼에 따르면, 근대성은 양면적 현상이다. 근대성은 전근대 문화에서처럼 개인에게 미리 정해진 사회적 역할을 부여하는 대신, 개인적 선호에 따른 자아실현과 라이프스타일을 만들 것을 요구한다. 이러한 사회적 변화는 자유와 자율성의 엄청난 기회를 제공한다. 그러나 근대적 생활 방식은 어두운 측면도 내포하고 있다. 20세기와 현재에 걸쳐 이성적 질서를 정당화하려는 시도들은 개인적 특수성과 인간 삶의 파괴라는 대가를 계속해서 치러 왔다. 나치즘, 홀로코스트, 히로시마, 스탈린주의, 그 밖의 지난 세기의 사회적·역사적 재난들은 착각의 베일을 벗겨 근대성의 도덕적·정치적 실체를 드러내 보였다.

근대성의 핵심은 고정된 사회적 지위와 견고한 권력위계라는 생각을 거부하는 것이다. 버먼은 공동체적 전통과 관습의 약화가 개인 자아, 특히 개인 정체성의 표현에 중요한 함의를 갖는다고 말한다. 간단히 말해서, 근대성은 끊임없는 개인화의 장場을, 그리고 우리의 감정·욕망·욕구·역량과 관련된 자기조절의 긍정적 가능성을 열어 놓는 것이다. 그럼으로써 불안anxiety이 전통과 습속의 확실성을 대체하게 된다. 이는 우리의 심기를 심히 불편하게 하는 동시에 기쁘게도 하는 불안이며, 사회 세계에서 이를 다루는 자아의 자유를 형성하는 불안이다. 전근대 세계, 즉 역할위계와 지역적 전통으로 질서가 잡힌 세계는 와해됐으며, 불확실성과 모호성만 남게 됐다. 그런 점에서, 근대성은 역동성에 대한, 개인적·문화적 삶의 끝없는 가속화에 대한 찬양이다. 이러한 가속화는 한편으로는 자아의 가능성의 증대로, 다른 한편으로는 전 지구적인 사회적 과정에 의한 자아의 탈구로 나타난다. 구성과 해체, 조합과 분해의 과정은 현대사회에서 자동적 방식으로 뒤섞여 있다.

버먼의 근대성 분석의 핵심에는 카를 마르크스의 사상이 있다. 전통적 방식의 확실성은 사라져 버림을 상기시키는 버먼의 책 제목은 마르크스가 프리드리히 엥겔스와 같이 쓴《공산당선언The Manifesto of the Communist Party》(1848)의 "모든 견고한 것은 대기 중으로 녹아 버리고 모든 신성한 것은 세속화됐으며, 마침내 인간은 제정신으로 자신의 삶의 실제적 조건과 자신이 땅과 맺고 있는 관계에 직면하게 됐다"는 구절에서 따온 것이다.

▌ 부르주아는 자신들이 우위를 점한 곳에서는 어디서나 모든 봉건적, 가부장적, 목가적牧歌的 관계를 종결시켰다. 부르주아는 인간을 그의 '타고난 상전들natural superiors'에 종속시켰던 온갖 봉건적 속박을 가차 없이 산산이 부숴 놓았고, 사람과 사람 사이의 노골적 이해관계와 냉혹한 '현금 지불 관계' 말고는 아무런 연결고리도 남겨 놓지 않았다. 부르주아는 종교적 열성, 기사도적 열정, 속물적 감성이 주었던 천상의 황홀감을 이기적 계산이라는 차디찬 물속으로 가라앉혀 버렸다. 부르주아는 개인의 가치를 교환가치로 환산해 버렸고, 불변의 것으로 선언됐던 수없이 많은 자유 대신 단 하나의 부당한 자유, 즉 거래의 자유만을 내세웠다. 한 마디로, 부르주아는 종교적·정치적 환상의 베일에 가려져 있던 착취를 적나라하고 뻔뻔하며 직접적이고 잔혹한 착취로 대체했다.

부르주아는 생산수단의 끊임없는 변혁과 그에 따른 생산관계의 변혁, 그리고 그에 수반된 사회관계 전반의 변혁 없이는 존재할 수 없다. 반면 기존 생산양식을 바꾸지 않고 고수하는 것은 모든 초기 산업계급의 1차적 존재조건이었다.

생산의 끊임없는 변혁, 모든 사회적 조건의 중단 없는 교란, 지속적인 불확실성과 동요는 부르주아의 시대를 이전의 모든 시대들과 구별짓는다. 모든 고정된, 견고한 관계들은 오랜 숭고한 편견들과 더불어 쓸려가 버렸으며, 새로이 형성된 관계들은 채 견고해지기도 전에 골동품이 돼 버렸다. 모든 견고한 것은 대기 중에 녹아 버렸고, 모든 신성한 것은 세속화됐으며, 마침내 인간은 제정신으로 자신의 실제적 삶의 조건, 그리고 유적類的 관계와 직면하도록 강제됐다.

카를 마르크스 & 프리드리히 엥겔스(1848) *Manifest der Kommunistischen Partei* (《공산당선언》, 이진우 옮김, 책세상, 2018)

마르크스는 물론 마르크스주의에 영향 받은 저자들에 따르면, 사회적 유대는 구조화된 불평등 또는 계급 갈등에 기초해 결정된다. 이러한 관점에서 보면, 사회는 근본적으로 나뉘어 있고, 찢겨 있으며, 분화돼 있다. 마르크스 이후의 근대 세계는 본질적으로 분열 상태인 것이다. 이는 산업생산력 수준에서, 그리고 산업생산력의 쉼 없는 이윤추구라는 점에서 끊임없이 역동적인 세계다. 그러나 자본주의가 인간의 창의력을 촉진하고 물질적 성장을 키울수록 인간성은 격하되고 비참한 상태에 놓이게 된다. 마르크스가 말하기를, "자본주의는 그 어떤 생산양식보다 인간의 삶 또는 노동력, 그리고 육신뿐 아니라 신경과 두뇌까지도 낭비한다"(Cohen, 1978: 25 참조). 간단히 말해서, 자본주의는 경제생활의 끝없는 혁명을 통해 사회를 비인간적으로 만든다는 것이다. 이러한 자본주의 체계의 내적 역동성은 결과적으로 부자와 빈자의 양극화라는 가장 비극적인 사회적 모순을 산출한다. 마르크스는 그렇기 때문에 공산주의를 통해 사회의 인간 역량 실현 역량을 회복시킴으로써 자본주의로부터 우리 자신을 해방시켜야 한다고 말한다. 마르크스가 대망(待望)한 공산주의사회는 더 안정되고 질서 있으며 자유롭고 평등한 세계와 관련된 능동적인 역사 형성이었다.

사회이론에서 '구조적 방법structural method'은 마르크스와 더불어 태동했다. 이것이 의미하는 바를 간단히 말하면, 근대사회에 대한 마르크스의 이론은 모든 사회가 계급 갈등으로 구조화되어 있다고 설명한다. 이 갈등은 그 자체로 중대한 것으로, 마르크스는 이를 사회구조의 근간을 이루는 것으로 개념화한다. 마르크스의 구조적 접근법이 갖는 급진적 측면은, 그가 발전시킨 근대사회에 대한 사고(즉 비판) 방법과, 인간과 인간 존재의 물질적 조건의 관계에 대한 흥미로운 전복顚覆이다.

그전까지는 실제로 어느 누구도 사회구조 전체에 주목하지 않았으며,

사회가 '신'과 유사한 것이라고 생각하지도 않았다. 이 아이디어는 일차적으로 그것이 보통 사람들의 삶에 미치는 효과와 영향력으로 뚜렷하게 나타난다. 사회구조는 지상에 사는 한낱 미물인 우리 눈에는 보이지 않지만, 마르크스의 구조적 비판 방법은 근대사회의 모순을 파악하는 방식을 제공한다. '계급'은 다루기 힘든 용어이지만, 마르크스는 자본주의를 비판하며 자본주의경제 체계가 재앙적인 정치적 결과를 낳는다고 주장했다. 가장 눈에 띄는 결과는, 사람들이 각자의 노동력을 통해 만들어 낸 재화 및 상품으로부터 점차 '소외되는' 파편화된 사회다. 자본주의는 마르크스가 '상품물신주의commodity fetishism'라고 이름 붙인 것을 산출하는데, 이는 인간이 자아실현에 필요한 창의력으로부터 단절될 뿐만 아니라 사회적 삶의 인간적 요소를 상실하는 황량하고 가공한 결과를 초래한다. 마르크스가 보기에, 자본주의 하에서의 인간관계는 '사물들 간 관계의 환각적 유형'을 표현한다. 즉, 사람들이 이미 죽어 버린 사회적인 것에 홀린 채 서로

█ 인간이 수행하는 사회적 생산 속에서 인간은 자기 의지의 필수적이고 독립적인 구체적 관계로 진입한다. 이러한 생산관계는 인간의 물질적 생산력 발전의 구체적 단계에 상응한다. 이 생산관계의 총합은 사회의 경제구조, 즉 법적·정치적 상부구조로 나타나며 사회의식의 구체적 유형이 이에 상응하는 실제적 기초를 구성한다. 물질적 삶에서 생산양식은 삶의 사회적·정치적·정신적 과정의 일반적 특성을 결정한다. 인간 의식이 그의 존재를 결정하는 것이 아니라, 그와 반대로 인간의 사회적 존재가 그의 의식을 결정한다.

카를 마르크스(1859) *Kritik der politischen Ökonomie* (《정치경제학 비판 요강》, 김호균 옮김, 그린비, 2007)

단절되어 있다는 것이다.

철장으로서의 근대성: 베버

현대는 속도가 지배하는 시대다. 신속한 생산, 신속한 소비, 신속한 신용
거래, 신속한 관계, 신속한 여행은 일취월장하는 사회의 신속화 원리가
지배하는 핵심 영역 중 일부에 지나지 않는다. 스피드, 속도, 신속성에 대
한 신봉은 말할 나위 없이 선진 자본주의 세계의 핵심이다. 이러한 21세
기 세계는 신속 배송, 단기계약, 속성 기업 구조개선, 자본 투자금 신속 이
전, 초고속 기업 이미지 변경 및 인력 감축 같은 모습으로 나타난다.

　신속성의 세계가 신속한 행위를 요한다는 것은 놀랄 일도 아니다. 초고
속 사회의 계속되는 수요는 여성과 남성을 불문하고 맹렬한 속도로 살며
일하는 역량을 요구하며, 사람들로 하여금 '시간이 부족하다'고 느끼게
만드는 와중에 패스트푸드는 경이로운 성장세를 기록 중이다. KFC · 피자
헛 · 버거킹 · 웬디스 · 타코벨 · 스타벅스 등의 업체는 패스트푸드 산업의
글로벌 아이콘이며, 지구 전체에 걸쳐 식품 생산뿐 아니라 사람들의 식생
활 및 식품에 대한 태도까지도 바꿔 놓았다.

　에릭 슐로서Eric Schlosser의 베스트셀러 《패스트푸드 제국Fast Food Nation》
(2003)은 패스트푸드 산업이 식품 생산의 신속화 · 통합화 · 획일화를 통해
전 세계의 식생활 · 경제 · 노동력을 변화시켰으며, 이는 많은 경우 충격
적이고 파괴적인 방식으로 이루어졌다고 지적한다. 슐로서는 패스트푸드
세계가 비만의 확산, 전 세계에 걸친 파괴적 방식의 식품 생산, CEO의 급
여와 단기계약직 노동자의 급여 간 엄청난 격차를 초래했다고 주장한다.

맥도날드는 패스트푸드 업계에서 가장 유명한 글로벌 브랜드다. 현재 전 세계적으로 118개국에 걸쳐 3만 3천 개가 넘는 맥도날드 매장이 있다. 미국 사회학자 조지 리처George Ritzer는 '사회의 맥도날드화McDonalization of society'에 관해 논의했다. 리처의 정의에 따르면, 맥도날드화는 '패스트푸드 매장의 원리가 미국 사회는 물론이고 다른 사회들에서도 점점 더 많은 영역을 지배하게 되는 과정'(Ritzer, 1993: 1)이다. 리처는 패스트푸드가 세계의 다른 지역들로 확산된다는 사실을 강조하면서 이것이야말로 '지구화globalization'라고 말한다. 실제로 오늘날 맥도날드화를 통해 우리가 목격하는 것은 미국 패스트푸드 문화의 지구화다. 리처가 보기에, 맥도날드화는 포디즘 생산방식과 과학적 관리론의 테크닉을 식품의 대량생산에 적용하여 소비자에게 빠르게 전달하고 신속하게 소비할 수 있도록 만든 것이다. 그러나 맥도날드화는 패스트푸드 영역을 넘어 전방위로 확산되는 과정이다. 리처에 따르면, 맥도날드화는 토이저러스부터 반스앤노블과 월마트에 이르는 다른 여러 산업의 운용 및 관리의 단면을 보여 준다.

맥도날드화의 핵심적 측면은 무엇인가? 리처는 ① 효율성, ② 계산가능성, ③ 예측가능성, ④ 통제의 네 가지 차원을 제시한다. 무미건조하게 말하자면, 맥도날드화는 소비 과정의 조정된 통제, 표준화, 관리 정돈 과정이다. 즉, 방해받지 않는 사회의 틀짓기다. 맥도날드의 유연하고 잘 조정된 세계는 놀라움이라고는 없는 삶이다. 도쿄에서든 테헤란에서든 멜버른에서든 멤피스에서든, 빅맥을 주문하면 … 과연, 빅맥이 나온다!

사회의 맥도날드화에 대한 리처의 유용한 설명은 고전 사회학자 막스 베버Max Weber의 논의, 특히 베버가 '합리화rationalization'라고 말한 문제에 담겨 있다. 베버가 보기에, 관료제는 근대사회의 주요한 추동력이자 문제점이다. 베버는 19세기 말의 전환기에 쓴 저술에서, 마르크스가 그러했듯이 근대 산업사회가 초래한 인류에 대한 위협 문제에 관심을 가졌으나 그 접근법은 달랐다.

예를 들어, 베버는 자본주의 공장 시스템의 착취 문제에는 관심을 두지 않았다. 그의 분석적 관심은 착취보다는 기업에서 정부는 물론이고 시민사회 전반으로까지 이어지는 관료제의 확산에 있었다. 베버에 따르면, 합리화 과정은 관료제의 끊임없는 효율성 추구 속에서 역대 최고 수준의 사회적 조정, 정치적 측정, 문화적 질서를 산출했다. 교육의 경우, 학교는 교육과정의 측면에서 점차 표준화돼 왔다. 법조 및 의료계의 경우, 전문화의 발달에 따라 고도의 지식을 갖춘 전문가들이 출현했고, 그 결과 주먹구구식 의사결정은 설 자리를 잃었다. 사회의 경우, 국가는 경찰과 군대를 통한 폭력의 통제에 힘입어 지배력을 갖게 됐다. 마르크스와 달리, 베버는 군대가 사회의 동학動學을 이해하는 데 시장보다 훨씬 더 중요한 요인이라고 보았다.

베버에 따르면, 이러한 사회의 관료제적 재조직화는 기업과 정부뿐 아니라 집단은 물론이고 더 중요하게는 개인에게까지 영향을 미쳤다. 관료제의 합리화, 특히 사회적 과정의 측정·조정·통제 속에서 군대화는 개인적 영역에 깊숙이 침투했다. 관료제에 대한 베버의 관점은 합리화가 어떻게 개인으로 하여금 점차 관리되고 조정되는 세계 속에서의 삶에서 적절한 것으로 간주되는 자신 그리고 행위유형에 대한 관점을 조직화해 나가는지 이해할 수 있게 한다. 따라서 베버의 초점은 외재적이기보다 내재적이며, 생기도 열정도 없는 관료제적 일상 세계가 어떻게 개인의 태도를 형성하는지 주목하는 데 있다. 베버가 사회이론에 남긴 근대사회의 상像은 '철장iron cage', 즉 사람들이 본래성authenticity이라는 외관을 유지하는 것 같지만(일종의 유사개인주의pseudo‑individualism), 실제로는 합리적‑법적 관리의 '강철같이 단단한steel-hard' 우리 안에 갇혀 있다는 것이다.

이러한 사회상의 역사적 맥락을 한 번 더 언급할 필요가 있다. 베버는 19세기의 마지막 5년 동안과 20세기 초의 몇 해에 걸쳐 저술 작업을 했다. 여기서 시기가 매우 중요한 것이, 이 무렵에 생산공장과 더불어 이루어진 산업자본주의의 출현은 철강으로 만들어진 세계의 도래였기 때문이다. 생산공장과 그와 연관된 기계에 기초한 일상은 훈련, 측정, 조정, 관리라는 관료제적 추동력이 힘을 발휘할 수 있게 한 원천이었다. 베버가 제시한 이러한 사회상은 상당한 영향력을 발휘했다. 예를 들어, 조지 오웰George Orwell의 《1984》 같은 문학작품은 베버가 말한 고정되고 관리되며 합리화된 사회모델을 암묵적으로 그려 낸다.

베버가 보기에 관료제적 합리화는 모든 사람의 충동과 태도에 널리 퍼

▌ 청교도들은 소명召命을 받들어 노동하기를 원했다. 우리는 소명을 받들어 노동하도록 강제된다. 금욕주의는 수도원 독방을 벗어나 일상생활로 들어오는 순간부터 현세적 도덕을 지배하기 시작했으며, 근대적 경제질서의 거대한 우주를 형성하는데 일조했다. 이제 이와 같은 질서는 이러한 메커니즘 속에서 태어난 모든 개인의 삶을 결정하는 기술적·경제적 조건들의 영향 아래 놓이게 되었다. 이 조건들은 경제적 성취와 관련돼 있을 뿐 아니라 돌이킬 수 없는 힘이기도 하다. 아마도 그것은 마지막 석탄이 타 버릴 때까지 그것들을 결정할 것이다. 백스터Richard Baxter의 관점에서 볼 때 외적 재화에 대한 관심은 필경 '얇은 망토와 같은 성인'의 어깨 위에 얹혀 있어서 언제든 버려질 수 있는 것이다. 그러나 운명은 그 망토가 철장iron cage이 되도록 명했다.

막스 베버(1920) *Die Protestantische Ethik und der Geist des Kapitalismus* (《프로테스탄트 윤리와 자본주의 정신》, 김덕영 옮김, 길, 2010)

진다. 어떻게? 그는 잘 알려진 저작인 《프로테스탄트 윤리와 자본주의 정신The Protestant Ethic and the Spirit of Capitalism》에서 근대 자본주의 질서는 특정 유형의 개인, 즉 근면성실하게 일할 의지가 있고 희생과 수양修養을 할 수 있는 개인을 필요로 한다고 말했다. 자본주의 기업가에 초점을 맞춘 면이 있기는 하지만, 더 중요한 것은 베버가 이러한 개인주의의 기원을 종교로 거슬러 올라가 추적했다는 점이다. 특히 그는 새로운 기업가적 개인주의 정신의 일차적 원천이 16세기 칼뱅교Calvinism의 신비로운 교의에 있다고 주장했다. 간단히 말하면, 자본주의사회를 잘 작동하게 하는 요인은 자본주의 '노동윤리'라는 것이다. 베버는 이와 관련해 '개신교 윤리'의 영향에 주목한다. 이러한 노동윤리는 청교도 종교윤리의 맥락에서 발흥했으나, 시간이 흘러 18,19세기에 이르러 근대 산업주의의 새로운 기업가적 개인주의로 전환됐다. 마르크스의 자본과 노동에 관한 유물론적 강조와 달리,

---

▌ 관료제적 통제에 종속된 사람들이 기존의 관료제적 기구로부터 탈출하고자 할 때, 이는 관료제화에 동일하게 종속되는 자체적 조직체를 창설함으로써만 정상적으로 가능하다. 마찬가지로, 기존의 관료제적 기구는 가장 강력한 이해관계인 물질적·객관적 이해관계에 의해서는 물론이고 관념적 이해관계에 의해서도 지속적으로 기능하도록 추동된다. 이것이 없이는 우리가 살고 있는 이러한 사회, 즉 공직자, 피고용인, 노동자의 관리 수단 소유로부터의 분리와 교육 및 기술훈련에 의존하는 사회는 더 이상 기능할 수 없다. 유일한 예외는 농민 집단처럼 자신의 생존 수단을 여전히 소유한 경우일 것이다. 심지어 무력에 의한 혁명이나 적국에 의한 점령의 경우에도 이전의 합법적 정부가 그러했듯이 관료제적 기구가 정상적으로 계속 기능할 것이다.

막스 베버(1921) *Wirtschaft und Gesellschaft* (《경제와 사회》, 박성환 옮김, 문학과지성사, 2003)

베버는 문화에 중점을 두었다. 근면한 노동윤리 문화는 내적 추동력이 됐으며, 문화적 강박관념이 됐다. 베버가 보기에, 이러한 문화적 지향은 근대 산업사회 질서의 많은 선善을 창출했다. 그러나 문자 그대로 병리적 충동이 되어 버린 노동윤리의 악惡이 이 선을 능가해 버렸다.

도덕적 연대로서의 근대성: 뒤르켐

근대사회의 흥미로운 역설 중 하나는, 개인주의 및 개인의 자유 추구가 어떻게 책무 및 도덕적 연대와 교차하며 이를 어떻게 일상적으로 제거하는지 하는 것이다. 이와 관련해 사회문제와 문화적 갈등의 해법을 찾는 근대적 탐구에서 두 가지 기획을 이야기할 수 있다.

첫 번째 기획은 개인적 안녕, 개인적 자아 표현, 자율성이다. 두 번째 기획은 도덕성의 연대, 즉 시민적 행위와 윤리적 참여를 촉진하는 사회적 신뢰, 호혜성, 네트워크 유형과 관련이 있다. 혹자는 이를 이원론적 사고라 생각할 수도 있겠지만, 꼭 그렇지만은 않다. 한편으로 개인주의, 다른 한편으로 도덕적 연대는 꼭 상충하는 관계인 것만은 아니다. 오히려 강한 개인주의는 도덕적 연대 없이는 진정으로 달성될 수 없다는 논의가 많다. 호혜성의 연대와 시민적 참여의 기쁨만큼 우리 삶을 생기 있고 실험적이며 자유롭게 하는 것은 없다는 생각이다.

그러나 20세기 근대사회의 충격적인 측면 중 하나는, 어떻게 근대사회가 명백히 쾌락주의적이고 탈구적dislocating이 될 수 있느냐는 것이다. 다른 식으로 말하자면, 현대사회의 광포한 개인주의의 만연이 얼마나 신뢰의 규범과 전통, 도덕적 호혜성을 약화시키느냐는 것이다. 급진적 진영에서든 보수적 진영에서든, 개인주의의 지배에 기초한 문화적 모순과 그것이 초래하는 도덕적 연대의 약화에 대한 비판은 확실히 부족했다.

미국 사회학자 다니엘 벨Daniel Bell은 사람들이 점차 자신의 사적 만족과 개인적 목적만을 추구하게 되고, 그에 따라 적극적 시민의식 정신은 약화된다고 지적했다. 벨은 세속적 청교도주의의 시대가 어떻게 소비주의적 쾌락 추구의 시대로 변질됐는지를 고찰한 뒤, 특히 다국적기업 및 거대 복합기업이 그 결과로 나타났다고 말한다. 이와 비슷하게, 리처드 세넷Richard Sennett은 《공적 인간의 몰락The Fall of Public Man》(1978)에서 도덕적 연대의 희생을 대가로 자기충족self-fulfillment, 말초적 욕구 충족, 자기에 대한 몰입이라는 관념이 사회를 지배하게 된 궤적을 추적한다. 비평가 앨런 블룸Allan Bloom은 이와는 사뭇 다른 관점에서, 이른바 우리 시대의 '도덕적 상대주의 문화' 현상에 대해 논박한다. 오늘날 사람들은 "어떤 것 또는 어느 누구와도 전승되거나 또는 무조건적으로 연결되지 못한 채 정신적으로 벌거벗고 단절돼 있으며 고립돼 있다." 사회학자 로버트 벨라Robert Bellah 역시 2003년 미국 사회학회 종교 부문 수상작受賞作《마음의 습속Habits of the Heart》에서 미국인들이 고립적 개인주의의 언어, 즉 진정한 개인적 성장과 타인에 대한 지속적 헌신, 공공의 일에 대한 참여의 가능성을 저해하는 언어 속에 갇혀 있다고 주장한다.

광포한 개인주의 문화가 초래한 도덕적 연대의 침식 문제를 강조한 가장 영향력 있는 저작은 아마도 로버트 D. 퍼트넘Robert D. Putnam의 《나 홀로 볼링: 사회적 커뮤니티의 붕괴와 소생Bowling Alone: The Collapse and Revival of American Community》일 것이다. 퍼트넘에 따르면, 근대사회의 위기는 깨어진 연대와 타락하는 민주주의의 위기다. 그는 개인이 가족, 친구, 동료, 이웃, 사회체계 자체로부터 점점 더 단절돼 가는 사회변동 양상을 '볼링'에 비유하여 포착해 낸다. 볼링 비유는 중요하다. 예전에는 사람들이 일과 후여가 시간에 리그팀에 속해 볼링을 쳤지만, 지금은 자신만의 여흥으로서홀로 볼링을 친다. 퍼트넘은 예전의 공동체적 특성과 오늘날의 비인격성impersonality을 대비시킨다. 고립적 개인주의가 시민적 참여를 대체하고, 상업화된 경쟁이 협동적 공동체를 집어삼키며, 거래관계 같은 만남이 진정한 관계를 대체해 버린다. 이 모든 것이 퍼트넘이 도덕적 연대의 쇠퇴를포착해 내고자 사용한 대칭적 구도다.

근대성에 대한 퍼트넘의 진단은 고삐 풀린 개인주의의 결과에 관한 도발적 고찰로서 광범위한 찬사를 받았다. 일부 비평가들은 근대사회에 대한 퍼트넘의 묘사가 불편하다고 지적했고, 다른 비평가들은 퍼트넘이 과거를 미화하고 오늘날의 사회를 왜곡되게 설명했다고 논박했다. 그러나나는 이러한 평가들을 잠시 접어두고, 그 대신에 퍼트넘이《나 홀로 볼링》에 고전 사회이론의 요소들을 어떻게 녹여 냈는지에 주목하고자 한다.

도덕적 연대의 쇠퇴에 관한 퍼트넘의 생각은 분명히, 사회적 상호작용이 만들어 내는 복잡한 도덕적 그물망이 근대적 개인주의의 바탕을 이루고 있음을 보여 주려 한 19세기 사회학자 뒤르켐Émile Durkheim의 저작에 그뿌리를 두고 있다. 뒤르켐의 사상은 산업사회의 등장, 그리고 이러한 사회가 촉진한 도덕적 · 사회적 갈등이라는 맥락에서 생겨났다. 도덕적 모순에 관한 뒤르켐의 고찰은 퍼트넘을 거쳐 오늘날의 세계가 처한 딜레마를 설명하는 데 적합한 개념으로 다시 태어났다.

뒤르켐은 아마도 마르크스나 베버보다 훨씬 분명하게 근대사회 발전에서 도덕이 차지하는 중요성을 인식했다. 뒤르켐에 따르면, 어떤 사회에든그 사회의 존속을 위한 도덕적 연대가 있으며, 그런 점에서 도덕적 틀은개인주의와 사회적 관계 모두의 근원으로 간주될 수 있다. 뒤르켐은《종교생활의 원초적 형태Les formes élémentaires de la vie religieuse》(1912)에서 우리가 사고할 때 언제나 집합적으로 사고한다는 사실을 보여 주기 위해 **집합의 식**conscience collective이라는 용어를 사용했다. 뒤르켐이 보기에, 갈등은 사회가 도덕적 연대를 제공하는 데 실패한 결과이다. 마르크스에게는 미안한 말이지만 갈등은 단지 계급분화의 귀결만은 아니며, 그보다는 사회의 도덕적 윤리 그 자체 및 도덕적 윤리가 개인의 행위 지침을 제공하지 못하는 것과 관련이 있다.

뒤르켐에 근거해 사회를 연구한다는 것은, 우리의 공유된 사회적 경험의 정교한 차이와 미묘한 뉘앙스를 고려하여, 이 차이와 뉘앙스가 복잡하게 얽힌 것으로서 도덕적 연대를 파악하는 것이다. 그리하여 우리가 공유하는 삶의 사회적 범주로 세계를 이해하는 것이다. 뒤르켐의 관점에서 볼 때, 고도의 개인주의를 특징으로 하는 우리 시대의 딜레마는 사회적 삶의 공통된 측면과의 접촉을 유지하기 위해 어떻게 투쟁하느냐는 것이다. 사회적 응집성은 독립적이면서 상호의존적인 개인들을 한데 묶는 도덕적 연대에 기초한다는 뒤르켐의 믿음은 당시의 사회사상을 지배하던 사회변동에 관한 이분법적 사고에 대한 응답이었다.

이분법적 사고란 '전통'과 '근대'를 대조하는 것을 말한다. 이와 관련된 핵심적 인물은 게마인샤프트Gemeinschaft, community(공동사회)와 게젤샤프트Gesellschaft, society(이익사회)를 대조한 독일 사회학자 페르디난트 퇴니에스Ferdinand Tönnies이다. 퇴니에스가 보기에 사회는 도덕적 무관심, 적대감, 냉정한 시장관계와 등치될 수 있다. 퇴니에스에 따르면, 대규모 근대사회의 도구적·비인격적 관계가 소규모 공동체의 전통적·위계적 관계를 대체해 왔다. 그러나 뒤르켐은 이러한 관점을 받아들이지 않았다. 뒤르켐이 파악한 사회는 비인격적이고 기계적인 것이 아니다. 오히려 사회는 도덕적 개인주의와 통합적인 사회적 관계의 구성물이다. 퇴니에스가 대규모 근대사회는 기계적인 사회적 관계와 공리주의적 개인주의로 특징지어진 다고 본 반면, 뒤르켐은 근대사회는 통합적 연대 유형과 도덕적 개인주의의 진전된 형태를 산출하는 것이라고 믿었다. 뒤르켐은 소규모 사회에서의 삶만이 유일하게 도덕적으로 지속가능하다는 퇴니에스의 확신에 회의적이었다.

기계적이고 전근대적인 사회에서 유기적이고 근대적인 사회로 이행하는 과정에서 개인들은 자신이 전체 속에서 기능적으로 분화된 구성원임을 인식한다. 그러나 산업화 과정으로 촉발된 분업의 확대는 역설적이게도 개인들을 점차 상호의존적이 되게 한다. 산업사회가 사람들을 각각으로 나누고 사회적 분화를 촉진한다면, 이는 또한 새로운 도덕적 규칙을 통한 규제와 그 심화된 발전을 감독하는 것이기도 하다. 도덕적 규제와 개선은 사회적 사실의 독자적인 힘에 적응하는 지속적 수행일 수 있지만, 그렇다고 이것이 사회적 행위에 존재하는 행위자와 의지를 부정하는 것은 아니다. 우리가 독립적 존재이고 행위의 개인적 원천을 발전시킬 자유를 갖고 있다면, 우리는 또한 우리의 도덕감 및 윤리감이 작동할 수 있도록 하는 복잡한 의식conscience의 일부이기도 하다. 만약 도덕적으로, 근대적 개인이 점차 자유롭고 합리적인 주체로서 자기 삶의 개척자self-cultivator로서 행위한다면 사회적 응집성의 상실은 끊임없이 문제를 일으킬 것이고, 사회는 아노미적 상황의 언저리를 맴돌게 될 것이다. 그러나 자유는 집합적 가치와 희망을 실현하는 데 반드시 장애물이기만 한 것은 아니다. 뒤르켐은 유기적 연대가 외부적 사건과 관련하여 개인 간의 의존성을 촉진한다고 보았다. 사회적인 것에 대한 뒤르켐의 이론이 개인 주체를 부정함으로써 행위자agency 개념이 들어갈 여지를 남겨 놓지 않았다고 비난하는 평자들은 바로 이러한 근대사회의 모호하거나 이중적인 차원을 간과하는 것이다. 사실 뒤르켐은 행위자와 개인이 구조의 가장 심층적인 수준, 즉 객관적 세계와 주관적 세계 간의 복잡한 상호작용과 관련돼 있다고 보았다.

이 같은 고전 사회이론의 추상적 개념들이 어떻게 오늘날의 사회를 분석하는 데 적용될 수 있는가? 현대사회이론과 뒤르켐의 연관성을 옹호할 만한 타당한 이유가 있다. 앞서 살펴봤듯이, 뒤르켐은 근대사회가 아노미

▌사회는 단지 그것을 구성하는 개인들의 무리, 개인들이 점유한 토지, 개인들이 사용하는 물건, 개인들이 수행하는 활동만이 아니라, 무엇보다도 사회가 그 자신에 관해 형성한 관념으로 이루어져 있다. 물론 사회는 그 자신이 이해되는 방식에 주저하는 경우도 분명히 있다. 사회는 그 자신이 여러 갈래로 갈라지는 것을 느끼기도 한다. 그러나 이러한 갈등은 이상과 현실 간의 갈등이 아니라 두 상이한 이상 간의 갈등, 즉 예전의 이상과 오늘날의 이상 간의 갈등, 전통의 권위에 대한 이상과 미래의 희망에 대한 이상 간의 갈등이다. 이러한 이상들이 전개되는 근원을 탐구할 필요는 충분하지만, 이 문제에 어떤 해법이 제시되더라도 모든 것은 여전히 이상의 세계에서 일어난다.

따라서 집합적 이상은 … 개인의 타고난 능력이라는 모호한 것이 아니라 개인이 이상화를 배우는 집합적 삶이라는 학교에 기인하는 것이다. 사회에 의해 고안된 이상들에 동화됨으로써 개인은 이상이라는 것을 이해할 수 있게 된다. 개인을 행위 영역 안으로 끌어들임으로써 개인으로 하여금 자기 자신을 경험세계보다 높게 고양시키려는 욕구를 형성하도록 하고 동시에 다른 세계를 인식하는 수단을 제공하는 것도 바로 사회다.

에밀 뒤르켐(1912) *Les formes élémentaires de la vie religieuse* (《종교생활의 원초적 형태》, 민혜숙·노치준 옮김, 한길사, 2020)

에 빠져들고 있으며, 사회질서 유지 측면에서 사회가 개인의 행위를 완화할 만한 규제 윤리 제공에 실패하고 있다는 점에서 도덕적 쇠락의 징후가 드러난다고 보았다. 20세기 말과 21세기 초에 들어 이러한 경향이 가속화되고 있으며, 도덕적 연대의 파편화에 관한 퍼트넘의 분석은 확실히 뒤르켐에게 빚지고 있다. 비록 뒤르켐의 영향이 명시적으로 언급되고 있지 않지만 말이다. 오늘날의 경제적·사회적 변동은 심대하며, 지구화, 신자유주의, 광범위한 시장규제 완화는 사람들의 일상적인 삶에서 도덕적 연대의 힘을 현저히 약화시키고 있다.

그러나 21세기가 단지 도덕적 쇠락의 새로운 페이지를 열었다고 가정하는 것은 잘못된 생각일 수 있다. 뒤르켐의 사회이론에 더 기초해서 주장컨대, 개인들은 사적 영역은 물론이고 실제적인 일과 공적인 삶의 수준에서도 끊임없는 도덕적 측면의 갈등과 위기를 항상 겪게 될 것이다. 이는 전통 및 과거 삶의 유형이 찬양받아 마땅한 것이라는 생각에 의문을 던지기 위한 뒤르켐의 많은 이론적 작업 중 하나다. 뒤르켐이 말하는 근대성은 그의 획기적인 사회학적 해석을 통해 과거의 기계적인 사회적 관계의 판을 뒤엎고 대규모의 근대사회에 특화된 더 광범위한 공동체적 경험을 재구성하는 것이다. 뒤르켐은 이러한 방식으로 사회와 공동체의 간극을 좁히는 과정에서 근대성에 특화된 새로운 연대의 유형, 즉 그가 사회적으로 발전된 분업의 귀결이라며 'conscience collective'라고 이름붙인 것(영어로는 collective conscience 또는 consciousness)에 의해 작동된다고 간주한 연대의 유형을 파악할 수 있다.

비록 뒤르켐은 지구화의 출현이 가져온 결과로 산업사회가 어떻게 흘러갈지를 예견하지는 못했지만, 시민사회가 결사체와 신뢰 네트워크의 확대를 통해 융성할 수 있다는 그의 분석은 여전히 영향력을 갖는다. 이런 점에서 볼 때, 도덕적 연대는 개인주의의 발전에서 핵심적 역할을 하며, 개인주의 문화는 사회의 복합성 증대의 중요한 원천을 제공한다.

트라우마, 비극, 타나토스: 프로이트

우리가 고문, 정치적 집단학살, 대량학살 같은 공적으로 자행된 잔혹행위로부터 스스로를 보호하기 위해 사용하는 극복전략 같은 떠올리기조차 고통스러운 주제들이 있다. 아우슈비츠의 참극부터 더 최근의 보스니아, 르완다, 체첸공화국, 코소보, 바그다드, 가자지구 테러에 이르기까지, 대중의 고통에 대한 서구 정부의 명백한 무관심은 충격적이고 불편하며 몸서리쳐진다. 잔혹행위와 재난의 이미지가 어디서든 우리를 엄습하는 것을 보노라면, 트라우마와 비극의 정치학에 관한 지식이 오히려 우리를 지적으로 무능력하고 감정적으로 무기력하게 만드는 위협이 되고 있는 건 아닐까 싶을 정도이다. 지워 버리고 싶고, 떨쳐 버리고 싶고, 알고 싶지 않다.

불편한 지식이 가져오는 두려움은 우리 시대의 조건 중 하나가 된 것 같다. 대중의 고통에 대한 서구 정부들의 무관심을 체념적 운명론에 기인한 것으로 볼 수 있을까? 아니면 연민 피로감compassion fatigue으로 볼 수 있을까? 사회학자 스탠리 코헨Stanley Cohen에 따르면 꼭 그렇지만은 않다. 부정의 표현은 결코 '자연적'이지도 '정적靜的'이지도 않은 복잡한 정치심리학적 현상이기 때문이다.

코헨은 《잔인한 국가 외면하는 대중: 왜 국가와 사회는 인권침해를 부인하는가States of Denial: Knowing about Atrocities and Suffering》(2001)에서 우리 시대 부정의 문화를 탐구하면서 폭력, 공격성, 고통이라는 불안한 경험이 어떻게 다양한 극복 양식을 통해 소거되는지를 새롭게 고찰한다. 코헨은 불편한 현실을 극복하는 개인적·정치적 방식들이 사회적·역사적으로 깊숙이 내재돼 있음을 보여 준다. 코헨이 말하기를, 우리는 부정할 때 우리 자신을 보호하기 위한 무의식적 방어기제들을 개인적 수준은 물론이고 사회적 또는 조직적 수준에서도 사용한다. 코헨은 온전한 정신상태를 유지할 소거 장치가 없을 때 지속적으로 불편한 진실에 '직면'하거나 그것과 '더불어 살아갈' 역량이 없으면 소외된 개인, 공동체로부터의 이탈 등 엄청난 병리 상태로 이어질 수 있다고 말한다. 이러한 엄청난 부정은 결국 모든 인간 경험의 핵심적 구성 요소인 자기파괴, 폭력, 공격성의 트라우마에 대한 직면 거부를 수반한다.

폭력은 인간이라는 유적 존재의 핵심적 충동이다. 이 충동은 비단 타인의 파괴뿐 아니라 우리 자신의 파괴에도 적용된다. 테러 같은 트라우마적 재난은 이 시대의 사회적·정치적 동학과 뗄 수 없는 것으로, 우리의 문화적 곤경이 내포한 윤리적 복잡성과 도덕적 불확실성을 생생하게 보여 준다. 전 세계를 비극으로 전환시키는 것은 지나친 것처럼 보이지만, 인간의 공격성과 파괴적 성향이 지닌 촉진적 측면과 제약적 측면을 모두 염두에 두고 볼 수는 있다. 이는 테리 이글턴Terry Eagleton이 《달콤한 비극Sweet Violence》(2003)에서 목표로 했던 바로 그것이다. 이글턴은 인간성과 더 광범위한 공적 영역의 비극에 관한 전통주의적 개념과 급진주의적 개념 모두 몇 가지 핵심적인 구분을 포함한다고 지적한다. 바로 운명과 우연의 구분, 고귀함과 비천함의 구분, 통찰과 무지의 구분이 그것이다. 이글턴은 비극이 한 축이고 일상생활이 다른 한 축이라는 가정에 반대하면서, 일상적·습관적·통상적 문화에 골고루 초점을 맞춘다. 그는 우리 시대가 비극의 민주화를 특징으로 한다는 도발적 주장을 내놓는다. 이런 관점에서

보면 비극이라는 관념은 20세기에도 결코 죽지 않았으며 오히려 모더니
즘으로 변이했다.

이글턴은 비극 테제의 종언을 옹호하는 이들을 겨냥하여 문화에 내재
한 폭력, 공격성, 파괴, 악마성을 강조한다.

> 분명 누구나 비극적 인물이 될 수 있다. 비극은 결코 사라지지 않았다.
> 위대한 인물이 더 이상 없기 때문이다. 최후의 절대주의 군주는 사라
> 졌지만 비극은 사라지지 않았다. 그와 반대로, 민주주의 하에서 각자는
> 비교 불가능한 소중한 존재이므로 비극은 고전적 상상을 뛰어넘어 훨
> 씬 더 증폭됐다.[2003b: 94]

이글턴에 따르면, 비극이 본질적으로 고상하고 존경할 만한 것이라는
생각은 역사가 전쟁, 기아, 질병, 빈곤, 정치적 테러로 가득한 것이라는 점
을 부정할 때만 어느 정도 가능하다. 이글턴이 보기에 우리의 비극적 충
동에 새로운 삶의 기회를 부여하는 것은 모더니즘이다. 이는 예술 형태뿐
아니라 세계관과 실제 사건의 형태로도 나타난다.

단언컨대, 이글턴은 비극에 관한 담론의 지평을 전반에 걸쳐 넓혔으며
(아이스킬로스Aeschylus부터 미 제국주의까지, 괴테부터 글로벌 불평등까지, 셰
익스피어부터 고통에 이르기까지), 비극이라는 관념의 정치적 지분을 암시
적으로 확장했다.

오늘날 비극이 여전히 모든 문학 및 문화에서 가장 심오한 유형으로 널
리 간주된다면, 이는 비극이 문명의 근원으로서의 파괴적 자기손상에 대
해 이야기하기 때문이다. 이러한 역사적 사이코드라마의 모순에 관한 이
글턴의 탐구에서는 욕망이라는 부분이 크게 드러난다. 사회는 근대 계몽

주의 시대가 초월하고자 하는 매우 파괴적인 힘과의 비극적 전투라는 역설적 상황에 놓여 있다. 사회는 매우 역설적이게도 공격성을 수용하면서 동시에 배격하기도 한다. 공격성에 내재한 죽음, 파괴, 악마성은 우리가 통상적으로 공유하는 삶의 핵심적 부분이다. 이글턴은 "죽음과 자기파괴는 시대를 산출하는 역사에 대해 완강하게 적대적이다. 역설적이게도 우리를 앞으로 나아가도록 추동하는 것은 에덴동산으로 돌아가고자 하는 본능이다"(2003b 248)라고 말한다.

오늘날 사회이론에서 부정에서 파괴로의 초점 이동을 어떻게 이해할 것인가? 한 가지 가능한 대답은 정신분석학, 그리고 그 창시자인 프로이트의 주장으로 전환하는 것이다. 사회이론에 대한 프로이트의 도발적 도전은 억압, 불안, 자기파괴는 우리가 사회질서를 유지하기 위해 치르는 감정적 비용이라는 급진적 주장을 담고 있다. 부정의 문화에 관한 코헨의 논의와 관련해서, 프로이트적 응답은 억압 개념에 초점을 맞춘다. 폭력에 관한 이글턴의 논의와 관련해서는, 프로이트적 응답은 자기애의 핵심에 놓여 있는 죽음에 대한 충동에 초점을 맞춘다. 프로이트의 논의에 담긴 이러한 측면들을 간략히 살펴보자.

마르크스, 베버, 뒤르켐과 달리 프로이트는 사회이론가가 아니었다. 그러나 그의 작업이 남긴 유산은 사회이론에 지대한 영향을 미쳤다(이어지는 장들에서 보게 될 것이다). 프로이트는 정신질환자들을 대상으로 한 임상 진료를 통해 사회적 삶의 질서와 갈등을 빚는 다양한 원망顯望, 욕망, 환상에 관한 이론화 작업을 수행했다. 욕망, 원망, 열정은 근대적 사회질서의 규칙 및 규제와 종종 갈등을 빚는다. 프로이트는 개인이 이러한 감정적 압력에 어떻게 대응하는지를 파악하고자 '억압repression'이라는 용어를 고안했다.

억압 개념은 코헨이 부정의 문화에 대해 이야기하며 규명하려 한 측면을 간파한 것이면서, 그 이상의 함의를 담고 있다. 프로이트에 따르면, 근대사회는 억압적이다. 사회는 개인에게 혹독한 요구와 제약을 부과하며, 그중 일부는 강렬한 감정적 고통을 산출한다. 그러나 이는 정확히 말하면 프로이트가 저항으로 파악한 고통의 영역에 기인하는 것이다. 프로이트에 따르면, 과도한 억압은 여성과 남성을 강렬한 분노와 파괴로 인도한다. 이 지점에서 욕망의 압력(이어지는 장들에서 살펴보겠지만, 프로이트는 이를 무의식이라는 용어로 개념화한다)은 성적 억압에 대한 '정신적 제방'을 구축하며, 이는 차후 개인적·사회적·문화적·정치적 결과로 이어진다.

프로이트의 근대적 불만 이론의 초석은 '**죽음에의 충동**'이라는 개념이다.《문명 속의 불만Das Uehagen in der Kultur》(1930)에서 프로이트는 '죽음에의 충동' 개념의 개요를 사회적 및 문화적 삶의 핵심에 놓인 억압을 무력화하도록 영구히 조직화하는 것으로 제시한다. 프로이트는 죽음에의 충동이라는 개념을 통해 부정의지a will to negation, 자기파괴 의지, 또는 원초적 공격성을 이해한다. 인간의 고통과 억압이 성적 억압의 유일한 산물은 아니다(이는 프로이트가 사회와 문화에 관한 초기 저술 중 일부에서 제시한 생각이다). 프로이트는 1930년대의 저술들에서 문화를 자기파괴를 추동하면서 동시에 억압적으로 규제하는 것으로 파악하게 된다. 문명은 죽음에의 충동의 공격적 요구에 맞서 보호를 제공한다. 폴 리쾨르[Paul Ricoeur, 1970: 307]는 프로이트의 문화 해석에 관한 저술에서 "문화가 개인에게 포기하도록 주되게 요구하는 것은 욕망이 아니라 공격성"이라고 말한다.

그 결과, 프로이트는 자아와 사회의 문제를 사랑과 증오의 경합 또는 삶과 죽음의 경합으로 단번에 재구성할 수 있게 된다. 사랑은 문명화된 공존의 만개를 수반한다. 증오, 공격성, 죽음에의 충동은 문화를 산산이 조각내겠다고 위협하는 힘이다. 프로이트는 《문명 속의 불만》(1930: 59)에서 사랑과 증오, 에로스Eros와 타나토스Thanatos(각각은 그리스어로 '사랑'과 '죽음'을 뜻한다)에 대해 다음과 같이 이야기한다.

> 문명은 각 개인을 결합시켜 가족, 인종, 인민, 민족, 더 나아가 거대한 하나의 통일체로 나아가도록 하려는 에로스가 활동하는 과정이다. … 이렇게 모여 있는 사람들은 서로 간에 리비도적으로 결속돼 있다. 사람들은 공동으로 일하는 것이 갖는 장점만으로 결속하지 않는다. 그러나 인간의 자연적인 공격 본능, 각자의 모두에 대한 그리고 모두의 각자에 대한 적대감은 문명의 이러한 기획과 상충된다. 공격 본능은 에로스의 짝이자 에로스와 세계 지배권을 양분하고 있는 죽음에의 충동에서 파생된 것이고 그것의 주요한 표현이다.

▌ 내가 볼 때 인류와 관련된 운명적 질문은, 인류의 문화적 발전이 인간의 공격과 자기파괴 본능에 기인한 공동체적 삶의 저해를 성공적으로 제어할 수 있느냐, 할 수 있다면 얼마나 제어할 수 있느냐 하는 것이다. 이는 특히 현 시점에서 관심을 끄는 문제인 것 같다. 인간은 자연의 힘을 넘어서는 통제력을 획득했고, 그 힘으로 서로가 서로를 몰살할 수 있는 정도에까지 이르렀다. 인간도 이를 알고 있고, 따라서 이것이 인간이 현재 느끼는 불안·불행·걱정의 대부분을 차지한다. 이제는 두 '천상의 힘' 중 하나인 영원한 에로스가 마찬가지로 영원한 상대방(타나토스)과의 투쟁에서 자신을 확실히 내보이려 할 것이라 기대된다. 그러나 무엇이 승리하고 어떤 결과가 나타날지 누가 예견할 수 있겠는가?

지그문트 프로이트(1930) *Das Unbehagen in der Kultur* 《문명 속의 불만》, 김석희 옮김, 열린책들, 2004)

일상생활에서의 병리적 충동은 사랑과 증오의 억압적 구조에 그 뿌리를 두고 있는데, 이는 이글턴의 '달콤한 폭력'에 대한 해석에서 말하는 바로 그것이다. 특기할 만한 것은 프로이트가 죽음에의 충동이라는 개념을 도입하면서 사회의 재생산은 성적 억압에 기인한다는 초기의 관점을 여전히 따르지만, 후기의 사회학적 관점에서는 성적 억압이 자기보존으로 통합되며 신체, 타인, 자연에 대한 파괴적 공격으로 조직화된다고 본다는 점이다. 프로이트는 1914년에 발발해 수많은 젊은이들을 죽음으로 몰아간 제1차 세계대전 이전의 매우 권위주의적인 유럽 사회를 특히 염두에 두고 있었다. 그러나 그는 또한 1920~30년대의 파시즘, 인종차별주의, 반유대주의에도 정확히 주의를 기울였다. 그가 보기에 이 경향들은 문명의 붕괴를 보여 주는 것이었다. 이러한 붕괴는 성적 억압을 외부인과 무질서 척결의 의지로 변질시키는 데서 기인한다. 오늘날 이는 '인종청소'를 비롯해 동성애 혐오와 사람들이 일탈로 인식하는 것에 대한 '도덕적 공황' 등의 현상에서 나타난다.

현대문화에서 자아의 운명에 관한 프로이트의 저작들은 비판이론 안에서 벌어진 논쟁에 상당한 영향을 미쳤다(마르쿠제와 아도르노의 프랑크푸르트학파 접근법으로부터 위르겐 하버마스와 악셀 호네트의 최근 접근법에 이르기까지). 사회적 · 정치적 변환의 주관적 시초에 관한 질문은 프로이트가 사회이론에 남긴 핵심적 공헌이다.

요약

① 마셜 버먼은 영향력 있는 저서 《모든 견고한 것은 대기 속으로 녹아 버린다》에서 근대성의 경험을 모순적인 것으로 특징짓는다. 개인은 새로운 경험과 정체성을 창의적으로 탐험할 전례 없는 자유를 갖고 있지만, 다른 한편으로는 비할 데 없는 수준의 불확실성과 모호성에 처해 있기도 하다.

② 버먼의 논의는 마르크스가 전통적 봉건사회에서 산업자본주의사회로 이행하는 본질적 과정을 어떻게 이해했는지에 중점을 두고 있다. 마르크스에 따르면, 생산수단의 변화는 그것을 중심으로 한 사회의 변화를 초래했으며, 이러한 새로운 양식의 등장과 더불어 전통적 정체성과 위계 유형은 불확실성과 산업생산의 지속적인 변혁을 반영하는 새로운 유형에 자리를 내주게 됐다.

③ 조지 리처는 맥도날드화 체계가 효율성, 계산가능성, 예측가능성, 통제를 중심으로 한 모델로 패스트푸드의 논리를 도입해 소비 경험을 지배함은 물론이고 사회구조의 면면까지도 바꿔 놓았다고 논의한다.

④ 막스 베버는 20세기로의 전환기에 합리성의 '철장'에 대해 논의한 바 있다. 베버는 산업, 군대, 그리고 특히 정부 관료제를 지배해 온 합리적 관리의 논리가 점차 개인 삶의 내면에도 침투하여 개인을 산업관리 메커니즘의 한 부분으로 만들어 버리고 개인의 본래적 자유를 부정한다고 보았다.

⑤ 로버트 퍼트넘은 《나 홀로 볼링》에서 미국 사회가 1950년대 이후로 시민적 참여 부재와 도덕적 연대의 쇠퇴를 겪었다고 주장한다. 퍼트넘은 한때는 클럽 스포츠였으나 이제는 외로운 활동이 되어 버린 볼링 비유를 통해 개인주의가 강화되고 협동 및 공동체주의와 멀어져 가는 일반적 경향을 보여 준다.

⑥ 도덕적 연대의 쇠퇴에 대한 퍼트넘의 관심은 궁극적으로 에밀 뒤르켐이 제시한 사회 개념을 반영한 것이다. 뒤르켐은 《종교생활의 원초적 형태》에서 분업의 증대로 인해 출현한 '유기적' 산업사회에서의 개인주의가 집합의식의 촉진을 통한 도덕적 연대와 상호의존성의 강한 네트워크의 실

제적 밑바탕이 된다고 논의했다. 그러면서도 자기규제력의 증대가 사회의 도덕적 토대를 위험에 빠뜨리고 아노미 상태로 몰아 가는 위협이 됐다는 점 또한 지적했다.

⑦ 많은 현대 사회학자들은 오늘날 폭력과 죽음이 만연하고 있음에도 근대 사회가 이를 극복할 역량을 갖추지 못했다고 비판한다. 스탠리 코헨은 이러한 과정을 트라우마로부터 정신상태를 보호하는 무의식적 방어기제와 연결시키지만, 지속적 부정의 문화가 병리적 사회를 초래할 수 있다는 점 또한 지적한다. 테리 이글턴은 이러한 부정을 근대성 담론 속에서 비극의 문화적 서사의 민주화와 연결시킨다. 이는 문명의 구조에 본질적인 공격성과 폭력을 규명하려는 시도이다.

⑧ 폭력과 자기파괴가 문명의 핵심에 놓여 있다는 생각은 지그문트 프로이트의 《문명 속의 불만》에 제시된 사랑과 죽음의 본능의 동학에 그 뿌리를 두고 있다. 프로이트는 공격성과 죽음의 본능, 즉 타나토스가 사회적 삶에 가장 큰 위협으로 나타나며, 삶의 본능, 즉 에로스는 사회적 삶을 촉진한다고 주장했다. 프로이트가 보기에, 근대적 삶은 에로스와 타나토스 양자 모두에 대한 강력한 억압을 요한다. 이 둘은 적절히 억압되지 않으면 불안과 불행을 야기하며 병리적 폭력을 촉발한다.

심화 질문

① 근대적 삶이 전통의 제거를 수반한다는 마르크스의 주장에 동의하는가?

② 본인의 자유, 그리고 그 결과와 더불어 살아야 한다는 것이 불확실성 또는 불안감을 느끼게 하는 사례를 본인의 삶에서 떠올린다면?

③ 일상생활, 특히 패스트푸드 음식점 이외의 상황에서 맥도날드화를 경험한 적이 있는가?

④ 베버는 사회가 관료제적 관리의 논리를 결코 벗어날 수 없으리라고 비관적으로 보았다. 우리가 아직도 '철장'에 갇혀 있다고 생각하는가?

⑤ 현대사회에서 개인이 어떻게 도덕적 가치를 획득한다고 생각하는가?

⑥ 우리 사회가 도덕적이라고 생각하는가, 아니면 아노미적이라고 생각하는가?

⑦ '문화가 개인에게 요구하는 가장 중요한 부정은 … 공격성이다.' 이에 관해 토론해 보라.

더 읽을거리

마셜 버먼

All That is Solid Melts into Air: The Experience of Modernity (London: Verso, 1983) 《현대성의 경험》, 윤호병·이만식 옮김, 현대미학사, 2004)

카를 마르크스

(with Friedrich Engels) *The Manifesto of the Communist Party*, trans. by Samuel Moore (London: Pluto Press, 2008) 《공산당선언》, 이진우 옮김, 책세상, 2018)

A Contribution to the Critique of Political Economy, trans. by N. I. Stone (Chicago: Charles H. Kerr & Co., 1911) 《정치경제학 비판을 위하여》, 김호균 옮김, 중원문화, 2012)

조지 리처

The McDonaldization of Society: An Investigation into the Changing Character of Contemporary Social Life (Thousand Oaks: Pine Forge Press, 1993) 《맥도날드 그리고 맥도날드화: 유토피아인가 디스토피아인가》, 김종덕·김보영·허남혁 옮김, 풀빛, 2017)

막스 베버

The Protestant Ethic and the Spirit of Capitalism, trans. by Talcott Parsons (London: George Allen & Unwin Ltd, 1976) 《프로테스탄티즘의 윤리와 자본주의 정신》, 김덕영 옮김, 길, 2010)

Economy and Society: An Outline of Interpretive Sociology Volume I

(Berkely, CA: University of California Press, 1978) 《경제와 사회》, 박성환 옮김, 문학과지성사, 1997)

로버트 퍼트넘

Bowling Alone: The Collapse and Revival of American Community (New York: Simon & Schuster, 2000) 《나 홀로 볼링: 사회적 커뮤니티의 붕괴와 소생》, 정승현 옮김, 페이퍼로드, 2009)

에밀 뒤르켐

The Elementary of the Religious Life, trans. by Joseph Ward Swain (New York: Free Press, 1965) 《종교생활의 원초적 형태》, 민혜숙·노치준 옮김, 한길사, 2020)

스탠리 코헨

States of Denial: Knowing about Atrocities and Suffering (Cambridge, UK: Polity Press, 2001) 《잔인한 국가 외면하는 대중》, 조효제 옮김, 창비, 2009)

테리 이글턴

Sweet Violence: The Idea of the Tragic (Oxford, UK: Blackwell, 2003) 《우리 시대의 비극론》, 이현석 옮김, 경성대학교출판부, 2006)

지그문트 프로이트

Civilization and its Discontents, trans. by Joan Riviere (London: The Hogarth Press, 1973) 《문명 속의 불만》, 김석희 옮김, 열린책들, 2004)

입문자를 위한 고전 사회이론의 주요 이론과 쟁점에 대한 심화된 안내자로는 다음 두 명의 사회이론가를 추천한다.

앤서니 기든스

Capitalism and Modern Social Theory: An Analysis of the Writings of

Marx, Weber and Durkheim (Cambridge University Press, 1971) (《자본주의와 현대사회이론》, 박노영 · 임영일 옮김, 한길사, 2008)

찰스 레머트

Thinking the Unthinkable: The Riddles of Classical Social Theories (Paradigm Publishers, 2007)

Social Things: An Introduction to the Sociological Life (Rowan and Littlefield, 2005)

인터넷 링크

http://www.socialtheory.info/biographies.htm
http://www.marxists.org/
http://durkheim.uchicago.edu/
http://www.freudarchives.org/

프랑크푸르트학파

모든 고전 사회학적 전통 중에서도 마르크스주의는 확실히 자본주의의 지속적이며 엄청난 확산에 관한 가장 흥미진진한 스토리라인을 제공한다. 마르크스는 이렇게 말했다. "부르주아는 세계시장에 대한 착취를 통해 모든 나라에서의 생산과 소비에 코스모폴리탄적 성격을 부여했다."

샌프란시스코부터 시드니까지, 뉴욕부터 뉴델리까지, 시내 쇼핑몰에서 중국·대만 또는 인도로부터 유통된 화려한 디자이너 상품과 하이테크 상품들을 살펴보는 쇼핑객이라면 누구나 마르크스의 평가에 동의할 것이다. 마르크스가 보기에 자본주의 하에서 벌어지는 일은 감각적인 삶과 인간 욕망의 과장된 팽창이며, 이는 쾌락이 더 많은 재화의 지속적 축적에 의존하고 있는 사회 전반에 걸쳐 항구적 혁명을 창출한다. 한 마디로, 사람들은 더욱더 새로운 경험을 원한다. 혹자는 디자이너 진, 휴대전화 또는 아이팟이 진정으로 사회적 웰빙을 구현할 수 있는지 의문을 표하겠지만, 마르크스주의적 관점의 핵심은 오늘날 그러한 소비가 왜곡되어 자기구성적·자기증식적·자기준거적이 된다는 것이다.

쇼핑은 현재 TV 시청에 이어 세계적으로 가장 인기 있는 여가 활동이다. 이 문제를 잠깐 생각해 보자. 오늘날에는 확실히 더 많은 사람들이 무엇을 생각하고 무슨 일을 하느냐보다 무엇을 사고 무엇을 소유하느냐로 자신의 삶을 규정한다. 21세기의 새로운 소비사회에서 개인은 물질적 재화뿐 아니라 대중사회의 만족할 줄 모르는 욕구를 겨냥한 다양한 유혹적 생산물과 서비스를 소비한다. 오늘날 개인은 상점, 서비스, 인터넷 사이트가 24시간 내내 열려 있는 유동하는 소비 풍경 속에서 쇼핑하면서 낮 시간만으로는 충분치 않은 사회에서 좀처럼 충족되지 않는 욕구를 해소하려 애쓴다. 아마존 온라인 쇼핑부터 롤렉스 시계까지, 몸에 딱 달라붙는 캘빈클라인 청바지부터 최신 유행 나이키 스포츠웨어까지, 안티에이징 화장품부터 아르마니나 베르사체 같은 디자이너 의류까지, 서구 사회에서 거의 보편적으로 나타나는 쇼핑에 대한 추구는 개인적 해방과 인간 자유의 경험에서 근본적인 것으로 자리 잡았다.

보편적 소비주의가 지배적 위치를 점하게 됐다는 것은 주목할 만한 현상이다. 이는 한편으로 근대사회를 산업생산(개발도상국들로 '외주'를 주었던)으로부터 생산물, 서비스, 브랜드의 탈산업적 소비로 이행시켰다. 또한, 유행이 쇼핑을 그 자체가 목적인 것으로 재정의하는 새로운 사회적 태도로 자리 잡도록 하는 데도 기여했다. 사람들이 안전을 위해 행복을 희생하면서 균형을 맞추는 것으로 사회를 파악한 프로이트의 정신분석학과 달리, 오늘날의 소비사회에서는 즉각적 자기만족과 쾌락이 전부다. 소비의 자유, 또는 전 지구적 자유방임주의 독트린은 현대 여성과 남성이 어떻게 자유를 소비하느냐에서 핵심적이다.

그러나 소비주의 문화로부터 비롯된 해방에 대해 의문을 제기해야 할 강력한 이유 역시 존재한다. 이른바 라이프스타일과 관련된 문구들, 이를테면 애플 아이팟, 구찌 시계, 몽블랑 펜 같은 문구들이 진정으로 우리의 더 깊은 개인적 노력을 만족시키는가, 아니면 욕망하고자 하는 욕망을 멈출 수 없는 사회를 더욱더 자극할 뿐인가? 자신이 정말로 소중한 시간(가족, 친구, 기타 의미 있는 것을 위한)을 충분히 가지고 있다고 생각하는 온라인 쇼핑객이 얼마나 되는가? 얼마나 많은 부모들이 쇼핑문화 때문에 자녀들과 보내는 시간이 줄었는가? 휴가철 패키지 상품을 파는 여행사부터 패키지 생활용품을 파는 이케아 스타일의 기업에 이르기까지, 오늘날의 소비산업이 과연 새로운 자유를 촉진하는가, 아니면 새로운 불안을 촉진하는가?

선진 자본주의가 가져온 사회적 결과를 고민할 때, 특히 현재 사람들이 살아가는 문화산업과 소비산업의 윤곽을 추적하는 데 영향력 있는 논의를 제공한 집단은 프랑크푸르트학파이다. 프랑크푸르트학파 사회이론의 핵심은, 개인이 '과잉억압surplus-repression'으로 고통받는다는 테오도르 아도르노의 '관리사회administered society'와 헤르베르트 마르쿠제의 '일차원적 인간' 명제이다. 아도르노와 마르쿠제의 작업은 상당히 학제적이며(고전 사회이론의 특정 전통, 특히 프로이트 정신분석학을 포함하는), 오늘날 급속한 소비자지향적 사회에서 사는 많은 현대인들이 잘 인식하지 못하는 관점을 담고 있다. 동시에 20세기 독일 지성인 중 가장 중요한 이 두 사람의 저작과 프랑크푸르트학파 전체의 작업은 최근의 세계사는 물론이고, 대규모의 사회적 과정이 개인과 그의 사적 세계에 미치는 영향과 관련해서도 매우 중요하다.

프랑크푸르트학파는 독일에서 나치 정권이 들어서기 10년 전에 형성될 때부터 이 명칭으로 불렸다. 이 학파의 주요 이론가들은 당연히 당시 서유럽을 휩쓸고 있던 정치적 비합리성과 전체주의의 물결을 파악하는 연구들을 수행했다. 이 학파는 정치권력이 인간 주체의 내면세계에 스스로를 각인시키는 다양한 방식을 파악하고자, 더 구체적으로는 히틀러가 실질적으로 촉발시킨 터무니없고 무의미한 악惡을 비판적으로 탐구하고자 일상생활에 대한 사회학적 분석에 프로이트적 범주들을 끌어들이는 대담한 이론적 행보를 보였다. 파시즘의 정신병리를 파악하려는 이 학파의 시도와 관련해서는 아도르노, 마르쿠제, 그리고 프롬이 특히 돋보인다. 이들 각각은 사뭇 다른 방식으로 프로이트적 범주들을 끌어들여 탈자유주의적 합리성, 문화, 정치의 핵심적 동학動學과 병리를 이해하고자 했으며, 또한 근대성 자체가 처한 사회학적 교착상태를 추적하고자 했다. 그 결과, 정신분석학의 정치적 차원은 물론이고 공적인 정치적 생활의 정신역학적 요소 또한 극적으로 강조되게 되었다.

호르크하이머와 아도르노:《계몽의 변증법》

테오도르 아도르노Theodor Adorno와 막스 호르크하이머Max Horkheimer는 미국 망명 기간 중 근대 시기의 어두운 측면을 간파한 사회이론의 역작《계몽의 변증법Dialektik der Aufklaerung》(1944)을 저술했다. 놀라운 철학적 논의 범위와 사회학적 통찰을 담은 이 책에서 아도르노와 호르크하이머가 스스로 설정한 과제는 "왜 인류가 진정한 인간적 조건으로 진입하는 대신에 새로운 야만 상태로 빠져 버렸는지를 발견하는 것"이었다.

저자들이 말하는 지옥은 독일에 남겨진 정치적 악몽, 즉 제3제국의 파시즘이었다. 그러나 이들은 도구적 이성의 광범위한 지배가 자유민주주의에서 파시즘의 지배(특히 미국에서)의 신호 또는 징후라는 점 또한 밝혀냈다. 재즈부터 할리우드에 이르는 미국의 엔터테인먼트 산업은 사실상 이러한 상업화된 세뇌 과정의 핵심적 부분이며, 따라서 파시스트 이데올로기의 발흥과 지배를 보여 주는 것이다.《계몽의 변증법》의 핵심에는 **계몽**과 **지배**라는 관념이 복잡하게 얽혀 있으며, 이는 호르크하이머와 아도르노가 상세히 설명한 근대성에 대한 포괄적인 사회학적 진단에서 중심적인 것이다.

물론 이성은 인간 존재에 필수적이다. 그러나 호르크하이머와 아도르노의 비판이론에서는 계몽주의 철학과 도구적 이성이 질병의 형태로 전복됐다는 점이 드러난다. 이들은 '계몽'이라는 용어의 다양한 정의에 기초해서 극단의 이성이 자신이 억압하고자 하는 극단의 광기의 반영으로 변형된 모습을 탐구했다. 그 중요한 정의 중 하나는 18세기 프랑스혁명부터 20세기 초 러시아혁명에 이르는 유럽의 사회적 격변을 형성한 다양한 정치적·지적 흐름과 관련되어 있다. 바로 합리주의적·공화주의적·보편적인 것으로서의 계몽이라는 혁명적인 생각이다. 또 다른 중요한 정의는 근대과학, 특히 망원경, 현미경, 컴퍼스, 시계 같은 기술혁신의 결과로 과학계에서 일어난 발견과 전환의 시대로부터 비롯된 것이다. 호르크하이머와 아도르노는 이러한 계몽주의적 이성의 버전들을 탐구하면서 자신의 삶, 타인의 삶, 그리고 외부 세계에 대한 사람들의 태도에 전반적인 변화가 일어나고 있다고 본다. 전통사회가 신화에 의존하여 인간사를 통치했다면, 근대사회는 인간 이성의 힘을 결정적인 것으로 받아들였다. 계몽에 대한 이와 같은 해방적 관념은 진보와 보수 모두에게 이른바 신화의 잠식, 즉 현대 과학, 기술, 경제발전에 필수적이었다.

그러나 호르크하이머와 아도르노에 따르면, 이성이 신화를 파괴한다는 근대적 관념은 순전히 환상에 불과하다. 오히려 계몽과 신화는 긴밀하게 결합돼 있다. 이는 계몽의 근거(즉, 이성)와 계몽이 극복하고자 하는 것(즉, 신화) 사이에 은밀한 공모 관계가 있음을 의미한다. 이러한 관점에서 보면, 사회질서가 스스로를 계몽된 것으로 규정할수록 이성은 더욱더 신화와 엮이게 된다. 호르크하이머와 아도르노는 "진보적 사고의 가장 일반적인 의미에서, 계몽주의는 언제나 인간을 공포로부터 해방시키고 인간의 독자성 확립을 목표로 해 왔다. 그러나 그렇게도 계몽된 지구에서 재앙이 승리의 광채를 뿜어낸다"고 말한다. 유럽의 파시즘부터 미국의 상업화된 대중문화에 이르기까지, 계몽주의가 약속했던 자유는 대서양의 이쪽과 저쪽에서 재앙적인 사회적 결과를 산출했다.

《계몽의 변증법》의 저자들은 "계몽주의는 전체주의"라고 말한다. 독일에서의 국가사회주의(나치)의 발흥부터 미국의 문화산업에 이르기까지, 히틀러의 유럽 내 유대인 학살부터 근대 전쟁 기술을 이용한 전례 없는 파괴에 이르기까지, 계몽적 이성은 서구는 물론 인류 전체의 차원에서도

▌ 오늘날 인간 본성의 노예화는 사회적 진보와 떼려야 뗄 수 없다. 경제적 생산성의 증가는 더 정의로운 사회를 위한 조건을 창출함과 아울러 기술 장치와 이를 통제하는 집단이 나머지 사람들에 대해 엄청나게 우위를 점하도록 만들기도 한다. 개인은 경제적인 힘 앞에서 완전히 무력화된다. 이러한 힘은 자연에 대한 사회의 지배를 상상할 수 없는 정도까지 진척시키고 있다. 개인은 기술 장치로부터 과거 어느 때보다도 더 나은 것을 제공받지만, 자신이 봉사하는 기술 장치 앞에서 그 존재가 사라져 버리고 만다. 이런 불공정한 사회적 상황에서는 대중에게 분배되는 재화의 양이 증가할수록 대중의 무기력함과 순응성도 증가한다. 하층계급의 생활수준 향상은 물질적으로는 상당하지만 사회적으로는 보잘것없는 정도이며, 이는 지성의 위선적 확산에 반영돼 나타난다. 지성의 진정한 관심은 물화物化에 대한 부정이다. 지성은 문화적 자산으로 고착되고 소비를 목적으로 배포될 때 소멸할 수밖에 없다. 자잘한 정보와 최신 오락의 범람은 사람들을 영리하게 만들기도 하지만 동시에 바보로 만들기도 한다.

막스 호르크하이머·테오도르 아도르노(1944) *Dialektik der Aufklärung* (《계몽의 변증법: 철학적 단상들》, 김유동 옮김, 문학과지성사, 2001)

실패로 끝났다. 근대 시기에 대한 이런 회의적이고 암울하기까지 한 평가의 중심에는 '지배'라는 개념이 놓여 있다. 호르크하머와 아도르노가 지배를 사회학적으로 엄밀하게 정의하지는 않지만, 도구적·기술적·과학적 이성이 자아, 인간의 내적 본성, 사회의 외적 본성에 대한 지배를 확립하는 위력을 강조한다는 점은 분명하다.

호르크하이머와 아도르노는 지배 본성이 사회와 사회적 관계를 보호하며, 개인 정체성은 맹목적 본성으로부터 자아에 대한 성찰적 의식으로 이행한다고 논의한다. 이는 사실상 본성에서 문화로의 이행이다. 그러나 본성을 벗어나 왜곡된 사회는 본성으로 되돌아가며, 정체성을 훼손하고 인간의 행복과 자유의 가능성을 앗아가 버리는 비극적 아이러니가 일어난다. 말하자면, 초기에 본성의 침탈로부터 사회질서를 보호하는 데 필수적이던 공격성, 분노, 폭력이 문화적·정치적 질서가 구성된 다음에도 사라지지 않는다는 것이다. 오히려 그와 반대로 폭력은 사회질서의 기저에 내재되고, 공격성은 세계를 변화시키려는 사회적 행위자들의 모든 시도의 근간을 그것이 제아무리 고결하고 고상한 것일지라도 내쳐 버린다.

이는 합리성이라는 청사진을 적용한 '관리'사회로의 멈출 수 없는 추동이 언제나 그 필요 정도를 넘어 위험한 수준에 이른다는 것을 의미한다. 이성에 대한 욕구에는 뭔가 망상적인 것이 존재한다. 망상적이라는 이유는 이성이 사실상 자율성과 대척점에 있는 놀라울 정도의 억압을 은폐한다는 데 있다. 이러한 계몽 병리의 한 가지 징후가 파시즘, 특히 반유대주의다. 아도르노와 호르크하이머는 유대인에 대한 증오가 주변화된 집단에 대한 근대사회의 격렬한 내적 강요의 투사projection라고 주장한다. 물론 반유대주의가 계몽적 이성의 끔찍한 과잉의 유일한 징후는 아니다. 우리 시대의 계몽적 이성은 본성의 파괴부터 개발도상국들에 대한 식민지배에 이르기까지 모든 곳에서 작동한다.

프로이트주의 혁명: 정신분석학의 활용

프랑크푸르트학파에 의해 수행된 비판이론의 발전에서 가장 두드러진 특징은 프로이트주의 정신분석학을 정체성, 정치, 문화, 이데올로기를 설명하는 데 활용했다는 점이다. 지배, 즉 선진 자본주의 세계에서 관리와 조종이 증대하는 과정과 그 결과에 대한 프랑크푸르트학파의 근본적 관심은 개인, 자아 정체성, 감정적인 삶에 특히 초점을 맞춘다. 이러한 지향은 고전 사회학 이론의 한계를 넘어 심리학의 영역으로 나아가는(주로 정신분석학의 형태로) 이행 과정을 수반했다.

정신분석학은 아도르노가 1940년대부터 벌인 작업, 그리고 마르쿠제가 1950년부터 쓴 저작들에서 이성과 억압의 연관성에 대한 탐구뿐만 아니라 사회 전체 수준의 행복과 쾌락 문제를 재고하는 핵심적인 지적·정치적 원천이 된다. 이들의 정신분석학으로의 전환을 촉진한 정치적 동기는 두 사람이 파시즘과 나치즘, 관료제적 자본주의가 사생활에 미치는 감정적 영향을 설명하려 시도한 데까지 거슬러 올라간다. 이러한 획기적인 행보는 이미 1930년대에 에리히 프롬이 프랑크푸르트학파와 함께 했던 작업에서 나타나는데(이에 대해서는 나중에 간략하게 살펴볼 것이다), 프롬은 프로이트에 대한 비관적인 정치적 평가에 맞서 프로이트적 분석을 사회적 해방과 폭력 종식을 위한 투쟁의 도구로서 옹호한 인물이다.

프랑크푸르트학파가 프로이트를 활용한 결과, 정신분석학은 현대사회 이론에 주요한 영향력을 행사하게 됐다. 이러한 영향력에 대해서는 제5장에 나오는, 자크 라캉이 수행하고 그 후학들이 비판적으로 탐구한 포스트 구조주의적으로 프로이트 다시 읽기 부분에서 상세히 논의할 것이다. 하지만 이 지점에서 프랑크푸르트학파 구성원들이 프로이트에 어떻게 접근했는지, 특히 정신분석학적 개념들이 어떻게 비판이론의 주요 논점들에 부합하는 방향으로 재형성되고 확장됐는지를 살펴볼 필요는 있다.

프랑크푸르트학파의 주요 이론가들은 무의식, 성적 억압, 오이디푸스 콤플렉스 등 프로이트의 핵심적 발견들을 거의 대부분 채택하여 자아와 사회의 관계, 가족과 사회화의 관계, 이데올로기와 정치적 지배의 관계를 재검토했다. 예를 들어, 아도르노는 에세이 〈사회학과 심리학Soziologie und Psychologie〉에서 사회이론에서 프로이트가 갖는 중요성을 옹호한 바 있다. 그는 정신분석학이 19세기 말과 세기 초에 정체성 형성 과정을 상세히 탐구하고 비판이론이 정체성 비판을 발전시키는 데 상당히 기여했다는 점에서 가치가 있다고 논의했다. 그러나 역설적으로 정신분석학은 그 개념들을 한계점(프로이트의 다소 억지스런 '책상머리' 추론 같은)까지 밀어붙일 때 가장 급진적이 된다. 아도르노는 《최소한의 도덕Minima Moralia》에서 다음과 같이 썼다. "정신분석학에서는 과장exaggeration을 제외하고는 어떤 것도 참이 아니다." 아마도 아도르노는 이를 통해 프로이트의 작업 중 가장 유별난 특징, 말하자면 정신분석학이라는 허구가 실제로는 현대사회 세계 및 정치 세계에 대한 중요한 통찰을 담고 있음을 말하고자 했던 것 같다.

그런 점에서, 프로이트의 이른바 거세불안 이론(심지어 정신분석학파 내에서도 보편적 조건으로 받아들여지지 않았던)은 선진 자본주의 시대에 가속화된 사회적 관계의 파괴적·야만적 속성에 대한 적절한 은유로 재탄생될 수 있다. 마틴 제이(Martin Jay, 1984: 90)에 따르면, "아도르노가 초기 프로이트에 접근한 방식은 자신의 이론에 현대적 존재의 트라우마를 꿋꿋하게 도입하는 것이었다. 가혹한 진실을 말하는 것은 그 자체로 트라우마를 불가피한 것으로 수용하는 데 대한 일종의 저항이었다."

마르쿠제Herbert Marcuse가 근대사회를 이해하기 위해 비판이론에 프로이트를 활용한 것은 아도르노가 발전시킨 관점과 일부 유사한 점이 있지만, 그의 저작은 훨씬 더 영향력을 발휘했다. 마르쿠제는 아도르노와 마찬가지로 초기의 '생물학적' 프로이트 또는 '충동이론'으로 지칭된 것에 초점을 맞춘다. 이렇게 억압된 충동과 성적 에너지라는 전통적인 프로이트식 용어에 의존하는 것은 오늘날의 시각으로 보면 유행에 뒤처진 것이고 그의 비판이론에는 궁극적으로 한계가 있지만, 그럼에도 마르쿠제의 논의는 어떻게 근대사회가 매우 억압적인 형태의 정체성 내부의 풍경을 관통하는지에 대한 가장 중요한 통찰에 다가가는 개념적 맥락을 제공한다.

예를 들어, 마르쿠제와 아도르노 모두 프로이트 이론을 개인 자아의 분열되고 파편화된 본질과 통합에 대한 전통적 초점과 동떨어진 방식으로 재해석한 미국식 자아심리학American ego-psychology에 상당히 회의적이었다. 마르쿠제는 이러한 식의 프로이트 독해가 정신분석학의 혁명적 잠재력을 앗아가 버린다고 주장했다. 그는 사회를 정신분석학에 접목하기보다 정신분석학을 내부로부터 펼쳐내어 그것에 내재한 비판적 통찰력을 드러내고자 했다. 다만, 아도르노와 다르게 성적 억압이 정체성·사회·문화의 급진적 형성 가능성을 열어 놓는다고 주장한다.

인간 주체가 왜 명백히 저항 없이 후기자본주의 지배 이데올로기에 종속되는지에 대한 프랑크푸르트학파의 분석은 더할 나위 없는 가치가 있다. 이 학파가 사회심리학적 차원의 개인과 문화 관계 연구를 위해 발전시킨 일반적 설명 모델은 지금도 사회이론에서 상당한 관심을 받고 있다.

프롬: 자유라는 공포

프롬Erich Fromm은 1926년부터 정신분석가로 활동했으며, 프랑크푸르트 정신분석학 연구소의 일원이었다. 그의 초기 연구는 프로이트의 무의식 이론과 마르크스주의 사회학의 결합을 추구했다. 그는 사회를 무의식의 기능과 연계시키려 한 빌헬름 라이히Wilhelm Reich의 《성격분석Charakteranalyse》(1933)에 영향을 받아, 경제와 개인 사이에서 가족의 매개적 영향력 외에 섹슈얼리티와 억압이라는 주제에 대해서도 탐구했다.

프롬에 따르면, 프로이트 정신분석학이 사회구조가 개인의 삶의 내적 차원에 어떻게 영향을 미치며 심지어 이를 형성하기까지 하는지를 파악하려면 마르크스주의를 통한 보완이 반드시 필요하다. 그러나 억압에 대한 프롬의 분석은 라이히가 했던 작업과 실질적으로 달랐다. 프롬의 관점에서 보면, 라이히는 프로이트의 섹슈얼리티 이론을 개인 심리학 수준으로 환원시켰기 때문에 사회에 대한 적절한 이론으로 발전할 수 없다. 오히려 프로이트 정신분석학은 근본적으로 '사회심리학'이라는 것이 프롬의 주장이다. 프롬이 보기에 개인은 자신과 타인의 관계 속에서 이해돼야만 한다.

프롬의 프로이트 재해석에 따르면, 사회체계는 개인의 삶을 특정 역사적 시기의 경제적·문화적 맥락에 부합하도록 형성한다. 봉건사회는 개인을 농노와 영주라는 역할에 적응시키고, 시장자본주의는 개인을 자본가와 노동자라는 역할에 적응시키며, 선진 독점자본주의는 많은 사람을 다른 무엇보다도 소비자로 만들어 낸다. 프롬은 이를 가리켜 '사회적으로 필수적인 성격 유형socially necessary character type'의 창출이라고 말한다. 사실상 사회는 끊임없이 개인들에게 이미 정해진 사회적 경로를 따르는 심성을 갖도록 명령하고, 사회적 가치와 태도를 자아의 가장 깊은 심층에 투사한다. 그 결과, 사람들은 '자신이 행위해야만 하는 방식으로 행위하기를 원하게 된다.'

프로이트가 그러했듯이, 프롬 또한 가족이 억압의 출현에 중요한 역할을 하는 것으로 본다. 아버지의 사랑을 성취하는 것은 내재적 자아의 억압 또는 부정, 그리고 사회적으로 정해진 행동 유형에 대한 적응을 수반한다. "가족은 사회 또는 사회계급이 그 특유의 구조를 아동에게 각인시키고, 따라서 성인에게도 각인시키는 매개체다. 가족은 사회의 심리학적 대리인이다"[1985[1932]: 483]. 가족은 개인의 삶의 중심에 외적·사회적 모순을 이식하고, 경제적 조건을 이데올로기로 유지시키며, 종속적이고 몰沒자아적이며 무기력한 자아 인식을 형성하는 제도다.

프롬 논의의 핵심은 후기자본주의가 경제 메커니즘 및 제도뿐만 아니라 각 개인의 내적 삶과 정신역학적 투쟁에도 파괴적 영향을 미친다는 것이다. 프롬이 보기에, 사회가 성적 억압, 리비도의 억제, 자아의 병리 문제라고만 한다면 이는 고전적 프로이트주의의 통상적 영역에서 크게 벗어나지 못한 것이다. 프롬은 자아 정체성에 영향을 미치는 사회적·정치적 관계를 논의하면서 억압에 대한 프로이트의 설명을 더욱 풍부하게 만든다. 그러나 후기 저작들에서는 논지가 상당히 바뀌어, 삶의 충동과 죽음의 충동에 관한 프로이트의 이원론(제2장에 나온 프로이트의 논의를 참조하라)에 점차 회의적이 되면서 고전적 프로이트주의가 개인 간 관계의 중요성을 적절하게 파악하지 못한다고 주장한다. 특히 프롬은 프로이트의 죽음 충동 개념을 거부하면서, 이 개념이 근대사회에서 파괴적·공격적 경향의 증대를 정당화하는 데만 기여한다고 논박한다.

프롬은 1930년대를 지내면서 정통 프로이트주의에 점점 더 회의적이

됐다. 그는 프로이트의 죽음 충동 개념을 생물학적 환원론이라며 강하게 비판했다. 이 개념이 자본주의의 파괴적·공격적 경향을 이론적 수준에서 정당화할 뿐이라는 것이다. 더 중요한 것은, 그가 설리반Harry Stack Sullivan과 호니Karen Horney 같은 신프로이트주의 분석가들의 영향을 받게 됐다는 점이다. 이들은 자아 구성에서 전체 사회적·문화적 요인을 강조한 인물들이다. 정체성 형성에서 문화적 요인의 중요성은 프롬의 주요 저작들, 특히《자유로부터의 도피Escape from Freedom》(1941)와《건전한 사회The Sane Society》(1955)에서 중점적으로 다루어졌다. 이 저작들은 근본적인 '인간 본성', 즉 자본주의 지배 패턴에 의해 억압되고 왜곡된 본성에 대한 논의를 담고 있다.

프롬은《건전한 사회》에서 자아에 해를 가하는 병리의 측면에서 근대 사회를 탐구하면서, 사회적 삶의 압력이 친밀한 관계를 얼마나 기형적으로 바꿔 버리는지를 살핀다. 특히 프로이트가 사회적 및 문화적 요인을 과소평가했을 뿐만 아니라, 인간의 욕구에 문화가 미치는 일반적 영향 또한 간과했다고 논박한다. 프롬은 자아는 개인 간의 과정이라는 측면에서 가장 제대로 이해될 수 있다고 말한다. 그런 점에서 본다면, 심리적 삶은 자신과 타인들 간의 관계로부터 파생된 감정적 배열로 구성되는 것이다. 자아의 조직화는 (무의식적 충동과 열정에 영향을 받는 부분도 있기는 하지만) '인식, 이성, 상상'을 통해 성찰적으로 이루어진다. 프롬의 자아이론은 다음 다섯 개의 명제로 요약할 수 있다.

① **관계성 대 자아도취**relatedness vs. narcissism 인간 조건은 본질적으로 관계성에 대한 욕구에 근거한다. 이는 프로이트가 말하는 이른바 '고독한 개인'에 도전하는 명제다. 관계성에 대한 욕구는 본능적인 것이 아니라

본성과의 분리로부터 비롯되는 것이다. 친밀성의 변성은 창조적인 사회적 관계에 기초한다. 이러한 관계가 없으면 자아는 병리적 자아도취에 빠지며 황폐화된다.

② **초월−창조성 대 파괴성**transcendence−creativeness vs. destructiveness 생물학적 욕구라는 배경과 반대로, 개인적 및 사회적 창조성은 긍정적 · 부정적 양측면에서 모두 드러난다. 프롬은 창조와 파괴는 "양자 모두 동일한 초월에의 욕구에 대한 대답이며, 파괴에의 의지는 창조에의 의지가 충족되지 못할 때 필히 발생하게 된다"고 논의한다.

③ **고착성固着性−우애 대 근친애**rootedness−brotherliness vs. incest 프롬은 성숙한 사회적 삶은 남성적 가치와 여성적 가치의 상호작용에 기초한다고 논의한다. 그는 프로이트 이론의 남성중심적 편향성을 지적하며, 자아의 잠재력은 이성의 남성적 영역에 여성적 특성(보호와 양육 같은)을 결합하는 것에 기초한다고 주장한다. 그러나 바로 이러한 이유 때문에, 근대사회에서 여성적 특성은 '자연 상태'로 회귀하는 통합을 저해하는 위험 요소로 간주된다.

④ **정체성 감각−개별성 대 집단동조**sense of identity−individuality vs. herd conformity 자아정체성의 추구는 인간 조건의 본질적 특성이며, 근대사회는 자아 조직화의 사회경제적 가능성을 구조화하는 핵심적 역할을 맡고 있다. 프롬은 이러한 욕구의 억압적 변형이 파시즘이나 반유대주의 같은 권위주의적 이데올로기를 낳는다고 논의한다.

⑤ **지향과 헌신의 준거에 대한 욕구−이성 대 비합리성**the need for a frame of orientation and devotion−reason vs. irrationality 세계와의 정서적 연계에 대한 욕구는 인간 자율성의 전제 조건이다. 정서적 연계가 없으면 개인은 자기애적 상태로 빠진다.

프롬 저작의 핵심적 특징은, 무기력 또는 고립이 자아와 타인 간의 관계에서 주요한 구성 요소라는 것이다. 그런 점에서, 친밀한 관계는 진보할 수도 있고 퇴행할 수도 있다. 타인과의 진보적 관계는 보호, 공감, 사랑이라는 정서적 특성을 포함한다. 개인적 고립의 고통은 건전한 대인관계 발전을 위해 직면되고 수용된다. 반면 타인과의 퇴행적 관계는 개인의 독자성에 대한 부정에서 비롯된다. 이러한 기능 양식에서 내적 고통과 공허함은 유아적 환상으로의 신경증적 몰입으로 회피된다. 이러한 맥락에서 대중소비문화는 퇴행적 환상의 끊임없는 목록을 제공하며, 그 환상은 나르시시즘적 병리와 그와 관련된 장애를 유발한다. 이 같은 자아의 신경증적 · 퇴행적 구획의 핵심적 특징은, 자아 정체성을 고양하고 내적 공허함과 고립을 회피하고자 타인을 도구적으로 이용한다는 것이다.

이 지점에서 프롬의 관점은, 마치 선과 악의 객관적 관계를 규정한 페어베른Ronald Fairbairn의 공식 또는 참된 자아와 거짓 자아에 관한 위니콧Donald Winnicott의 설명에서처럼, 자아 발달과 자아 왜곡 사이의 중요한 객관적인 관계적 구분object relational distinction으로 수렴된다. 그러나 프롬은 대인관계와 사회적 맥락을 직접적으로 연결시킴으로써 좀 더 개방적인 정신분석학적 자아이론을 제시한다. 그 논의의 요지는, 사회적 관계 병리와 연계된 자아의 문제는 이미 존재하는 문화적 지배 패턴에 뿌리를 두고 있다는 것이다. 경제적 · 정치적 · 문화적 삶의 영역이 권력의 가학적 만족으로 가득 차 있기 때문에, 퇴행적 자아 해법은 개인적 영역에서 재생산된다.

현대의 사회적 배열이 폭력적으로 변형되고 자아의 구성을 왜곡한다면, 이러한 병리적 상태를 되돌릴 대안은 있는가? 인간은 의미 있는 해방을 창출하고 유지할 수 있을까? 프롬은 인간이 그렇게 할 수 있다고 믿는다. 앞서 언급한 분석에서 드러난 비판적 어조에도 불구하고, 프롬은 놀랍게도 삶의 고통스런 실재에 성숙하고 합리적인 방식으로 직면하는 것이 여전히 가능하다고 주장한다. 더 나아가, 이것이야말로 자아가 현 시대의 퇴락적 영향에서 분리되는 데 필수적이라고 주장한다. 본래적인 삶을 산다는 것은 창조적이고 반응적인 자아를 창출함을 의미한다. 이러한 역량은 개인의 분리와 고독, 즉 근대 문화에서 고립 또는 공허함으로 경험되는 실재에 기초한다는 것이 그의 주장이다. 프롬은 이를 간략히 묘사하는 방식을 통해 자아와의 더 성찰적인 관련성을 강조한다. 그러나 사회적 갈등과 관련해서는 어떠한가? 이러한 맥락에서 프롬은 해방의 활력적 전망으로서의 도덕적 차원을 발전시키려 한다. 인간 주체가 자기성찰을 통해 본래적 존재의 가능성을 되찾을수록, 상호존중과 자율적 행위에 기초한 사회질서가 발전할 것이다.

프랑크푸르트학파 구성원들은 개인의 자본주의로의 통합에 관한 프롬

█ 한 사회 구성원들의 정신상태와 관련해 가장 기만적인 것은 그들 구성원의 '합의적 확인consensual validation'이다. 다수의 사람이 특정한 관념과 감정을 공유하고 있다는 사실이 이러한 관념과 감정의 타당성을 증명한다고 가정하는 것은 설부른 일이다. 이처럼 진리와 동떨어진 것도 없다. 이와 같은 합의적 확인은 이성 또는 정신건강과 아무런 상관도 없다. 두 사람 간의 감응정신병感應精神病이 있듯이, 수백만 명 간의 감응정신병 또한 있다. 수백만 명이 동일한 악惡을 저지른다고 해서 그 악이 미덕이 되는 것도 아니고, 수백만 명이 수많은 오류를 범한다고 해서 그 오류들이 진리가 되는 것도 아니며, 수백만 명이 동일한 유형의 정신병리를 공유한다고 해서 그들이 건전한 사람이 되는 것 또한 아니다.

에리히 프롬(1955) *The Sane Society* (New York, Chicago, San Francisco: Holt, Rinehart and Winston, pp. 14-15) 《건전한 사회》, 김병익 옮김, 범우사, 1999)

의 초기 연구는 널리 받아들였지만, 자본주의에 의해 왜곡된 인간 본성에 관한 좀 더 사회학적인 진단을 담은 그의 후속 연구는 강하게 거부했다. 예를 들어 마르쿠제는 프롬(그리고 여타 신프로이트주의 수정주의자들)이 무의식, 억압, 유아의 섹슈얼리티 같은 프로이트의 가장 중요한 아이디어가 가진 비판적 능력을 무력화시켰다고 비난했다. 마르쿠제에 따르면, 프롬의 수정주의는 무의식의 탈구적 속성을 대체함으로써만 에고의 원활한 기능에 동의한다는 것이다. 마르쿠제는 다음과 같이 핵심을 요약한다.

프로이트가 1차적 충동들의 다양한 변화에 초점을 맞춰 인류와 개인의 가장 깊이 감춰진 층위에서 사회를 발견한 반면, 수정주의자들은 사회 제도와 관계의 기원이 아니라 물화된 기존의 유형을 겨냥하다 보니 이러한 제도와 관계들이 그것들이 충족하리라 기대됐던 인성에 미친 영향을 제대로 파악하지 못한다.[1956: 240-241]

마르쿠제는 정신분석학에 사회학적 요인을 가미하려는 프롬의 시도는 프로이트 이론에서 진정 혁명적인 것, 즉 억압된 무의식의 발견을 청산함은 물론이고 잘못된 정치적 낙관론으로 귀결돼 버린다고 말한다.

프롬의 저작들은 자아와 사회의 관계에 대한 탈脫프로이트적 이론에서 가장 중요한 위치를 차지한다. 물론 그의 모델은 정신분석학이 사회이론과 문화이론에 수용되는 데 주요한 영향을 미쳤다. 그러나 인간주의적 정신분석학에도 중요한 문제점이 있다. 이를테면, 자아 구성과 사회적 과정에 관한 그의 설명은 사회학적 환원론으로 빠져 버린다는 지적이 제기돼 왔다. 이러한 비판이 의미하는 바는, 프롬이 자아와 사회의 복잡하고 모순적인 관계를 기존 사회적 가치의 단조롭고 기계적인 재생산으로 환원시킨다는 것이다. 주체는 특정 사회화 기관들을 통해 억압적으로 구성되며, 이 기관들은 인간 영혼에 기존의 사회적 가치를 각인시키고 그럼으로써 자아의 본질적 욕구를 왜곡시킨다. 이러한 비판에 따르면 프롬은 자아 구성을 설명하면서 무의식적 상상력의 심오한 역할을 배제하며, 인간의 행위성과 창조성 비판적 성찰, 변형의 다양한 가능성을 설명하지 않은 채로 남겨 놓는다. 또한, 프로이트의 무의식 개념을 개인의 유연성에 관한 결정론적 개념으로 환원시킨다. 이러한 접근법의 한계는 분명하다. 프로이트가 자아와 사회 사이에 위치시킨 양가성, 즉 심리적 실재와 사회적 실재 간의 긴장이 사라진다는 것이다. 프롬은 프로이트가 무의식적 충동에 초점을 맞춘 것을 보완하고자 했지만, 그의 문화적 분석은 반대 방향으로 너무 멀리 가 버렸다. 즉, 심리적 실재를 사회화시켜 그 존재를 소멸시켜 버렸다. 그러다 보니 역설적으로 전前프로이트적 개념인 '총체적 인성total personality'을 강하게 옹호하는 것은 결국 탈프로이트적 에리히 프롬이다.

이와 관련된 비판은 프롬이 비非문화적 '인간 본질'에 반대하면서 사회를 평가한다는 것이다. 이는 프롬이 근대적 자아를 철저하게 이데올로기적인 것으로 진단하면서 해방적 주장을 드러내고자 인간 조건의 일부 저항적 요소를 옹호하는 데서 나타난다. 합리성, 개인주의, 초월 같은 관념은 근대사회에서 부재할 수 있지만 모든 인간 경험의 기저에 깔려 있으며 사회 세계를 변화시킬 잠재력을 갖고 있다. 그러나 프롬은 초역사적이고 보편적인 '인간 조건'이 존재한다고 주장하며, 이는 합리성이나 자제력 같은 관념이 명백히 억압적인 경우가 있다는 사실에 눈을 감는 것처럼 보인다. 지구온난화, 대량살상, 전쟁의 위험, 자연 파괴 및 오염 등 현대 세계의 많은 문제들은 본질적으로 서구적 합리성 및 완결성의 확산과 관련돼 있다. 한 평론가가 지적하듯, "마치 아무도 그것들의 순응적이고 억압적인 특징을 제시하지 않았던 것처럼, 프롬은 유서 깊은 모든 관념론적인 윤리적 가치들을 되살린다"[Marcuse, 1956: 258].

또 중요한 것은, 프롬이 강조한 관념들이 남성이 지배하는 영역의 것이라는 점이다. 그의 저작에서 젠더 또는 여성 섹슈얼리티에 대한 억압은 거의 언급되지 않는다. 따라서 그의 인간주의적 정신분석학, 그리고 '인류의 본질적 욕구'의 수용은 남성적 또는 전능한 자기통제를 이론적 수준에서 재생산한다. 이런 점에서, 사회적 분리를 통해 본래적 삶이 가능하다는 프롬의 믿음은 적절치 못하다는 점이 명백해진다. 본래적 존재를 발견하리라는 희망 속에 내향적이 되는 것은 '급진적 노력'이라기보다 사회로부터 도피함으로써 지배와 고통을 극복하고자 하는 환상에 가깝다.

아도르노: 《권위주의적 인성》, 반유대주의, 근대성의 정신역학

아도르노는 프롬과 마찬가지로 문화적 병리—특히 파시즘— 연구가 사회학적·심리학적 양 측면에서 모두 중요하다고 보았다. 그가 보기에, 제2차 세계대전 기간 중 유럽 전역에서의 파시즘과 반유대주의 대두 과정에서 비합리적 권위주의의 역할을 탐구하는 것은 정치적으로 매우 중요했다. 그러나 그러한 악이 어떻게 미국 내에 견고하게 뿌리내릴 수 있었는지를 탐구하는 것 또한 마찬가지로 중요했다. 아도르노는 이를 위해 1940년대 후반 프렌켈-브룬스윅Else Frenkel-Brunswik, 레빈슨Daniel J. Levinson, 샌포드R. Nevitt Sanford와 공동으로 '잠재적으로 파시스트적인 개인'에 관한 대규모 분석을 수행했고, 그 결과 그의 가장 잘 알려진 저작 중 하나인《권위주의적

인성The Authoritarian Personality》이 나왔다.

확실히 아도르노는《권위주의적 인성》을 통해 호르크하이머와《계몽의 변증법》에서 발전시켰던 지배의 사회이론을 경험적으로 확증하고자 했다. 여기서도 프로이트 정신분석학은 분명히 드러난다. 아도르노는 파시스트 지도자, 파시스트 체제, 파시스트 선전에서 '가학피학적 속성sado-masochistic character'의 정신역학적 논리를 발견했다. 이는 한편으로 외집단外集團을 폄하하고 파괴하려는 잔인한 욕망, 다른 한편으로는 사회적 권위에 대한 종속적 지향으로 분열된 정체성의 논리다. 그러나 이는 단순한 프로이트주의와는 거리가 멀었다. 아도르노는 프롬과 마르쿠제와 마찬가지로 억압된 무의식이 어떻게 사회적 · 정치적 조건을 형성하고 또 그에 의해 형성되는지를 파악하고자 했다. 그는《권위주의적 인성》에서 "개인에 대한 정치적 · 경제적 · 사회적 유죄판결은 마치 '심성' 또는 '영혼'에 의해 결속되듯이 광범위하고 응집된 패턴을 형성하며, 이러한 패턴은 개인 인성의 심층에 있는 경향의 표현"이라고 말했다.

우리의 목적에 비춰 볼 때, 근대사회에 만연한 비합리적 권위주의에 관한 아도르노의 명제에는 세 가지 핵심 요소가 있다. 간단히 말하면, ① '개인의 종언' 명제, ② 자아 의식에 대한 무의식의 승리, 그리고 ③ 파시스트적 경향 또는 권위주의적 정체성과 관련된 살인적 분노가 그것이다.

비합리적 권위주의의 대두에 관한 아도르노의 설명은 사회가 개인을 구성하는 방식에 상당한 변화가 있었다는 통찰로부터 시작된다. 그는 오늘날 우리가 서구 전체에서 '개인의 종언'을 목격하고 있다고 주장한다. 현대사회는 표준화되고 단조로운 대중문화mass culture를 통해 개인을 압도하면서 진정한 개인주의의 여지를 거의 남기지 않는다. 그 대신, 사회는 권위주의적인 사회적 특성을 창출한다. 아도르노는 프로이트 정신분석학을 정체성 형성의 대규모 역사적 변동을 보여 주는 것으로 해석함으로써 이러한 주장을 진전시켰다.

이러한 관점에서 보자면, 어머니의 사랑과 아버지의 권위에 대한 유아의 정서적 대응을 포함한 성심리적 드라마인 프로이트의 오이디푸스 콤플렉스 이론은 부르주아 자본주의 시대에서 성숙한 정체성의 실현을 보여 주는 것이다. 아도르노에 따르면, 자본주의의 자유주의적 단계 전반에 걸쳐 아동의 정체성 감각의 발현은 오이디푸스적 아버지에 대한 저항, 그리고 그 권위의 내면화를 통해 극화劇化됐다. 그러나 관리자본주의administered capitalism라는 신세계에서는 이 모든 것이 바뀌었다. 후기 근대사회에서 일어난 대대적인 경제변동은 핵가족 내에서 아버지의 권위를 직접적으로 침식한다. 사업이 기업화되고 일자리가 전례가 없는 속도로 축소되거나 사라질수록, 아버지로서의 남성은 경제적·사회적 위치 상실로 고통 받는다. 실직자가 된 아버지는 새로운 종류의 불안, 즉 경제적 불안뿐만 아니라 정서적·사회적 불안으로 고통 받는다. 아도르노가 말하기를, 이러한 자유주의적 자본주의로부터 관리자본주의로의 변화가 초래한 중요한 결과는 자녀가 점점 더 아버지를 닮지 않으려 한다는 것이다. 따라서 탈자유주의적 사회에서 가족생활의 변화는 아버지가 더 이상 사회적 억압의 대리인으로 기능하지 않게 됨을 의미한다. 그 대신, 개인은 문화산업의 대두로 각인된 기술합리성 그 자체의 논리에 점점 더 장악된다. 아도르노는 이러한 정체성 구성의 역사적 발전을 다음과 같이 요약한다. "전前 부르주아 세계는 아직 심리학을 알지 못하고, 과잉사회화된 이들도 더 이상 알지 못한다." 프랑크푸르트학파 사회학에서 억압적 탈승화de-sublimation는 아도르노가 '탈심리학적 개인'이라 지칭한 것을 파시즘과 권위주의 사회의 등장과 연결시키는 심리적 과정과 같은 기능을 한다.

이러한 정체성 형성의 심리학적·역사적 변화는 권위주의적 비합리성에 대한 아도르노 설명의 두 번째 측면, 즉 파시스트 이데올로기에 대한 개인의 감수성으로 이어진다. 아도르노는 1951년도 논문 〈프로이트 이론과 파시스트 선전 패턴〉에서 프로이트의 집단심리학 관련 연구가 파시스트 운동의 대두를 예견했으며, 정신분석학은 파시스트 지도자들과 추종자들의 관계에 대한 유용한 설명을 제공한다고 주장한다. 그는 집단과정group process에 대한 프로이트의 분석이 밝혀낸 심리학적 메커니즘은 개인이 외부적·사회적 행위자에 의한 정치적 조작에 순응하는 방식에 주목한다는 점에서 비판이론에 매우 중요하다고 지적한다. 아도르노는 프로이트에 관해 언급하면서 개인은 대규모 집단 내에 있을 때 자신의 '에고의 이상ego-ideal'보다 비인격적인 '집단의 이상group ideal'과 스스로를 더욱 동일시할 가능성이 높다고 말한다. 집단에 대한 동일시는 개인 수준의 다양한 억압의 제거와 관련되며, 아도르노는 파시스트 선전이 공격성을 외집단에 대한 증오, 이를테면 인종차별주의 같은 것으로 변환시킨다고 논의한다.

　아도르노는 '개인의 종언' 명제에 기초해 아버지가 더 이상 우월한 사회적 권위를 표상하지 못할수록 파시스트 지도자들이 사회적 유대의 보증인이 될 가능성이 높다고 주장한다. 이는 복잡한 정신분석학적 논점이지만, 넓게 보자면 아도르노는 파시스트 지도자들이 스스로 전통적 권위의 특성을 거의 표현하지 않는다는 점을 강조한 것이다. 총통으로서의 히틀러는 '작지만 큰 사람'인 형님보다 덜 가부장적인, 그냥 파시스트 지도자였을 뿐이다. "히틀러는 킹콩과 교외 지역 이발사의 합성물로서 나타났다." 이러한 권력과 인격체의 복잡한 결합은 나치운동 추종자들에게 심오한 방식으로 호소했으며, 궁극적으로 대중을 폭력적으로 몰고 갔다. 아도르노는 이러한 파시스트의 동원, 특히 반유대주의 같은 공격성을 근대사회 전반에서 일어난 개인 주체성 구조의 주요한 변화를 시사하는 것으로 해석한다. 그에 따르면, 오늘날 개인은 '탈심리학적이고 탈개인화된 사회적 원자'이다.

이 모든 사실로부터 분명히 알 수 있는 것은, 개인 주체가 구식의 무의식적 충동에 지배 받으며 비상식적으로 강력한 사회질서의 손아귀 속에서 고통 받는다는 점이다. 사실 이 시기 아도르노의 저작은 사회이론에 의해 변형된 정신분석학적 비판을 대변한다. 이는 개인적 초점에 더 가깝고 냉철한 학문적 작업과는 거리가 먼 사회이론이며, 따라서 사회조사에 인간 행동의 무의식적 측면을 덧붙일 수 있는 것이다. 비판이론의 아도르

▌ 개인이 결정체로 존재할 수 있는 것은 정치경제의 형식, 특히 도시의 시장 덕분이다. 사회화의 압력에 저항하는 사람으로서조차 개인은 사회화의 가장 특수한 산물이며 그것의 닮은꼴이 된다. … 사회적으로 볼 때, 개인에게 부여된 절대적 지위는 사회적 관계의 보편적 매개―교환으로서의 매개이며, 이는 또한 교환을 통해 실현되는 특정 이해관계의 제한을 항상 필요로 한다―로부터 가장 강한 자가 권력을 장악하는 직접적 지배로의 이행을 특징으로 한다. 자신 안에 있는 모든 매개 요소들의 해체를 통해, 개인은 (그 덕분에 어느 정도 사회적 주체가 될 수 있기는 했지만) 빈곤하고 조악해져서 사회적 객체에 불과한 상태로 퇴화해 버린다. … 오늘날 몰락하는 개인에게 인간성의 흔적이 여전히 남아 있다면, 그것은 우리에게 인간들을 개별화하고 그렇게 고립된 인간들을 완전히 파괴해 버리는 숙명에 종지부를 찍으라고 경고한다.

테오도르 아도르노(1951) *Minima Moralia: Reflexionen aus dem beschädigten Leben* (《미니마 모랄리아: 상처받은 삶에서 나온 성찰》, 김유동 옮김. 길. 2005)

노식 버전은 관료제화되고 관리되는 선진 자본주의 세계의 이미지를 넘어선 일반화를 담고 있는 것으로서, 소외된 의식이 어떻게 개인 정체성 그 자체의 수준에서 깊숙이 각인되는지를 탐구하는 것이다. 이는 비합리적 권위주의와 관련된 그의 마지막 논점, 즉 파시스트 이데올로기가 현대의 사회적 과정을 단일한 방향으로 몰고 가는 핵심적 메커니즘이라는 주장으로 이어진다.

《권위주의적 인성》에서 아도르노와 공저자들은 만연한 사회적 권위주의가 어떻게 사람들에게 내면화되는지를 이른바 F척도, 그들이 파시스트의 잠재성을 측정하기 위해 고안한 척도로 확인하려 했다. 아도르노와 공저자들은 200개가 넘는 설문 문항과 구체적인 정신분석학적 프로파일을 통해 응답자의 유년기, 가족관계, 광범위한 정치적 '세계관' 등의 주제를 탐구했다. F척도는 반유대주의, 자민족중심주의, 정치적·경제적 보수주의로 이어지는 잠재적인 '파시스트적 경향'을 측정하는 것이었다. 《권위주의적 인성》은 파시스트 이데올로기의 개인적 차원을 명확하게 밝히기 위해 잠재적 권위주의적 경향이 높은 것으로 판정된 면접 대상자들의 아홉 가지 정서적 특성을 제시했다.

① **인습주의**conventionalism 중간계급의 가치와 타인에 대한 완고한 태도를 철저히 지키는 것.
② **권위주의적 복종**authoritarian submission 권위자에 대한 무비판적이고 순종적인 지향.
③ **권위주의적 공격성**authoritarian aggression 인습적 가치를 넘어서는 사람들을 처벌하려는 욕망을 품고 적극적으로 색출하려는 경향.
④ **반反상상주의**anti-intraception 상상력, 창의력, 또는 감정적 성향을 거부하는 것.

⑤ **고정관념과 미신**stereotype and superstition 완고한 고정관념에 기초해 세계 질서를 인식함은 물론 운명이라는 신비적 결정요인을 신봉하는 것.

⑥ **힘과 강인함**power and toughness 지배/복종, 강함/약함, 지도자/추종자의 이분법에 기초하여 힘을 과도하게 강조하는 것.

⑦ **파괴성과 냉소주의**destructiveness and cynicism 인간 조건에 대한 일반화된 적대감과 심지어 증오.

⑧ **투사성**投射性 · projectivity 자아의 원치 않는 정서적 측면을 타인에게 투사하는 것.

⑨ **성**sex 타인의 성적 행동에 대한 과도한 관심.

선진 자본주의라는 조건 하에서 권위주의적 인성이 얼마나 널리 퍼지게 될지 아도르노와 공저자들은 구체적으로 논의하지 않았지만, 이 연구는 이러한 증후군이 특히 유럽의 중하층계급lower middle - class에서 특히 뚜렷하다는 점을 제시했다. 이 책의 결론은 권위주의적 인성은 취약한 에고로 인해 고통 받고, 사회적 권위를 정당화하며, 강력한 사회적 힘 앞에 복종하고, 인종적 편견 및 민족적 증오 경향을 표출한다는 것이다.

《권위주의적 인성》은 권위주의라는 복잡한 사회현상을 개인심리학 수준으로 환원시킨다는 논박을 받았다. 물론 아도르노와 공저자들이 권위주의적 또는 파시스트적 잠재성을 내포한 모든 사회구성체를 유년기의 경험 또는 고정관념적 특성으로 설명하려 했다면 '심리학적 잡설'이라는 비난이 타당할 수도 있다. 그러나 이러한 논박은 확실히 초점을 크게 벗어난 것이다. 특히 아도르노가 보기에, 정체성 형성의 변화, 특히 자아의 병리는 사회적 삶의 구조에 새겨져 있다. 권위와 관련된 인성적 특성, 특히 반유대주의에 대한 분석은 가족 · 문화 · 경제의 주요 변화에 관한 사회학적 준거를 바탕으로 할 때만 적절히 이루어질 수 있다. 아도르노가 보는 권위주의와 관련된 병리적인 것은 정신의 방해뿐만 아니라 합리성의 일반적 발달로까지 거슬러 올라간다.

그러나 아도르노의 사회이론이 사회병리에 대한 설명이 될 수 있을지는 불확실하다. 그의 일반적인 이론적·정치적 결론은 한편으로 개인에게 더 큰 사회에 관한 암호만을 제시하는 것처럼 보일 수 있다. 무의식적인 권위주의적 복종이 어디서나 영향력을 발휘한다면, 그것은 비판적 사회이론 그 자체로까지 확장될 것이 분명하기 때문이다. 다른 한편으로, 아도르노의 문화 분석에 내포된 비관주의적 요소에서 충격적인 것은 '개인의 종언'을 우선시하는 명제를 발굴하려 한 프랑크푸르트학파의 노력이 논리적으로 불가능할 수 있다는 점 때문이다. 물론 아도르노는 개인의 자율성이 민주주의 활성화에 필수적이라고 말하지만, 그의 사회이론 전반에 흐르는 비관주의적인 어조는 권위주의적 정체성의 지배와 대비되는 것들을 기각해 버린다. 심지어 《계몽의 변증법》에 등장하는 사회학적 용어들에서조차, 아도르노는 근대사회에 작동하는 문화적 응집성을 과소평가하는 것으로 보인다. 이글턴(Eagleton, 1990: 47)이 지적한 대로, 그만큼 아도르노는 현대의 사회질서를 '그렇게 보이기를 원한' 것으로 판단했던 것이다.

별 속에 씌어 있는 것들: 아도르노의 점성술 논의

현재 발행 중인 한 신문의 주말판에는 다양한 '두뇌 트레이너'와 '신비스런 메두사'로 구성된 '기분전환'이라는 난이 있다. 점성술 운세 예측을 보니 물고기자리에 대해 다음과 같이 써 놓았다.

월요일부터 수요일까지 열심히 일하면 상당한 성과가 있다. 오래된 생각을 버리고 아이디어를 새것으로 유지하라. 목요일에는 드라마를 멀리하고 검소하게 살면 애정운이 아주 좋다.

이어서 황소자리를 보자.

이번 주에는 만남과 의미 있는 대화를 위한 약속을 잡으라. 변덕스런 금성이 다가오는 목요일쯤이 좋다. 당신이 취할 자세는? 직설적 커뮤니케이션과 행동이다.

이러한 점성술 운세 예측에는 무엇이 담겨 있는가? 많은 이들은 주간지 점성술 코너를 그냥 재미로 읽는다. 앞서 살펴본 코너 제목처럼 '기분전환'인 것이다. 그러나 불길하고 사람들을 무력화시키는 상업화된 대중문화mass culture 속에서 아도르노는 다르게 이야기한다. 아도르노가 보기에, 신문이나 잡지의 점성술 코너는 미국 엔터테인먼트 산업(TV 드라마부터 할리우드 영화에 이르는)의 사회적 논리를 따른다. 점성술은 한편으로는 자아의 다양한 요소를, 다른 한편으로는 문화의 다양한 요소를 무시한 채 전자를 후자에 우겨 넣으며, 이 과정에서 인습적 태도를 촉진한다. 신문이나 잡지의 점성술 코너는 사회적 모순점들을 상업화하지 않으면서 수용할 역량 없이, 후기자본주의의 관리되는 세계에서 우리의 사회적 존재의 의존성을 떠올리게 하는 고정관념들을 제공한다.

아도르노는 1950년대 초 미국을 다시 방문한 기간 동안 《로스

앤젤레스 타임스(Los Angeles Times)》의 점성술 코너를 연구했고, 그 결과를 담은 〈별이 지상으로 내려온다(The Stars Down to Earth)〉는 글을 내놓았다. 그에 따르면, 이 신문에 실린 캐롤 라이터(Caroll Righter의 '점성술 운세 예측' 코너는 운명론적 태도를 촉진한다. 이는 언젠가는 모든 것이 최선의 결과로 이어지리라는 식의 태도다(우리는 모든 것이 통제 불능인 위협적 세계에 살고 있음에도 말이다). 아도르노(Adorno, 1994: 56-57)는 이 논점을 다음과 같이 발전시킨다.

"모든 것이 다 좋아질 거야"라는 반¹합리성은 근대 미국 사회가 모든 갈등과 어려움에도 불구하고 자신이 포괄한 사람들의 삶을 성공적으로 재생산하고 있다는 사실에 기초한다. 잊혀진 사람이라는 개념은 구식이라는 대략적 인식이 있다. 이 코너는 독자들에게 약해지는 것을 두려워하지 말라고 가르침으로써 이러한 인식을 강화한다. 독자들은 심지어 자신의 모든 문제를 스스로 해결할 수 없다고 느끼더라도 그 문제들이 알아서 해결되리라는 것을 확신하게 된다. 그와 같은 식으로, 독자들은 그들을 위협하는 바로 그 힘, 즉 사회적 과정의 익명적 총체성이 자신을 어느 정도 보호해 줄 것이라는 점을 받아들일 준비가 돼 있다.

이러한 상황은 중간계급 사회가 프로이트식의 쾌락적 자아 발달 촉진의 측면이 아니라 근면, 검소의 측면에서 사회적 모순을 화해시키려는 경향이 있다는 사실로 인해 명백히 더 압박적이 됐다. 사회적 경험의 복잡성을 부정함으로써, 주로 생활을 일, 로맨스, 친구 등의 '섹터'로 나눔으로써 매일매일의 점성술 코너는 사회적 순응주의를 촉진한다.

당신이 보기에, 신문이나 잡지의 점성술 코너가 근대사회의 본질에 대해 말해 주는 바는 무엇인가? 아도르노의 심리학적 종속성과 사회적 순응주의 명제는 오늘날의 전 지구적 실재에 여전히 적절한가?

마르쿠제: 에로스 혹은 일차원적 미래?

한때 프랑크푸르트학파의 일원으로 호르크하이머와 아도르노의 가까운 동료였던 마르크스주의 사회이론가 헤르베르트 마르쿠제는 자본주의의 비정상적 논리가 광고, 마케팅, 엔터테인먼트 같은 문화산업을 통해 부과된다고 보았다.

마르쿠제가 보기에 자본주의는 심층적인 무의식 수준, 즉 섹슈얼리티가 역설적으로 에로틱한 아우라를 박탈당하고 판매(상품과 사람 모두의)로 전환되는 비현실적 판타지의 영역에서 작동한다. 마르쿠제는 이러한 은밀한 과정을 '**억압적 탈승화**repressive desublimation'로 지칭한다. 자본주의의 힘은 우리 모두를 상품과 임금, 가격과 이윤이라는 사회적 풍경에 휩싸이게 한다. 이러한 세계 속에서 사람들은 점차 그러나 쉼 없이 자신의 욕구와 욕망이 우선적으로 감정체계에 의해, 그리고 사회적으로 통제된 탈승화에 의해 지시될 때만 개인적으로 만족감을 느끼게 되어 간다.

마르쿠제는 '**개인의 몰락**' 명제와 관련해서 호르크하이머와 아도르노에 대체로 동의한다. 그는 히틀러 집권 후 독일을 떠나 미국에 있는 프랑크푸르트학파 동료들에 합류했으며, 1930년대와 1940년대에 걸쳐 국가와 독점자본주의의 변화, 매스컴과 대중문화mass culture의 동학, 사회적 탈구social dislocation, 인종차별주의, 반유대주의, 기타 유형의 권위주의를 탐구하는 일련의 프로젝트를 수행했다. 마르쿠제에 따르면, 근대 문화는 억압적이며 때때로 폭압적이기까지 하다. 그러나 사회의 변화는 유토피아적 사고, 비판이론, 진보 정치학에서 여전히 핵심 주제로 남아 있다.

그는 초기 저작인 《이성과 혁명Reason and Revolution》(1941)에서 유토피아적 사고의 진보적 측면을 옹호하면서도, 사회주의가 역사의 필연적 귀결이라거나 노동자가 사회변동의 혁명적 주체라고 한 마르크스주의자들을 비난한다. 마르쿠제의 이러한 입장은 아주 간단한 것이다. 러시아혁명의 소비에트 마르크스주의로의 변질, 여러 노동운동의 실패, 매스컴과 대중문화popular culture의 부상으로 인한 정치적 반체제 세력의 쇠퇴, 이 모든 것은 사회적 삶의 변화에서 특권적 행위자는 없음을 보여 주는 신호이다. 그러나 이것이 꼭 진보 정치학에 나쁜 소식인 것은 아니다. 정치적 발전이 정통 마르크스주의가 예견한 방식대로 전개되지 않았다고 해서 사회변동이 정당화되지 않는다거나 일어날 가능성이 없음을 뜻하는 것은 아니기 때문이다. 마르쿠제가 보기에 비억압적인 사회에는 항상 이론적·정치적 가능성이 남아 있다. 그는 이 문제에 접근하면서 프로이트와 정신분석학으로 돌아감으로써 비판적 사회이론의 새로운 관점을 열었다.

이는 마르쿠제의 기념비적 저작 《에로스와 문명Eros and Civilization》(1956)을 기존의 자본주의사회에 단호히 비판적이면서, 급진적 사회변동의 가능성을 옹호하는 데에서는 유토피아적인 작업으로 자리매김하도록 하는 정치적·지적 배경과 배치되는 것이다. 억압은 《에로스와 문명》의 처음부터 끝까지 이어지는 마르쿠제의 명제이며, 특히 정서적 에너지와 관능성의 억제가 항상 역사적·초역사적 힘 모두를 통해 걸러진다는 프로이트적 통찰의 측면에서 그러하다. 마르쿠제는 현대사회에서 사람들은 과도한 억압으로 고통 받고 있다고 말한다. 그는 자본주의의 모순이 현실 경험과 개인 주체성의 심층에 깔려 있다고 주장한다. 자본주의의 기술적 기계화와 표준화 과정은 특히 사람들이 종속돼 있는 억압적이고 단조로운 노동의 결과로서 정체성의 내면에 각인됐다. 여기서 마르쿠제의 이데올로기적 타깃은 미국의 중산층, 직장에서 요구되는 끔찍한 반복에 직면한 얼굴 없는 관료들, 교외 집에서의 삶에 지친 중간계급 가정주부들의 문화적 순응성이다.

여기에는 큰 오해가 있다. 1950년대 미국은 분명 지구상에서 가장 부유하고 산업적으로 가장 선진화된 사회였지만, 이러한 경제적 번영은 특히 정서적 독해력과 대인관계 측면에서 사람들이 경험한 속박적인 삶과 직결되어 보인다. 마르쿠제는 프로이트가 그러했듯이 억압은 본성을 문화로 전환시키는 데 필수적인 것으로 보았으며, 오이디푸스 콤플렉스에 관한 고전적인 정신분석학적 설명을 성적·사회적 재생산과 관련된 일종의 우화寓話로 해석했다. 그러나 현대의 여성과 남성이 겪는 고통과 억압은 프로이트가 살던 시대의 고통 및 억압과 똑같지 않다. 마르쿠제가 보기에 억압은 심화됐으며, 특히 가격과 이윤, 돈과 독점기업을 둘러싸고 조직화된 세계에서 관능성과 에로티시즘에는 과도한 제약이 가해지고 있다.

이를 어떻게 설명할 것인가? 마르쿠제는 역사적 분석의 상당 부분을 프로이트의 언어로 표현했지만, 《에로스와 문명》을 통해 정신분석학적 통찰을 비판이론의 더 광범위한 마르크스주의 전통 내에 위치시키고자 했다. 현대사회에서 무의식은 자본주의적 이윤과 착취의 재생산의 결과로 나타난 진정한 표현이기를 거부당한다. 그러나 그가 보기에 억압된 욕망과 사회질서 간의 갈등에 관한 프로이트의 해석은 몰역사적인 것으로, 모든 세계에서 동일한 사회적 억압의 모습을 제공한다. 마르쿠제는 정신분석학의 이러한 잠재적인 역사적 차원을 복원하기 위해 억압을 '**기본적 억압**basic repression'과 '**과잉억압**surplus repression'의 두 종류로 구분했다.

기본적 억압은 사회적 삶과 문화적 과업을 감당하고자 성적 욕구를 최소한으로 억제하는 것을 말한다. 마르쿠제는 효과적인 사회화와 사회질서를 위해서는 항상 일정 정도의 억압이 필수적이라고 주장한다. 반면 과잉억압은 자본주의적 착취와 비대칭적 권력관계에 의한 자기규제의 심화를 말한다. 마르쿠제는 부부 중심 가족을 과잉억압의 예로 드는데, 이는 가부장제의 인습적인 성적 규범이 기존 가치와 사회 유지라는 이해관계와 관련해 엄격하게 작동한다는 점에서 그렇다. 개인이 과잉억압을 정서적 충격의 측면에서 반드시 잘 이해할 필요는 없다. 억압은 '수행원칙performance principle', 즉 자본주의 경제질서에 의해 제도화된 특정 문화적 유형의 성적 · 사회적 요구의 결과로서의 필수 요건이 과잉되는 것이다. 마르쿠제에 따르면, 자본주의적 수행원칙은 몇몇 중요한 방식으로 억압을 과잉한 것으로 재구성한다. 수행원칙은 인간으로 하여금 서로를 '사물' 또는 '대상'으로 직면하게 하고, 일반적 에로티시즘을 생식기적 섹슈얼리티로 대체하며, 인간의 몸에 대한 규율(마르쿠제가 '억압적 탈승화'로 지칭한)을 만들어 억압된 욕망이 자본주의적 교환가치를 저해하는 것을 막는다.

마르쿠제는 후속 저작 《일차원적 인간One-Dimensional Man》(1964)에서 지배력에 대한 분석을 크게 확대한다. 그는 20세기 동안 우리의 개인적 · 사회적 삶이 동시에 두 방향으로 끊임없이 유인되고 있다고 말한다. 선진 산업사회의 등장과 더불어 사람들과 문화의 조우는 명백히 개별화되고 복잡해졌으며 은밀해졌다. 그러나 또 다른 차원에서, 선진 자본주의 내의 이러한 잠재적인 문화적 · 미학적 해방은 철저히 저해됐다. 선진 자본주의는 서구 사회에 가전제품, 할리우드 영화, 패키지 여행을 가져다준 것 말고는 아무것도 하지 않았다.

마르쿠제에 따르면, 이러한 대량소비와 대중문화popular culture의 시대에 새로운 사회질서는 개성, 반대, 저항을 급격히 축소시키는 것으로서 나타났다. 선진 자본주의는 '허위적' 소비 욕구에 기초한 일차원적 사회를 창출하며, 점차 개인들을 대규모 지배 및 사회 불평등 체계의 원활한 작동 속으로 통합시킨다. 근대 세계의 가장 충격적인 특징은 순응성이다. 현대적 형태의 억압과 지배는 숨이 막힐 정도인데, 이는 마르쿠제가 자본주의

▌ 선진 산업사회에 만연하는 탈승화는 그것의 진정으로 순응적인 기능을 드러낸다. 성(그리고 공격성)의 이러한 해방은 기존 만족의 세계의 억압적인 힘을 설명하는 불행과 불만에서 비롯되는 본능적 충동을 분출시킨다. 확실히 불행은 만연하고 행복 의식은 너무도 불안정해서 공포, 좌절, 혐오를 표면적으로만 가리고 있을 뿐이다. 이러한 불행은 스스로를 너무 쉽게 정치적 동원에 내맡긴다. 그것은 의식을 발달시킬 여지도 없이 삶과 죽음의 새로운 파시스트적 방식을 위한 본능의 저장고가 될 수 있다. 그러나 행복의 의식 아래에 깔린 불행이 사회질서를 위한 힘과 결집의 원천으로 변환될 수 있는 방식은 여러 가지가 있다. 오늘날의 불행한 사람이 겪는 갈등은 프로이트가 말한 '문명 속의 불만'에 기여하는 갈등보다 훨씬 치료하기 쉬워 보이며, 에로스와 타나토스의 영원한 투쟁의 측면보다 '현 시대의 신경증적 인성'의 측면에서 더 적절하게 규정되는 것 같다.

헤르베르트 마르쿠제(1964) *One-Dimensional Man* (Boston: Beacon Press, pp. 76-77) 《일차원적 인간》, 박병진 옮김, 한마음사, 2009)

및 산업 경영에 비판적인 사고, 반대, 저항 같은 체계적 침식에 사회가 어떻게 대처하는가를 이슈로 제기한 배경과 상반된 것이다. 마르쿠제는 이렇게 말한다. "관리된 개인들, 즉 자신의 자유와 만족을 손상시켜 버린 사람들이 어떻게 … 자신들의 주인은 물론이고 자기 자신으로부터도 해방될 수 있을 것인가? 그러한 악순환을 깰 수 있는 생각은 어떻게 가능한가?"

그렇다면 변화의 가능성은 무엇인가? 마르쿠제는 해방의 본질과 관련하여 프로이트와 확실히 다르다. 그는 수행원칙이 역설적이게도 급진적인 사회변화에 필수적인 조건을 창출한다고 주장한다. 과잉억압을 약속하는 것은 후기자본주의 자체의 산업적-기술적 발전이다. 마르쿠제가 보기에 서구 자본주의 산업화와 과학기술로 창출된 물질적 풍요는 오히려 성적 억압에서 벗어날 길을 열어 준다. 문화적 지배의 극복은 억압된 무의식적 힘을 해방시켜 성적 충동과 환상을 사회적 네트워크와 다시 연결하도록 해 줄 것이다. 문화와 무의식의 이러한 화해는 새로운 감각적 실재, 즉 마르쿠제가 '리비도적 합리성'이라 지칭한 실재로 안내할 것이다. 리비도적 합리성은 비록 추상적 개념이지만, 과잉억압을 급진적으로 뒤집는 내용을 담고 있다. 과잉억압으로부터의 해방은 몸뿐만 아니라 본성과 문화적 조직화의 일반적 에로티시즘을 촉진할 것이다. 그러나 마르쿠제 사회이론의 정신분석학적 기반은 해방이 성적 자유 이상의 것을 필요로 함을 강조한다. 바로 섹슈얼리티와 사랑을 변화된 사회적·제도적 삶으로 통합하는 것이다.

이러한 리비도적 합리성 개념을 어떻게 이해해야 할까? 이는 단지 프랑크푸르트학파 이론가 헤르베르트 마르쿠제의 해방적 희망 사항에 불과한가, 아니면 대안적 사회 조건의 핵심에 해당하는 특정한 심리적 경향을 발굴해 낸 것인가? 사회적 삶을 다시 성적인 것과 연결시키는 것으로서,

리비도적 합리성은 정서적 커뮤니케이션과 친밀성을 장려하는 것으로 해석될 수 있다. 마르쿠제는 이러한 맥락에서 환상은 특수한 위치를 차지하며, 이는 욕망이 억압된 참된 가치를 담고 있기 때문이라고 말한다. 이어서 그는 이렇게 말한다.

> 상상은 개인과 전체, 욕망과 실현, 행복과 이성의 화해를 마음속에 그린다. 이러한 조화는 기존의 현실원칙에 의해 유토피아로 추방됐지만, 환상은 그러한 조화가 현실이 돼야 하고 또한 현실이 될 수 있으며, 환상의 배후에는 지식이 있다고 주장한다.[1956: 143]

환상은 그 자체로 쾌락과 합리성, 욕망과 실재의 화해를 갈망한다. 마르쿠제는 이러한 무의식적 욕망의 회복이 인간의 몸을 다시 성적인 것과 연결시키는 것을 촉진하고 그럼으로써 조화로운 사회적 관계를 창출할 것으로 본다. 수행원칙 하에서 이루어지는 '성'의 억압적 구조화에 반해, 환상의 해방은 사회의 모든 측면을 에로틱한 것으로 만들어 삶에 자발적이고 활발한 관계를 허용할 것이다.

유토피아와 사회변혁: 마르쿠제의 리비도적 합리성 논의

마르쿠제가 애석하게 여긴 근대의 어두운 측면인 관리사회의 전체주의, 개인의 쇠퇴, 무의식의 조작은 그가 '리비도적 합리성'이라고 일컬은 유토피아적 변화로 보완될 수 있다. 마르쿠제는 그 가능한 세계가 "이성과 행복이 수렴하는 새로운 만족의 합리성rationality of gratification"을 수반할 것이라고 보았다(1956: 224). 오늘날의 과잉억압과 달리, 리비도적 합리성은 개인적 만족과 충족의 세계를 약속한다. 마르쿠제에 따르면,

〔해방은〕 물질적인 것은 물론이고 문화적인 욕구와 열망 그 자체의 급진적 변화를 수반한다. … 도덕적·미학적 욕구는 기본적이고 필수적인 욕구가 되며, 성sex 간의, 세대 간의, 남녀 간의 새로운 관계를 향한 충동이 된다. 자유는 이러한 욕구에 기초한 것이며 감각적·윤리적·합리적인 것이 한데 모인 것으로서 이해된다.(1972: 17)

마르쿠제에 따르면, 이러한 세계는 '그림의 떡'이 아니다. 역설적이게도, 이러한 변화를 촉진하는 주체들은 후기자본주의 산업적·기술적 발전 그 자체로부터 발생한다. 그는 오늘날의 기술발전이 경제적 희소성과 과잉억압의 극복이라는 목표를 달성할 수 있는 수준에 이르렀다고 주장한다. 사실 마르쿠제는 과잉억압을 창출하고 인간의 역량을 가장 먼저 저해하는 바로 그 기술적 이성이 그러한 고통을 제거할 수 있는 정도까지 발전했다고 단언한다. 따라서 마르쿠제는 선진 자본주의의 기계론적이고 파괴적인 속성을 명백히 애석해하며, 기술적 이성이 그 스스로 사회질서의 변화를 돕는 방식으로 몰락할 징후를 내포하고 있다고 주장한다.

그런 점에서, 마르쿠제는 문명을 억압과 동일시한 프로이트의 생각은 기각돼야 한다고 말한다. 그는 비판적 사회이론의 과

업은 과잉억압의 영향을 넘어 한 발 더 나아가 사회적 무의식의 심층에 자리 잡은 자유에의 갈망을 회복하는 것이라고 주장한다. 여기서 사회이론의 영감을 받은 급진적 상상력이 특히 중요한데, 마르쿠제는 사회 세계로부터의 탈출로서가 아니라 사회의 새로운 가능성을 보여 주는 것으로서 특히 기억, 욕망, 환상의 중요성에 초점을 맞춘다. 마르쿠제는 무의식적 기억의 중요성을 다음과 같이 설명한다.

프로이트의 개념에 따르면, 의식이 금지하는 자유와 행복의 동일성은 무의식에 의해 지지된다. 무의식의 진리는 의식이 아무리 쫓아내려 해도 끊임없이 마음을 사로잡는다. 무의식은 개인의 발전 단계에서 완전한 만족이 획득되었던 과거의 기억을 보존한다. 그리고 그 과거는 계속해서 미래를 요구한다. 무의식은 문명의 성과에 기초한 낙원이 재창출돼야 한다는 소망을 불러일으킨다.[1956: 19]

마르쿠제가 환상에 가치를 부여하는 것은 개인의 몸이 조화로운 사회적 관계의 창출을 위해 다시 성적인 것과 연계될 필요가 있다는 가정과 관련돼 있다. '수행원칙'에 따라 출산적 성을 억압적으로 강조하는 것과 달리, 마르쿠제는 환상의 해방은 감각적 에로스의 발달로 이어진다고 주장한다. 간단히 말해서, 이러한 해방은 몸의 모든 부분으로 확장될 전성기기前性器期적 충동의 활성화를 수반할 것이다. 마르쿠제는 프리드리히 쉴러Freidrich Schiller의 작업을 인용해 인간 몸의 이러한 변형은 자발적 협력, 유희, 친밀성이 형성되는 '감각적 질서'의 형성을 돕는 것으로 직결된다고 주장한다. 그러나 환상의 변혁적인 힘에서 비롯되는 이 새로운 현실원칙은 빌헬름 라이히의 '성적 혁명' 프로그램과 같은 식의 섹슈얼리티의 '해방'을 수반하지는 않는다. 마르쿠제 역시 욕망의 변화에 대한 열정이 있기는 하지만, 그에게 새로운 감각적 질서는 에로스 그리고 섹슈얼리티의 개념 자체의 변화를 의미한다.

반대로, 변화된 제도 안에서 변형된 리비도의 자유로운 발전은, 이전에 금기시됐던 지대와 시간과 관계들을 에로스화하는 반면 단순한 섹슈얼리티의 표출을 노동의 질서를 포함한 매우 광범위한 질서로 통합함으로써 최소화시킨다. 이러한 맥락에서, 섹슈얼리티는 그 자신의 승화로 향하기 쉽다.[1956: 202]

욕망의 전적인 표출이 처음으로 허용되면 삶의 충동과 죽음의 충동, 에로스와 타나토스 간의 갈등을 변화시키게 된다. 에로스는 공격적·파괴적 충동을 삶 자체에 대한 봉사로 보완할 수 있다. 그런 점에서, 마르쿠제는 프로이트가 말한 죽음의 충동을 희망의 원천으로, 평화·고요·고통의 소멸을 목표로 하는 것으로 검토한다.

죽음은 본능의 목표이기를 그칠 것이다. 죽음은 하나의 사실로, 심지어 궁극적인 필연으로 남아 있다. 그러나 인류의 억압되지 않은 에너지는 죽음이라는 필연에 저항할 것이며, 죽음이라는 필연에 대한 가장 위대한 투쟁을 벌일 것이다. 이러한 투쟁 속에서 이성과 본능은 하나가 된다.[1956: 235]

리비도적 합리성의 전제 조건은 과잉억압의 파괴적인 힘에서 벗어나 사람들을 존엄하게 죽도록 할 것이다.

이 말이 그 의미상 다소 환상적으로 들린다면, 마르쿠제 교의 doctrine의 철학적 기초가 사회적 도피주의로 간주돼서는 안 된다는 점을 재차 강조하는 것이 중요하다. 개인의 주관적 욕망을 제도적으로 내재된 가능성과 연결시키면서, 마르쿠제는 근대사회에서 이 관념들이 점차 현실적인 것이 되었음을 강조하며 이 정치적 기획을 옹호한다. 인간의 욕구와 현재의 물질적 자원 간의 관계는 우리가 좋은 사회로 나아가는 근본적인 사회변화를 상상할 수 있는 정도에까지 이르렀다. 마르쿠제가 말하기를, 이러한 상황에서 "적절한 질문은, 인간의 욕구가 그러한 방식으로, 그리고 과잉억압이 제거될 수 있는 정도로 충족될 수 있을지를 합리적으로 예견할 수 있느냐는 것이다"[1956: 151]. 마르쿠제는 그러한 '리비도적 합리성'으로서의 상태가 얼마나 가능할지를 정확히 알기란 어렵지만, 사회비판은 모두를 위한 삶의 충족과 만족 가능성의 심화를 추구해야 한다고 주장한다.

마르쿠제에 대한 비판

독일에서 프랑크푸르트학파와 더불어 연구하던 때부터 미국에서 학생운동과 성해방운동의 예언자로서 명성을 누리던 시절까지, 마르쿠제가 걸어간 길은 눈부셨다. 1960년대에 그가 누렸던 명성은 그야말로 국제적이어서, 세계 도처의 학생들이 자본주의사회의 억압에 저항하면서 '마르크스, 마오쩌둥, 마르쿠제'를 벽에 페인트로 쓸 정도였다.

마르쿠제가 자신의 작업을 해방, 성의 자유, 새로운 문화적 감수성에 대한 광범위한 탐구의 일부라고 한 점에 비춰 보면, 그가 1960년대 사회운동에 직접적으로 휘말리게 된 것은 그리 놀랄 일이 아니다. '플라워 파워 Flower power'(1960~70년대 초 미국의 반전운동에 뿌리를 두고 일어난 비폭력 이데올로기의 상징적 구호)부터 성해방에 이르기까지 모든 운동에서 마르쿠제의 이름은 지칠 줄 모르고 거론됐다. 더구나 선진 산업사회에 대한 그의 비판이 베트남전쟁은 물론 소비사회 시대에서 증대하는 사회 불평등, 아프리카계 미국인 및 기타 소수문화 억압에 대한 1960년대 당시 세대의 정치적 반대와 일치했다는 점 또한 의심의 여지가 없다. 그러나 더글러스 켈너 Douglas Kellner가 주장하듯이, 마르쿠제의 사회이론을 1960년대의 정치 상황과 단순히 등치시키는 것은 오해다.

우선 마르쿠제 자신이 성해방을 억압 없는 사회와 등치시킨 적이 없다. 그는 문화의 전환은 '단순한 해방이 아닌 리비도의 전환'이라고 주장했다. 에로스가 개인의 삶과 사회적 관계에 재주입될수록 삶과 죽음의 갈등은 사라질 것이다. 이는 1960년대 '자유연애' 운동이 옹호했던 입장과 확연히 다르다. 마르쿠제는 여러 차례에 걸쳐 자신의 논의가 그런 단순한 관점들과 관련되는 것을 원치 않는다고 밝힌 바 있다. 그러나 1960년대 좌파의 권위자라는 마르쿠제의 명성을 그의 수정된 비판이론의 유일한 판단 근거로 삼는 것이 적절치 못한 이유는 또 있다. 기억부터 대중문화 mass culture까지 다양한 주제를 넘나드는 그의 독특한 논의는 1960년대의 정치적 독사 doxa로 쉽사리 환원시키기 어렵다. 따라서 마르쿠제 사회이론이 공헌한 바를 좀 더 면밀히 살펴볼 필요가 있다.

마르쿠제의 논의는 여러 측면에서 여전히 비할 데 없는 가치가 있는데, 특히 개인을 사회변동과 인간 자유의 주체로서 중시했다는 점에서 그러하다. '주체의 죽음'의 시대에, 과잉억압의 사회구조와 개인적 경험 및 열정의 본질 간의 관계에 심취한 것은 용감하게도 유행에 뒤떨어진 것이었다. 마르쿠제는 마르크스주의의 개념적 범위를 개인의 욕구, 욕망, 잠재력을 설명하는 데까지 확장했다. 그럼으로써 마르크스주의가 도그마적 독트린이 아니라 가능한 가장 광범위한 인간적 측면에서 사회적 고통과 정치적 억압을 설명할 수 있는, 변화 가능하고 유연한 사고의 전통임을 보여 주었다. 더욱이 사회 분석에서 개인 주체의 문제를 재고하고자 프로이트 정신분석학을 검토했을 뿐만 아니라, 더 적절한 문화사회학을 발전시키기 위해 독일 관념론과 낭만주의, 아방가르드 모더니즘 같은 지적 전통도 활용했다. 예를 들어, 비판이론이 기존 문화에서 인간 욕구와 잠재력의 부정 또는 왜곡을 특히 잘 설명할 것이라는 그의 신념은 많은 사회과학적 논의의 주요 자원이 됐다. 또한 마르쿠제 논의의 큰 줄기는 현대 비판이론에서, 특히 하버마스를 통해 정교화되고 확장되면서 결실을 맺었다. 이제 근대사회 비판에서 자본주의적 상품화 또는 관료제적 기술의 제도적 과정에만 주목하는 것으로는 충분치 않다. 억압의 의식적·무의식적 유형을 포괄하려면 가장 광범위한 정서적 의미에서 정의된 주체성의 전체 영역을 설명해야만 한다.

마르쿠제의 논의에는 미해결된 난점 또한 많다. 그 가운데서 중요하게 언급해야 할 것은 인간 행위자에 대한 그의 접근법이 가진 결점, 특히 사회변혁의 핵심으로서 억압된 무의식 개념에 대한 오랜 강조, 현대사회 분석의 한계, 특히 지배와 착취에 대한 비판 부분, 그리고 인간 욕구·의미·윤리·정의와 관련된 일련의 문제이다. 이 세 가지 비판을 차례로 간략히 살펴보자.

첫째, 미디어 사운드, 회전, 유혹의 시대에 마르쿠제의 '억압적 탈승화'라는 역설적 개념은 명백한 성해방 유형이 어떻게 실제로는 억압을 촉진하는지를 파악하는 강력한 도구가 된다. 마르쿠제의 주장은 오늘날 서구 사회 어디에서나 목도되는 섹슈얼리티의 화려한 상품화가 인간의 욕망, 에로티시즘, 친밀성을 섹슈얼리티에 대한 부분적·제한적 이해로 제한시킨다는 것이다. 이런 점에서, 포르노 영화부터 랩댄싱 클럽에 이르는 온갖 형태의 성산업은 인간의 섹슈얼리티를 약화시키고 인습적 행동과 가치를 촉진한다. 그러나 이러한 관점이 자본주의와 대중문화mass culture의 억압적 모순을 파헤치는 강력한 비판을 제공한다 해도, 자아와 사회 관계의 복잡하고 모순적인 관계, 그리고 감정적 삶에 대한 정신분석학적 이해 양자를 모두 지나치게 단순화한다는 비판에는 확실히 취약하다.

예를 들어, 현재 많은 이들은 과잉억압에 대한 마르쿠제의 개념화가 부족하다는 점에 동의할 것이다. 그가 일차원적 대중문화mass culture로 촉진된 감정적 모순의 해체라는 측면을 파악하고자 억압을 과잉된 것으로 재구성한 것은, 일면 도발적이긴 하지만 궁극적으로 사회가 개인 행위자 위에 군림하는, 문화적 지배의 고도로 지적인 버전으로 이어진다. 이것이 내포한 문제는 정신이 무의식적 갈등으로 가득 차 있으며, 이는 프로이트적 용어로 말하자면 자아가 결코 긴장과 모순 없이 사회적 관계로 진입할 수 없는 중요한 이유라는 사실을 간과한다는 점이다. 마르쿠제가 제시한 과잉억압의 항구적 이미지에서 비롯되는 관련된 난점은, 그가 나중에 그랬듯이 현대의 수행원칙으로부터 벗어나는 경로를 찾으려면 개인 주체를 그 자신에게로 되돌아가게끔 할 수밖에 없다는 것이다. 진전된 방향으로 나아갈 수 있는 길은 무의식을 통한 것인데, 이는 어느 정도 사회적 지배의 범위를 넘어선 것이며, 따라서 대안적 사회를 예견할 수 있다. 그러나 대안적인 정치적 전망에 대한 이러한 강조에도 불구하고, 마르쿠제는 새로운 유형의 친밀성, 대인관계 또는 문화적 결사cultural association는 거의 언급하지 않았다. 오히려 그의 유토피아주의는 성적 억압의 극복에만 초점을 맞춘다. 이러한 해방 전망은 상당히 의심스럽다.

인간이 아닌, 억압된 무의식이라는 기계론적 개념은 사회변혁에 관한 마르쿠제 관점의 핵심이다. 인간 행위자는 지배로 환원되는 반면, 억압된 무의식은 해방과 연결된다. 그러나 이는 곤란한 정치적 쟁점을 불러온다. 개인 주체가 퇴화하고 억압이 완결적이라면 누가 변혁을 할 것이며, 아니면 무의식의 진실을 알기라도 할 것인가? 정확히 누가 '리비도적 합리성'으로 알려진 해방을 유지할 역량이 있을 것인가? 마르쿠제가 무의식적 잠재력에 초점을 맞춘 것은 일부 측면에서는 가치가 있지만, 실제로는 사회적 유대와 문화적 결사라는 이슈를 배제해 버리는 개인주의 문화를 반영한 것이다. 더 중요한 것은, 억압된 충동의 해방을 옹호하는 마르쿠제의 논의에 본질주의essentialism의 기미가 있다는 점이다. 이러한 논의는 어쨌든 자연스럽고 무한한, 사회구조의 범위를 넘어서는 인간 열정에 관한 전前프로이트적 관점을 상기시킨다. 억압된 무의식 또는 환상 그 자체가 비억압적 사회에서의 표현만을 획득할 것이라는 관점은 환상의 구조가 이미 제도적 삶과 관련돼 있음을 보여 주는 것이다. 이러한 관점은 '무의식의 진실'이 이미 궁지에 몰린 인간관계, 폭력적인 젠더 긴장, 이데올로기 갈등과 관련돼 있음을 인식하지 못한다.

둘째, 마르쿠제의 근대사회 분석, 특히 선진 자본주의에 대한 설명은 날카로운 비판을 받은 바 있다. 이 점에서 마르쿠제 사회이론의 한계에 초점을 맞추는 것이 중요한데, 이는 그의 근대사회 분석에 모순적 요소들이 있기도 하거니와, 내 생각으로는 그가 그 모순적 요소들을 적절히 화해시키지 못했기 때문이다. 마르쿠제가《일차원적 인간》에서 제시한 선진 자본주의에 대한 암울한 비판은《에로스와 문명》에서 보여 준 급진적 사회변혁의 잠재력에 관한 낙관적 분석과 너무도 대조적이다. 일부 비평가들은 이러한 불일치의 원인을 마르쿠제가《일차원적 인간》에서 미국의 전후 호황에 지나치게 주목한 데서 찾는 반면, 다른 비평가들은 그가《에로스와 문명》에서 은연중에 독일 낭만주의의 영향을 받았다는 점을 지적하기도 한다. 그러나 그 사고의 낙관적인 한 축과 비관적인 한 축의 정확한 구분이 무엇이든지 간에, 자본주의의 안정적 부각이라는 생각이 그의 저작 전반에 걸쳐 중요한 역할을 했음은 확실하다.

그럼에도 그러한 사회발전 경향에 대한 마르쿠제의 설명을 거부할 만한 상당한 이유들이 있다. 한 가지는, 마르쿠제가 선진 자본주의의 모순 및 위기 경향 방지에 지나치게 주목한 나머지 문화적 순응성이 근대사회의 재생산에 핵심적 역할을 하는 것으로 가정한 듯 보인다는 점이다. 그러나 최근의 사회학적 연구는 그러한 생각과 동떨어진바, 사회적 재생산은 대중문화popular culture와 매스미디어에 의해 촉진된 가치와 규범의 거부에서 초래되는 의도하지 않은 결과일 수도 있다는 것이다. 또 다른 이유는, 마르쿠제가 우리 시대의 기술적 합리성의 심화와 그것이 문화·사회·인성을 긴밀하고 조화로운 체계로 통합하는 역량을 과도하게 강조하다 보니 그의 사회이론은 1960년대의 광범위한 사회적 저항을 촉진한 것이 무엇이었는지를 설명하지 못했다는 점이다. 본인이 이러한 저항의 다양한 측면과 관련돼 있음에도 불구하고 말이다. 마찬가지로, 그의 사회이론은 최근의 테러와의 전쟁 또는 21세기 초반 글로벌경제위기를 설명할 예리함 또한 결여하고 있다. 마르쿠제는 폭발의 잠재력을 안고 있는 글로벌

자본주의 시장의 불균형도, 일부 초강대국의 군사대국화도 적절히 설명하지 못했다.

마지막으로, 일부 비평가들은 마르쿠제의 급진적 정치학과 유토피아적 전망을 풍자했다. 마르쿠제의 사회이론은 '리비도적 합리성' 개념을 통해 개인 – 집단 – 국가 사이에서 창의적이고 감각적인 이성으로 간주되는 바를 명확히 밝히고자 시도하면서, 리비도의 변환이 전체 사회 수준에서 의미하는 바가 무엇인지를 설명한다. 그러나 이를 논박하는 비평가들은 합리성과 열정이 견고하게 특수하고 분리된 영역이라는 점에서 에로틱화된 이성이라는 관념 자체가 모순적 용어라고 본다. 이성은 보편적이고 감정은 특수적이라는 것이다.

하지만 이 모순은 겉보기에만 그러할 뿐이다. 그리고 마르쿠제는 저작들에서 이 모순의 이유를 명확히 설명한다. 사회적 합리화가 모든 이성을 억압하게 되면 과잉억압으로 전환된다. 이러한 병리를 지칭하는 명칭이 '억압적 탈승화'다. 문제는 이성과 감정이 분리된 것이 아니고, 변형되고 왜곡된 감정이 이성에 우위를 점하게 됐다는 점이다. 그러나 역사적으로 볼 때, 오늘날의 사회적 조건은 과잉억압을 제거할 가능성을 별로 제공하지 못한다. 마르쿠제 본인의 말을 빌리면, 사회이론이 관심을 둬야 할 것은 '만족의 새로운 합리성'이다.

하지만 이러한 입장은 합리성의 유형을 어떻게 창의성, 충족, 쾌락과 관련하여 미학적으로 규정할 것인가 하는 딜레마로 이어진다. 데이비드 헬드David Held는 이 문제를 논의하면서 이렇게 말한다. "개인은 마르쿠제가 말하는 것처럼 현실적 욕구 문제를 본능에만 기대어 해결하지 않는다. 욕구란 그것이 발달하는 상황 및 그것이 구상되는 방식과 무관하게 표출될 수 없기 때문이다."

마르쿠제가 프로이트를 따라 이성 또는 합리성을 무의식적 욕망 내에 위치시킨 것이 정확할 수도 있다. 그러나 이성이 욕망의 산물이라 해도, 사회이론은 여전히 개인의 욕구와 잠재력이 사회적 행위자들 사이에서 어떻게 구성되고 구상되며 인식되는지를 파악할 언어를 필요로 한다. 이는 '만족의 합리성' 측면에서 자유에 대한 마르쿠제의 전망에 이의를 제기하는 것이 아니라, 구체적 역사가 어떻게 인간 개인의 실제적 욕구와 욕망에 대한 심사숙고와 관련되는가라는 질문을 던진다. 이러한 질문은 필연적으로 개인적 충동, 욕망, 억압에 관한 프로이트의 고립된 언어로부터 커뮤니케이션, 담론, 상징의 교환에 관한 대인 간interpersonal 언어로의 이행을 포함한다.

요약

① 프랑크푸르트학파 또는 비판이론 제1세대는 사회학, 경제학, 정치학, 정신분석학의 학제적 통합을 통해 정통 마르크스주의를 넘어서려 한 독일의 주요 신마르크스주의자들의 연구를 지칭한다. 프랑크푸르트학파가 사회이론에 한 공헌은 20세기의 가장 중요한 업적 중 하나로, 특히 비판이론은 1960~70년대 지성계와 신사회운동 진영의 마음을 사로잡았다.

② 프랑크푸르트학파는 다수의 이론적 연구를 통해 무엇보다도 근대의 '어두운 측면'에 주목했으며, 다양한 사회병리를 이성, 합리성, 계몽주의의 본질의 측면에서 일반적인 발전까지 거슬러 올라가 탐구했다.

③ 프랑크푸르트학파에 따르면, 이성은 본질적으로 병리적이다. 호르크하이머와 아도르노의 《계몽의 변증법》에서 사회는 본성의 지배를 통해 제 생존을 확고히 하고자 은연중에 자신을 훼손하고 자유의 기회를 파괴한다. 오늘날 이성은 자동적으로 도구적 합리성으로 전환되며, 개인 주체로서 행위하는 것은 폄하와 파괴의 대상이 된다.

④ 프랑크푸르트학파는 프로이트 정신분석학을 활용하여 정체성, 정치학, 문화, 이데올로기의 정신역학에 관한 다양한 연구를 수행했다. 프롬의 연구에서는 자아와 사회의 중재자로서의 가족에 초점을 맞추고자 정신분석학을 사용했다. 아도르노의 연구에서는 파시즘, 반유대주의, 권위주의적 비합리성을 분석하는 데 프로이트가 활용됐다. 마르쿠제의 연구에서는 근대사회에 관한 일반적 사회이론을 발전시키고자 '통상적이지 않은 방식으로' 프로이트 정신분석학을 독해했다.

⑤ 아도르노와 마르쿠제에 따르면, 선진 자본주의라는 관리된 세계의 도래는 정체성 형성에서 가부장적 가족의 역할이 침식됐음을 의미한다.

⑥ 총체적으로 관리된 사회는 자율성을 갖춘 적응적 시민의 필요성을 제거해 버리며, 그 결과 극심한 억압이 나타난다. 결과적으로, 사회는 개인 무의식에 대한 통제력을 높임으로써 자신의 지배력을 개인적 영역으로까지 확장한다. 이러한 사회적 조작은 아도르노가 말한 '경계 없이 탄력적이고 주체 없이 주체적인' 것을 창출한다.

⑦ 마르쿠제는 근대사회를 점차 그 범위가 '일차원적'이 돼 가는 것으로 묘사한다. 이는 많은 이들을 억압적 존재로 만든다. 즉, 사람들이 심각한 수준의 '과잉억압'으로 고통 받으며 자본주의 '수행원칙'의 가혹한 경제적 명령에 손상을 입는다.

⑧ 마르쿠제가 보기에, 모든 사회성은 유토피아적 가능성을 내포한다. 가장 억압적인 사회체제조차도 급진적 상상력을 완전히 멈추게 할 수는 없다. 마르쿠제는 재활성화된 사회에서는 '리비도적 합리성'이 만개하고 이성과 욕망, 친밀성과 섹슈얼리티가 조화를 이룬다고 말한다.

⑨ 비판이론에 대한 핵심적 비판은 파시즘에 대한 과잉반응과 거리를 두는 것이다. 아도르노와 마르쿠제의 사회학적·정치적 주장은 특히 자유주의적 자본주의와 파시즘 체제 간의 일부 제도적 차이점을 간과하는 경향이 있다.

심화 질문

① 현대 서구문화에는 소비에 대한 강박적 집착이 있다는 말에 동의하는가?

② 사회의 관료제적 관리는 이성을 그와는 반대 방향으로 이끈다는 주장에 대해 평가해 보라.

③ 프로이트적 정신이 사회비평에서 중요한 이유는 무엇인가?

④ 우리 시대의 글로벌 테러 속에서 사람들은 자유를 두려워하는가?

⑤ 프랑크푸르트학파는 억압을 정치적 지배의 핵심으로 본다. 우리가 살고 있는 뭐든지 할 수 있는 자유주의적 시대에, 억압에 대한 분석은 문화비평에 어떻게 기여하는가?

더 읽을거리

프랑크푸르트학파

(edited by andrew Arato and Eike Gebhardt) *Essential Frankfurt School Reader* (New York: Continuum, 1982)

테오도르 아도르노

(with Max Horkheimer) *Dialectic of Enlightenment: Philosophical Fragments*, trans. by Edmunt Jephcott (Stanford: Stanford University Press, 2002) 《계몽의 변증법》, 김유동 옮김, 문학과지성사, 2001)

(with co authors) *The Authoritarian Personality* (New York: Harper and Row, 1950)

Minima Moralia (London: NLB, 1974) 《미니마 모랄리아》, 김유동 옮김, 길, 2005)

Negative Dialectics, trans. by E. B. Ashton (London: Routledge, 1973) 《부정변증법》, 홍승용 옮김, 한길사, 1999)

The Culture Industry (London: Routledge, 2001)

에리히 프롬

Escape from Freedom (New York: Farrar & Rinehart, 1941) 《자유로부터의 도피》, 김석희 옮김, 휴머니스트, 2012)

The Sane Society (New York: Rinehart, 1955) 《건전한 사회》, 김병익 옮김, 범우사, 1990)

The Anatomy of Human Destrctiveness (Holt Paperbacks, 1992) 《파괴란 무엇인가》, 유기성 옮김, 기린원, 1989)

The Art of Loving (Allen & Unwin, 1957) 《사랑의 기술》, 황문수 옮김, 문예출판사, 2006)

헤르베르트 마르쿠제

Eros and Civilization (Boston: Beacon Press, 1955) 《에로스와 문명》, 김인환 옮김, 나남출판, 2004)

One-Dimensional Man (Boston: Beacon Press, 1964) 《일차원적 인간》, 박병진 옮김, 한마음사, 2009)

The Aesthetic Dimension (Boston: Beacon Press, 1978) 《미적 차원》, 최현 옮김, 범우사, 1982)

프랑크푸르트학파에 관해서는 아래 언급한 책들을 비롯해 다수의 2차 저작이 있다.

Douglas Keller, *Critical Theory, Marxism, and Modernity* (Cambridge: Polity Press, 1989)

Rolf Wiggerhaus, *The Frankfurt School: Its History, Theories, and Political Significance* (Cambridge, MA: MIT Press, 1994)

Tom Bottomore, *The Frankfurt School* (New York: Tavistock, 1984)

Martin Jay, *The Dialectical Imagination: A History of the Frankfurt School 1923-1950* (University of California Press, 1996)

테오도르 아도르노에 관한 유용한 입문서로는 다음 두 가지가 있다.

Simon Javis, *Adorno: A Critical Introduction* (Cambridge: Polity Press, 1998)

Detlev Claussen, *Theodor W. Adorno: One Last Genius* (Belknap Press, 2008)

더 심화된 논의는 다음 저작을 참조하라.

Tom Huhn, *The Cambridge Companion to Adorno* (Cambridge, Cambridge University Press, 2004)

마르쿠제에 관한 심화된 논의는 다음 저작들을 참조하라.

Douglas Keller, *Herbert Marcuse and the Crisis of Marxism* (London: Macmillan, 1984)

Robert Pittin, A. Seenderg and C. Webel, *Marcuse: Critical Theory and the Promise of Utopia* (London: Macmillan, 1988)

John Bokina and Timothy J. Lukes, *Marcuse: New Perspectives* (Lawrence: University of Kansas Press, 1994)

그 밖에 다음 저작을 참조하라.

C. Fred Alford, *Science and the Revenge of Nature: Marcuse and Haber-*

mas (Gainesville: University of Florida Press, 1985)

프롬에 관한 유용한 입문서로는 다음 저작들을 참조하라.
Rainer Funk, *Erich Fromm: His Life and Ideas* (New York: Continuum, 2000)
Daniel Burston, *The Legacy of Erich Fromm* (Cambridge, MA: Harvard University Press, 1991)

그 밖에 다음 저작들도 참조하라.
Rainer Funk, *Erich Fromm: The Courage to be Human* (New York: Continuum, 1982)
Richard Evans, *Dialogue with Erich Fromm* (New York: Praeger, 1981, 1966)
Gerhard Knapp, *The Art of Loving: Erich Fromm's Life and Works* (New York: P. Lang, 1989)

더 구체적인 비평은 다음 저작들을 참조하라.
Bernard Landis and Edward Tauber (editors), *In the Name of Life: Essays on Honor of Erich Fromm* (Holt, Reinhart, and Winston, 1971)
Laurence Wilde, *Erich Fromm and the Quest for Solidarity* (London: Palgrave Macmillan, 1994)

인터넷 링크

프랑크푸르트학파
http://carbon.cudenver.edu/~mryder/itc_data/postmodern.html#frankfurt
www.ifs.uni-frankfurt.de/english/history.htm
www.uta.edu/huma/illuminations/
www.marxists.org/subject/frankfurt-school/

아도르노

www.iep.utm.edu/a/adorno.htm

호르크하이머

www.ub.uni-frankfurt.de/archive/ehork.html

프롬

www.erich-fromm.de/e/index.htm

마르쿠제

www.marxists.org/reference/archive/marcuse/works/Eros-civilisation/

www.marcuse.org/herbert/

http://carbon.cudenver.edu/~mryder/itc_data/postmodern.
html#frankfurt

구조주의

4
장

크리스는 뉴욕 주요 출판사의 편집위원으로 몇 년간 일했다. 일하면서 그는 사람들이 어떤 논픽션을 읽고 싶어 하는지 예견하는 상당한 능력을 발전시켰다. 말하자면 일반 독자들이 원하는 것을 읽어 내는 데 통달하게 된 것이다. 독서시장이 전달하는 신호를 파악함으로써 그는 현재의 위치에 올랐다. 크리스는 대중역사서를 제작하였으며 최근에는 대중문화, 유명 인사, 미디어 분야를 다루고 있다. 몇 달 전에는 리얼리티 프로그램이 인기를 끄는 현상, O사이즈 패션의 정치를 다루는 책을 냈으며, 몇몇 유명 인사의 전기를 출간했다.

크리스는 뉴욕 전역을 여행하거나 다른 곳을 돌아다닐 때면 대중들의 관심사가 뭔지를 언제나 숙고한다. 인터넷과 새로운 디지털 기술의 발전으로 출판업이 갈수록 어려워지고 있음을 잘 알지만, 그럼에도 그는 최고의 신진 작가를 찾아내려고 애쓰고 있다. 21세기 들어 출판업이 어려워졌지만 대중들은 여전히 좋은 책을 읽고 싶어 하는 신호를 보낸다고 크리스는 주장한다.

일반 대중이 읽고 싶어 하는 것이 무엇인지 읽어 내는 재능이 있지만, 크리스도 우리처럼 문화 일반의 메시지와 정보를 해석하는 기술을 갖고 싶어 한다. 이를테면 오늘도 그는 일어나서 아침 TV 뉴스를 시청했다. 지하철로 출근하면서 조간신문을 읽었으며, 수많은 광고판의 기호들sign과 마주쳤다. 사무실로 이동하면서는 브랜드 기호들에 노출되었다. 스타벅스, 더 갭, 맥도날드, 애플, 빅토리아 시크릿 등등. 사무실에 출근해서도 동료와 아침 인사를 나누며 어떻게 지내는지, 오늘은 뭘 할 건지 묻는 등 매일매일 일어나는 사람들 간의 상호작용 속에도 다양한 기호가 존재한다.

그러나 다른 많은 사람들처럼 크리스도 자신을 둘러싼 기호들에 크게 신경 쓰지는 않는다. 자신이 만들어 내는 기호들에 대해서도 마찬가지다. 지하철 신문 가판대에서 고개를 끄덕이는 행동부터 사무실 비서에게 인사하는 행동에 이르기까지, 그가 마주치거나 만들어 내는 모든 기호들은 사회적 삶을 이어 가는 데 기본적인 것들이다. 기호들은 우리를 특정한 방향으로 이끌 뿐 아니라 무슨 일이 일어나고 있는지 알려 주기도 한다. 인간의 커뮤니케이션과 일상적 삶에 기호는 필수적이다. 크리스가 살고 있는 커뮤니케이션 세계에서 그가 '무의식적인 태도'를 취하는 것을 고찰하는 가장 좋은 방식은, 크리스도 다른 이들처럼 기호들을 자신과 독립되어 존재하는 것으로 경험한다고 보는 것이리라. 기호는 어디에나 존재한다. 그렇다고 해서 우리가 기호나 언어를 사용할 때 선택권이 없다고 말하는 것은 아니다. 하지만 사람들이 현실에 대해 갖고 있는 암묵적인 이해가 있다고 인정한다면, 기호는 우리와 독립되어 존재한다고 할 수 있다. 언어나 커뮤니케이션이 전부 의도적인 행동의 산물은 아니라는 점을 인정한다면, 인간은 기호의 수동적인 객체라고 할 수 있을 것이다.

'기호의 수동적인 포로passive prisoners of signs'라고 말하게 되면, 우리는 사회이론가들이 '구조주의structuralism'라고 부르는 영역으로 들어가게 된다. 구조주의는 1960년대에 유행했다. 구조주의는 언어학자들의 통찰을 사회구조와 정치체계의 효과에 적용하려는 시도였다. 그 명칭이 시사하듯이, 구조주의는 인간이 더 큰 (사회적 · 문화적 · 정치적) 구조들 속에서 살아간다는 관념에서 출발한다. 구조들은 개인의 결정, 선택, 믿음, 가치를 형성하거나 심지어 결정한다. 일반적으로 구조주의는 인간이 자기통치적이고 자율적인 행위자라는 인간주의적 관점을 벗어나려는 시도다. 구조주의는 그 대신에 사회적 상호작용에 정합성, 규칙성, 의미를 제공하는 구조들에 주목한다. 언어는 구조주의의 핵심 분석 모델이다. 모든 사회들과 문화들에 보편적으로 존재하는 개인의 말은 단어에 의미를 제공하는 구조 없이는 성립할 수 없다. 내가 지금 이 책에 쓰고 있는 단어들은 언어의 구조적인 규칙에 부합해야만 의미를 전달할 수 있다. 따라서 구조주의는 사물을 지배하는 언어규칙이 무엇인지 따져 묻는 것이다.

4장에서 우리는 구조주의 사회이론을 구조언어학이 발전시킨 방법부터 상세히 살펴보려 한다. 그 다음에는 이러한 방법이 영향력 있는 구조주의 지식인인 롤랑 바르트와 미셸 푸코의 사회 분석에 어떻게 적용되었는지 고찰할 것이다. 기호를 다루면서 사회 세계의 생산을 이해하고자 하는 구조주의적 방법이 어떤 의의가 있는지 따져 볼 것이다.

소쉬르와 구조언어학

우리 모두가 크리스처럼 기호를 전문적으로 해독하지는 못한다. 그렇다고 해서 우리가 매일의 사회적 삶의 수많은 기호들을 포착하여 해독할 능력이 없다고 할 수는 없다. 지도를 읽는 법부터 파티 같은 모임에서 처신하는 법에 이르기까지, 사회적 삶의 기호들을 해독하는 방법에 관한 실용적 지식은 많고도 다양하다. 타인들과 소통할 수 있는 언어의 사용을 포함하여 특정 상황에서 어떻게 주변 기호들을 활용하는가. 이는 사회이론의 핵심적인 과제가 되어 왔다. 영향력 있는 관점 중 하나는 우리를 둘러싼 기호들, 우리가 매일 사용하는 언어들이 우리에게 주어져 있다는 시각이다. 이것이 현대 구조언어학이 제기하는 관점이다.

구조언어학의 창시자인 페르디낭 드 소쉬르Ferdinand de Saussure(1858~1913)는 사회이론가는 아니었지만 현대사회이론, 주로 구조주의와 포스트구조주의에 주목할 만한 영향을 미쳤다. 제네바와 파리 두 곳에서 일하면서 인도유럽어를 전문적으로 연구한 언어학자인 소쉬르는, 언어의 기능이 세상의 사물과 사건을 자연주의적으로 표상한다고 보던 19세기 언어학에 의문을 제기하였다. 그는 언어가 드러내는 체계와 구조를 탐구하였으며, 체계와 구조가 발화와 소통에 본질적이라고 생각했다. 이 분야의 신기원을 열어젖힌 《일반언어학 강의Cours de linguistique generale》(1916)는 사회이론서 중 가장 널리 읽히는 책 중 하나다. 이 책은 그가 사망한 뒤 그의 강의를 들은 학생들의 필기를 모으고 소쉬르의 강의노트를 모아 출간되었다. 이 책에서 소쉬르는 5가지 명제를 발전시켰다.

① 언어(랑그langue)와 발화(파롤parole)의 구분
② 기호의 자의적 성격
③ 의미 구성에서 차이differnce가 핵심적인 역할을 수행
④ 기표(시니피앙signifier)와 기의(시니피에signified)의 결합을 통한 기호 생성
⑤ 통시성과 공시성의 분리

이상의 5가지 원리는 클로드 레비스트로스의 저작부터 미셸 푸코의 저작에 이르는 구조주의 사회이론에서도 핵심이 되었다. 5장에서 우리는 소쉬르 이후 세대의 파리 지식인들이 어떤 식으로 이 원리를 채택하고 수

정하는지 살펴볼 것이다. 소쉬르의 언어학은 포스트구조주의 사회이론의 발전에도 핵심적이다. 소쉬르 언어학이 20세기 사회이론의 방향을 어떻게 형성하는지 더 잘 이해하기 위해, 여기서는 소쉬르가 제시한 핵심 원리의 논리부터 살펴보자.

소쉬르가 보기에 기호의 영역과 언어의 영역은 개인의 시점이 아니라 사회의 시점 또는 집합체의 시점에서 접근해야 한다. 개인이 자발적으로 상상력의 놀이를 통해 의미를 창조하는 것이 아니다. 언어가 개인보다 먼저 존재한다. 따라서 우리는 스스로를 이미 존재하는 형식과 규칙에 적응시켜야 한다. 이는 다른 식으로 언어가 하나의 **사회적 제도**라고 말하는 것이다. 언어가 사회로부터 분리될 수 없다면, 개인의 발화 역시 대화의 구체적인 구조들로부터 분리될 수 없을 것이다. 소쉬르는 '구조'라는 단어를 사용하지는 않는다. 하지만 '체계'라는 말을 사용한다. 발화(파롤)가 질서 잡히고 규칙적이며 재생산되는 것은 언어(랑그)의 체계적 속성 때문이라는 것이다.

발화는 우리의 내면세계를 **반영**하는 것이 아니라, 언어체계의 각 영역들을 **보여 주고 재생산**하는 것이다. 다른 식으로 표현하면, 언어는 우리의 지성과 자아 '내부에' 있는 무언가가 아니라, 사회구조 안에 있는 무엇이다. 신이나 산타클로스처럼, 체계로서의 언어는 관찰 불가능하다. 영어를 눈으로 본 사람은 존재하지 않는다. 옥스퍼드 영어사전을 앞표지부터 뒤표지까지 읽어 볼 수는 있지만, 그렇다고 해서 영어 전체를 보았다고 할 수는 없다. 특정한 단어들만 보았을 뿐이다. 따라서 소쉬르의 목적은 구조로서의 언어를 분석하는 것이라 할 수 있다. 그리하여 우리를 뿌리에서부터 구성하는 구조를 분석하는 것이었다.

랑그(언어의 추상적 구조)와 **파롤**(개인의 특정 발화) 간의 핵심적 차이를 구분하면서, 소쉬르는 '기호의 자의성' 테제를 발전시켰다. 언어가 우리를 둘러싼 세계의 실제 사물을 반영하지 않는다는 이 같은 반합리주의적인 주장을 어느 정도나 납득할 수 있을까. 소쉬르는 이 점에 대해《일반언어학 강의》에서 여러 차례 애매하게 주장했다. 하지만 그의 일반적인 주장은 언어와 대상 세계의 관계가 관습적이라는 점이다. 즉, 사회에 의해 구조화된다는 의미다. 그런 면에서 언어는 **근본적으로 자의성을** 갖고 있다는 것이다.

소쉬르가 보기에, 언어는 변하지 않는 세계를 반영하기만 하는 것은 아니다. 한번 정해지면 변치 않는 '고정된 언어'라는 것은 존재하지 않는다. 도리어 세계는 언어에 따라 구조화되며, 개인들은 언어를 가지고 자신을 둘러싼 사회적 사물을 알게 되고 사회 속에서 살아간다. 소쉬르는 이같은 주장을 단어를 비교하여 설명한다. 영어의 'ox(황소)'는 프랑스어의

▌ 언어 인상이 화자에게서 형성되는 것은 우리의 수용 및 등위 배열 능력 기능 덕분인데, 이들 언어 인상은 모든 사람의 머릿속에 거의 동일하게 남는다. 언어가 언어 외적인 요소 없이 그 자체로 나타나려면, 이 사회적 산물을 어떻게 상상해야 할까? 만약 모든 개인 속에 축적된 낱말 영상의 총합을 포괄해서 생각할 수 있다면, 우리는 언어를 구성하는 사회적 유대 관계에 접할 수 있을 것이다. 언어는 화언speech 실행을 통해 동일한 공동체에 속하는 화자들 속에 저장된 보물이며, 각 뇌리 속에 혹은 좀 더 정확히 말하면, 모든 개인의 뇌 속에 잠재적으로 존재하는 문법 체계이다. 왜냐하면 언어란 그 어느 개인 속에서도 완전할 수가 없고, 집단 속에서만 완전하게 존재하기 때문이다.

페르디낭 드 소쉬르(1916) *Cours de linguistique générale* (《일반언어학 강의》, 최승언 옮김, 민음사, 2006)

'boeuf', 독일어의 'ochs'와 의미는 유사하지만 발음은 다르다. 비슷한 예로, 'sister(자매)'는 프랑스어 'sœur'와 관련이 없다. 서로 다른 사회는 다른 언어를 통해 다른 방식으로 세계를 구성한다. 소쉬르의 주장은 단어와 단어가 가리키는 물리적 세계 사이에 고유한 연계가 있다는 상식을 기각한다.

예를 들어 '나무'란 단어를 떠올려 보자. 소쉬르 언어학에 따르면, 식물에 해당하는 실제 나무의 고유한 성질에 들어맞거나 나무를 포착하는 언어적 표시인 t-r-e-e만 존재할 따름이다. 유용한 비교 사례로 프랑스어 'arbre(나무)'가 있다. 더 근본적으로는, 왜 두 단어 tree와 arbre가 나무라는 현실 대상에 적절한 말인지 고유한 이유가 없다는 것이다. 만일 단어와 대상 간의 필연적 관계가 존재하지 않는다면, 그 관계란 자의적일 수 있다. 이것이 소쉬르의 주장이다. 언어와 대상 세계의 관계는 사회적 · 역사적 맥락 속에 놓여 있다. 이 관계는 언어체계의 속성에서 벗어날 수 없으며, 우리가 매일매일 사용하는 발화 방식과 동떨어져 있지 않다.

소쉬르에 의하면, 언어를 이해하는 열쇠는 단어와 그것이 지시하는 물리적 대상의 연계에 있는 것이 아니라 언어적 기호들의 **자의적**arbitrary 속성에 있다. 다시 말해, **차이의 표시**differential marks에 있다. 이러한 용어나 사고방식이 납득하기 어려울 수 있다. 소쉬르의 개념적 혁신을 조금 더 따라가 보자. 소쉬르가 제시한 언어적 기호의 자의성 원리를 이해하게 되면 세상이 확연히 달라 보인다.

소쉬르가 보기에 의미는 '기표signifier'와 '기의signified'의 결합으로 생성된다. 기표란 소리와 이미지, 그리고 문자 텍스트를 말한다. 기의는 우리의 심상에 떠오르는 기표가 지시하는 그 무엇이다(나무라는 기표를 보면 우리는 머릿속에 나무라는 식물을 떠올린다). 기표와 기의는 언어기호를 함께 구성하며, 이는 말하고 듣고 읽고 쓰는 과정에서 실현된다. 하지만 정확히 어떻게 '기표'와 '기의'가 연결되는 것일까? 소쉬르는 '차이'를 통해 연결이 성립된다고 주장했다. '낮'은 '밤'과의 차이를 통해 기호로 구성된다. '검정색'은 '흰색'을 통해, '남성'은 '여성'을 통해 기호가 되는 것이다. 이것이 소쉬르 언어학의 근본적 핵심이다.

그는 《일반언어학 강의》에서 모든 언어적 기호는 차이의 구조에 새겨져 있다고 주장했다. "언어에는 오직 차이만 존재할 따름이다. 더 중요한 사실은, 하나의 차이는 보통 차이가 나는 단어들을 암시한다. 하지만 언어에는 실제 단어 없이도 차이만 존재한다."(1974: 120), 이러한 통찰은 언어와 세계의 연결을 포착하려다 보니 생겨난 결과이다. 기표를 사용한다는 것은 그 기표 말고 다른 기표는 부정하고 거부하며 '망각'하고자 하는 언어적 과정의 일부라고 할 수 있다. '뜨거운'이란 기표는 '차가운'과의 차이를 통해 그것을 의미화하는 것이다. 기호의 힘이란 말하자면 늘상 차이를 만드는 일인 것이다.

소쉬르 언어학의 관점에서 볼 때, 이 모든 것은 언어의 내적 구조와 연관된다. 의미를 창조하는 것은 차이다. 단어는 전체 언어구조 내의 대립 같은, 서로 간의 차이화를 만들어 내어야 그 의미와 지속성을 확보할 수 있다. 여기서 우리는 한편으로는 언어의 체계적 속성과 관련된 핵심 질문으로 나아가고, 다른 한편으로는 매일의 삶에서 발화가 실현되고 재생산된다는 질문으로 나아가게 된다. 여기서 알 수 있는 것은 단지 언어의 '내부적' 차원만이 아니다. 이는 또한 사회와 관련해서는 언어와 이데올로기의 생산과정과 관련되는 풍부한 함의를 지닌 이론이다.

소쉬르는 '제네바에서 파리로 가는 기차'를 이야기하며 이 문제를 명확히 했다. 관습 언어에서 우리는 '동일한' 기차가 매일 오후 8시 25분에 제네바를 떠나 파리로 간다고 말한다. 그런데 사실상 8시 25분 기차의 화물과 엔진, 승무원은 매일 바뀐다. '제네바에서 파리로 가는' 8시 25분 기차는 10시 5분 기차와 다르다는 사실이 두 기차의 동일성을 배제한다. 이 차이는 8시 25분 기차가 다른 열차와는 다르며 항상 '동일한' 기차라는 환상을 조장한다. 언어적 차이는 목적을 가진 사회적 삶을 촉진한다. 그렇기에 언어적 차이는 매일의 사회적 존재에 필수적인 구별과 대립을 제공한다.

하지만 언어적 기호의 자의성을 고찰해 보면, 대상 세계만 차이를 통해 설명되는 것은 아니다. 언어는 심층의 구조이기에 정체성과 일상생활을 관통한다. 소쉬르가 제시한 차이의 원리는 또한 개별 화자나 자아를 가리키기도 한다. 이 경우 기표는 하나의 소리, 이미지 또는 언어적 표시이며, 개인들을 포함한다. 따라서 '주류'와 '소수자', '포함'과 '배제', '중심'과 '주변'을 표시한다. 비록 소쉬르는 언어와 기표의 정치적 힘을 이론화하지 않았지만, 현재의 우리는 어느 정도 더 나아갈 수 있다. 의미는 차이의 결과물이라는 소쉬르의 요점에 따라, 우리는 언어의 탈중심화하는 힘은 실제 경험 내부에서 작동할 뿐만 아니라 언어가 시간 속에서 변형된다는 것을 알 수 있다. 이는 적절하게 사회적인, 구조주의 이론이라고 할 것이다. 소쉬르의 저작은 앞서도 말했듯이 사회이론에 풍요로운 발자취를 남겼다. 뒤에서 고찰하겠지만, 구조주의 사회이론은 권력과 지배가 언어와 언어적 관계의 구조에 어떻게 새겨져 있는지에 대해 강한 관심을 갖는다.

소쉬르 이론의 마지막 실타래는 **공시성**synchrony〔횡적으로 나눈, 특정한 시대에 나타나는 성질〕과 **통시성**diachrony〔종적으로 나눈, 시간의 흐름에 따라 변화하며 나타나는 성질〕 구분이다. 그는 언어의 발달을 주로 공시적이고 정적인 구조들로 보았다. 언어가 개인들에 의해서 변경되는 점보다는 언어의 체계적 속성을 강조한 것이다. 구조언어학 프로젝트를 제창한 것이다. 소쉬르에 따르면, 언어의 구조를 연구하는 것은 각각의 개별적인 발화들을 그것들로부터 완전히 추상화하는 것이다. 통시성이 아니라 공시성에 따르는 경우란, 랑그를 파롤보다 우위에 놓는 것이다. 일부 비판자들은 이러한 구조언어학의 해석 방식이 시간 차원, 즉 역사적 변동을 지워 버린다고 보았다. 테리 이글턴은 "이와 같은 언어모델 배후에는 인간 사회에 대한 정해진 관점이 숨겨져 있다. 즉 변화는 훼방꾼이자 불균형이라는, 본질적으로 갈등이 존재하지 않는 체계를 전제한다는 것이다. 변동이 잠시 일어날지라도 다시 균형을 회복하고 변화를 제 궤도 안으로 흡수해 버린다"고 했다(2008:96). 소쉬르에게 언어의 변화는 우연한 일일 뿐이다. 변화는 '맹목적으로' 발생한다.

하지만 이는 사실이 아니다. 소쉬르는 '변화', 특히 시간에 걸친 역사적 변동의 전개를 소멸시키는 데 그치지 않고, 구조의 변형이 어떻게 발생하는지에 대한 고민을 던져 주었다. 왜냐하면 언어 구조(다른 말로 '사회적 체계')는 특정한 결합과 실천 속에서만 관찰될 수 있기 때문이다. 여기서 시간 관념은 체계 전체와 그 요소들 간의 연계와 관련되어야 한다. 따라서 시간은 지속과 변화 간의 엄격한 분리 이상의, 훨씬 더 복잡한 무엇이다. 이렇게 보면, 소쉬르는 공시적인 것이 통시적인 것과 독립되어 있음을 강조한 셈이다. 그리고 이 강조는 소쉬르의 다른 어떤 주장보다 우리가 이제 고찰할 사회이론들에 여러 가지 문제를 발생시켰다.

소쉬르에 대한 비판

소쉬르의 저작은 언어학 분야에 한정되어 있지만, 그의 영향력은 지대하다.《일반언어학 강의》는 현대사회이론에서 구조주의의 탄생에 영감을 불어넣은 것으로 간주된다. 실제로 소쉬르의 테마들은 식습관부터 패션, 신화부터 문학예술에 이르기까지, 사회적 삶의 가능한 모든 측면을 분석하는 데 활용되었다.

비록 여기에도 논쟁점이 있지만, 소쉬르의 가장 유효한 유산은 기호의 자의적 성격에 대한 공리다. 소쉬르 이후 언어가 대상 세계와 마법처럼 '일치'한다거나 대상 세계를 포착할 수 있다는 견해(즉, 일종의 완벽한 상응)는 철저히 거부되었다. 소쉬르 언어학은 단어와 대상 간에 필연적인 관계가 존재한다는 주장을 거부하는 데 채택되었다. 이렇게 보면 발화는 세계 내의 대상이나 사건의 단순한 '반영'이 아니다. 의미는 언어 발화자의 마음속에 있는 의도적인 생각의 결과가 아니다. 대상과 세계의 관계는 자의적인 것이자 관습적인 것이며, 기표는 언제나 의미화하는 가운데 작동한다. 언어는 관습적인 지혜처럼 화자의 의도적 행위가 아니며, '의미'는 세계 내 '사물'의 단순한 즉자적인 표현도 아니다. 의미는 언제나 차이로부터 생산되며, 기표와 기의의 결합은 특정한 방식으로 서로 다른 장소에서 다르게 이루어지기 때문이다. 사회학적으로 볼 때, 이러한 통찰은 언어의 사회적 동학을 이해하는 데 큰 도움을 준다. 이제 변형transformation이 언어와 물질세계의 관계 속에 새겨진 것이다.

하지만 수많은 이들이 소쉬르의 이론을 비판했다. 그중에서도 가장 강력한 난제는 다음과 같다. 먼저, 의미의 생산이 자의적이라면 개별 인간 주체는 어떻게 사회적 세계를 살아 나갈 수 있는 것일까? 차이를 통해 기표와 기의의 결합이 이루어지고 의미가 생산된다고 하자. 하지만 어떻게 그토록 불안정하고 부유하는 언어체계 속에서 의미가 생산되는 것일까?

이러한 난점을 알고 있던 소쉬르는 자의성이란 것이 타자와의 언어적 상호작용에 제약이 전혀 없음을 의미하는 것은 아니라고 밝힌 바 있다. 반대로 화자는 이미 주어진 기존 언어규칙을 따를 수밖에 없다. 하지만 이 말을 받아들인다 해도, 실제로 기호에서 자의적인 것이 어느 정도인지 파악하기란 어렵다. 대상이 전적으로 대상에 관계된 기표와 기의의 결합에 속해 있다는 생각은 준거reference의 문제를 모호하게 만든다. 즉, 관념과 개념이 어떻게 해서 사회의 대상과 사건을 지시할 수 있는가? 일부 비판자들은 이 같은 난점 중 일부는 기표/기의 관계에 대한 소쉬르의 과도한 집중에서 생겨났다고 지적했다. 그러다 보니 어떻게 대상이 실제로 지시되는지는 소홀히 했다는 것이다. 벵베니스트는 이렇게 지적한다.

> 비록 소쉬르가 'sister'란 관념이 기표 'sor'와 연결되지 않는다고 말하더라도, 그는 개념의 리얼리티에 대해서는 사고하지 않았다. böf와 oks의 차이에 대해 말하면서 소쉬르는 자신의 논리에 반하여 이 두 단어가 동일한 실재에 해당된다고 말하는 셈이다. 이 경우 처음에는 기호의 규정으로부터 배제되는 사물이 존재하며, 우회로로 기어가는 것이나 다름없다.(1971:44)

소쉬르의 언어학에서 놓치고 있는 것은 따라서 제3의 더 상위의 개념, 즉 방베니스트가 '사물'이라고 부른 것이다. 기표와 기의의 관계에만 배타적으로 초점을 맞추면서, 소쉬르는 세계를 규정하고 형성하는 언어의 생산성을 규명할 수 있었다. 하지만 언어가 어떻게 실제로 세계 속의 대상과 사건을 지시할 수 있는지에 대해서는 눈을 감았다.

사회적 관계가 언어와는 동떨어져 존재할 수 없으며, 발화가 세계를 반영할 뿐 아니라 그것을 의미화한다는 테제는 의심할 여지없이 소쉬르 언어학의 중대한 통찰이다. 하지만 언어가 내적인 차이로만 전적으로 규정되는 순수한 형식이라는 논제를 얼마나 멀리 끌고 나갈 수 있을지 의문이다. 차이가 발생하는 곳은 언어가 작동하는 사회적 맥락이기 때문이다. 다시 한 번 소쉬르가 예로 들었던 제네바에서 파리로 가는 기차를 떠올려 보자. 소쉬르는 구별되는 정체성을 규정하는 관점에서 기차와 관련된 기표의 내적 구성을 찾고자 했다. 8시 25분이 다른 시간과의 차이를 통해서 기차 시간표에서 구별되는 정체성을 차지한다고 말하는 것은, 의미가 어떻게 생산되는지를 이해하는 하나의 방식이다. 하지만 이것만이 유일한 이해 방식은 아니다. 소쉬르의 입장은 여행객의 입장을 특권화하는 방식이다. 사회학자 기든스는 이렇게 지적했다.

> '제네바에서 파리로 가는 기차'의 정체성은 문장이 사용되는 맥락과 동떨어져 규정될 수 없다. 여기서의 맥락이란 소쉬르식 차이의 체계가 아니라, 실천적으로 문장이 사용되는 경우와 관련된 요소들의 체계이다. 소쉬르는 기차의 정체성을 확인하는 데 여행객의 입장 또는 시간표를 작성하는 관료의 입장을 전제하고 있다. 따라서 분리된 두 경우에서도 '동일한' 기차는 확연히 구분되는 엔진과 열차칸으로 구성될 수 있다. 하지만 이것은 기차 수리기사나 선로수에게는 '동일한' 기차로 간주될 수 없다.[1979:16]

간단히 말해 차이는 맥락 의존적이다. 의미는 사회적 실천에 뿌리내리고 있는 구분 및 대립과 연관되어 형성된다.

우리는 소쉬르가 언어를 분석하면서 공시적·통시적 방법을 구분했다는 점을 살펴보았다. 그리고 그의 구조언어학이 공시성(즉, 언어의 구조적 조건)에 집중하였으며, 언어에 대한 통시적·역사적 연구는 고려하지 않았음을 확인했다. 하지만 일부 비판자들은 변동 과정을 고찰할 때 공시성과 통시성, 또는 정태성statics과 동태성dynamics을 지나치게 완고하고 성급하게 구분짓는 것을 의심해야 한다고 올바르게 지적했다. 구조주의적 사회이론을 고찰하면서 점점 분명해지겠지만, 언어를 온통 형식으로만 보고 실체가 없는 것으로 보는 것, 다시 말해 체계와 구조 양자가 생산되고 변형되는 사회적·역사적 조건을 무시하는 것에 대한 문제 제기인 것이다. 말하자면 구조주의는 사회변동 또는 역사적 변형을 설명하는 데 심대한 난점이 있다. 역사학자 E. P. 톰슨(E.P. Thompson, 1978)은 구조주의가 역사적 과정에 대해 빈곤한 관념을 갖고 있다고 주장했다. 구조주의는 역사적 과정에 대해 정태적 체계를 인간 행위 수행의 창조적인 역동보다 더 중요한 것으로 본다는 것이다.

그러나 이러한 비판을 평가할 때 우리는 주의해야 한다. 소쉬르 본인은 공시성/통시성 구분은 단지 방법론적인 구분이라고 애써 강조했기 때문이다. 따라서 '구조주의는 언어가 항상 변동한다는 점을 무시했다'는 주장은 엄밀히 말해 정확하지 않다. 비록 그 구분이 방법론적 목적을 갖고 있었다 해도 체계와 구조의 생산과 재생산을 적절히 파악할 수 없다는 주장은 타당해 보인다.

날것과 익힌 것 : 레비스트로스와 구조인류학

얼핏 보면 관념이란 것은 문화나 사회보다는 자연으로부터 생겨나는 것으로 보일 수 있다. 자연은 인간 행위에 영향받지 않고서도 물리적 과정을 거치며, 영원하고 무시간적이며 우주적인 것 같은 느낌을 준다. 자연보다 더 자연적인 것은 없다고 생각할 만도 하다. 하지만 자연에 대해서 좀 더 생각해 보면, 우리가 자연으로 경험하는 것들이 결국 문화에 뿌리내리고 있음을 알 수 있다. 생물학과 물리학부터 환경과 어머니 자연에 이르기까지, 우리가 자연에 대해 알고 있는 것은 우리가 세계를 이해하는 문화적으로 특정화된 방식에 근거한다. 클로드 레비스트로스Claude Lévi-Strauss에 의하면, 자연과 인간의 연결은 현기증 나게 복잡하다. 문화에 자연적 측면이 있다거나 문화가 자연을 전부 흡수한다는 지나치게 단순한 관념을 거부하면서, 그는 양 끝에서 사회적 관계를 구성하는 자연과 문화의 구조적 연계structural link 개념을 제시한다.

레비스트로스는 전후 시기 유럽을 통틀어 가장 추앙받고 인기 있던 구조주의자 중 한 명이 되었다. 아름다운 문체로 구조언어학의 방법을 친족, 원시적 분류체계, 신화, 음악, 토테미즘, 예술 등 인류학적 분석에 적용하였다. 특히 레비스트로스는 사회적 의미를 구성하는 차이의 대립적 관계의 체계로 문화적 생산을 고찰하는 데 소쉬르의 구조언어학을 적용하였다. 이를 통해 사회이론에 가장 크게 기여한 것은, 문화 산물이 우리가 자연을 분할하는 상상과 동일한 방식으로 조직화되고 질서가 생긴다는 통찰이다.

레비스트로스는 《날것과 익힌 것Le Cru et le Cuit》(1964)에서 인류 역사의 모든 사회들이 언어를 사용한 것과 마찬가지 방식으로 음식을 요리해 먹었다고 말한다. 요리는 끓이기, 익히기, 굽기,

찌기, 튀기기 등의 형식을 가지며, 요리 행위 자체의 방식이 어떠하든 자연에서 문화로 이동하는 것과 관련된 변형 과정이다. 레비스트로스에 의하면, 음식을 요리하는 것은 결국 자연과 사회를 매개하고 하늘과 땅을 매개하며 삶과 죽음을 매개하는 것이다. 음식을 요리하는 것은 날것의 신선한 음식을 문화에 맞추어 변형하는 것이다. 반면 자연 그대로 남아 있는 날것의 신선한 음식은 부패한다. 인간 문화에서는 어디에나 음식의 '요리 삼각형'이 존재한다는 주장은 곧 다양한 이분법적 대립이 인간 정신에 내면화된다고 주장하는 것이다. 예를 들어 변형된/정상적인, 요리한/부패한 등의 이분법적 대립이 존재한다. 레비스트로스의 뛰어난 해석가인 에드먼드 리치Edmund Leach는《날것과 익힌 것》을 다음과 같이 요약한다.

레비스트로스가 도달한 지점은 이곳이다. 동물은 그냥 음식을 먹는다. 그리고 동물은 본능 속에서 '먹을 수 있다'고 범주화한 음식은 무엇이든 먹는다. 하지만 인간은 일단 엄마의 젖을 떼면 그러한 본능이 사라진다. 어떤 것이 음식이고 어떤 것이 음식이 아닌지, 그리고 어떤 종류의 음식을 어떤 장소에서 먹을지 정하는 것은 사회의 관습이다. 장소는 사회적 장소이므로, 음식 종류들 간의 관계와 사회적 장소들 간의 관계는 유형화된 상동성homology을 가져야 한다.[1970:32]

여기서 레비스트로스가 하지 않은 말을 분명하게 걸러 내는 일이 중요하다. 그는 자연 자체가 존재하지 않는다고 말한 적이 없다. 예를 들어 신선한 날것의 음식은 생명에 본질적이며, 그것이 없으면 우리는 금방 죽을 것이다. 문화는 우리에게 자연스러운 것이므로, 의미, 상징, 해석에 맞추어진 기호체계로서의 음식을 구성하는 우유, 치즈, 고기 등의 식료품으로 우리는 생존한다. 레비스트로스에 따르면, 우리가 런던 사람 또는 아마존 인디언에 대해 말할 때, 그들이 먹는 음식은 하위 범주, 곧 음식1, 음식2, 음식3으로 나뉜다. 이는 사회적 관계를 거치며 부여된 차이라 하겠다. 예를 들어 서양 관습에 의하면, 굴을 디너파티에 내놓는 것은 보통 애피타이저이며, 스테이크는 메인 코스고, 초콜렛무스는 디저트에 해당한다. 왜 이런 식이 되었는지에 대해, 레비스트로스는 인간 정신 심층에 심겨진 상징 형식 때문이라고 말한다. 상징 형식은 강력한 이분법적 대립, 즉 신맛/단맛, 날것/익힌것, 자연/문화의 이분법이다.

문화의 심층으로 파고 들어가면 인간 정신을 다스리는 (이분법적 대립으로 구조화된) 보편적 법칙을 발견할 수 있다는 레비스트로스의 주장에 동의하는가? 레비스트로스의《날것과 익힌 것》이 오늘날의 패스트푸드와 다문화 퓨전 음식의 세계에 어느 정도나 타당하다고 생각하는가?

롤랑 바르트: 구조주의 기호학과 대중문화

소쉬르가 '기호학'이란 용어를 만들고 본인의 과업을 사회적 삶의 핵심인 기호에 관한 체계적인 연구로 규정했지만, 사회 비판 분야에서 구조주의적 기호학은 전후 몇 년간 유럽에서 발전하지 못했다. 사회 비판의 발달 과정을 일별하려면 프랑스 비평가이자 기호학자인 롤랑 바르트Roland Barthes의 저작을 간략히 살펴보면 된다.

《신화론》(1957), 《기호학의 요소》(1967[1964]), 《패션의 체계》(1967) 등 선구적인 저작에서, 바르트는 구조주의 언어학(특히 기호학)과 대중문화의 만남에 결정적으로 기여했다. 대중들의 일상적 신화, 패션, 문화에서의 의미화 체계를 분석하면서 바르트는 사회에서 발생하는 기호들을 해독했다. 기호학과 문화사회학을 독특하게 혼합하는 탁월한 재능으로, 그는 우리가 사는 세계가 비판적 해독을 요구하는 기호로 가득 차 있음을 다른 어떤 구조주의 비평가보다 명확히 제시했다.

초기 구조주의자 바르트의 모습은 《기호학의 요소Éléments de sémiologie》에서 가장 잘 드러난다. 이 책은 대중문화 시대의 문화비평에 적절한 구조주의 방법론을 보여 준다. 소쉬르 언어학과 구조주의 기호학을 고찰하는 기술적인 세밀화를 제시할 뿐 아니라, 인간의 삶에 드리운 구조의 힘을 묘사함으로써 전방위적인 비판으로 나아간다. 문화 연구의 새로운 스타일을 만들어 낸 바르트 구조주의 신화학의 첫 번째 주요 작업은 기호 해독이다. 《기호학의 요소》는 의미가 언어적·문화적 체계 내에서 기호들 간의 대립의 결과라고 보는 소쉬르적 통찰을 고수한다.

하지만 바르트는 이 통찰에서 한 걸음 더 나아가 두 가지 지점을 보여 준다. 첫 번째로, 소쉬르의 언어학이 사회 속에서 차이의 끊임없는 유희를 강조하면서 의미의 부재하는 구조를 드러내긴 했지만 의미에 대한 구조주의적 비판을 제약하기도 했다. 바르트가 보기에, 소쉬르가 말한 언어의 대립에 들어맞지 않는 다양한 사회적 사물들을 설명하지 못한다. 따라서 소쉬르의 언어학은 인간 경험의 복잡성에 대한 기호학적인 이해가 보충되지 않으면 개별성individuality이나 개별적 스타일과 관련된 이슈들을 폄하할 위험이 있다. 이 문제를 바르트는 상당히 중요하게 여겼다.

바르트의 구조주의는 언제나 사회학이나 정신분석학 같은 또 다른 이론적 접근을 수용하여 종합하려 했다. 그러면서 소쉬르 이론을 다른 측면에서 확장시키기도 했다.《기호학의 요소》는 문화와 사회 비판을 위한 구조주의 방법론을 수립했는데, 이는 단순히 언어의 기능 분석에 머무르지 않는다. 바르트가 보기에 기호학은 사회가 생산하는 기호들에 관한 연구로서, 자본주의의 소비문화를 비판하는 데 긴요하다. 번지르르한 자동차, 디자이너 옷, 전자기기를 향한 욕망을 야기하는 심층의 구조를 비평하고 정치적 창조성과 대안적 가능성이 살아나도록 한다.

《기호학의 요소》가 구조주의 방법론을 해명하고 문화비판에 필요한 개념도구를 제공했다면,《신화론Mythologies》은 대중문화 자체의 이데올로기적 결과를 드러낸다. 핵심적인 구조주의자로서의 입지를 다진 가장 유명한

█ 음성만을 다루는 언어학자들처럼, 음식체계에 관한 문헌의 상당수는 동일한 방식으로 단지 한 가지 동일한 유형의 문헌(예를 들어 식당 메뉴)만으로 구성된다. 하지만 현실은 대부분 복합적인 실체를 드러낸다. 이를테면, 패션에서는 옷과 옷에 쓰여진 글씨가 공존하며, 영화에서는 이미지, 음악, 대사 등이 섞여 있다. 그러므로 이질적인 총체가 존재함을 받아들일 필요가 있다. 하지만 그럴 경우 명심할 것은 관련된 실체들의 체계적인 접합을 주의 깊게 연구해야 한다는 점이다. 우리는 실재와 그것을 전달하는 언어를 구별하는 데 충분히 주목해야 하는 것이다. 다시 말해 우리는 사물들의 이질성에 구조적 해석을 가해야 한다.

롤랑 바르트(1967) *Éléments de sémiologie* (Année, 1964) 《기호학의 요소》

책인 《신화론》에서 바르트는 레슬링, 스트립쇼, 광고에서부터 프랑스 일주 자전거대회까지 1950년대 프랑스 문화 전경前景을 분석한다. 그가 1950년대 초반에 쓴 저널식 에세이의 인기를 이어받은 《신화론》은 단번에 프랑스 지성계를 사로잡았다. 이는 일정 부분 이 에세이들이 독자들에게는 구조주의에 익숙해지는 쉬운 길로 여겨졌기 때문이리라. 다른 한편, 바르트의 짧고 위트 있는 고찰들은 구조주의자들에게 정치적으로 급진적인 이미지를 부여했다.

《신화론》의 목표는 사회적 현실을 '자연스럽게' 보이도록 만드는 신화들의 기능을 해독하는 것이었다. '모든 순간 자연과 역사가 혼합된다'는 것을 발견하고 놀란 바르트는 일상의 신화학을 통해 문화적인 것이 당연한 것이 되는 작동 방식을 발견하고, 이를 '토 달 필요 없는' 것들이라고 불렀다. 신화가 어떻게 문화를 자연스러운 것으로 바꾸는지 드러내기 위해, 바르트는 대중문화에 간단한 구조주의를 적용했다. 현재의 사건들과 다양한 뉴스 아이템들을 출발점으로 삼아 신화의 이데올로기적 왜곡과 광고, 영화, 책, 미용품 등과 프랑스 문화를 이루는 상징적 형식에 숨겨진 사회적 거짓들을 추적했다. 그 결과, 신화적인 가짜문화 속에서 작동하는 드라마적 의미의 전치displacement, 대체substitution, 반복repetition을 발견하고 그것들이 모두 문화적 기초들을 자연스러운 것으로 보이는 데 복무한다고 결론지었다. 바르트가 《신화론》에서 제시한 구조주의적 논제는, 문화는 오로지 이데올로기적인 무엇을 은폐함으로써 특정한 의미를 만들어 낸다는 테제다. 포도주, 스테이크, 프라이 등은 분명 프랑스인의 음식이며, '프랑스적 음식의 기호'인 것이다.

아마도 바르트의 독창적인 기호학적 구조주의를 살피는 가장 좋은 방법은 《신화론》에 수록된 에세이 중 하나를 더 자세히 들여다보는 일일 것이다. '아인슈타인의 뇌'라는 글에서 바르트는 대중문화 도서관에 놓여 있는 저명한 과학자의 신체에 대해 말한다. 아인슈타인과 그로 대표되는 자연과학에 부여된 복잡한 문화적 의미들을 해설한 것이다(1972:68). "아인슈타인의 뇌는 신비로운 사물이다. 역설적으로 가장 뛰어난 지능이 가장 최신의 기계 이미지를 제공한다. 가장 강력한 인간이 정신을 제거당하고 로봇의 세계에 편입된 셈이다." 아인슈타인에게서 바르트가 주목한 것은, 자연과학의 창조성과 혁신이 아인슈타인 같은 과학 천재가 가졌던 평범한 대중적 의식과 무관한 것으로 분리되어 있다는 점이다. 그 대신 아인슈타인은 기계로 환원되고 만다. 그의 과학적 노고는 '소시지를 만드는 기계'의 작동과 동일해진다. 더 나아가, 저변의 문화에서는 이 과학적 분석의 복잡성이 단순한 공식 $E=mc^2$으로 환원된다.

세계에는 하나의 비밀이 존재하며, 이 비밀은 한 마디로 집약된다. 우주는 인간이 그 비밀번호를 찾는 금고가 된다. 아인슈타인은 이 비밀을 발견했으며 이것이 아인슈타인 신화가 된다. (중략) 역사적인 공식 $E=mc^2$은 예상치 않게 단순하며, 한 종류의 금속으로 만든 간단하고 복잡하지 않은 열쇠로서, 마법처럼 수세기 동안 인류의 필사적인 노력을 가로막던 문을 열 수 있다는 순백의 관념을 담고 있다.(1972:69)

아인슈타인에 대해 쓴 이 스타일리쉬하고 경쾌한 글은 구조주의적 탐구의 엄격함을 방해하는 듯 보인다. 바르트의 미문을 한 풀 벗겨 보면, 그의 기호학적 분석은 아인슈타인이 상징하는 신화에 귀속되는 의미들의 내적 관계에 존재하는 일련의 대립들을 드러낸다. 세계에서 가장 위대한 천재 아인슈타인이 '로봇 세계'로 편입되고, 상대성 이론의 '마법'이 '소시지의 기계적인 제조'에 이르는, 그리고 아인슈타인 과학의 복잡성이 세계의 비밀을 푸는 한 가지 공식으로 환원되는 이 논제들을 고찰하면, 우리는 이와 같은 구조주의적 분석을 일련의 이분법적 대립으로 축약할 수 있다. 바로 인간/기계, 심리학/반심리학, 마술적인/기계적인, 복잡성/단순성 등의 대립이다. 이런 식으로 정리하는 것이 바르트의 아인슈타인 신화 해독처럼 깊이 있는 것은 분명 아니다. 하지만 여기서의 핵심은, 그 미학적이고 화려한 스타일에도 불구하고 바르트의 구조주의 분석의 핵심은 이슈의 내용을 밀어내고 전적으로 형식에 집중한다는 점이다. 소쉬르와 마찬가지로 기호의 내적 관계 구조가 중요한 것이다.

구조주의는 때로 탈정치적이라고 비판받아 왔다. 담론의 언어적 단위들에 초점을 맞추다 보니 역사적 조건이라든지 인민들의 실제 정치적 투쟁으로부터 멀어져서 텅 빈 형식주의에 빠진다는 것이다. 하지만 《신화론》의 입장에서 보면 그러한 비판이 적절하다고 보기 어렵다. 《신화론》은 정치적·이데올로기적 개입으로 가득 차 있기 때문이다. 잘 알려져 있듯이, 바르트는 프랑스의 인도차이나와 알제리 개입을 반대했다. 대표적인 사례로 프랑스 국기에 경례하고 있는 흑인 병사의 사진을 표지로 내세운 《파리마치Paris-Match》 잡지 분석을 들 수 있다. 바르트가 보기에 이 잡지 표지는 프랑스 제국주의 신화를 팔아먹는다. 당시 프랑스는 알제리와 기나긴 전쟁 중이었다. 식민지에서 발발한 전쟁을 둘러싸고 프랑스 국내에서는 알제리 독립과 관련해 열띤 논쟁이 벌어졌다. 바르트는 《파리마치》의 표지 사진은 암묵적으로 제국주의를 옹호한다고 지적했다. 이 표지가 전하는 신화적 메시지는,

프랑스가 위대한 제국이라는 것, 프랑스의 아들들은 피부색에 관계없이

프랑스 국기 앞에 충성스럽게 선다는 것, 그리고 소위 프랑스 제국주의를 헐뜯는 이들에게는 이른바 자신의 억압자에게 충성하는 이 흑인 병사의 열정보다 더 설득력 있는 답변이 어디 있겠느냐는 것이다.

바르트가 보기에 신화란 우리를 포위하여, 우리가 사회를 '평범하고' '자연스럽다'고 느끼게 만든다. 비판은 신화가 왜 일종의 '사회적 거짓말' 인지를 보여 주는 고된 이론적 노동이다. 세계를 신화의 프리즘으로 보는 것은 문화가 자신이 자연스러운 것인 양 스스로를 감추듯이, 머리를 모래에 처박는 것과 유사하다. 바르트는《신화론》의 결론부에서 소쉬르 모델을 이론적으로 개괄하면서 '오늘날의 신화'는 우리에게 친밀하면서도 동시에 낯설기도 한 복잡한 방식으로 신화적 언어를 구성한다고 분석한다. 온전히 소쉬르적인 방식으로 바르트는 기표(음성이나 그림)와 기의(기표가 가리키는 재현물 또는 개념)로 분할된 '피라미드적' 기호를 이론화한다.

기표와 기의의 관계는 자의적이다. 말하자면 사회적 관습에 의거한다. 바르트는 이것을 '일차적' 의미화 체계라고 부른다. 이 때 담론의 증식은 우연적이며, 기호는 언제나 역사적이고 문화적인 관습의 문제가 된다. 이러한 의미에서 언어는 다방면으로 결합되어 창조적이며 풍부해진다. 그리고 사람들이 반어법irony를 사용할 때처럼 자체의 관습적인 '자의성'에 의거한다. 이와 대조적으로 자체의 상대적이고 가공적인 지위를 가로막고 초월적·자연적·보편적 지위로 나아가려 하기 때문에 이데올로기적 층위를 갖는 담론도 존재한다. 바르트는 이러한 담론을 '이차적 기호체계'라고 부른다. 이와 같은 이데올로기적인 언어가 신화다.

신화적 발화는 현실을 현재 그대로 제공하여 '자연적' 태도를 갖게 하는 이차적 체계들을 재료로 생산되는 일차적 체계에 근거한다. 와인을 세련됨의 표시로 승인하거나, 부유해지는 것을 그 자체 좋은 것으로 승인하는 경우가 가장 명징한 사례라고 할 수 있다. '가장 확실함'보다 더 신화적인 것은 없다고 바르트는 말한다. 자유롭게 떠다니는 '일차적' 기호들이 모이고 반복적으로 서로 달라붙어 신화적 발화의 '이차적' 담론으로 고정된다는 것이다.

따라서 바르트는 언어의 두 얼굴을 보여 주는 셈이다. 하나의 얼굴은 연결되고 유동하며 상대적이고 가공적이며 시적이다. 이것이 '일차적' 언어이며, 소쉬르 언어학이 발견한 바이다. 다른 얼굴은 고정되고 반복되며 닫힌 것이다. 이것이 '이차적' 언어로, 바르트가 이데올로기와 신화의 저장고로 부르는 것이다. 사회이론가는 이데올로기, 신화, 대중문화를 분석할 때 구조주의 방법을 채택하여 '일차'에서 '이차'로 의미체계가 구조적으로 변형되는 과정을 확인할 수 있다. 애플의 아이폰 광고는 고도의 테크놀로지, 정교한 스타일, 혁신적 디자인과 쉴 새 없이 연관된다. 그러한

▌ 신화는 아무것도 숨기거나 과시하지 않는다. 다만 왜곡한다. 신화는 거짓말도 아니며 고백도 아니다. 그것은 일종의 굴절이다. 내가 조금 전에 언급한 딜레마가 발생하기 이전에 신화는 제3의 길을 낸다. 신화는 앞서 두 유형이 되어 소멸되지 않도록 타협의 힘을 빌려 답답한 장소에서 빠져나온다. 신화는 타협이다. 의도적 개념을 대충 얼버무리고 넘어가면서, 신화는 언어 내에서는 아무것도 배반하지 않는다. 언어는 그것이 숨기는 개념의 흔적을 지우거나, 그것이 공식화하는 개념을 드러낼 수 있기 때문이다. 이차적 기호체계가 만들어지면서 신화는 이 같은 딜레마를 벗어난다. 개념의 베일을 벗기거나 개념을 유동적으로 만들면서, 신화는 그것을 자연화한다(당연한 것으로 만든다).

롤랑 바르트(1957) *Mythologies* (Les Lettres nouvelles. 1957) 《신화론》

광고는 바르트 식으로 비판적으로 해석될 수 있다. 일차적 조합들이 어떻게 새로운 테크놀로지와 연관되는지, 반복적이고 대체되는 이차적 영역이 '애플'이라는 기표와 '스타일리시하고 정교하며, 풍요롭고 쿨한' 기의 사이에서 어떻게 형성되는지 해석할 수 있는 것이다. 오늘날의 소비문화는 이와 같은 광고에 온통 사로잡혀 있다. 바르트의 기호학적 구조주의는 그처럼 매개된 신화적 담론들의 사회학적이고 이데올로기적인 요소들에 비판적 시각을 제공한다.

구조주의에서 영감을 얻은 바르트의 저술은 오늘날까지도 비판적 문화연구의 주요 저작들에 영감을 주며, 전통적인 사회학 분석에 대한 강력한 도전이었다. 기호를 해독하는 바르트의 기호학적 방법은 수잔 손탁에서 줄리아 크리스테바에 이르기까지 많은 지지자들을 얻었다. 구조주의 전통에 따라 작업하는 후속 저자들은 바르트의 문화비평을 세련되게 정교화했다. 바르트 구조주의 기호학의 현재적인 적절성은 기호와 사회 관계가 내포하는 관습적인 '자의성'에 관한 급진적 설명에 있다. 구조적 명징성을 지닌 그의 설명은 사회적이고 이데올로기적인 형식을 잘 설명해 준다. 다른 한편, 요즘에는 바르트의 초기 구조주의에 중요한 한계가 있다는 의견에 많은 이들이 동의한다.

실제 바르트 본인도 자신의 초기 구조주의 저술이 내세웠던 '과학주의적 모습'에 대해 거리를 두는 언급을 한 적이 있다. 분명히 바르트의 초기 저작에는 개인이 없으며, 개인이 구조의 힘으로 완전히 결정되는 존재들로 여겨진다는 한계가 있다. 어떤 면에서 이는 사실이지만, 바르트 저작이 갖는 더 폭넓은 정치적 날카로움을 무시하는 면도 있다. 구조주의 전통에서의 사회 분석은 개인의 '경험'을 토대로는 진행될 수 없다. 왜냐하면 '경험'이라는 것은 사실상 몰인격적인 구조의 효과이기 때문이다. 따라서 바르트의 사회이론은 담론에 담긴 차이의 체계를 탐구하면서, 개인 주체와 사회적 과정 사이에 난 중간 길을 헤쳐 나갈 따름이다. 바로 이곳에서 우리는 바르트 저작에서 지속되는 정치적 날카로움을 찾는다. 사회는, 사회가 생산하는 차이의 체계를 통해 그 자신을 드러낸다. 이데올로기는 이러한 차이들을 은폐함으로써 자신을 드러낸다. 신화 속에서, '자연스러운 것'의 분명함 속에서, 거짓된 '상식' 속에서, 문화는 사회적 실재를 자연화한다.

하지만 구조를 탐구하려 한 바르트의 헌신은 여전히 동일성을 받아들이지 않고 긴장과 모순을 생산해 낸다. 최악의 경우, 이 작업은 개인을 몰인격적인 (구조적) 과정의 수동적인 희생양으로 만든다. "혁신적 방법과 새로운 자료의 즐거움은 결정과 제약이라는 우울한 시나리오와는 모순된다"고 릭 라일런스Rick Rylance는 말했다(1994:54).

푸코: 지식, 사회질서, 권력

미셸 푸코Michel Foucault(1926~1984)는 아마도 구조주의의 이론적 흐름에서 가장 영향력 있는 프랑스 지식인일 것이다. 비록 그는 구조주의 사상 전통과의 어떠한 직접적인 연결점도 거부했지만, 《임상의학의 탄생Naissance de la clinique》(1963), 《말과 사물Les mots et les choses》(1966), 《지식의 고고학L'archéologie du savoir》(1969) 등의 초기 저작은 근대 의학과 정신의학의 기원, 언어와 담론의 체계적 특성에 근거한 분류체계들에 대한 분석들에서 구조주의적 방법을 짙게 보여 준다. '익숙하고' '정상적인' 모든 사물뿐만 아니라 현재를 열정적으로 공격하는 푸코 특유의 스타일은 과거를 파고들어 이전

역사 시기의 저장고를 탐사하는 것이다.

푸코의 구조주의적 비평이 보여 주는 역사적 접근은 사람들이 스스로 빠져드는 권력 시스템에 대한 강력한 통찰을 창조하며, 구조주의적 방법을 극한까지 밀어붙인다. 푸코의 저작은 말하자면 가장 넓은 의미에서 근대 이성과 지식의 그럴듯한 책략을 다룬다. 구조주의에 영감을 받은 그의 사회이론은 사회 구성의 규칙이 개인들의 삶을 형성하는 미묘하고 복잡한 방식을 드러낸다.

초기 구조주의자로서의 푸코는 과학적 방법의 가능성을 세밀히 다루면서, 이를 '고고학' 또는 '계보학'이라고 칭했다. 사회변동의 무의식적 고정을 식별해 내는 도구로서 푸코가 손에 든 고고학과 계보학이라는 방법은, 사회적 사물들의 구조를 지배하는 알 수 없는 과정들을 추적하는 것이었다. 그 목표는 "지식의 실정적인 무의식, 즉 과학자의 의식에 포착되지 않는, 그러나 과학적인 것의 층위"를 드러내는 것이었다. 푸코는 구조주의를 적용하여 특정 담론들이 사회적 삶에 스며들게 되는 사회형성체의 규칙을 찾으려 했다.

《말과 사물》(1966)과 《지식의 고고학》(1969)에서 푸코는 과거를 '파헤치면서' 근대 이성과 지식을 분석하기 시작했다. 어떤 면에서 이것이 의미하는 바는, 서구 지식과 철학을 정당화하는 데 복무하는 기존에 당연시하는 개념들, 관념들, 구조들을 공격하는 것이었다. 과학 발전에 대한 만연한 믿음과 인간이 진보를 이끈다는 믿음이 대표적이다. 푸코는 문서고를 뒤지면서 수세기 동안의 지식 생산, 즉 지식이 텍스트, 교리, 담론들로 형성되고 조직화되는 방식을 비판적으로 탐사했다. 결국 그는 언어규칙에 입각해서 인문과학의 주제들, 작가들, 분과들을 재독해하고, 지식이 모든 권력의 궁극적인 기반이 됨을 보여 주었다. 더 심층에서 푸코의 고고학적 계보학적 방법은 서구 사상을 지배하던 익숙한 주제들, 이를테면 의식의 특권 같은 것을 다룬다. 하지만 요점은 사회적·정치적·기술적 삶을 구조화하는 언어체계를 통한 지식 생산을 이해하는 것이었다. 고고학적 분석은 "지식의 일반적 공간"과 "그 속에 등장하는 사물의 존재 방식"을 설명해 준다.

푸코에 따르면, 지식권력은 몇 가지 층위를 지닌다. 먼저 그것은 언어를 분류하는 권력이다. 어떤 언어들은 일상적 삶의 분산된 측면들을 조직화하여 포괄하도록 결정한다. 《말과 사물》에서 푸코는 인간과학의 힘의 장을 묘사하는데, 르네상스 시기에 출현한 인간과학은 19세기에 이르러 생물학·경제학·언어학의 영역에 자리 잡는다. 둘째, 그것은 담론 자체를 분류하는 권력이다. 담론형성체를 고정시키고 적용 영역을 정하는 규칙을 분류하는 것이다. 이를테면 경제학 담론은 '생산하는 개인'을 구성하여 경제학 법칙 하에 놓는다. 생물학은 개인을 '살아 있는 유기체'로 구성하여 자연의 법칙 하에 놓는다. 그리고 언어학은 말하는 주체들을 구성하여 주체들이 의미화의 구조에 지배당하는 것으로 본다. 마지막으로, 그러

▌ 우리가 사는 사회, 기본적으로 어떠한 사회든, 사회적 신체에 스며들고, 특징을 부여하고, 구성하는 다차원의 권력관계가 존재한다. 이러한 권력관계들은 그 자체로는 수립하거나 병합하거나 제정하지 않는다. 일종의 담론을 생산하고 축적하고 순환시키고 작동시켜야 한다. 어떤 진리담론의 경제 없이 가능한 권력의 행사는 존재할 수 없다. 권력은 그처럼 진리담론을 관통하거나 진리담론의 연결에 기반하여 작동한다. 우리는 권력을 통한 진리 생산에 복속되며, 진리 생산을 통하지 않고서는 권력을 행사할 수 없다.

미셸 푸코(1980) 'Two lectures' (in C. Gordin (ed.) *Power/Knowledge: Selected Interviews and Other Writings*, 1972-1977. New York: Pantheon Books)

한 사유체계와 그것의 분류는, 담론이 어떻게 생산되는지뿐만 아니라 사회 전체에 걸쳐 작동하는 권력관계를 지배한다. 푸코가 다룬 권력과 지식의 관계에 대해 짧게나마 더 자세히 고찰해 보자.

지식이 어떤 식으로 개별화와 객체화의 테크닉에 기입되는지 더 잘 이해하려면, 푸코가 감옥에 대해서 쓴 유명한 저술을 살펴보아야 한다. 베스트셀러인《감시와 처벌Surveiller et punir》(1975)에서 푸코는 처벌과 감옥에 대한 계보학적 역사를 펼쳐 보이면서 '권력-지식' 개념을 도입한다. 푸코가 주목하는 역사적 문제는 결국 훈육 코드와 처벌 방식을 통해 인간의 신체에 새겨지는 권력과 지식의 관계이다. 푸코는 이렇게 쓴다. "나의 목표는 신체에 대한 정치적 테크놀로지라는 관점에서 처벌 방식의 변화를 탐구하면서, 권력관계의 보편적 역사로 그것을 독해하는 것이다."

근대 사법적 형벌과 훈육 코드를 계보학 이론의 틀로 보는 것은, 이전 역사의 처벌 형태가 계속해서 '인간적으로 향상'되었다고 보던 기존의 시각으로부터 진보한 것이다. 왜냐하면 감옥에서 수행되는 신체의 훈육을 통해 서로 다른 역사적 시기에 발생한 다양한 훈육 코드를 알 수 있기 때문이다. 그것은 학교나 군대 및 기타 조직 등 더 광범위한 권력관계의 작동을 형성하는 모델이기도 하다. 푸코에 따르면, 현대사회의 개인들은 점점 더 '규율권력disciplinary power'에 종속되며, 그러한 권력은 드러나지 않으며 비가시적이고 지속적으로 작동한다.

《감시와 처벌》은 감옥의 제도적 틀의 원천이 '판옵티콘panopti-con'에 있다고 주장한다. 판옵티콘은 영국의 사회철학자인 제러미 벤담Jeremy Bentham이 19세기에 제안한, 감옥 수감자 관리 모델이다. 벤담은 '판옵티콘' 모델을 영국 정부에 판매하려 했는데, 이 모델이 범죄자의 정신을 비합리적인 법 위반에서 법 준수의 방향으로 재훈련시킬 수 있다고 주장했다. 벤담의 판옵티콘 감옥은 원형으로 되어 있어, 중앙탑에서 각 죄수들의 감방을 한 번에 살필 수 있게 되어 있다. 중앙탑에서 교도관이 보고 있는지 그렇지 않은지를 죄수가 알 수 없다는 것이 이 디자인의 핵심이다. 교도관 한 사람이 죄수들을 총체적으로 감시할 수 있는 방법을 구축한 것이다. 여기서 푸코는 권력 행사에 근본적인 요소로 중앙통제적 감시를 끄집어 낸 것이다.

판옵티콘 감시는 몇 가지 형식으로 되어 있다. 첫째는 수감자의 행동을 어느 때나 직접적으로 감시하는 것이다. 감방에 여럿이 있든 혼자 있든 판옵티콘의 시선에서 벗어나는 것은 불가능하다. 푸코가 보기에 이러한 원리는 고해성사의 핵심적인 지배 구조로서, 다른 조직들도 마찬가지다. "감옥이 공장, 학교, 병영, 병원을 닮았다는 점은 놀랍지 않은가?"라고 푸코는 물었다. 판옵티콘 감옥은 도처에 있으며, 일상생활의 상식을 조직하는 원리다.

둘째는 범죄자의 개과천선을 위한 기록, 서류, 사례 축적을 통한 감시다. 이와 같은 행정적 서류 작성은 감옥의 작동에 필수적일 뿐 아니라, 인간 신체를 규제하고 훈육하는 데에도 중요하다. 마크 포스터Mark Poster는 이렇게 말한 바 있다.

> 일방향 원리, 주체에 대한 총체적 감시는 서류 기록으로까지 확장된다. 주체의 행동을 감시한 체계적인 기록이 없다면 감시는 불완전하다. 개인에게 영향을 미치는 판옵티콘 기계는 정상으로부터의 일탈의 역사를 담고 있는 치밀하게 기록된 서류의 한 사례라 하겠다.[1990: 91]

푸코는 정신병원, 학교, 병원, 군대, 비밀 첩보기관에 이르기까지 판옵티콘 감시가 근대적 조직에 미치는 영향력이 점점 더 강력해진다고 보았다.

현대 문화에서는 정기적인 정보 수집, 일상생활에 대한 지속적인 모니터링 등 인구에 대한 관료적 감시를 통해 권력이 대중들에게 부과된다고 푸코는 말한다. 결과적으로 현대는 '파놉티시즘panopticism'의 시대라 할 수 있다.

현대사회에서 개인들은 가시성visibility이 사회통제의 핵심 수단인 권력체계에 점점 더 종속된다. 푸코는 권력관계를 형성하는 담론들의 투쟁으로 사회를 이해한다. 사회에서는 살아가는 것의 본질에 대한 규정을 둘러싼, 특정한 형태의 규율과 그것에 대한 저항이 이루어진다. 권력을 가진 자들은 그들의 물질적·상징적 이익을 향상시키려 담론에 대한 통제력을 얻고자 한다. 그래서 전체 사회 내에서 특정한 삶의 양식이 수용할 만한지 그렇지 않은지를 규정하려 한다. 그러나 푸코에 따르면 권력은 고정된 것이 아니다. 권력은 관계로 가장 잘 이해될 수 있다. 권력은 개인, 집단, 제도 간에 형성되는 신비로운 강제력이라 할 수 있다. 푸코는 종종 **권력의 미시정치**란 표현을 쓰는데, 이는 개인들이 사회적·제도적 삶에 참여하면서 수행하는 여러 가지 복종과 저항을 의미한다.

사회와 규율되는 몸

자아-사회-권력의 관계를 사고하는 데 일찍부터 푸코의 사상을 활용한 사람은 영국 사회학자 브라이언 터너Bryan S. Turner다. 《몸과 사회The Body and Society》(1984)에서 《규제되는 몸Regulating Bodies》(1992)에 이르기까지 터너(1945년생)는 푸코를 사회학적으로 정교하게 독해하고자 했다. 우리가 아는 푸코는 철학자이자 역사가이지 사회학자는 아니다. 하지만 터너는 푸코의 저작은 '신체화된 자아embodied self'의 사회학을 발전시키는 데 크게 도움이 된다고 주장한다.

너무나 오랫동안 자아는 특히 탈신체화된 것으로 여겨져 왔다. 주류 사회학에서는 몸이 인간 행위와 사회적 행위에 단지 생물학적인 구속만 가한다고 여겨 왔다. 하지만 터너는 신체화된 자아가 사회적 상호작용에 근본적이라고 본다. 몸은 우리 자신이자 우리가 갖고 있는 것으로, 우리는 일상에서 몸을 가지고 무언가 한다. 몸은 개인들의 자아 감각에 중요하다. 또한 자아가 타인들과 관계를 맺고 상호작용하는 방식이기도 하다.

터너에 의하면, 자아-몸-지식의 관계는 푸코 저작의 핵심이다. 그리고 푸코는 사회학적으로 자아와 사회의 변화하는 관계를 이해하는 데 가치 있는 모델을 제공한다. 탈현대의 도시 환경에서 몸은 자아 정체성과 물리적인 자기규제, 그리고 섹슈얼리티를 연결시킨다. 휘트니스, 위생, 날씬함, 젊음을 점점 더 강조하는 문화는 소비자본주의 하에서 자기규제가 존속됨을 잘 보여 준다. 이러한 몸을 둘러싼 정치적 투쟁, 특히 신체 이미지의 상품화는 자아와 섹슈얼리티 규제와 관련해서 생겨날 뿐 아니라, 사법적 · 행정적 구조들을 통해서도 생겨난다. 시험관 수정, 낙태, 아이 양육, 에이즈를 현대적 전염병으로 보는 의료적 시각 등에서 우리는 진보적인 제도 경영뿐 아니라 현대 문화에서 신체화된 자아의 규제와 감시를 목격한다.

'신체의 통치The Government of the Body'라는 논문에서 터너는 푸코의 생각을 확대시켜 자아의 규칙화, 다이어트의 합리화, 몸의 규율화를 분석한다. 터너에 의하면, 다이어트는 인간 몸에 대한 미시정치를 의미한다. 다이어트는 자아의 훈육 책임을 인간 주체의 손에 이전시키기 때문이다. 다이어트 기법과 사회과학의 성장으로, 음식 소비에 대한 행정적 관리가 인구에 대한 생명정치bio-politics의 일부로 포함되었다. 생명정치는 개인, 건강, 사망률의 규제와 관련이 있다. 전문가 지식(의학, 다이어트 기법, 사회과학)의 발흥이 인구에 대한 정치적 관리와 얽혀 있다고 분석하면서, 터너는 이렇게 말한다.

다이어트 시간표는 전형적으로 건강에 대한 '비합리적' 위협으로 여겨지는 소비 형식을 겨냥한다. 특히 비만 및 알코올중독과 연관된 과소비가 대표적이다. 다이어트 프로그램은 원래 부유한 귀족, 상인, 전문직 집단 등에 어필하는 것이었다. 19세기 후반이 되기 전에 이미 다이어트 과학은 감옥의 경제적 관리와 사회의 정치적 관리에 중요해졌다. 이 감옥과 수용소의 효과적인 통치 원리가 매우 이른 시일에 효율적이고 건강한 노동계급을 위해 어떻게 최소한의 그러나 충분한 칼로리 섭취를 가능케 할 것인가라는 질문에 적용되었다.(1992: 192-3)

다이어트 기법은 소비와 몸에 초점을 맞추고, 사람들은 점점 더 이미 주어진 행정 규칙과 규제에 따라 스스로를 돌본다. 사람들은 자아를 관리하고 통치하는 데 전문가의 정보를 따른다.

터너는 자아-신체화-젠더의 복잡한 상호관계가 야기하는 사회적·정치적 결과에 대해 양가적인 입장을 보인다. 그는 몸/자아를 통치하는 권력의 원천이 한 가지라고 보지 않는다. 오히려 몸이 사회적으로 생산되고 규제된다는 우리의 깨달음은 의학부터 패션산업에 이르는 상징적으로 다양한 층위에서 일어난다. 섹슈얼리티와 자아처럼, 오늘날 몸은 소비문화에서 구별의 표식이다. 신체적 외양, 몸 관리는 정체성을 상징적으로 재현한다. 사회의 은유로서, 젠더 간 차이의 영역으로서, 인종적·종족적 문화와 갈등의 장소로서 활용되는 것이다. 신체화된 자아는 제도적이고 이데올로기적인 힘의 수동적인 산물로만 그치지 않는다. 그보다는 일상생활의 반복되는 표현, 해석, 모니터링 같은 존재와 행위의 본질에 통합되어 있는 무엇이다. 터너가 보기에 현대 문화에는 자아에 대한 배려에 이차적인 권력이 주어져 있다. 칼로리 측정에 따른 섭생, 헬스클럽 등의 수단을 통해 사람들은 자신의 몸을 규율한다. 이러한 관점에서 보면, 정체성 정치는 점점 더 몸의 재구성을 둘러싸고 진행되고 있다. 적당한 몸, 규율된 몸, 아름다운 몸, 바디 피어싱, 사이버공간의 몸 등이 그것이다. 물론 여기에는 식욕부진, 거식증 같은 말썽을 일으키는 몸도 존재하며, 터너가 보기에 이것은 우리 시대 자아병리학의 중심에 자리하고 있다. 이 모든 것에서 몸은 그 자체가 강화된 자기관리, 자기규제, 자기정복의 장소인 것이다.

구조주의의 한계 : 푸코의 《성의 역사》

1970년 후반부터 1980년대 초반에 푸코는 구조주의를 벗어났다. 바르트처럼 푸코도 점점 사회변화와 인간 행위의 복잡성을 이해하는 데 구조주의적 분석이 갖는 한계에 관심을 기울이게 되었다. 하지만 이와 같은 이론적 이동은 구조주의의 핵심적 교의와 전적으로 단절한 것이기보다는 구조주의적 분석을 그 극한까지 밀어붙인 것에 가깝다. 이는 그의 학문 경력 막바지에 섹슈얼리티의 역사에 관한 광범위하고 뛰어난 연구를 발전시킴으로써 수행되었다.

《성의 역사Histoire de la sexualité》(1978)에서 푸코는 성에 관한 지식이 개인들로 하여금 에로틱한 것의 체제regime와의 관련 속에 자신을 위치시키게 만든다고 주장한다. 에로틱한 것과 관련하여 무엇을 규제하고 금지할 것인가. "각 개인들은 자신이 누구인지 알아야 할 의무를 갖는다. 즉, 자신 안에서 무엇이 발생하고 있는지 알려고 노력한다. 잘못을 깨닫고 유혹을 인정하며 욕망의 위치를 설정하고자 노력할 의무를 갖는 것이다."(1988:40)

《성의 역사》 제1권('지식의 의지La volonté de savoir')에서 푸코는 자신이 '억압가설'이라고 부른 것의 정체를 폭로한다. 억압가설은 성에 관한 건강한 표출이 감시당하고 순치당하고 금지당한다는 주장이다. 푸코는 이 가설을 반박하면서 성이 억압당하고 있다는 관습적인 상식에 도전한다. 성은 현대 문화의 지하에 숨어 있지 않다. 반대로 성과 섹슈얼리티에 관해 떠드는 일은 점점 더 확대되어 왔다. 푸코가 보기에 섹슈얼리티는 끊임없는 모니터링, 토론, 분류, 정리, 기록, 규제 과정의 산물이다. 섹슈얼리티의 의학화는 성적 도착과 일탈을 개념화하면서 욕망, 섹스, 권력 간의 복잡한 관계들에 초점을 맞추어 왔다. 권력이 성적 욕망을 억압한다는 통상적인 견해에 의문을 제기하면서, 푸코는 권력이 '성적 금기'를 규제할 뿐만 아니라 섹슈얼리티와 그것이 주는 쾌락을 생산한다는 주장을 발전시킨다. 말하자면, 권력과 성적 쾌락은 뒤얽혀 있다.

이 주장을 입증하고자 푸코는 19세기 후반 빅토리아 시대의 성에 관한 태도를 고찰한다. 빅토리아 시대는 보통 점잖은 척하고 성에 관해 침묵하며, 섹스를 가정과 가족에 가두어 합리화하려는 관행이 있었다고 여겨진다. 여기에 푸코는 동의하지 않는다. 사람들은 빅토리아 시대에서 금지하고 터부시하는, 비밀로서의 섹슈얼리티의 발전을 보는 곳에서, 푸코는 그에 대한 행정관리와 규제, 통치를 본다. 이를테면 의사, 아동정신의학자 등은 수많은 도착증을 목록화하고 분류했다. 그로부터 성에 관한 이슈들이 끊임없이 추적되고 모니터링되어 사회의학, 교육, 범죄학, 성의학 등이 발전했다. 이러한 성과 섹슈얼리티 담론들은 **자기배려**epimeleia heautou 기술technique이라는 더 큰 영역의 일부를 이룬다. 푸코가 보기에, 이 기술이란 외부로부터 마음을 형성하는 것이다.

푸코는 이 기술의 등장을 이해하려면 서양에서의 섹스에 대한 금지를 19세기의 과학과 문화 속 섹슈얼리티 담론들과 연결시켜야 한다고 주장한다. 섹스와 권력의 상호얽힘을 분석하는 푸코식 접근법은《성의 역사》서문에 훌륭하게 정리되어 있다. 그는 농부에 대한 의학 보고서를 거론한다. 농부는 분명 소박한 심성을 가졌으나, 체포된 뒤에 성적 위반 문제로 정신치료에 넘겨졌다.

1867년 어느 날 라꼬르 마을의 한 농장 노동자가 (중략) 어린 소녀를 애무했고 주변 소녀들은 그것을 지켜보았는데, 마치 이전에도 해 본 것처럼 보였다. (중략) 소녀의 가족들은 마을 촌장에게 그를 고발했고, 촌장은 경관에게 통보했으며, 경관은 판사에게 고발했고, 판사는 기소하되 우선 농부를 처음엔 의사에게 보냈다. 두 명의 전문가가 보고서를 작성하였고 출판까지 했다. 이 이야기에서 중요한 것은 무엇인가?

사소한 것 같지만, 이처럼 나날이 발생하는 마을 섹슈얼리티 사건들, 이처럼 대수롭지 않아 보이는 목가적 쾌락이 어떤 시대에는 집합적 불관용의 대상일 뿐 아니라 사법적 조치, 의료적 개입, 주의 깊은 의료적 조사, 그리고 이론적 정교화의 대상이 될 수 있었다. 주목해야 할 것은, 전문가들은 두개골을 측정하고 얼굴뼈의 구조를 탐구했다는 점, 가능한 퇴화의 징후를 점검했다는 점이다. 그때까지만 해도 마을의 일부분이었던 인물을 해부한 것이다. 그들은 농부에게 진술을 요구했고, 농부의 생각, 성향, 습관, 감각, 의견을 물었다. 그러고 나서 범죄 혐의에서 풀어 준 뒤, 전문가들은 마침내 그를 완전한 의료와 지식의 대상으로 삼았다. 마르빌 병원에서 죽을 때까지 외부와 차단된 채 의료적 대상이 된 것이다. 뿐만 아니라 세밀한 분석을 통해 학문 세계에 널리 알려진 대상이 되었다.(1978, 31-2)

푸코에게 이 이야기의 핵심은, 대수롭지 않은 쾌락들이 권력의 작동에 종속되었다는 점이다. 그는 여기서 진단, 측정, 분류, 몸과 쾌락의 특정화를 알아챘다. 또한 정부 관료와 의료 전문가들은 관찰을 동원해 상대적으로 (푸코가 볼 때) 무해하고 순진무구한 쾌락을 규제하고 통제하고자 했다.

푸코는 섹스가 우리의 현대 문화에서 개인 정체성과 자아와 연관된 매혹의 지점이라고 보았다. 시선을 점점 더 섹스에 집중함으로써, 우리 사회는 다양한 담론들을 통해 '진리 체제regime of truth'를 생산한다. 진리 체제 속에서 병리와 일탈이 해독되고 해석되며 드러내지고 밝혀지며 규제되고 제한된다. 이 모든 것은 과학과 연관되고, 그것은 많은 다양한 행위에 영향을 주는 중심 담론이 된다. 과학자들은 의료 전문가, 심리학자, 성과학자 등 각종 전문가 형태로 규범과 병리를 구별하는 지식을 발달시킨다. 인간 행동을 분석하고 해석하면서 과학은 섹스를 자아의 비밀을 파헤치는 수단으로 창조해 낸다. 사례집, 의료 보고서, 과학 논문, 설문지 등은 과학이 밝혀내는 바를 통해 위상을 수립하는, 그리하여 성과 그 진리 체제를 법칙화하는 수단들이다. 지식과 권력은 다시 한 번 얽히고 상호침투한다.

비판자들은 때로 푸코의 섹슈얼리티, 권력, 자아에 대한 접근을 희화화해 왔다. 따라서 관련 논쟁을 명확히 하는 것이 중요하다. 일단 푸코가 섹슈얼리티의 생산을 규제와 규범화 과정으로 제시한 것은 섹슈얼리티를 단순히 외부적·사회적 강제의 결과로 보는 것이 아니다. 푸코의 주장은 복잡하다. 권력은 다양한 형태로 섹스를 금지할 수도 있지만, 욕망·성향·요구·실천·활동·위반 등을 자극하여 개인들로 하여금 다양한 방식으로 스스로를 조직하게 한다는 것이다. 예를 들어, 성인이 불륜을 다루는 토크쇼를 시청하는 것은 섹스로 매개된 이야기에 참여하는 것이다. 이 쇼에서 나누는 이야기에는 고도로 구조화된 규칙과 관습, 위계화된 젠더 권력, 사회적 위신이 내포되어 있다. 이와 비슷하게, 친밀한 관계를 다룬 자기계발서를 읽는 독자들은 친밀한 관계를 어떻게 다루어야 할지 살펴보면서 성적 행동의 절차를 알려 주는 지침의 세계로 편입된다. 푸코가 보기에, 모든 개인은 개별적·감정적 층위에서 성에 관한 이야기에 연루되어 있으며, 섹슈얼리티 속에서 섹슈얼리티를 통해 자아를 만들어 간다.

이 주장을 요약하자면, 오늘날 모든 개인은 각자의 성적 감정과 환상, 경향성, 성향, 활동을 기꺼이 모니터링하고 탐사하며 통제하려 한다. 현대의 서구문화는 섹스를 정체성의 진실을 담고 있는 장소로 보면서 그것에 사로잡혀 있다. 허용된 성적 규범으로부터의 일탈은 부단히 경계되어야 하는 것이다. 이에 따라 우리의 삶은 자기통치라는 무의식적인 힘에 대항하는 것이 된다. 푸코는 이 섹슈얼리티에 대한 자기통치라는 변동을 특히 심리 과학에서 고백이 하는 역할뿐만 아니라 친밀한 관계와 가족에서 식별해 낸다. 푸코는 우리 사회가 '고백사회'가 되었다고 말한다. 섹스의 위험에 대한 고백을 통해 지속적으로 점검하고 서로 검사한다는 것이다. 이지점에서 푸코는 더 많은 일반적인 역사적 발전 과정을 묘사한다. 그 대체적인 흐름은 다음과 같다.

로마가톨릭 교회의 고해제도는 신자들의 섹슈얼리티를 규제하는 수단이었다. 교회는 주체가 자신의 진실에 대해, 특히 섹슈얼리티와 관련한 진실에 대해 사제에게 말하는 장소였다. 이와 같은 견지에서 보면, 고해제도는 섹스에 대해 허용된 이야기를 함으로써 서양이 섹스에 사로잡히게 된 원천으로 볼 수 있다. 그리고 이 고백이 종교적 틀에서 벗어나며 18세기 말 언제쯤부터 성에 대한 과학 연구와 의학적 담론을 통해 일종의 관찰 또는 심문 형식으로 변형된다. 섹스는 점점 더 지식 및 권력 네트워크와 얽혀들었고, 그러면서 점점 자기통치·자기규제·자기심문의 문제가 되어 갔다. 다시 말해, 외부의 힘에 규제받던 섹스는 이제 태도 규율의 문제가 되었고, 지식과 교육의 문제와 연결되었다. 푸코가 보기에, 심리치료와 정신분석은 우리 시대 자기통치의 핵심 심급instances이다. 치료를 받는 개인은 본인의 성적 행동과 에로틱한 환상에 대해 고백할 것을 강요받는다고 느끼고, 이로써 환자가 드러낸 정보는 억압으로부터 환자를 자유롭게 하고 해방시키는 수단으로 취급되게 되었다.

《성의 역사》제2권 '쾌락의 활용L'usage des plaisirs'(1985)과 제3권 '자기에의 배려souci de soi'(1986)는 현대로부터 기독교 세계와 고대 세계(특히 고대 그리스 문화)로 강조점을 이동했다. 푸코는 현대 서구의 섹슈얼리티 체제가 보편적이라는 주장에 의문을 제기하고자 로마식 도덕에 관심을 갖게 되었다. 고대의 성적 도덕과 기독교적 성적 도덕의 근본적인 차이는, 기독교가 강제와 강압으로 성적 행동을 규제했다면 고대 문화는 섹슈얼리티를 자기관리나 자기절제 수단으로 장려했다는 점이다. 성적 행동은 때에 따라 만족시킬 수도 삼갈 수도 있는 무엇이었다. '자기배려'에 대한 관심이 고대 세계에 처음 등장한 것이다.

개인은 자아, 자기시험, 자기스타일화 기술에 관여하였다. 푸코에 따르면, 이를 가장 잘 볼 수 있는 곳이 혼인 관계 내부 그리고 혼외 관계에서의 제어된 성적 행동 수행이다. 혼인 관계 내에서 윤리적인 남편은 부인에 대한 애정 표시가 아니라 섹스와 쾌락에서 얼마나 스스로를 잘 통제하느냐로 식별되었다. "남편에게는 부인과만 성적 관계를 갖는 것이 자기통제의 가장 훌륭한 방식이었다."[1985:151] 고대 그리스와 로마의 **존재 기술**은 자기통제와 성적 행동의 스타일화 간의 밀접한 연계를 보여 준다. 개인 자아는 모든 성적 행동과 관련된 자기억제와 중용을 실천하면서 윤리적 가치감과 도덕적 권위를 수립했다.

이 같은 성적 중용 개념은 혼외 관계에도 해당되었다. 푸코는 고대 그리스 사회에서 동성애를 지배한 미학적 가치와 스타일을 분리해 내는 데 상당히 공을 들인다. 그리스인들은 나이 많은 사람이 소년에게 느끼는 사랑을 낙인찍지 않았는데, 남성의 경우에는 오히려 어린 소년들과 사랑을 나누는 것이 허용되었다. 혼외 성관계 역시 오늘날의 서구문화처럼 위험하거나 부자연스러운 것으로 간주하지 않았다. 동성애 관계 때문에 남성이 이성애적 친밀감이나 부인에 대한 헌신을 중단할 필요가 없었다. 소년과 성인 남성 간의 사랑은 다른 도덕적 규칙과 자기스타일화로 이루어진 여러 쾌락의 활용 중 하나였다.

여기서 푸코가 고대 시대가 성의 역사에서 황금기였다고 주장하는 것이 아님을 유의하자. 고대 그리스인들에게도 섹슈얼리티는 쾌락의 원천이자 근심의 원천이기도 했다. 그리스인들에게도 동성애의 성격을 지배하는 많은 규율들이 존재했다. 나이 어린 소년과 동성애 유대를 맺는 남성은 다른 성인 남성과는 관계를 맺으면 안 되었다. 성인과 소년의 관계가 성적 욕망을 나타낼 때에는 중용이 요구되었다. 실제로 자기억제와 성적 절제는 개인이 성적 행동을 수행할 때 의거해야 할 윤리적 레짐의 중심이었다. 성적 영역에서의 자기통제, 자기의식, 자기정복은 고대의 윤리적 레짐을 규정했다. 적절한 형태의 성적 중용은 존재 방식, 삶의 방식, 자아의 전반적 테크놀로지를 형성했다.

쾌락의 언어와 몸의 에로틱화가 두드러진 고대 시기의 자아 윤리를 논하면서, 푸코는 자신의 사적인 삶과 섹슈얼리티의 측면을 드러내는 쪽으로 나아갔다. 말년에 푸코는 자신이 동성애자임을 공개했다. 청년 시기 본인의 성적 지향으로 심각하게 고통받았던 푸코는 오랫 동안 프랑스의 성문화가 억압적이고 불관용적이라고 생각했다. 그러다가 1970년대에 미국 대학들에서 강의를 하면서 게이와 레즈비언 공동체들의 성정치를 만나게 되었다. 푸코는 게이 정체성과 문화에 매혹되었다. 그는 뉴욕의 크리스토퍼 거리와 샌프란시스코의 카스트로 거리 등 미국 도시 내 게이 구역의 출현을 '성적 실험이 이루어지는 연구실'로 묘사했다.

하지만 그는 게이 해방운동에 대해, 특히 게이성이 일반적인 성적 정체성이 되는 것에 대해 모호한 입장을 취했다. 푸코는 되풀이해서 진정한 자아라는 관념을 공격했다. 그는 성적 욕망의 해독을 통해 진정한 자아의 본질을 드러내는 소위 '캘리포니아식 자아 숭배'를 통렬하게 비판했다. 성의 본질을 해방시키려는 이들에 맞서, 푸코는 게이됨은 새로운 정체성의 창안을 의미하며 협소한 성관계를 넘어 다양한 몸의 부분들로 쾌락을 확장하는 것이라고 주장했다. 이러한 자아의 윤리는 "관계의 방식, 존재의 유형, 개인들 간 교류 유형을 창안하는, 진정 새롭고 과거와 다른, 기존 문화 형식과도 단절된 문화"를 증진시킬 수 있다고 했다[1982:39].

통치성governmentality

푸코는 생애 말기 몇 년 동안 자아의 테크놀로지와 그와 연관된 강제, 구속, 지배의 실천들을 '통치성' 관념에 기초하여 개념화했다. 1978년 콜레주 드 프랑스Collège de France 강의에서 그는 통치성을 "어떻게 자신을 통치하고 어떻게 통치당할지, 타인들을 어떻게 통치하고 누구에게 통치받을지, 어떻게 가능한 최상의 통치자가 될지" 등에 관련된 모든 노력이라고 규정했다[1991:87]. '자아에의 배려'란 테마처럼, 통치성도 주로 자아-행동을 위한 제안, 전략, 테크놀로지의 생산적 변형에 초점을 맞추었다. 이어서 1980년대와 90년대 사회이론에 등장한 이른바 '통치성 학파'와 더불어, 개인 행동을 사회역사적으로 형성하고 지도하고 정향시키는 주제를 다루는 비평 스타일이 등장했다. 실제로 주요한 푸코 연구자 중 한 명은 통치성을 "자신의 열정을 제어하고 본능을 통제하고 스스로를 통치하도록 고무하고 교육하는 방식"을 포착하는 용어로 요약한다[Rose 1999a:3]. 많은 포스트모던 사상처럼 푸코에게서 영감을 얻은 통치성 학파는 어둡고 때로는 재난에 가까운 것으로 사회의 작동 과정을 설명했다.

전형적인 푸코주의자인 니콜라스 로즈Nikolas Rose는 일련의 영향력 있는 저술을 통해 통치성 연구를 발전시키고자 했다. 대개 정치적으로 암울한 성향을 보이지만 말이다. 《영혼 통치하기 Governing the Soul》(1999b)와 《우리 자아를 창안하기 Inventing Our Selves》(1996)에서 로즈는 의료, 교육, 복지, 사회과학, 인문과학뿐 아니라 '정신'을 다루는 전문직(상담에서부터 심리치료까지)들이 어떻게 개인들로 하여금 자신의 행동을 주시하도록 유도하는지, 그리하여 자아를 사회의 억압적 구조들 속에 얽매이도록 하는지를 보여주었다. 로즈가 보기에, 통치성은 언어를 만들어 내는 권력이다. 사람들은 일상생활에서 용인되는 말에 순응하도록 매혹된다. 그것은 어떤 일을 하는 방식에 권위를 부여하고 그 행동 양식을 보증하는, 그리하여 자아를 복잡한 권력 양식에 새겨 넣는 권력이다. 로즈는 자아–진리–권력의 관계를 다음과 같이 묘사한다.

〔전문 지식은〕 우리가 심리학, 정신의학과 여타 '심리'과학들이 인간 주체가 사로잡혀 온 권력체계들로서 작동해 온 역할을 이해할 수 있게 해 준다. '인간'과학 속에서 고안된 개념체계들, 그것이 발명한 분석과 설명의 언어들, 그것이 만들어 낸 인간 행동에 관한 화법들은 인간 주체성과 상호주체성이 기관들의 계산 하에 놓일 수 있게 하는 수단들을 제공해 왔다.(1999:7)

로즈가 보기에, '심리 지식'의 성장은 자아에 대한 통치와 그 증대하는 규제와 직접적으로 연결된다. 특히 20세기를 거치며 자아는 점점 더 '정상성의 심리치료'에 종속되었다. 심리학적 지식이 사람들이 자기 자신과 관계하고 타자와 관계를 맺으며 인격적 문제를 이해하고 미래를 계획하는 핵심적인 방법론이 된 것이다.

로즈의 저작은 푸코적 이론, 사회학, 그리고 심리학에서 이룬 인상적인 성취다. 그는 심리학자로 훈련받다가 푸코의 영향을 받았다. 하지만 로즈의 저작에 문제가 없는 것은 아니다. 정치적으로 보면, 그의 논의는 자아에 대해 리버테리언〔자유의지론자〕적인 시각을 취한다. 그래서 모든 사회적 활동을 불신하고, 조직화되고 체계화된 통치성 권력에 저항하는 '소수자 정치'를 무비판적으로 찬양한다. 로즈는 푸코로부터 모든 형태의 사회적 관행에 대한 신중함을 이어받았으나, 그 과정에서 모든 문화권 사람들이 실현하고 유지하고 싶어 하는 감정적 안전의 인식론적 기반을 고려하는 데 실패한다.

개인의 층위에서 로즈의 푸코주의는 자아와 타자를 심문하는 통치성의 담론적 형식에 의해 개별적으로 변형되는 과정을 이론화한다. 이러한 각도에서 볼 때 개인은 새로운 자아 문화를 자유로이 구성할 수 있을 뿐 아니라 통치성의 권력에 사로잡히기도 한다. 하지만 이러한 시각은 자아를 단지 통치성의 탈중심화된 효과로만 보기 때문에 인간 행위에 대한 적절한 설명을 내놓지 못한다. 사회적 층위에서도 통상 통치성의 '테크놀로지' 측면에 과도하게 집중하는 탓에 장기간의 역사적 추세를 간과하는 약점이 있다. 요약하자면, 로즈의 논의는 개인들이 자신의 사회적·역사적 조건에 맞닥뜨리면서 수행하는 능동적이고 창조적인 투쟁을 제대로 평가하지 못한다. 이처럼 사회적·역사적 구조들에 대한 통치성 학파의 불충분한 탐구를 보완해 주는 대안이 앞 장에서 다룬 성찰성 논의일 것이다. 프랑스 이론과 비교할 때 성찰성 이론은 자아와 개인 행위자 간의 사회학적 관계 양상에 훨씬 더 주목한다.

푸코에 대한 비판들

푸코의 저작은 이론적 광채와 풍부한 역사학적 통찰, 그 뛰어난 문학적 스타일에도 불구하고 여러 각도에서 비판받았다. 일부 논자들은 그의 초기 구조주의 저작들이 지나치게 결정론적이라고 주장했다. 그러면서 푸코의 작업이 담론과 언어가 일방향적으로 권력을 사람들의 삶 속으로 작용하는 것으로 만들고, 사회가 행위자들의 '등 뒤에서' 작동하는 것으로 본다고 비판했다. 다른 이들은 푸코 사유의 핵심 개념인 '권력-지식'이 지나치게 포괄적이어서 사회변동이 발생하는 복잡한 역사적 요인을 조명하지 못한다고 주장했다. 또 다른 이들은 섹슈얼리티에 관한 푸코의 후기 저작과 억압가설에 대한 폭로에 의문을 제기해 왔다.

하지만 사회에 대한 푸코의 설명은 많은 이들이 수용하고 있다. 특히 현대사회이론에 심대한 영향을 미친 푸코의 저작들에는 3가지 핵심 통찰이 들어 있다. ① 권력, ② 담론, ③ 섹슈얼리티. 물론 이 각각은 다양한 한계를 갖고 있다.

첫째, '규율권력'은 전통적인 처벌과 사회통제 개념화에서 크게 진전된 것이다. 푸코의 작업은 규율권력이 단지 개인들에 대한 직접적인 감시뿐만 아니라 정보관리부터 개인이나 집단을 관찰하는 새로운 기법 등 간접적인 형태의 감시에도 크게 의존함을 명확히 보여 주었다. 실제로 푸코의 '규율권력' 테제는 현대의 범죄, 감시, 처벌에 관한 연구에 엄청난 영향을 미쳤다. 하지만 감시에 대한 푸코의 접근, 특히 권력/지식 또는 '생권력bio-power'에 대한 규정은 심각한 난점이 있다. 예를 들어 규율권력을 근대사회들의 일반적인 권력을 대표하는 것으로 다루는 것은 잘못이다. 벤담의 판옵티콘을 규율권력의 축소판으로 간주하며, 푸코는 감옥이나 수용소 같은 조직이 수용자들의 일상을 행정적 메커니즘(엄격한 시간표, 지속적인 관찰, 개인에 대한 서류 기록 등)을 통해 주조하는 구조적 형태에 초점을 맞춘다. 그는 그와 같은 감시, 특히나 지속적인 관찰 하에 활용되는 기법 장치들이 감옥과 수용소뿐 아니라 학교나 작업장 같은 근대 조직의 일반적인 성격에 근본적이라고 주장했다. 확실히 감옥이나 수용소는 그 안의 개인들의 의지에 반하여 그들을 유폐하는 기관이다. 하지만 이런 기관들은 학교나 작업장 같은 여타 근대 조직들과는 명백한 차이점이 있다. 개인들은 근대 조직들에서 하루의 일부분만을 보낸다. 작업장과 학교가 개인에 대한 일상적인 관료적 모니터링을 통해서 규율권력을 부분적으로 형성할 수는 있어도, 규율권력은 푸코가 인정하는 것보다 이런 기관들에서 훨씬 더 굴절되고 분산된다.

이러한 견지에서 푸코의 저작에서는 권력이 신비로운 방식으로 움직인다는 점이 문제의 일부이다. 초기 푸코에게서 권력은 우리가 보았듯이 규율적 담론 및 코드와 공존하는 것으로 여겨진다. 이러한 의미에서 강고한 구조주의자로서의 푸코는 처벌의 언어와 담론들의 코드에 초점을 맞추었다. 하나의 처벌 담론(스펙터클한, 폭력적인, 공개된 처벌)에서 또 다른 담론(규율적, 은밀한, 단조로운 처벌)으로 이행했다는 푸코의 주장에서는 구조주의의 특징이 분명하게 보인다. 소쉬르의 구조언어학을 따라 푸코는 조직에 속한 참여자가 실제로 말하고 행한 것보다는, 담론적 운동을 용이하게 하고 제약하는 구조에 관심을 가졌다. 그 경우에도 초점은 주로 감옥 같은 제도에 맞추어졌다. '총체적total' 기관에 못 미치는 학교나 작업장 같은 다른 조직은 놀라울 정도로 소홀히 다루었다. 그로 인해 푸코는 규율권력이 일상적으로 어느 정도 도전받는지 이해하는 데 실패했다. 현대적 조직의 중심 특성으로 부상하고 있는 사회적 거래의 복잡성을 보기보다, 규율 언어가 어떻게 개인들의 발화와 행위를 형성하는지에 초점을 두었던 것이다. 언어에 대한 이런 식의 접근은 우리가 소쉬르를 검토하면서 보았듯이 개인 행위를 희생하고 구조를 특권화하는 것이자, 사람들의 일상적인 활동 위에 일괴암적인monolithic 체계를 올려놓는 것이다. 푸코가 말한 규율사회는 개인들의 행위 수행과 앎의 가능성을 부정한다. 그가 권력의 사회적 조직화에 부여하는 중요성은 결국 인간 행위자를 수동적인 존재로 설명하는 것으로 귀결된다.

이처럼 권력의 확산을 지나치게 견고한 것으로 이해하는 접근 방식은 섹슈얼리티에 대한 푸코의 후기 저작에서도 여전히 명징하게 드러난다. 감옥과 처벌에 관한 그의 구조주의적 연구들이 나온 지 한참이 지났는데도 말이다. 담론이 섹슈얼리티, 친밀성, 사랑 같은 문제들에서 개인이 하는 발화와 행동의 형성을 결정한다는 가정은 문제가 있다. 무엇보다 푸코처럼 섹스에 관한 대중 담론의 역사적 발전 전체를 전반적으로 자기기만이라고 가정하는 것은 분명 오류다. 섹슈얼리티의 의학화 현상, 즉 의사, 성과학자, 정신분석가, 과학자들이 인간 육체와 욕망, 쾌락, 행위, 사회관계 등을 규제하고자 성을 객관적 지식의 장소로 만들어 온 과정은 푸코가 제시했듯 중요하다. 하지만 빅토리아식 섹슈얼리티 담론은 대중들에게 널리 알려진 것이 아니었으며, 푸코가 주장하듯 대중들 사이에서 일반적으로 토론되고 분석되던 것도 아니었다. 성에 관한 의학, 과학, 심리학 저널들은 주로 해당 분야 전문가들이 소비했다. 19세기 후반의 낮은 문해율을 감안할 때 그러한 텍스트들이 확산되고 분석되기란 불가능했다. 교육을 많이 받은 집단들도 종종 이러한 문헌을 거부했는 주장도 있다. 섹슈얼리티의 의학화는 새로운 지식체계와 담론을 창조하는 데 확실히 도움을 주었지만, 또한 성을 전문가들의 토론 분야로 제한하도록 기능했다. 이는 또한 얼마 지나지 않아 젠더 권력과 연계되었다. 이 문제를 다른 식으로 보면, 푸코는 너무나 쉽게 개인들이 (의학적, 심리치료, 법 등) 특정 테크놀로지의 수동적인 희생자라고 가정했다. 권력/지식이 엄청난 무게로 개인들의 삶 속으로 움직일 수 없게 침투되었다는 식으로 말이다.

둘째, 이 문제에 대한 논의는 우리를 '담론' 개념의 한계로 데려간다. 담론에 대한 푸코의 전념은 인간 행위의 창조성을 게을리하게 만들었다. 섹슈얼리티에 대한 푸코의 접근에서 담론을 생산하는 경험(개인의 성향, 감정적 욕망, 개인 생애)보다 중요한 것은 인간 경험을 생산하는 담론이다. 푸코의 입장이 강력한 영향력을 발휘하는 이유는, 자기 자신을 성적 주체로 규정하는 개인들이 상징적 담론과 사회적 금지들에 붙잡히는 정도를 강조하기 때문이다. 성적 정체성 형성은 언제나 사회통제 양식과 얽혀 있다. 하지만 이러한 입장은 개인 행위 수행의 복잡다단함을 지나쳐 버린다는 맹점이 있다. 그래서 푸코의 작업은 종종 권력이 위에서 아래로 개인들을 누르는 일방향적 운동을 암시한다. 예를 들어, 정신치료나 정신분석을 논하면서 푸코는 치료와 고백의 연계에 대해 설득력 높은 설명을 발전시켰다. 그의 설명이 설득력 있는 이유는 종교적 고백과 달리 자기에 대한 지식이 정신분석에서 말하는 무의식적 장벽에 의해 금지되기 때문이다. 이러한 생각은 자아를 개념화하는 데 중요한데, 감정적 장벽들은 기억, 욕망, 어린 시절과 깊숙이 얽혀 있기 때문이다. 경험의 틀은 즉시 내부적으로 구조화되고, 개인의 심리적·성적 발달의 견지에서 조직되며, 외적으로는 사회적 상징 구조에 의해 조직된다. 그런데 푸코는 섹슈얼리티와 자아를 분석하면서 이와 같은 내부 세계와 외부 세계의 삼투성을 무시하고, 개인을 더 큰 사회 세계의 재생산 속에 존재하는 단순한 암호문으로 격하시킨다.

마지막으로, 푸코는 젠더와 사랑의 친밀성 문제에 대해 거의 말하지 않았다. 섹슈얼리티는 대개 양성 간의 쾌락과 감각의 영역으로 서술된다. 성적인 자기실천과 자기통제에 관한 푸코의 견해를 보면, 탈성화 desexualization에 대한 그의 더 큰 정치적 전략을 알 수 있다. 즉, 젠더 양극단(남성/여성, 남성성/여성성, 주체/대상)의 억압적 제한을 넘어서려 한 것이다. 하지만 신체와 쾌락을 재규정하려 한 푸코의 기도는 의미 있어도, 자아의 육화된 구조와 젠더 양극화와 억압을 연계시키지 못한 것은 큰 문제이다. 확실히 많은 페미니스트들은 푸코가 젠더에 대한 체계적 이론을 개발하는 데 실패했기에 그의 작업은 자아 문제를 페미니즘적으로 전용하는 데 중대한 정치적 난점을 야기한다고 주장해 왔다. 확실히 푸코가 본 섹슈얼리티 세계는 대부분 마초적 남성이 자기 자신을 성적 주체로 규정하는 작업을 수용하는 것의 일종이다. 섹슈얼리티에서 겪는 곤란을, 남성들은 자아를 제약하고 욕망을 수행하며 중용을 유지하고 쾌락을 스타일화하면서 극복한다. 성의 역사에 관한 푸코의 논의는 역사history에 관한 남성주의적 전통에 속할 뿐 그곳에 여성은 없다. 그 세계는 젠더와 사랑이 장기적인 사회적 영향력을 거의 갖지 못하는 세계이다. 이와 같은 누락은 깜짝 놀랄 만한 것이라 하겠다.

푸코 작업의 권력, 담론, 섹슈얼리티 개념에 관한 이 같은 비판들은 사회이론에서 자율성과 자유가 갖는 지위라는 문제를 제기한다. 푸코가《성의 역사》에서 다룬 자아에 대한 윤리적 테크닉은 신체적인 표면, 쾌락, 감각에 관한 것들이다. 푸코는 상대적으로 새로운 신체와 쾌락의 질서가 어떻게 친밀한 관계와 문화에 변형을 가져올 수 있을지는 거의 말하지 않았다. 푸코는 개인화를 자기속박의 한 형태로 보았고, 자아를 근대적 권력 테크놀로지에 관통당하는 것으로 보았기 때문에, 개인이 어떻게 사회적 실천을 반성하고 나아가 그 과정에서 각자의 삶을 변화시킬 수 있을지 고려하기를 강력히 거부했다. 따라서 더 나은 사회가 어떤 모습인지 하는 이슈는 다루어지지 않았다. 이 같은 간극에 대한 푸코 본인의 대답은, 이론이 미리 사회적 삶의 구체적 조건을 제정할 수 없다고 주장하는 것이었다. 마르크스주의의 역사가 보여 주듯, 단지 정치적 전체주의의 위험에만 호소할 뿐이다. 푸코는 어떠한 관계가 가능한지 진단하기보다는, 개인이 자아 규정과 자기규제를 실험할 수 있는 잠재성의 공간을 열어 주는 것으로 자신의 작업을 간주했다. 다시 말하지만, 그의 섹슈얼리티 연구가 갖는 상호개인적·도덕적·윤리적 경향을 새로운 육체와 쾌락의 질서에 대한 요청이 갖는 호소력을 제한하는 식으로 논의한 것은 푸코의 실패다.

요약

① 구조주의는 소쉬르의 구조언어학에서 출발하며, 언어 그 자체를 다루는 것을 넘어 사물, 사건, 상호적 행위를 통어하는 언어적 규칙을 고찰한다.

② 소쉬르에 따르면, 의미 분석은 언어와 발화의 구분과 관련된다. 기호의 자의적 성격, 기호를 형성시키는 기표와 기의의 결합, 통시성과 공시성의 구분.

③ 소쉬르는 언어에서 핵심적인 것은 단어와 대상 간의 결합이 아니라 언어적 기호의 자의적 성격에 있다고 주장한다. 의미가 만들어지는 것은 차이를 통해서이다.

④ 소쉬르의 구조언어학에 대해서는 많은 비판이 존재한다. 언어를 구조로 따로 떼어 내면서 언어가 사용되는 사회적 환경을 무시했다는 비판은 다양한 구조주의 사회이론이 갖는 한계로서, 행위의 창조성에 대한 그의 설명에 결함을 낳았다.

⑤ 바르트의 저작은 패션이나 영화부터 소비와 신화에 이르는 문화 분석의 여타 영역에 구조주의 언어학을 적용한다.

⑥ 개인들의 삶에 작용하는 구조의 강고한 무게에 대한 선입견은 다양한 모습으로 구조주의 사회이론에 드러난다. 바르트의 논의에는 다른 의미를 배제하고 특정한 이데올로기적 의미를 갖는 문화를 증진하는 것에 관련된 주장들이 있다. 감옥과 처벌에 관한 푸코의 논의에는 권력/지식의 영향으로 개인들이 객체화되는 것에 관한 역사적 관찰이 담겨 있다.

심화 질문

① 본인은 사회 구성원으로서 기호를 창조하는 데 어떤 역할을 수행하고 있는가?

② 기호, 기표, 기의 간의 관계를 설명해 보라.

③ 발화와 언어는 어떻게 서로 다른가?

④ 친밀성 영역에서 민족주의에 이르기까지 문화는 어떻게 특정한 의미를 증진시키도록 작동하는가?

⑤ 담론은 어떻게 정체성과 개인의 행위를 결정짓는가?

더 읽을거리

페르디낭 드 소쉬르

Course in General Linguistics edited by Wade Baskin (Peter Owen, 1960) (《일반언어학 강의》, 김현권 옮김, 지만지, 2012; 최승언 옮김, 민음사, 2006)

클로드 레비스트로스

The Elementary Structures of Kinship (Boston: Beacon Press, 1969)

The Raw and The Cooked: Introduction to a Science of Mythology (London:Jonathan Cape, 1970) (《신화학1-날것과 익힌 것》, 임봉길 옮김, 한길사, 2005)

롤랑 바르트

Elements of Semiology, trans. Annette Lavers and Colin Smith (Boston, MA: Beacon Press, 1970)

Mythologies , selected and trans. Annette Lavers (London: Granada, 1973)(《현대의 신화》, 이화여자대학교 기호학연구소 옮김, 동문선, 1997)

미셸 푸코

The Order of Things: An Archaeology of the Human Sciences (New York: Pantheon Books, 1971) (《말과 사물》, 이규현 옮김, 민음사, 2012)

The Archaeology of Knowledge (New York: Pantheon Books, 1972) (《지식의 고고학》, 이정우 옮김, 민음사, 2000)

Discipline and Punish: The Birth of the Prison (New York: Vintage Books) (《감시와 처벌: 감옥의 탄생》, 오생근 옮김, 나남, 2016)

The History of Sexuality, Volume 1: An Introduction (New York: Pantheon Books, 1978) (《성의 역사 1권 : 지식의 의지》, 이규현 옮김, 나남, 2010)

인터넷 링크

구조주의

www.cus.cam.ac.uk/~blf10/structuralism.html

소쉬르

www.sou.edu/English/IDTC/Projects/Saussure/saussrex.htm
www.sou.edu/English/IDTC/People/saussure.htm

레비스트로스

www.marxists.org/reference/subject/philosophy/works/fr/levistra.htm

푸코

www.lib.berkely.edu/MRC/audiofiles.html#foucault
www.michel-foucault.com

포스트구조주의

**5
장**

4장 구조주의 말미에서 '언어적 전회linguistic turn'가 사회이론을 지배하였음을 확인했다. 언어 연구에서 차용한 새로운 개념들을 살펴보고, 그 개념들이 사회적 활동의 다른 측면을 고찰하는 것으로 확장되었음을 확인했다. 구조주의적 시각에서 보면 언어는 실체라기보다는 형식에 불과하다.

'나무'라는 단어의 의미는 현실 속 실제 나무의 고유한 속성과는 무관하다. 나무의 의미는 그 단어를 사용하는 화자들의 언어공동체가 그 뜻에 동의하였기 때문에 발생한다. 따라서 의미란 것은 언제나 차이의 문제인 것이다. 단어는 그것이 가리키는 대상을 의미하지 않는다. 나무tree는 그것이 도망flee이나 벌bee이 아니기 때문에 나무인 것이다. 여기까지는 알기 어렵지 않다. 하지만 다른 단어들과 마찬가지로, 나무라는 말이 실제 사물에 더 이상 들어맞지 않게 된다면 이는 언어 내부에서 나무가 차지하는 위치가 잠재적으로 무한한 차이 덩어리임을 보여 주는 셈이다.

나무는 그것이 도망이나 벌이 아니기 때문에 나무다. 마찬가지로 벌은 그것이 그녀she나 그he가 아니기 때문에 벌이다. 이런 식으로 끊임없는 의미화의 연쇄가 이어지는 것이다. 이렇게 보면 갑작스레 복잡해진다. 만일 기표가 단지 또 다른 기표를 가리킨다면, 우리가 최종적인 기의에 도달하지 못한다면, 언어가 안정적인 체계를 이룬다는 구조주의자들의 주장을 과연 어떻게 받아들여야 하는가? 의미를 체계의 구조 속에서 설명하려는 구조주의자들의 설명을 어떻게 이해해야 하는가? 한편으로는 차이를 강조하면서 의미를 설명하려는 주장과, 화자와 작자가 이미 닫힌 언어체계로 굳어진 의미 패턴을 따를 수밖에 없다는 주장 사이에는 긴장이 있지 않은가?

이 질문들은 구조주의가 온전한 사회이론인지 의심을 품게 만든다. 과연 기호에 대해 기표와 기의가 깔끔하게 통합되는 것으로 개념화하는 구조주의적 개념화가 적절한 것인가? 기호를 지시체와 구분하면서 소쉬르와 소쉬르주의자들은 기호의 자의성을 강조했다. 언어의 의미가 문자, 단어, 소리 사이에 존재하는 차이들을 통해 형성된다는 주장은 기표가 어떻게 기의로 전환되는지 이해하는 데 놀라운 진전을 가져다주었다. 하지만 소쉬르의 분석은 기의의 층위에 집중되었고 그만큼 의미작용이 단지 개념, 관념, 정신적 심상으로만 구성되는 것으로 개념화했다. 구조주의 언어학은 개념이 어떻게 기표에 단단히 묶여 있을 수 있는지 구체적으로 다루지 못했다. 기존의 의미화된 개념이나 관념이 다른 기표로 전환되는 것을 막는 것이 무엇인지를 다루지 못했다.

이 문제는 그렇게 추상적인 질문이 아니다. 사전에서 단어의 의미를 찾아보자. 우리가 보게 되는 것은 찾는 단어보다 훨씬 많은 단어들, 더 많은 기표들이다. 역시나 우리는 더 많은 단어들, 더 많은 기표들에 둘러싸인다.

이 모든 것이 보여 주는 것은 구조주의의 주장대로 기표와 기의 간에는 깔끔하고 고정된 구분이 존재하지 않는다는 사실이다. 그렇다면 언어를 깔끔하게 구조화된 체계로 보는 구조주의의 주장에는 의문의 여지가 남는다. 이는 구조주의 사유에 담긴, 기표보다 기의를 우선시하는 경향에 의문을 제기하는 것이다. 이러한 의문이 1960년대 후반 유럽의 사회사상과 철학 및 정치 세력들로부터 시작된 이론적 전회shift이다. 보통 이는 구조주의에서 포스트구조주의post-structuralism로의 전환이라고 불린다.

프랑스의 정신분석학자인 자크 라캉Jacques Lacan은 사회이론의 발전에 커다란 영향을 미쳤다. 라캉은 의미는 언제나 어느 정도 지연되고 쪼개지며 분산되고 전치displace된다고, 그 덕분에 끊임없는 의미 생산과 기표의 유희가 가능하다고 주장했다. 라캉은 당시 가장 철학적이며 전위적인 도시 파리에서 구조주의 원리에 따라 "프로이트로 돌아가자"고 외치면서 정신분석학을 해석하는 흥미로운 방법론을 개발했다. 비록 정신과 의사로 훈련받았지만, 라캉은 헤겔과 후설로부터 소쉬르와 레비스트로스에 이르는 다양한 유럽 사상가들의 아이디어를 활용하여 엄밀한 형태의 (종종 추상적이고 때로는 난해한) 사유를 발전시켰다. 인간 주체의 형성을 특히 발화와 언어에 기반한 정신분석을 통해 해명한 것이다.

그의 저작이 대중들에게 널리 알려지기 한참 전부터 그의 이론 프로젝트는 사회적 차이의 세계에 대한 지식, 즉 타자성에 대한 탐구와 확증으로 나아갔다. 이는 특히 **정체성**identity **이론**에 영향을 미쳤다. 1957년, 이제는 유명한 에세이인 〈프로이트 이후 무의식 또는 이성에서 문자의 작용〉에서 라캉은 언어의 불안정한 모습을 성찰하고 구조주의 교리를 끝까지 밀어붙였다. 이를 통해 의미는 결코 기표와 기의의 결합으로 출현하는 것이 아니라는 견해를 제시한다. 라캉은 소녀와 소년의 마주침을 기존의 기호 세계에 연관시키면서, 성의 의미와 관련해 가장 단순하고 강력한 이야기를 제시했다.

기차가 역에 도착한다. 오누이인 소년과 소녀는 칸막이가 있는 창가 좌석에 마주보고 앉아 있다. 기차가 역에 멈추면서 창을 통해 역 주변의 빌딩들이 스쳐 지나가듯 보였다. 오빠가 말한다. "이런, 우리 여자칸에 앉았어!" 여동생이 답한다. "이 바보, 우리 남자칸에 앉아 있잖아."

라캉에 따르면, 기호를 해독하는 것은 우리의 상상물이 하나의 기표에서 다른 기표로 이동하는 것 정도가 아니다. 화장실 문은 동일하다. 그렇다면 남자화장실을 여자화장실과 구분해 주는 것은 무엇일까? 기의로 침입하고 전치시키며 탈구시키는 것은 기표 그 자체이다. 기호의 의미는 그 기호가 무엇이 아닌지의 문제이다. 따라서 이러한 심급에서 '여성'은 그것에는 부재하는 단어(즉, '남성')의 흔적을 담은 의미 연쇄에 자리 잡고 있다. 동시에 이러한 기표의 유희는 우리의 성적이고 개인적인 삶에 상당히 들어와 있다. 따라서 젠더 정체성은 지속적으로 현전과 부재가 교차하는 장場이다. 기표의 '지속적인 교차'에 라캉은 지대한 관심을 기울였다. 그것은 우리의 (성적, 사적, 공적) 정체성을 표식하는 분산과 분할을 생산하기 때문이다.

라캉의 매우 추상적인 정신분석학과 철학적 교리는 처음에는 파리의 아방가르드 지식인과 예술가들에게, 나중에는 더 많은 대중에게 강렬한 인상을 주었다. 언어의 불안정성과 의미화의 열린 유희성을 강조하는 라캉의 구조주의에 영향을 받은 정신분석학 재해석은, 부분적으로는 당시 세계 많은 대중들의 정처 없음과 단절의 경험을 반영하였기에 큰 반향을 불러일으켰다. 1960년대 프랑스 구조주의가 1970년대 포스트구조주의에 자리를 내주면서, 라캉은 문화적 좌파의 셀럽celebrity으로 등극했으며, 전후 유럽의 가장 중요한 지식인 중 한 명으로 각광받았다. 그 이유는 대부분 라캉이 정체성과 섹슈얼리티의 급진적인 탈중심성을 고수했기 때문인데, 그래서 그는 탈중심화 문화와 연결되곤 했다. 이와 관련한 라캉의 지적 영향력은 프랑스 철학자 자크 데리다에 견줄 만하다. 데리다는 해체주의를 통해 언어학과 포스트구조주의를 훌륭하게 조합하여 이번 장 후반부에 다룰 커다란 논쟁을 형성했다.

라캉처럼 데리다Jacques Derrida도 소쉬르와 구조주의 언어학에 크게 빚지고 있다. 하지만 데리다는 발화와 언어의 다성적이고 변동하는 조직화에 관한 매우 흥미롭고 출중한 방법을 제시하여 사회이론에 새로운 추진력을 제공했다. 데리다의 주제는 처음부터 끝까지 언어의 순수한 생산성이다. 그는 미국에서 1966년에 행한 강연에서 이렇게 주장했다. "초월론적 기의의 부재는 무한한 의미화의 영토를 확장시키고 의미화의 유희를 야기한다." 이러한 철학적 주장을 초심자가 이해하기란 쉽지 않다. 하지만 확실히 데리다는 단어와 대상 간의 조화로운 일대일대응은 없음을 명확히 하여 사회이론에 기여했고, 그는 이것을 '**초월론적 기의의 부재**'라고 일컬었다.

데리다의 이러한 정식화는, 의미가 끊임없는 잠재적인 '의미화 놀이'의 결과라는 점을 인정하는 것이었다. 이러한 사회적 차이의 조각은 무한히 확장된다. 폐쇄된 구조주의적 체계의 경계를 넘어설뿐 아니라, 무한히 확장된다는 것이다. 강의의 다른 부분에서 데리다는 언어에서의 차이화 과정은 더 넓은 문화적·정치적 차이의 연쇄로 소급될 수 있다고 보았다. "중심 또는 기원이 없는" 과정에서 "모든 것은 담론이 될 수 있다."

그렇다면 이 '**중심의 부재**'란 무엇인가? 어떻게 이 부재가 사회적 관계들을 담론이나 언어로 변환시키는가? 데리다의 초기 철학적 사유와 그것이 착목하는 변화된 사회적 세계 간의 연결을 이해하려면, 1960년대 후반이 서구의 많은 수도에서 대중의 정치적 봉기가 일어나던 시기였음을 기억할 필요가 있다. 1968년 베트남전에 반대한 미국의 학생봉기는 대중들의 상당한 지지를 받았다. 이 학생저항은 결과적으로 유럽으로 퍼져, 파리에서는 학생운동이 노동조합 및 노동계급과 다양한 동맹을 형성했다. 주된 사회적 격변은 1968년 5월 파리에서 일어났다. 수백만 노동자들이 파업을 했으며, 시위대들은 거리를 점령했다. 짧은 기간 동안 프랑스 제5공화국(1958~2018)은 심대한 위기를 맞했다. 비록 당시 경찰과 군대는 지배층의 손에 있었고, 드골 대통령의 지도력 하에 사회적 통제가 재천명되지만 말이다.

데리다의 포스트구조주의 사회이론 재구성은 '해체deconstruction'로 불리는데, 이는 1968년에 널리 퍼진 대중의 불만을 미리 드러내거나 그것에 반응하는 것이었다. 데리다는 사회이론이 의미의 중심이나 그 기원을 규정지으려 하는 작업과 단절해야 한다고 주장했다. 왜냐하면 중심—여기서는 서구의 믿음체계와 철학—은 심각한 정치적 긴장 하에 놓여 있으며, 만연한 사회적 저항에 반응하고 대처하며 지지를 모아야 했기 때문이다. 데리다의 해체 방법론은 정치적 중심에 대한 억압적인 추구를 탈중심화하는 수단이었으며, 사회이론이 모호하고 갈등하는 사회적 차이들의 의미에 열리도록 했다. 또한, 서구의 문화적·제도적 권력에 대항하여 1968년 봉기를 지속시키는 철학적·정치적 방법이기도 했다.

자신의 철학적 에너지를 해체에 쏟으면서, 데리다의 사회이론은 학생, 노동자, 여성, 흑인, 아웃사이더, 식민지 주체들과의 동맹에서 점차 발전해 나갔으며, 서구의 정치권력과 지속되는 중심의 원리를 문제 삼았다. 이 같은 정치학은 '해체' 또는 '포스트구조주의'라는 이름으로 수행되었다. 이제부터는 이와 같은 구조주의에서 포스트구조주의로의 이행을 낳은 이론적 논의를 좀 더 자세히 살펴볼 것이다.

라캉: 거울단계와 상상계

소쉬르처럼 라캉도 사회이론가가 아니었다. 하지만 현대사회이론에 미친 라캉의 영향력은 심대하다. 얼핏 보아서는 왜 그러한지 헤아리기 어렵다. 라캉의 저작은 매우 복잡하고 난해한 개념들로 가득할 뿐 아니라, 라캉이 주로 참조한 전거는 정신분석학의 아버지 지그문트 프로이트였기 때문이다.

사실 프로이트가 사회이론에 영향을 미친 경우는 라캉 이론이 처음은 아니다. 3장에서 보았듯이, 사회 분석에 프로이트의 통찰을 활용한 프랑크푸르트학파 이래로 정신분석학은 사회이론과 깊숙한 연관을 맺어 왔다. 특히 개인들이 어떻게 해서 정치권력과 지배에 근거한 불평등한 사회관계에 복종하게 되는지를 파악하는 데 정신분석학은 도움을 주었다. 특히 아도르노와 마르쿠제 같은 프랑크푸르트학파 이론가들의 사회이론 쇄신에 기여한 것은 프로이트 제자들의 저작보다는 프로이트가 직접 쓴 원전이었다. 라캉의 경우도 비슷하다. 라캉 역시 초기 프로이트의 이론적 사유(1900년에 발간된 《꿈의 해석》)로 돌아가고자 했다. 그래서 개인이 어떻게 그 자신에게 '타자'가 되는지에 대한 포스트구조주의적인 설명을 정식화했다. 이 같은 '타자화'에 근거하여 라캉은 억압된 무의식을 통해 작동하는 정체성의 분열된 성격에 주목했다.

아도르노·마르쿠제와 유사하게, 라캉은 프로이트 이후 정신분석학, 특히 미국식 자아심리학ego-psychology 모델에 대해 부정적이었다. 그는 자아심리학이 프로이트가 일군 혁명을 무력화시킨다고 주장했다. 라캉은 자아심리학과 대조적으로 정신분석학에 적절한 급진적 언어를, 무의식의 이상한 작동을 설명하는 언어를 발전시키려 했다. 따라서 라캉 저작의 은

유, 재담, 생략을 이해하려면 다음을 명심해야 한다. 라캉은 이론적 담론이 우리 인간의 현실적이고 시적인 구성을 잘 다루려면 무의식의 왜곡을 꼭 반영해야 한다고 믿었다.

라캉은 활동 초기 '프로이트로 돌아가자'는 기조 하에 새로운 사회이론의 윤곽을 정식화하면서 자아의 불안정성과 자아가 세계와 상상적인 연관을 맺는다는 점에 초점을 맞추었다. 왜 그랬을까? 왜 개인이 자신을 바라보는 방식을 질문하면서 상상imagination을 그 기초라고 보았던 것일까? 그리고 어떻게 개인은 다른 사람이 자신을 세계 내 행위자로 보는 방식을 이해하는가? 라캉의 분석은 본질적으로 다음의 한 가지 아이디어를 전제하고 있다. **정체성은 근본적인 분할과 연관된다.** 그것은 상상적 매혹, 속임수, 오인, 불운 등을 지탱하고 개시한다.

아마 그의 가장 유명한 논문이라고 할 〈정신분석 경험에서 드러난 주체 기능 형성모형으로서의 거울단계〉(1949)에서, 라캉은 유아가 거울 속 이미지를 통해 사고한다고 묘사한다. 생애 처음부터 유아는 신체적으로 정돈되어 있지 않을 뿐만 아니라 심리적으로 파편화되어 있으며, 어떠한 확고한 중심도 없다. 라캉은 묻는다. 유아는 어떻게 해서 세계 속에서 중심을 잡는가? 라캉은 자아가 자기애와 나르시시즘에 기반해 형성된다는 프로이트의 논제를 정교화하며, 어느 정도의 통일성과 전체성, 중심성을 획득하는 '상상적' 상태가 존재한다고 말한다. 자신과 외부를 구분해 나가는 생후 6개월부터 18개월 사이에 유아의 성장은 시각장visual field의 역설과 환상 속에서 발생하며, 이것이 바로 '거울단계'이다.

은유적이고 구조적인 개념이긴 하지만, 거울은 주체를 파편화의 경험으로부터 보호한다고 여겨진다. 거울단계에서 유아는 신체가 통일되어 있다는 감각을 얻는다. 라캉은 이미지는 광학적 장 속에 던져지는 것이며, 주체가 나르시스적으로 자기 이미지를 투여하는 반사면reflecting surface이라고 강조한다. 이 같은 **거울단계** 개념은 타자의 시선과 관련하여 실존하는 '거울자아looking glass self'를 제시한 쿨리(C.H. Cooley, 1902)나 자아와 타아 간의 초기 상호교섭이 '진정한' 자아 형성에 중요하다고 보는 위니콧(D.W. Winnicott,

---

▌ 우리는 거울단계를 완전한 의미의 동일시identification로 이해하면 된다. '동일시'란 주체가 이미지로 나타났을 때 그에게 일어나는 변화를 의미한다. 정신분석 이론에서 이미지가 불러일으키는 효과는 '영상imago'이란 오래된 용어를 통해 충분히 설명할 수 있다.

거울단계의 유아는 스스로 움직이지 못하고 다른 사람의 양육을 받아야 하며 아직 말도 하지 못한다. 그러나 이 유아가 거울에 비친 자신의 이미지를 (총체적이고도 완전한 것으로) 가정하고 뛸 듯이 기뻐한다는 사실은, 주체가 이미 처음부터 상징적 매트릭스 속에 던져져 있음을 잘 보여 주는 것처럼 보인다. 그러나 거울단계에서의 '나'는 타자와의 변증법적 동일시로 객관화되기 이전의 주체이며, 언어가 그 보편 구조 속에서 주체 기능을 부여하기 이전의 주체이다.

정신분석학적 용어를 빌리자면, 이러한 형태를 '이상적 자아ideal-I'라고 불러야 할 것이다. 왜냐하면 이것은 리비도의 정상화 기능들과 연관되는 이차적 동일시의 원천이 되기 때문이다. 이 형태는 자아가 사회화되기 이전에 허구적 성향을 갖도록 한다. 바로 이 점이 중요하다. 자아가 갖게 되는 허구적 성향은 개별적 차원에서는 해결될 수 없는 것으로 남게 되어, 주체가 끊임없이 접근선적으로만 자신을 구현할 수 있도록 하기 때문이다. 주체는 거울단계의 나 형태로 자신과 자신을 둘러싼 현실 간의 불일치를 해결해야 한다. 주체는 변증법적 종합이라는 형태로 불일치를 해결하려 하지만, 그것이 성공한다 할지라도 여전히 이미 완성된 것이 아니라 끊임없이 완성을 향해 가는 자신에 만족할 수밖에 없다.

자크 라캉(1949) 〈정신분석 경험에서 드러난 주체기능 형성모형으로서의 거울단계〉, **《자크 라캉의 욕망이론》** (민승기·이미선·권택영 옮김, 문예출판사, 1994, 40쪽, 번역본 일부 수정).

1960]과는 완전히 다르다.

라캉이 보기에 거울은 보이는 모습 그대로가 아닌, 심리적인 통합성과 응집성의 느낌을 제공하는 것이다. 하지만 거울이 실제로 수행하는 일은 자아를 왜곡하고 일그러뜨리는 일이다. 거울은 자아를 허구적인 것으로 만든다. 자아 또는 에고는 파편화와 두려움의 경험으로부터 정신을 보호하는 방어 갑옷의 일종으로 생성된다. 라캉이 대문자 I라고 부르는, 주체가 거울에 반사됨으로써 포착된 자아는 자신의 진리에 대한 근본적 오인에 의해 구성된다. 거울은 거짓을 말한다. 반사된 이미지는 외부에 있으며 타자이기 때문에, 유아는 스스로를 오인하게 된다. 거울에 비친 이미지는 통합되고 만족을 주는 것처럼 보이지만, 실제로 거울은 이미지일 뿐이다. 그 이미지는 실제의 주체가 아니다.

더 나아가, 라캉은 우리가 개인적·사회적 삶을 살면서도 '거울단계'를 온전히 통과하거나 넘어설 수 없다고 믿는다. 거울단계는 사회를 사는 우리와 타인들의 계속되는 경험의 중심을 규정짓는 일종의 '드라마'다. TV 드라마, 매체광고, 팝음악, 할리우드 블록버스터 등 현대사회를 떠도는 모든 기호들은 상상의 투입과 왜곡으로 가득 차 있다. 이것은 라캉 본인이 개진한 요점은 아니고, 매체 연구 및 사회이론을 다루는 후대 라캉주의 학자들이 주장한 내용이다. 우리는 라캉 이론의 이 같은 발전을, 본 장 후반부에서 라캉의 영향을 받은 포스트구조주의 이론에서 고찰할 것이다.

라캉의 포스트구조주의: 언어, 상징적 질서, 무의식

자아의 분열적 구조, 허구적 구성, 오인 등을 다룬 뒤, 라캉은 이어지는 저작에서 주체가 발화와 언어라는 상징적 질서에 진입하면서 또 한 번 분열된다는 점을 보여 주고자 했다. 소쉬르의 《일반언어학 강의》(1916)와 레비스트로스의 《친족의 기본 구조Les Structures élémentaires de la parenté》(1949)에 천착하면서 라캉은 기표, 체계, 타자성, 차이 등 구조주의의 주된 개념에 대한 구조주의적 설명을 도출한다. 특히 그가 정신분석학의 반인간주의적 혹은 구조주의적 개념을 정교화한 핵심 논문은 〈정신분석학에서 발화와 언어의 장과 기능〉(1953)과 〈무의식에서 문자가 갖는 권위(주장) 또는 프로이트 이후의 이성〉(1957)으로, 이 두 논문은 뒤에서 간단히 살펴볼 것이다.

사적 삶이든 공적 삶이든 언어의 우선성에 지배된다는 생각을, 라캉은 소쉬르가 내세운 언어기호의 자의성 이론을 활용하여 재구성한다. 사물 자체보다는 단어들 간의 관계, 즉 언어체계 내에서의 대립이 중요하다는 소쉬르의 주장은 라캉 정신분석학의 구조주의적 감수성에 딱 들어맞았다. 라캉은 소쉬르로부터 상징 생산과 욕망 형식의 구성을 연결시킬 도구를 획득했다. 라캉은 소쉬르를 따라, 언어적 기호는 기표(청각적 구성 요소 또는 언어적 표식)와 기의(개념적 요소) 두 부분으로 구성된다고 말했다. 그리고 구조주의적 사고방식에 따라 기표와 기의의 관계는 자의적이라고 주장했다. 기표의 지시 대상(예를 들어, '남자')은 차이(이 경우, '여자')에 의해 규정된다. 하지만 소쉬르가 기의를 기표보다 상위에 위치지은 것과 달리, 라캉은 소쉬르의 공식을 뒤집어 기의를 기표 아래에 위치시킨다. 이 뒤집힌 공식에 따라 라캉은 정신, 주체, 사회가 기표의 운동으로 결정된다고 보았다. 개별 주체로서 우리 각자의 위치는 실상 기표체계에서 우리가 차지하는 위치로 결정된다는 것이다.

이러한 논점은 라캉의 핵심 논제인 언어와 무의식의 관계로 우리를 이끈다. 언어가 무의식의 산물이라는 생각은 많은 정신분석학자들 사이에 널리 퍼져 있다. 실제로 라캉은 끊임없이 저서와 세미나에서 자신이 언어에 부여한 중요성은 프로이트의 본령에 따른 것이라고 단언했다. 하지만 라캉이 시도한 소쉬르의 정교화 작업은 사실상 프로이트의 무의식 개념과 단절하는 것이다.

프로이트는 무의식적 재현(환상)의 정신체계와 의식적 사고(언어) 간의 연계를 관찰했지만, 라캉은 주체성 자체가 근본부터 언어 속에서 구성된다고 보았다. 이 같은 무의식의 언어화는 중요한 분기점이 된다. 이제 인간의 심리 기제는 주체에 (심장이나 신장처럼) 속하는 것이 아니라, 의사소통의 상호주체적 공간에 속하게 된다. 더불어 언어는 끊임없이 기표와 기의를 분리하는 틈새로 들어왔다 사라졌다 하는 것이 된다. 라캉에 따르면, 무의식은 "주체에 가해지는 파롤의 효과의 총합이며, 주체가 기표의 효과로부터 자신을 구성하는 층위"를 나타낸다. 이로부터 나온 것이 "**무의식은 언어처럼 구조화되어 있다**"[1998b:48]는 악명 높은 슬로건이다.

만일 무의식이 기표의 연쇄가 이어지는 언어처럼 구조화되어 있다면, 개인이 '거울단계'에서 느끼는 명백한 안정성은 두 번이나 소외된다. 먼저 개인은 상상적 질서의 거울상이 제공하는 기만으로 소외된다. 이때 자아는 분열적 구조로 형성된다. 두 번째로 개인은 상징적 질서의 I로 구성되어 개별 주체의 욕망이나 감정과는 무관한 질서와 법에 속하게 된다. 따라서 언어는 개인들의 발화 수단이지만, 동시에 개인이 주어진 사회적 의미망에 종속되는subjected 질서이기도 한 것이다. 라캉이 레비스트로스의 구조주의 인류학을 흡수하여 만들어 낸 것이 바로 이와 같은 상징 기능의 개념화이다. 사회적 삶을 질서지우는 기저의 상징체계로 무의식을 해석했던 레비스트로스의 개념에 의거해, 라캉은 혼인의 교환 규칙은 사회적 체계를 구성하는 선택적인 친족질서에 의해 구축된다고 주장한다.

결혼 유대를 지배하는 것은, 친족 명칭법이 그 형식으로 언어처럼 그 집단에 의무를 부여하는 선호preference의 질서이다. 하지만 그 형식 속의 무의식은 (중략) 따라서 근본적인 법칙은 결혼 유대를 규제하면서 짝짓기의 법에 내던져진 자연의 왕국에 문화라는 왕국을 덧붙이는 법칙이라 하겠다. (중략) 그렇다면 이러한 법칙은 분명 언어질서와 충분히 동일한 것이다. 친족의 명명 없이는 어떠한 권력도 선호와 금기의 질서를 제정할 수 없으며, 세대를 계승하는 혈통을 묶고 연결할 수 없다.[1953:66]

이처럼 라캉이 말하는 근본적 법은 프로이트의 오이디푸스 콤플렉스를 언어학적 용법으로 재서술한 것이라 할 수 있다. 라캉이 말하는 **아버지의 법**은 오이디푸스 콤플렉스의 구조주의적 변형의 주춧돌이다. 프로이트가 그러했듯, 라캉에게도 아버지는 상상계에 침입하며, 상징계 속에서 아이/엄마의 행복한 결합에 침투한다. 또한, 문화적 네트워크와 근친상간에 대한 사회적 금기로 대표된다. 무엇보다 아버지는 이 같은 과정의 외부성exteriority이다. 라캉이 개별적 아버지가 아이/엄마의 결합을 금한다고 말하는 것은 아니다. 오히려 '부성적 메타포'가 아이의 나르시스적으로 구조화된 자아로 침투하는 것이며, 외부에 무엇이 존재하고 무엇이 법의 힘을 갖고 있는지를 말해 주는 것이다. 여기서의 '무엇'이 바로 언어다.

라캉 이후: 알튀세르와 호명으로서의 사회

라캉은 평생 동안 정신분석학에서 제기되는 임상적 문제들에 주로 관심을 가졌다. 비록 더 넓은 철학적 · 미학적 문제를 종종 성찰하기는 했지만 말이다. 하지만 라캉은 정신분석학의 사회적 · 정치적 적용에는 그다지 큰 관심을 갖지 않았다. 따라서 라캉 정신분석학이 사회이론에 수용되는 과정을 고찰하려면 프랑스의 마르크스주의 철학자 루이 알튀세르^{Louis Althusser}의 저작을 간단히 살펴볼 필요가 있다.

1960년대에 출간된 몇 편의 글에서 알튀세르는 사회적 관계가 이데올로기를 통해 유지되는 방식을 이해하는 데에 라캉의 정신분석학이 매우 도움이 된다고 주장했다. 알튀세르가 보기에, 이데올로기는 사회구조가 사람들의 일상적 삶 속에서 어떻게 유지되고 재생산되는지 포착할 수 있는 가장 중요한 개념이었다. 또한, 다양한 정치적 지배 형식을 파악할 수 있는 개념이기도 했다. 알튀세르에 따르면, 어떤 사회에서든 '생산'이 가능하려면 '생산의 조건'을 생산해야 한다. 즉, 재생산은 원료, 건물, 기계 같은 것의 생산력뿐 아니라 노동력에도 좌우된다. 특정한 역할과 임무를 수행하는 노하우나 훈련을 전수받은 개인들이 필요한 것이다. 따라서 알튀세르가 조명하려 한 사회이론의 핵심 쟁점은, 개인이 어떻게 기존 사회 규칙에 복종하는가이다.

알튀세르는 이데올로기에 대해 두 가지 주요 테제를 제시했다. 첫 번째 테제는, 이데올로기는 일관된 정체성 감각을 제공하면서도 계급사회의 개인들을 특정한 사회적 위치에 종속시킨다는 것이다. 이데올로기가 개인들이 사회와의 관계 속에서 '중심을 잡고 있다'고 느끼도록 해 주는 방식에 대해 알튀세르가 지적한 내용은 "이데올로기는 개인을 주체로 호명한다"라는 슬로건으로 가장 잘 포착할 수 있다. 이 '**호명**^{interpellation}' 개념은 1970년대 사회이론에서 상당히 많은 논쟁을 일으킨 주제로서, 개인이 통일적인 정체성 감각을 경험하도록 하는 사회적 과정을 이해하는 이론적 기반을 제공했다.

구조주의적 마르크스주의자인 알튀세르는 개인들에게는 본질적인 정체성이 없으며, 그들이 삶에서 갖는 의미와 가치에 대한 느낌이 무엇이든 그것은 그들 주변의 기호와 사회적 실천들로부터 가지고 오는 것이라고 보았다. 이러한 의미에서, 이데올로기는 잘 접합된 정치적 관념이나 교리 모음이라기보다는, 무의식적 이미지라든가 매일의 상호작용에서 발생하는 연결들이다. 그래서 개인들은 타인들과 넓은 세계에서 중심을 잡을 수 있다. 이데올로기를 구조화하는 무의식처럼, "이데올로기는 영원하다."

이데올로기 구조의 생생한 단편을 포착하기 위해 알튀세르는 학교, 가족, 교회, 법체계, 정당, 노동조합, 대중매체 같은 **'이데올로기적 국가장치'**라는 용어를 사용한다. 이 같은 사회구조들과 개인들이 날마다 관련을 맺으면서 이데올로기는 개인들을 사회의 주체로 불러내고 호명하면서 작동한다. 이처럼 이데올로기는 사회적 실천에 깊숙이 새겨져 있기 때문에 이 같은 호명의 결과는 물질적인 양상을 띤다. 예를 들어, 테러리스트는 단지 다양한 형태의 근본주의적 교리를 신봉하는 자가 아니라 자신의 신앙을 폭력과 파괴 행위를 중심으로 한 극단적 실천과 관련시키는 누군가이다.

두 번째 테제는, 개인 주체가 세계 및 그 자신과 맺는 생생한 관계의 이데올로기적 성격이다. 여기서 알튀세르는 라캉의 상상계 관념을 도입하여 극적 효과를 도모하였다. 사회의 제도적 구조의 단순한 '반영'으로 이데올로기를 이해하는 지배적인 마르크스주의 경향과 단절하며, 알튀세르는 이데올로기가 단순한 현실의 반영이 아니라 오히려 개인 주체가 자신의 존재 조건과 생생한 관계를 맺는 것이라고 주장했다. 라캉의 논의를 빌려 알튀세르는 **'이데올로기의 거울구조가 되풀이'**된다고 썼다. 개인이 사회와 맺는 관계는 나르시스적으로 순환하는 상상적 공간과 병행한다는 것이다. 거울에 반사된 몸을 보는 유아처럼, 자신이 실제로 갖고 있지 않은 통일된 정체성을 상상하는 '이데올로기의 주체'는 자신을 오인한다. 이 오인은 무엇보다 자기오인이다. 거울 이미지의 매혹처럼 이데올로기는 개인들을 주체라고 속인다. 개인들은 주체성이 이런 식으로 생산되는 것을 알지 못한다. 반복되는 사회적 상호작용과 대중매체 그리고 정당정치 등을 통해, 이데올로기는 실제로는 종속화의 형식으로 복무하는 정체성을 개인들에게 부여한다.

이데올로기에 관한 알튀세르의 저작은 1970년대에 광범위한 주목을 받았다. 하지만 이제 대부분의 논자들은 그의 사회이론에 중대한 결함이 있다는 점에 동의한다. 무엇보다 알튀세르의 설명은 개인들이 순순히 이데올로기를 통해 종속되며 그저 수동적으로 사회화 과정에 적응한다고 가정한다. 하지만 알튀세르가 놓친 것, 그리고 그의 계승자들 역시 놓친 것

▌마르크스주의 언어로 말해서, 생산·착취·억압·이데올로기화·과학적 실천활동을 담당하는 자리를 차지하고 있는 개인들의 현실적 존재 조건의 표상이 결국 생산관계와 생산관계에서 파생된 관계에 종속되어 있는 게 맞다면, 우리는 다음과 같이 말할 수 있을 것이다. 즉, 모든 이데올로기가 그것의 필연적으로 상상적인 변질 속에서 표상하는 것은 기존의 생산관계(그리고 이로부터 파생되는 다른 관계들)가 아니라 개인들이 생산관계와 이 관계로부터 파생되는 관계들과 맺는 (상상적) 관계이다. 따라서 이데올로기 속에서 표상되는 것은 개인들의 존재를 지배하는 현실적 관계의 체계가 아니라 이 개인들이 현실적 관계, 그러니까 자신들이 사는 틀인 그 현실적 관계와 맺는 상상적 관계이다.

알튀세르(1995) 〈이데올로기와 이데올로기적 국가장치〉 (*Sur la reproduction*) (《재생산에 대하여》, 김웅권 옮김, 동문선, 2007)

이 이데올로기적 투쟁의 정치다. 알튀세르 등은 사람들이 지배적 형태의 이데올로기와 기존 삶의 방식에 설득되는 과정의 복잡성과 모순성을 이해하지 못했다. 또한, 사람들이 어떻게 주어진 사회의 배치에 탈정체화하거나 대항하게 되는지도 이해하지 못했다.

이 같은 알튀세르 사회이론의 난점은 부분적으로는 라캉 정신분석학 해석에서 생겨났다. 알튀세르는 라캉의 상상계 개념과 자아 개념에만 거의 초점을 맞추었던 것이다. 하지만 이데올로기를 오로지 상상계의 나르시스적 매혹으로만 보는 것은, 라캉이 심리의 상징적 속성과 실재적 질서를 모두 강조했음을 무시하는 것이다. 특히 무의식의 모순과 분열을 간과했다. 다음 절에서 라캉 이론의 문제점을 다루면서 이 문제를 다시 다룰 것이다. 여기서는 일단 알튀세르의 이데올로기 이론이 사회과학에서 영향력을 잃게 된 주된 이유가 그의 사회이론이 인간 주체를 '문화적 얼간이'로 제시하는 경향 때문이라는 점만 간단히 언급하겠다.

영화 연구 : 거울로서의 스크린

자아와 상상계 개념에 새로운 정신분석학적 재공식화를 제공한 라캉의 '거울단계' 가설은 사회이론과 문화이론에 큰 영향을 미쳤다. 그 영향은 미디어나 영화 연구로까지 이어졌다. 라캉적 관점에서 영화를 읽는다는 것은, 단지 영화의 특정한 내용을 해석하거나 평가한다기보다 영화적 재현이 어떻게 우리의 정체성 감각 또는 정체성을 구성하는지를 들여다보는 것이다. 최근 할리우드 블록버스터 속 이미지들이 일상적 삶의 압력으로부터 우리를 벗어나게 해 주는 것처럼, '스크린 속의 삶'은 우리가 세계와 우리 자신을 보는 방식을 무의식적으로 구조화한다.

라캉주의적 영화비평은 일종의 메타비평으로 볼 수 있다. 영화를 이데올로기 생산과정으로 보기 때문이다. 영화 관객의 잠재된 연상이나 억압된 관념이 아니라, 영화가 작동시키는 이데올로기적 코드나 모델이 연구 대상이다. 이 각도에서 보면, 영화는 장루이 보드리Jean-Louis Baudry의 말대로 개인들이 "묶이고, 사로잡히고, 현혹되는", 이른바 '주체 위치'를 구성하는 작업으로 볼 수 있다. 보드리(1970)는 라캉 정신분석학과 영화이론의 관계를 다룬 선구적인 에세이에서 영화적 동일시 과정을 거울단계와 유사한 것으로 해석했다. 영화의 거울 스크린은 상상계처럼, 동일시할 만한 통합된 일련의 이미지로 관객들에게 반영된다. 보드리는 영화가 주로 나르시스적인 시각 기능을 갖고 있어서 '이상적 자아ideal self'를 구성한다고 가정하는 듯하다. 하지만 〈미트 페어런츠 2Meet the Fockers〉나 〈스텝포드 와이프the Stepford Wives〉 같은 영화가 아니라, 장뤽 고다르Jean-Luc Godard나 빔 벤더스Wim Wenders 같은 아방가르드 영화를 라캉적 상상계의 메타포로 해석하기란 결코 쉽지 않다.

영화가 정체성에 어떤 이데올로기적 영향을 미치는지, 라캉적 시각에서 이해하는 흥미로운 방식은 또 있다. 크리스티앙 메츠Christian Metz는 영화를 상상적 질서와 동일시하는 보드리의 견해를 문제 삼으며, 라캉 정신분석학은 영화의 관음증적 본질을 이해하는 데 도움이 된다고 주장한다. 메츠가 "다른 어떤 예술 이상으로 독특한 방식으로 영화는 우리를 상상계와 연결시킨다. 영화는 모든 지각을 두드리지만 곧바로 그 지각을 무너뜨린다. 그럼에도 불구하고 유일한 기표는 남는다."[1982:45]

부재에 대한 메츠의 언급은 영화가 그 자신의 생산을 억압하는 방식을 언급한다. 영화는 소박한 일상적 삶의 리얼리티를 복잡한 이미지 구성을 통해 자연스럽게 제시하는 방식으로 그 자신의 생산을 억압한다. 이러한 견지에서 보면 영화의 정신분석학은 영화 속에서 생산되는 이데올로기적 이미지를 해독하려는 시도이자, 이러한 이미지들이 어떻게 관객-주체를 구성하는지를 추적하려는 시도이다. 하지만 영화 속 주체의 구성은 고정되거나 안정적이지 않다. 오히려 영화는 영화적 이미지와 관련하여 주체에 질서를 부여하거나 탈질서화한다. 우리가 저녁 뉴스를 보든 '배트맨' 같은 판타지물을 보든, 요점은 우리가 항상 복잡한 이데올로기적 프레임 작동 과정에 붙잡혀 있다는 점이다. 리얼리티는 우리 눈앞에서 형성된다는 암묵적인 가정과 방식에 우리는 끌려 들어 가고 만다.

이데올로기적 프레임은 비록 그 역할이 모호하지만 두 가지로 작동한다. 먼저 그것은 구조적으로 폐쇄되어 있다. 이미지의 현실성을 통해 등장인물의 행위를 단순하게 사태의 전개로 기록하여 줄거리를 극화하는 전형적인 할리우드 영화를 떠올려 보라. 여기서 관객들은 폐쇄된 상상적 공간 속 등장인물들에게 동일시하도록 초대된다. 거울단계와 유사하게 말이다. 이러한 의미에서 영화란 전적으로 상상적인 것이며, 관객을 통일되고 중심을 잡은 주체로 구성한다. 관객은 눈앞의 대상-이미지를 자신이 '통제'할 수 있는 것처럼 여긴다. 하지만 구조적으로 폐쇄된 방식의 영화는 자기가 서사 구성에 능동적으로 개입한 사실을 숨김으로써 상징적 시나리오를 제시하는 데 그친다. 그러한 영화는 자신의 프레임 만들기와 사회적 현실에 대한 선택적 규정짓기를 드러내지 않고 억압한다(숨긴다).

두 번째로 구조적 재귀성이 있다. 아방가르드 영화는 관객-주체의 동일시를 계속해서 좌절시킨다. 행위와 사건이 계속 서로 다른 각도에서 제시되며, 카메라의 역할도 서사의 진행 과정에 포함된다. 이처럼 재귀적인 기법을 통해 관객-주체는 이데올로기적 재현을 만들어 내는 영화 그 자체의 능동적 역할을 알 수 있게 된다.

지젝: 호명을 넘어서

라캉 사유의 영향을 깊숙이 받은 알튀세르의 사회이론은 사회변동이 결코 사회의 경제적·제도적 모순의 단순한 전개 과정이 아님을 보여 주는 강력한 시도였다. 알튀세르가 라캉의 아이디어를 전유한 이후로, 이론가들은 사회 격변을 인간관계의 **상상적 위기**imaginary crisis의 관점에서 보게 되었다. 오늘날 폭증하는 극단적인 인종주의, 민족주의, 종족 증오, 인종혐오는 이를 자명한 진리처럼 보이게 한다. 그래도 혹자는 영미권의 주류 사회이론이 여러 해 동안 문화적 관계나 사회적 배열의 변동성과 취약성을 얼마나 무시했는지 과소평가할 수 있다. 알튀세르 사회이론의 이데올로기론을 기반으로 사회적 적대와 문화적 트라우마의 깊은 무의식적 차원을 강조한 사회이론가 중 한 명이 슬로베니아 비평가 슬라보예 지젝 Slavoj Žižek이다.

알튀세르처럼 지젝도 이데올로기가 계급, 인종, 젠더 등의 사회적 상징 형식과의 상상적 관계를 암시한다고 본다. 하지만 알튀세르와 달리, 지젝 은 이데올로기가 언제나 그 자체의 사회적 · 정치적 형식을 벗어난다고 주장한다. 다시 말해, 이데올로기는 호명과 내면화를 **넘어선다**. 이데올로

▌ 라캉의 테제는 이와 다르게 환영적 반영이라는 보편적인 놀이로 환원시킬 수 없는, 끝까지 존속하는 잔여물, 그 견고한 중핵이 항상 남아 있다는 것이다. 라캉과 '순진한 리얼리즘'의 차이는, 라캉에게는 우리가 오로지 꿈을 통해서만 이 견고한 중핵인 실재에 접근할 수 있다는 것이다. 우리는 꿈을 꾸고 나서 현실로 깨어날 때 보통 혼잣말로 "이건 꿈일 뿐이야"라고 말한다. 그렇게 말함으로써 우리는 잠에서 깨어난 일상의 현실 속에서 우리가 그런 꿈의 의식에 불과하다는 사실을 숨기는 것이다. 우리의 행동을 결정하는, 다시 말해 현실 자체 속에서의 행동 양태를 결정하는 환상의 틀로의 접근은 오직 꿈속에서만 가능하다.
이는 이데올로기적인 꿈의 경우에도 마찬가지다. 다시 말해 이데올로기를, 있는 그대로의 진정한 현실을 볼 수 없도록 방해하는 꿈과 같은 구성물로 간주하는 것도 마찬가지의 경우이다. 우리는 '눈을 뜨고 현실을 있는 그대로 보는 것'을 통해, 다시 말해 이데올로기적인 스펙터클을 제거하는 것을 통해 이데올로기적인 꿈을 깨뜨리려 하지만 이는 허사다. 소위 이데올로기적 편견으로부터 벗어난 포스트 이데올로기적이고 객관적인, 깨어 있는 시선의 주체로서, 다시 말해 사태를 있는 그대로 바라보는 시선의 주체로서 우리는 철저하게 '우리의 이데올로기적인 꿈의 의식'으로 남는 것이다. 우리가 이데올로기적인 꿈의 위력을 깨뜨리는 유일한 방편은 꿈속에서 자신을 예고하는 욕망의 실재와 대면하는 것이다.

슬라보예 지젝(1989) *The Sublime Object of Ideology* (London: Verso, p. 47) 《이데올로기라는 숭고한 대상》, 이수련 옮김, 인간사랑, 2002)

기는 단지 마술적으로 개인들에게 작용하여 그 정체성과 역할을 할당하는 것이 아니라, 열정적 애착이 중층결정된 장으로 간주되어야 한다. "이데올로기의 기능은 우리가 현실로부터 도망칠 장소를 제공하는 것이 아니라, 사회적 현실 그 자체를 트라우마적인 실재의 도피처로 제공하는 것이다."(1989:45)

지젝에 따르면, 정치는 중심적 욕망의 멜랑콜리적 상실에 기반하여 헛된 노력을 되풀이하는 공적 활동이 벌어지는 장이다. 너무 고통스러워 인정하기 싫은, 열정의 상실에 반응하는 노력이다. 이런 의미에서 이데올로기는 자아의 핵심에 놓인 결핍과 적대를 '이어 주고' '지탱해 주는' 것이다. 민족주의, 인종주의, 성차별 이데올로기는 바로 문화적 환상의 산물들이며, 리비도적 향유의 무의식적 형식이 전치된 결과이다. 이는 시시때때로 살육과 '인종청소'의 폭력의 파도에서 분출된다. 지젝은 1990년대 유럽에 만연한 새로운 민족주의와 외국인혐오 현상의 분출을 이런 식으로 본다. 인종주의는 내부로 수용되지 못하는 상태가 외부로 전치되는 현상이다. 모욕받는 타자에 대한 이른바 '잉여향락surplus of enjoyment'의 투사, 즉 사회적으로 비인간화된 적대 대상에게 괴롭힘과 고통을 가하는 것은 정치적 배제의 심리적 차원의 심장부에 놓여 있다. 이러한 타자를 향한 과잉 향락의 분출은 참을 수 없는 욕망의 중핵을 보여 준다. 그러한 과잉은 이데올로기적 증상을 통해서만 완화될 수 있다. 동유럽에서 소비에트 전체주의의 붕괴는 잉여환상을 풀어놓았으며, 이상하거나 타자로 인식된 누군가에게 자신들이 겪는 고통의 원인을 투사했다.

지젝에 의한 알튀세르의 급진화 역시 다각도로 비판할 수 있다. 예를 들어, 상실·결여·부재가 욕망의 이데올로기적 정박점이라면, 그처럼 많은 이데올로기 형식과 변하는 환경은 지젝이 인정하는 것보다는 더 정치적으로 다양할 것이다. 지젝은 이데올로기를 환상 시나리오의 측면에서 보는데, 환상 시나리오의 유일한 목적은 결여에 의한 고통을 채우거나 덮는 것이다. 하지만 이렇게 보면 개인과 집단의 복잡하고 다양한 이데올로기 형식 수용을 단순화시키는 문제가 있다. 지젝은 정체성 정치, 철학이나 고전 읽기, 오프라 윈프리 같은 TV 토크쇼 사회자 사이에서 어떠한 의미있는 차이점도 보지 못한다. 그에게 이러한 것들은 모두 동일하게 이데올로기적 환상의 조각들이며, 결여·간극·적대의 신맛을 지워 버리려는 것들이다. 이렇게 보면 자아 정체성, 이데올로기, 정치 간의 연관관계가 지워진다. 지젝은 사람들이 정치적 이데올로기에 도전하게 되는 복잡한 방식을 무시하는 경향이 있다. 그리고 가장 최악의 불행한 이데올로기적 구성물을 여타의 상대적으로 진보적인 구성물과 동일 층위로 다루는 경향이 있다. 이러한 문제점들은 어느 정도는 알튀세르와 관련되어 있으며, 특히 지젝이 문화에 대해 단호하게 부정적인 비판을 발전시키려 라캉의 아이디어를 활용한 탓이다. '무의식의 주체'를 기호의 자의적 성격과 연계시키려 한 알튀세르적이고 라캉적인 시도는 어째서 일부 정치적 이념과 이데올로기가 다른 것들보다 개인적·사회적 삶을 더 강하게 지배하는지 충분히 설명하지 못한다. 이 문제는 다시 라캉이 사회이론에 기여한 핵심 지점인 프로이트 해석으로 우리를 이끈다.

라캉에 대한 평가

라캉의 '프로이트로 돌아가라'는 구호는 이후 사회이론의 방향성과 발전에 강력한 영향을 미쳤다. 프로이트를 포스트구조주의적으로 재서술한 라캉의 작업처럼 복잡하고 난해한 어떤 이론이든, 불가피하게 맹렬한 논쟁거리가 되었다. 라캉주의는 열정적인 찬양의 대상이 되거나 여러 이유로 강력한 비판을 받기도 했다. 여기서는 라캉에 대한 평가의 중요한 일부만을 간략히 고찰해 보겠다.

애초부터 라캉이 말한 자아의 상상적 구성에 대한 설명은 다른 사회이론들, 그리고 자아를 합리적 행위의 중심이라고 보면서 행위 수행의 자율성을 강조하는 정통 사회과학을 교정하기도 했다. 이들과 달리 라캉은 주체가 그 자신의 역사로부터 반드시 소외되어 있으며, 타자성이 개입되는 상호개인적 영역 속에서 주체가 형성된다고 강조한다. 그리고 이에 못지않게 중요한 것이 '나'란 소외된 스크린이자 허구이며, 무의식적 욕망의 분열을 가리는 오인의 매체라는 점이다. 라캉은 이렇듯 전통적인 의미 이론의 정체를 폭로한다. 전통적 이론들은 정신과 현실이 자동적으로 상응한다고 가정하지만, 라캉은 기호가 사회적 세계의 특성에 상응하게 설명될 수 있다는 견해뿐 아니라, 의미가 즉시 발화와 언어에 드러날 수 있다는 견해도 의문시한다. 이 문제는 의미뿐 아니라 정체성 자체에도 해당된다. 라캉의 자아 및 상상계 이론에 따르면, 주체는 결코 온전히 자신에게 드러나지 못한다. 자아는 일종의 환상이며, 나르시스적 신기루이다. 정체성을 재현하려는 모든 시도는 항상 흩어져 버리고 전치되며 탈중심화된다.

라캉에 대한 한 가지 비판은 종종 정치적 집단들로부터 제기된다. 그들은 라캉의 문화 및 사회관계에 대한 이해가 지나치게 비관적이라고 말한다. 즉, 우리가 결핍의 포로이자 상상계의 왜곡에 사로잡혀 있으며 상징계의 법이 놓은 덫에 걸려 있다는 라캉의 주장은 급진적인 정치적 상상력이 갖는 저항과 유토피아 감각을 손상시킨다는 것이다. 이러한 비판이 옳든 그르든, 라캉의 영향을 받은 현대사회이론들의 접근법은 현 사회질서를 두고 최근에 일어나는 정치적 무관심이나 문화적 비관주의 논란에 중요한 시사점을 준다.

알튀세르에서 지젝에 이르기까지, 라캉의 비관주의적 교리는 진리, 자유, 해방, 의미 같은 개념들을 공격하는 쪽으로 진행되었다. 라캉적 시각에서 볼 때, 이러한 용어들이 뭔가 절대적인 가치를 지닌다고 믿는 것은 반드시 세계를 지금의 상태대로 받아들이는 것이다. 이와 대조적으로 라캉의 문화적 비평은 남성과 여성이 속해 있는 기호체계의 '자연스러움'을 엄밀히 탐지하면서 지배적인 언어구조를 전복하고자 한다. 여기서 우리는 라캉주의적 사회이론과 (3장에서 다룬) 정신분석학의 영향을 받은 프랑크푸르트학파 사회이론의 유사성을 감지할 수 있다. 라캉처럼 아도르노와 마르쿠제 같은 프랑크푸르트학파 이론가들은 프로이트로부터 자아의 구성 과정에 작동하는 억압적 힘들을 드러내고자 했기 때문이다. 다만, 그들은 자율적인 사회관계로의 비전을 견지하고자 억압된 무의식의 회복도 이야기한다. 반면 라캉주의적 또는 포스트라캉주의적 사회이론은 급진적으로 다른 방향을 취한다. 알튀세르와 지젝처럼 라캉의 영향을 받은 사회이론가들은 사회를 정신분석학에 의거해 평가하기보다는, (라캉이라는 마스터Master에 의해 계시되는) 욕망의 논리를 사회 그 자체의 지표로 탐구한다. 라캉에 빚지고 있는 많은 사회이론, 특히 알튀세르와 지젝이 제시한 형태의 사회이론의 불행한 유산 중 하나는, 자아가 창조성이나 자율성과 맺는 관계에 대해 빈약한 개념을 갖고 있다는 점이다. 이제 라캉주의적 사회이론의 3가지 한계를 구체적으로 짚어 보자.

첫째, 자아 정체성의 상상적 차원이 환상 또는 오인의 산물이라고 보는 라캉주의 명제는 문제가 있다. 앞서 살펴보았듯이, 라캉은 상상계를 왜곡시키는 덫처럼 간주했다. 거울은 통일적 자아의 이미지를 제공하면서 나르시스적 자아를 구성하여 주체성이 실제로는 분열되어 있다는 불행한 진실을 숨긴다. 하지만 '거울'이 왜곡한다는 이러한 논제는 그 같은 오인이 가능하도록 만드는 심리적 과정을 규명하는 데 실패한다. 예를 들어, 유아가 스스로를 거울 이미지를 통해 오인하도록 만드는 것은 무엇인가? 정확히 말해서, 개인은 이같이 주어진 자아를 어떻게 다루는가? 변형시키는가, 깨뜨리는가? 그 자신을 '거울'을 통해 인지하기 시작하는 개인은 자기를 조직하는 더 초보적인 감각을 그전에 이미 지니고 있어야 한다. 코르넬리우스 카스토리아디스Cornelius Castoriadis(1997b)는 라캉주의가 개인이 어떻게 '거울' 또는 거울 역할을 하는 타인을 실재적인 것real으로 인식하는지 설명하지 못한다고 비판했다. 카스토리아디스는 급진적인 정신분석학적 접근은 "의미를 수집하고 그것을 가지고 그/그녀를 위해 무언가 해내는" 자아의 역량을 반드시 다루어야 한다고 주장한다.

둘째, 라캉은 무의식을 구조적인 것으로 보고 그것을 기표의 우연한 유희로 환원함으로써 프로이트의 전복적 함의를 실제로는 억누른다는 불만이 제기되었다. 이러한 비판은 라캉을 구조주의자 또는 포스트구조주의자로 보는 해석으로, 무의식이 언어처럼 구조화되어 있다는 라캉의 주장을 타격한다. 폴 리쾨르, 장 프랑수아 리오타르, 줄리아 크리스테바, 장 라플랑슈 등 많은 비판자들이 라캉에 반대하면서 무의식이 기존의 문법에 저항한다는 프로이트의 핵심을 내세웠다. 이들은 라캉 저작의 다양한 맥락을 조명하면서 무의식은 언어를 **넘어선다**고 주장했는데, 내가 보기에 올바른 지적이다. 이들의 설명에 의하면, 무의식은 의미와 에너지, 달리 말해 재현과 정서affect로 이루어진다. 따라서 무의식은 언어에 침입한다. 말실수나 틀린 철자법을 통해서 말이다. 따라서 무의식을 단순하게 언어와 등치시킬 수는 없다. 맬컴 보위Malcolm Bowie는 이 문제를 잘 표현했다.

때때로 환희, 고통, 물리적 폭력, 죽음의 테러 앞에서 침묵을 재발견하는 것, 그래서 말의 힘의 무력함을 느끼는 것이 말하는 피조물인 우리의 운명이다. 누군가는 이처럼 의미화 법칙이 중단되는 것이 그 자체가 전적으로 기표의 선물이라고 볼 것이고, 여전히 그것을 특정한 종류의 사건으로 어떻게든 기록하고자 할 것이다. 태평양을 오래도록 바라보게 되면 잠시 동안은 말을 잃겠지만, 이내 말이 많아진다. 언어는 때로는 우리에게 감수성으로부터의 후퇴를 제공하고, 때로는 감수성을 고양하고 조작하는 수단을 제공한다. 하지만 이러한 차이에 대해 라캉의 이론은 근본적으로 무관심하다. [1991]

프로이트가 보기에 무의식은 모순, 시간, 경계를 알지 못한다. 프로이트 이론에서 우리는 각자의 연대기 작성자가 되지만 의식적으로 그것을 선택하지는 못한다. 자아 정체성의 구축은 가족 그리고 상호개인적 그리고 역사적 내러티브로부터 생겨나는 일종의 과업이다. 따라서 그것은 언어와 뗄 수 없이 얽혀 있다. 하지만 우리가 누구인지에 관한 우리의 깊숙한 감각은 언어의 경계 너머에서 형성된다. 감정, 충동, 기억이 특정 방식으로 한데 얽혀서 개인은 성장하는 것이다.

자아의 전언어적이고 무의식적인 성격을 강조하는 것은, 라캉처럼 무의식을 언어에 동화시켜 고정된 구조로 보는 것과는 다른 중대한 사회이론적 성찰을 가져다준다. 개인 행위자의 행위 수행을 설명할 수 있는 것이다. 라캉에 대한 한 가지 영향력 있는 해석은 라캉의 욕망모델이 탈육체화되어 있고 언어적으로 이미 구조화되어 있어, 개별 주체가 정체성, 감정 변화, 인격적 자율성을 지속시키는 데 유의미한 역량을 갖지 못하게 된다는 것이다. 하지만 이와 같은 불만은 라캉이 아니라 '주체의 죽음'을 옹호하는 포스트구조주의 사상가들에게 더 적절하다. 라캉은 인간 주체의 사라짐을 찬양한 것이 아니라, **언어가 배치하는** '무의식의 주체'를 말한 것이다. 라캉에 대한 널리 알려진 또 다른 해석은, '무의식의 주체'를 차이 및 언어적으로 구조화된 특정한 대립들의 견지에서 개념화하면 실천적 행위 수행 및 감정의 발달, 그리고 외적인 사회적 힘에 개인적으로 저항하는 역량 등을 설명할 수 있는 이론적 공간이 사라진다는 주장이다. 내가 보기에 라캉주의의 진짜 문제는 이것이다. 이로 인해 자아와 정체성에 대한 생생한 문제 제기들을 추상적인 언어이론으로 내던져 버린다.

이러한 지적들은 포스트라캉주의 사회이론에서 제시되는 문화에 관한 설명에도 특별한 함의를 지닌다. 무엇보다 언어와 문화적 지배를 등치시키면 제도적 삶의 재생산에서 작동하는 권력, 이데올로기, 사회 불평등의 중요성을 무시하게 된다. 라캉의 영향을 받은 저술가들에게 개인은 기존에 결정되어 있는 사회의 상징적 구조에 맞추어 행동하는 주체로 변형된다. 이것은 명백히 매우 결정론적인 라캉 해석이며, 이러한 독해가 많은 현대사회이론을 물들이고 있는 것도 사실이다. 상상계-상징계-실재계의 탈구를 탐구한 라캉의 이어지는 저작들을 살펴보면, 라캉주의를 쉽게 기각하든 개별성에 대한 대안적인 이론으로 접근하든, 이 같은 결정론적 해석은 분명 논쟁의 여지가 있다. 왜냐하면 언어는 분명히 개별 주체보다 먼저 존재하지만, 인간 주체의 상징적 구성이 단일하며 권위주의적이고 미리 구조화되어 있다고 보는 것은 개연성이 없다. 여기서는 주체가 언어에 기입된다고 해서 정체성이 단순히 '자기분열'적으로 구성되는 것은 아니라는 점을 강조하는 것이 중요하다.

오늘날 세계에서 사람들이 경험하는 트라우마적 분열이나 감정적 골은 위계적인 사회적 권력관계의 조건이자 결과이다. 이를 이해하는 데에는 사회적 맥락과 정체성의 접합에 더욱 민감한 이론적 틀이 요구된다. 정체성이 무의식적으로 구성되는 다양한 형식에 주목할 필요가 있다. 특히 지구화와 초국적 자본주의, 대중매체, 그리고 새로운 정보기술과 관련해서 말이다. 물론 그러한 의식적이기도 하고 무의식적이기도 한 자아 구성은 담론 양식을 통해 걸러질 수 있다. 여기서의 비판은, 라캉의 저작이 그러한 코드의 문화적·정치적 결정요인이 무엇인지 고찰하는 데 실패했다는 점이다.

셋째, 이러한 논의들은 지식과 관련된 더 큰 딜레마를 보여 준다. 라캉식 내러티브는 자아가 나르시스적이며, 상상계는 덫이고, 법은 전능하며, 상징계는 '결여'를 위장한다는 것이다. 이는 사회이론을 말소할 만한 위험을 가져온다. 자유를 지향하는 어떠한 정치적 프로젝트도 자아/사회에 대한 라캉의 설명대로 동일한 환상의 상상적 네트워크에 붙잡혀야 한다. 하지만 그럴 경우 라캉의 틀 역시 해체될 수 있다. 예를 들어, 라캉의 담론은 어떻게 상상계의 덫을 피할 수 있을 것인가? 확실히 라캉은 상상계의 왜곡을 극복하는 유일한 방법이 코믹한 언어유희, 익살, 아이러니라고 믿은 것 같지는 않다. 인간 주체가 비판적인 자기성찰과 자기실현을 할 수 있다는 점을 포착하는 데 실패했기 때문에, 라캉의 저작은 개인적·집합적 자율성 문제는 다루지 않았다.

데리다: 차이와 해체

라캉의 '프로이트로 돌아가기'는 보편적인 거울단계 개념과 언어의 상징적 질서 개념 등으로 볼 때 거대이론Grand Theory의 또 다른 사례일지 모른다. 반면 자크 데리다Jacques Derrida는 일반적으로는 언어에, 특정하게는 글쓰기에 드러나는 의미화 연쇄의 복잡다단한 생산성에 더 관심이 있었다. 데리다는 이 같은 관심 하에 초기 3부작인 《그라마톨로지》, 《목소리와 현상》, 《글쓰기와 차이》를 집필했다.

1967년(프랑스에서 대학생과 노동자의 봉기가 일어나기 1년 전)에 출간된 《그라마톨로지De la grammatologie》는, **차연**différance 개념으로 담론을 지배하는 차이체계에 내속하는 격차를 지적했다. 처음에는 언어 속 의미가 차이에 의해 생산된다는 소쉬르의 공리를 잇는 것처럼 보이지만, 이는 사실상 구조주의의 급진화라 할 수 있다. 의미화를 **고정시킬 수 없는** 차이의 영원한 과정을 근본적으로 강조한 것이다. 이러한 강조는 여러 면에서 구조주의에서 포스트구조주의로 넘어가는 핵심이다. 데리다도 라캉처럼 의미란 항상 반드시 불안정한 것이며, 영원한 기표의 연쇄를 통해 이어질 뿐이라고 믿었다. 하지만 라캉과는 달리, 주체성에 대한 일반적인 철학적 개념을 거부하고 오히려 탈중심화, 차이, 담론에 관한 **배타적으로 언어학적인 용법**을 토대로 한 독창적인 비판을 제출한다. 다양한 사회이론, 특히 페미니즘, 퀴어 이론, 탈식민 이론, 흑인 비평 등은 포스트구조주의적 맥락에 적용된 데리다의 언어모델에 큰 영향을 받아 사회문화적 현상을 해명했다. 사회이론에 데리다가 미친 영향은 나중에 다루기로 하고, 우선 데리다의 저작에서 포스트구조주의와 언어학이 어떻게 상호연관되는지부터 살펴보자.

데리다의 핵심 아이디어를 논하려면 **해체**deconstruction로 널리 알려진 비평 양식을 고찰해야 한다. 해체는 그것을 옹호하든 비판하든 비평가들의 손에서 다양하게 오용된 용어이다. 실제로 데리다는 미국 해체비평처럼 해체라는 용어를 선동적으로 사용하지 않았다. 많은 데리다 비판자들에 따르면, 해체 개념은 의미가 무작위적이고 진리는 허구이며 인간 주체는 단지 은유라고 믿는다는 점에서 악명 높다. 그러나 데리다를 전복적인 니힐리스트로 보는 관점은 여러모로 부정확하다. 데리다가 발전시킨 철학적 방법론인 해체는 서구의 철학을 파괴하는 것이 아니라 그것을 잠재적 모순이 드러나는 극한까지 밀어붙이는 것이다. 이로써 비평은 그것들을 넘어갈 수 있다. 그렇다면 '해체한다'는 관념은 더 넓은 구조와 과정 속에 의미를 재구성하고 배치하는 것이다. 그럼에도 불구하고, 데리다가 말했듯이 언어의 해체는 그것이 기존의 의미 범주를 적절히 전복하려면 반드시 용어상의 혁신에 의지해야 한다. 이것이 데리다의 저작이 애매모호해 보이는 한 가지 중요한 이유이다. 그는 근대성과 그 '현전의 형이상학 metaphisics of presence'의 언어들을 의문시하는 다양한 아이러니를 채택했기 때문이다. 서구문화의 뼈대가 되는 이상들—발화가 쓰기보다 우선하고, 의미가 소통 과정에서 투명하게 재현되며, 사회적 사태들에 중심이 있다는 토대적 믿음 등—을 관통하면서 '지워질 것'이라고 하거나 지우는 X를 기입함으로써, 데리다는 모든 의미화에 깔려 있는 끊임없는 변형 과정을 파헤친다.

데리다는 완전히 새로운 철학적 글쓰기 스타일을 창조했다고 할 수 있는데, 이는 '차연'이라는 신조어를 개발하는 것에서 가장 명확히 드러난다. 프랑스어로 différence와 différance는 발음할 때의 소리는 동일하지만 데리다의 색다른 개념인 'a'는 들리지 않는다. 이처럼 틀린 철자를 통해 주의 깊게 기존 언어 범주와 거리를 두면서 'différance'은 '지연하는 행위'를 일컫는다. 이는 꽤 복합한 논점이라 뒤에서 좀 더 다루겠지만, 여기서 중요한 것은 'différance'은 그 자체가 지연되지 않으면 사회적 차이들의 최종적 기의에 결코 도달할 수 없음을 가리킨다는 점이다. **'차이의 지연**

différance of difference'을 강조하면서 데리다는 곧바로 소쉬르 언어학의 전통을 계승하면서 넘어선다. 소쉬르와 데리다에게 의미란 의미화 과정 속에서 차이의 놀이에 의해 생성된다. 하지만 소쉬르와 반대로, 데리다에게 의미화는 언제나 잠재적으로 끝없는 차이들을 통해 지연된다. 우리 자신 그리고 타인들과의 소통은 결코 궁극적인 목적지에 도달할 수 없으며, 재현하는 관념이나 대상을 획득할 수도 없다.

'차연' 개념을 만들면서 데리다는 "문자 그대로 단어도 아니고 개념도

▌ 어떤 것도—차이를 만들어 내지 않는 어떠한 현전하는 존재자도—그러므로 차연과 공간화에 선행하지 않습니다. 차연을 산출하고 지배하는 동작주動作主인 주체는 존재하지 않으며 차연은 경우에 따라서 그리고 경험적으로 주체에 덧붙여집니다. 주관성은—객관성도 마찬가지지만—차연의 결과이며 차연의 체계에 기입된 결과입니다. 그렇기 때문에 차연의 a는 직관, 지각, 소비, 한마디로 말해서 현재와의 관련, 현전하는 실체, 즉 존재자에 대한 참조 행위가 항상 지연되는 우회, 지연, 연기가 공간화라는 점을 환기시켜 줍니다. 어떤 요소도 흔적들의 경제 속에서 지나간 혹은 다가올 다른 요소들을 참조함으로써만 기능하고 의미하며 의미를 취하거나 부여하게 되는 차연의 권리 때문에 지연되는 것입니다. 힘들의 영역 속에 계산—의식적이지 않은—작용하게 하는 차연의 이러한 경제적 양상은 엄밀한 의미에서의 기호학적 양상과 분리될 수 없습니다. 그것은 주체, 그리고 무엇보다 우선 말하고 의식하는 주체는 차이들의 체계와 차연의 움직임에 달려 있으며, 차연 이전에는 현전하지도 특히 그 스스로 현전하지 않으며, 분할되고 간격이 지워지고, 지연되고 차연됨으로써만 주체로 구성된다는 사실을 확언해 줍니다.

자크 데리다(1972) *Positions* **(University of Chicago Press, 1981)** 《입장들》, 〈기호학과 그라마톨로지: 줄리아 크리스테바와의 대담〉, 박성창 편역, 솔출판사, 1992)

아니"라고 말한다. 데리다는 사고는 반드시 서서히 변화한다고 강조한다 (1982:3,7). 언어는 투명한 매체가 아니지만 그 내용과 수사가 의문에 부쳐져야 할(데리다의 표현대로 '삭제 중인') 불투명한 흔적과 기입의 영역이기도 하다. 따라서 새로운 등록소에 다시 배치되어야 한다. 여기서 우리는 데리다 사회이론의 공간적·시간적 차원으로 들어갈 수 있다. 나는 방금 사회이론이라고 말했다. 사회·문화·역사의 관계에 대한 관습적 이해를 존중하면서도, 그것이 갖는 전치되고 지연되는 의미화의 측면을 데리다가 강조하기 때문이다. 사회적 차이들이 무시되고 억압되는 한 가지 방식은 지연 행위를 통해서이다. 다르다는 것은, 데리다가 보기에 지연되는 것이다. 이 점을 곰곰이 생각해 보라. 현재 시점은 일단 포착되면 바로 지나가 버린다. 만일 누군가 말하는 것을 내가 듣거나 내가 말하는 것을 누가 들으면, 그때 전달되는 의미는 항상 다소 중단된다. 각각의 표시 또는 기입은 다른 기표들의 흔적에 의해 반복적으로 끝없이 흔들린다. '차연'은 "따라서 현전/부재의 대립과의 연관 속에서만 포착될 수 있는 구조이자 운동이다. 차연은 차이의 체계적 놀이 또는 차이들의 흔적이며 그 요소들이 서로 연결되는 자리 잡기다"(데리다, 1972, 기든스 1979:31에서 재인용).

핵심적인 의미와 구조화되면서 억압되는 차연 논리에 대한 데리다의 아이디어를 좀 더 구체적으로 이해하는 한 가지 방법은, 자기 경험과 정체성 측면을 재고하는 것이다. 예를 들어, 이 책의 저자로서 나는 개진되는 논의와 전달되는 의미를 장악하고 있다고 스스로 설득할 수 있다. 그러니까 나 자신을 말 그대로 여기서 정리하고 있는 사회이론들을 정돈하고 설명하고 해설하는 중심으로 여길 수 있다. 이는 분명 가능한 일이다. 하지만 다른 강력한 힘이 존재한다. 언어 내부와 언어 외부에 동시에 기능하여 나의 저자성authorship을 무너뜨리는 무언가가 존재한다. 무엇보다

의미는 기표의 끊임없는 놀이이므로 내가 해체에 대한 데리다 사유의 골자에 완벽하게 도달한다고 믿는 것은 환상이다. 확실히 나도 차연, 로고스중심주의, 흔적 같은 최신의 해체주의 용어를 사용할 수 있다. 하지만 데리다의 설명에 따르면, 이 단어들 자체가 항상 분화되고, 분산되며, 분할되고, 전치된다. 차연의 끝없는 순환성은 따라서 의미화 자체의 지속적인 변형에 의해 재생산되고 탈안정화된다.

또 하나, 이 책의 저자성을 무너뜨리고 탈중심화하는 것은 내가 내 주체성의 중심에 있지 않다는 사실이다. 데리다 그리고 라캉에게서도 의식적 자아는 언제나 무의식과 연관되어 탈중심화된다. 데리다에게 이는 전언어적인 주체의 지층에 호소하는 것이라기보다 정체성, 주체성, 저자성을 자리매김하는 이원적binary 대립에 초점을 맞추는 것이다. 따라서 자아－타자, 의식－무의식, 동일성－차이의 대립은 담론적 실천이 우리의 사고와 경험의 전체 체계를 구조화하는 핵심에 놓여 있다.

의미라는 것이 언제나 분산되고 전치되며 지연된다는 데리다의 논의를 파악하는 또 다른 구체적 방식은, 서구 식민주의 역사에서 드러난 중심과 주변의 정치적 대립을 고찰하는 것이다. 영국, 프랑스, 네덜란드 등 다양한 정치적 형태 하에서 서구는 역사적으로 자신을 세계질서의 중심으로 재현해 왔다. 제국 구상은 따라서 언어적·사회적·정치적 위계를 구성함으로써 이루어진다. 문명·문화·이성을 대표하는 중심이 한쪽에 있고, 야만·속물·비이성을 대표하는 주변이 다른 한쪽에 놓였다. 사회적·정치적 정체성의 구성도 유사하게 민족, 국가, 인종, 종족, 젠더 등의 언어 프레임을 조직하면서 생성되었다. 이 모두가 서구 대 나머지라는 이데올로기를 강화하는 데 복무해 왔다. 하지만 그러한 정치적 위계의 대립이 항상 안전한 것은 아니었다. 우리 시대에 천천히 쇠퇴하는 미제국이 웅변적으로 보여 주듯이 말이다. 이러한 정치적 맥락에서 해체는 정치적 위계를 전치시키려 한다. 이 전치는 서구가 어떤 식으로 스스로를 중심으로 구축하기 위해 타자에 의존했는지를 탐사할 뿐 아니라, 중심으로서의 서구가 정치적 주변에 의해서 탈중심화되는 의미화의 지연을 추적함으로써 이루어진다.

정신분석학 재독해: 데리다의 라캉 비판

데리다의 포스트구조주의 사회이론은 의미에 주목하고자 언어를 활용한다. 특히 명명naming 과정이 분류 체계 내에서 명명 대상에 중요하다고 본다. 이러한 의미에서 해체의 관점에서 볼 때 정신분석학도 여타 다른 분류 체계와 다르지 않다. 데리다는 프로이트와 라캉에 대해 생애 동안 여러 번 다루는데, 특히《정신분석에 저항하며Resistances to Psychoanalysis》(1998)에서 잘 드러난다.

차이는 언제나 지연의 한 순간이다. 내적인 모순과 갈등이 개인 또는 집단의 정체성 모색을 방해하며, 하나의 구조나 중심을 온전히 실현할 수 없게 하고, 이상이나 환상이 마주하는 최종 순간을 전치시킨다. 정신분석 이론에 대한 일련의 세세한 독해를 전개하는《정신분석에 저항하며》는, 포스트구조주의 언어학이라는 더 큰 프레임으로 라캉의 텍스트와 가르침을 해체한다. 데리다는 정신분석학 이론과 실천의 복잡한 구조를 지적하면서, 사람들이 라캉 정신분석학을 알게 될 때 어떤 생각들을 하는지에 대해 문제를 제기한다. 라캉의 정신분석학은 전부 세미나, 카

세트테이프 녹음, 텍스트, 원고, 인용, 슬로건 등으로만 접근할 수 있다. 이러한 배경을 무시하고 "일반적인 라캉은 존재하지 않는다"고 말하는 것은 불가능하다고 데리다는 주장한다. 그러면서 데리다는 저항의 힘에 대해 힘주어 말한다. 정신분석학 이론과 그것이 주장하는바(즉, 라캉의 사유) 사이에는 불가피한 모호성이 존재한다. 하지만 저항이 구조적 한계로 이해된다면, 즉 심리적 의미가 아닌 수사적 의미로 이해된다면, 이는 정신분석학과 어떻게 달라지는가?

데리다는 고전 정신분석 이론으로 돌아가서 프로이트의 핵심 관념에서 '저항'을 찾아낸다. 무의식, 억압, 오이디푸스 콤플렉스 등. 그는 저항이 방어나 억압 같은 정신분석학적 의미가 아니라, 언어적 왜곡이나 실패 그리고 저자와 의미의 동일성에 저항하는 그 무엇에 입각해서 이해한다. 정신분석학을 제2의 권력으로 보면서, 데리다는 저항은 정신분석학 그 자체의 구조로부터 생겨난다고 주장한다. 요약하자면 프로이트의 꿈기계는 데리다가 보기에 지속적으로 스스로 파멸된다는 것이다.

데리다는 정신분석학 자체가 무한한 차이의 조각에 기입되어 있다고 주장한다. 프로이트의 유산은 수많은 텍스트, 역사, 제도, 기입들의 산물로 접근되어야 한다는 것이다. 일반적 정신분석학 같은 것은 존재하지 않는다. 오직 다양한 이론가들, 개념들, 인용구들, 가르침들, 학파와 분파들만 존재하며, 이 모두는 사회적으로 구조화된 차이들로 존재한다. 이는 우리의 문화 담론과 실천으로 정신분석학을 자리매김하는 흥미롭고 유용한 시각이다. 정신분석 이론의 범위는 오늘날 지극히 광범위하다. 치료 면에서 고전적인 것부터 포스트모던한 것에 이르며, 이론의 범위도 광범위하여(대상관계학파, 임상적 포스트라캉주의 등) 사회과학과 인문학을 포괄한다.

하지만 데리다에 의한 프로이트의 해체적 반복뿐 아니라 데리다의 라캉 비판에도 한계는 있다. 특정 정신분석학 학파의 구조를 '차이' 속에서 '차이'를 통해서 말하는 것은 어느 지점까지만 흥미로울 뿐이다. 예를 들어, 왜 라캉 이론은 여러 해 동안 영미 정신분석학에서 정당성을 획득하지 못했는가? 왜 슬라보예 지젝의 라캉 독해는 최근의 아카데미에서 그렇게 유명하고 데리다의 프로이트보다 인기가 좋은가? 데리다는 이 문제를 만족스럽게 해명할 수 없다. 왜냐하면 이러한 문제들을 설명하려면 정신분석학 이론이 작동하는 정치적 맥락을 깊숙이 탐구해야 하기 때문이다. 데리다는 자신의 언어적·담론적 비판 수행만큼 본인의 정치적·제도적 위상에는 주의를 기울이지 않았다.

데리다 평가하기

일반적으로는 해체, 특히 데리다의 저작은 사회이론에 살아 있는 자극을 제공해 왔다. 포스트구조주의 비평의 실험적이고 불가해한 특질을 고려할 때, 일부에서 이러한 자극을 부정적으로 바라보는 것도 놀랍지 않다. 그렇지만 사회이론 쪽에서 데리다에 대한 평가는 대체로 긍정적이다.

총체성과 투명성, 통일된 언어 패턴, 절대진리 주장, 그리고 거대 조직

원리와 최종 해결에 대한 데리다의 폭로는 모든 포스트구조주의 사회학과 포스트모던 사회이론은 아닐지라도 광범위하게 영향을 미쳤다. 옹호자들은 공식적 주류 사유에 대한 해체주의의 공격에 근본적인 신뢰를 표해 왔다. 옹호자들이 주목한 것은 언어가 의미, 가치, 그리고 모든 '당연시되는' 이데올로기적 경험 형식들을 침식한다는 점이다. 이와 같은 차이에 대한 철학적 이해의 결과로 새로운 종류의 사회비평이 등장하게 되었다. 언어는 그 자체를 근거로 자기발생적이며 자기타당성을 확보하면서 존재한다는 이해가 그중 하나이다.

데리다는 1968년 5월의 정치적 봉기[1968년 5월 프랑스에서 일어난 사회변혁운동. 68혁명] 이후 문화와 정치가 내부/외부, 진리/거짓, 실재/환상, 선/악 등 배타적인 언어적 대립들을 분열증적으로 고집하는 등 얼마나 차이에 대한 폭력적 억압에 근거하는지를 포착한 첫 번째 프랑스 이론가이다. 데리다의 해체 스타일은 극적인 수행적performative 의미를 지니면서 결정불가능성과 관련되는 포스트구조주의의 매혹적인 면모를 만들어 주었다. 이에 따라 의미화의 모호하고 열린 놀이를 자유로이 만드는 시도가 이어졌다.

이 같은 언어미학은 데리다의 이른바 '담론의 정치politics of discourse' 열광자들에게도 존재한다. 여기서 해체는 사회이론에 가장 직접적으로 연결된다. 의미가 비결정되고 언어는 불안정하고 모호하다고 주장하는 한, 데리다는 박탈된 자들, 주변인들, 목소리 없는 자들을 대변하는 것처럼 보일 수 있다. 해체가 언어적·사회적·정치적 폐쇄에 대항하는 비평 기법인 한, 그것은 억압되어 온 배제된 서사와 대안적 역사를 회복하려는 시도이다. 더 사회학적인 언어로 말하자면, 데리다는 사회이론가들에게 훌륭한 용어들(차연, 흔적, 기입 등)을 제공했다. 그 덕에 사회이론가들은 사회적 차이들의 열린 공간을 역동적으로 재사유할 수 있게 되었다. 해체

기법을 사회이론에 적용함으로써 억압된 여성, 흑인, 게이, 서발턴 등 주류 정치 위계질서와 제도적 프레임에 의해 배제되었던 대중들의 서사가 재구성되고 재배치될 수 있었다.

포스트구조주의와 포스트식민주의 이론: 호미 바바의 《문화의 위치》

포스트구조주의, 그중에서도 데리다가 발전시킨 해체 이론은 현대 세계의 억압에 대항하는 정체성, 문화, 인종, 젠더, 제3세계 투쟁에 대한 포스트식민주의 분석이 발전하는 데 상당한 영향을 미쳤다. 하버드대학교의 호미 바바Homi K. Bhabha는 디아스포라 문화 및 다문화주의와 관련하여 가장 영향력 있는 포스트식민 이론가 중 한 명이다. 그는 제3세계가 당연히 서구에 종속되는 것처럼 말하는 여러 민족 서사를 해체하고자 했다.

바바는 특히 라캉의 정신분석학과 줄리아 크리스테바의 포스트라캉주의 이론(8장에서 다룰 것이다)을 폭넓게 끌어들인다. 하지만 바바의 사유에 가장 큰 영향을 준 인물은 데리다이다. 《문화의 위치The Location of Culture》(1994)에서 바바는 인종주의란 결코 고정되어 있거나 불변하는 것이 아니라면서, 인종은 '리미널 liminal'한 범주이며 항상 과정 속에 있고 이동하며 변형된다고 주장한다. 바바가 보기에, 식민지 정체성(예를 들어 인도에서의 영국인, 아프리카에서의 영국인 등)은 항상 피식민자나 식민지 경계 등 주변화되고 배제된 타자와의 관련 속에서 규정된다. 식민지 정체성은 따라서 흑인 타자에 근거하면서도 그것을 억압한다. 실제로 타자에 대한 명예훼손과 거부는 제국주의자들의 상상적 생존의 토대가 된다. 억압은 서구의 생존에 필수적이다. 하지만 바바는 배제된 타자에 대한 심리적 배제는 결코 온전한 성공을 거둘 수 없다고 주장한다. 억압된 무의식이 귀환하여 서구의 권력배치를 뒤흔들기 때문이다.

바바는 식민지의 '혼종화hybridization'와 '모방mimicry' 전략이 이것을 분명히 보여 준다고 말한다. 정체성을 모방하거나 복제하거나 혼합하려는 시도는 반드시 실패한다. 식민화된 주체들은 식민권력 전략을 전개하는 이들과는 다르기 때문이다. 바바는 인종에 대한 전형화를 정신분석학의 **반복** 개념과 관련시킨다. 이를테면 인종적 모욕의 반복은 식민자와 피식민자의 관계가 지극히 불균등하다는 사실을 지시한다. 인종적 오명과 명예훼손은 언제나 흔들릴 위험에 처한다. 이는 사회적 행위자들이 왜 지배와 복종의 관계를 만들고 또 만들기 위해 밤낮없이 움직이는지를 설명해 준다. 이 같은 '식민 통치의 불균형'은 식민화된 문화들의 저항 역량이 형성될 공간을 마련해 준다. 식민자들의 '모방'을 수행하면서 피식민자들은 공인된 정체성이라는 기호에 따라 자신들의 숨겨지거나 순수한 측면을 보존할 수 있다. 바바는 나딘 고디머Nadine Gordimer와 토니 모리슨Tony Morrison 같은 저자를 다루면서, 서구적 계몽과 그 배제된 타자 사이의 주변화되고 전치된 유령적 공간들 속에서 솟아오르는 '문화의 위치'를 탐색한다.

엘파인스톤 칼리지, 봄베이대학을 거쳐 옥스퍼드대학에서 학위를 받은 바바는, 유럽 포스트구조주의의 최정상에 서서 이민자들과 주변부 문화의 권리를 외쳤기 때문에 비판을 받았다. 그의 엘리트주의와 엘리트주의적 언어 사용이 문제였다. 그렇지만 급변하는 지구화가 가져온 사회적·인구적 운동과 정신분석학을 강력하게 접목시킨 바바의 공로에는 의심의 여지가 없다. 바바는 파농의 발자취를 따라 포스트식민주의를 비판하는 매우 특별한 정치적 정신분석학을 다듬었다. **혼종성**, **리미널리티**liminality, **모방** 등의 개념은 제3세계 식민지에 대한 신식민지적 형식의 정치권력에 도전했으며, 민족적·문화적 정체성의 상상적 구성 방식을 해체했다. 그는 제3세계 문화를 동질적이며 연속적인 역사적 전통의 담지자로 보는, 식민주의자들의 본질주의 경향에 강력히 대항했다. 그리하여 제1세계 메트로폴리스와 제3세계 문화 간의 관계가 끊임없이 변동하고 진화하며 다양한 문화적 정체성들의 창조적이고 혼종적인 상호작용이 발생함을 보여 준다. 문화에 대한 동등한 존중이라는 주제는 그의 최근 저작에 등장했는데, 부분적으로는 정의와 자유로 향하는 **환대**hospitality를 말하는 데리다의 성찰에 힘입은 것이다.

비록 사회이론과 사회과학에 해체주의가 미친 영향은 지대하지만, 데리다 저작에 대한 반론도 만만치 않다. 차연과 그에 따른 해체 독법이 사회이론이 대화와 논쟁이 일어나는 사회적·문화적 맥락을 무시하도록 이끈다는 비판이다. 해체가 언어코드로 후퇴하는 사태를 야기한다는 것이다. 이러한 한계는, 데리다의 접근이 언어의 사회적 측면과 기호의 자의성을 해명하는 데 실패한 사실을 반복한다는 점이다.

이는 포스트구조주의 문화비평보다는 사회학적 포스트구조주의에 더 중요한 이슈이다. 사회학적 포스트구조주의는 발화자들이 특정 사회 상황에서 채택하는 기법을 형성하고 구조화하는 기저에 깔린 정치적 변수에 관심을 갖기 때문이다. 이를테면 비판자들은 다음처럼 말한다. 해체는 생산으로서의 의미화 과정을 파헤치지만, 데리다의 저작은 준거점의 문제는 완전히 무시하고 순수한 차이와 코드의 놀이에만 집중한다는 것이다. 하지만 데리다가 준거의 함의를 가려냈듯이, 코드의 내적 정체성 역시 실제로는 그것이 착근되어 있는 사회적·정치적 맥락에서 도출되는 것 아닌가? 이 같은 코드가 표현되는 사회적 맥락이나 삶의 형식이 갖는 언어적 측면이야말로 코드의 '정체성'을 형성하지 않겠는가?

이와 관련하여 연이어 제기되는 불만은, 데리다가 사회적인 모든 것을 언어적이거나 담론적인 것으로 재기술했다는 비판이다. 이는 해체의 엘리트주의로서의 문제점을 드러낸다. 이 같은 비판 중 가장 강력한 것이, 해체는 단어를 가지고 보잘것없는 유희를 즐기는 일종의 위장된 아카데미즘이라는 주장이다. 이런 비판을 펴는 이들은 해체의 유희적인 자기아이러니 자체가 탈정치적이라고 본다. 그러나 데리다의 사회이론이 구조화된 사회적 차이들의 세계에 꼭 개입하지 않는다고 말하기는 어렵다. 비록 해체주의가 너무 조야하게 해석된 미국과 같은 특수한 경우도 있지만 말이다. 동일선상에서 나오는 조금 온건한 비판은, 언어적인 것만으로 사회적 실천들에 접근하는 것이 얼마나 유익하겠는가 하는 것이다. 이 입장은 전담론적이고 비언어적인 것, 언어로 말해질 수 없는 것에 주목한다. 이 같은 사회적 삶의 근본적 측면을, 오로지 언어로만, 사회적 차이들에 대한 언어적인 개념만으로 어떻게 포착할 수 있느냐는 것이다.

요약

① 포스트구조주의 사회이론은 구조주의와 단절할 뿐 아니라 구조주의의 핵심적 사유를 급진적으로 확장시킨다. 특히 차이 개념과 기호의 자의성이 확장된다.

② 구조주의에서 언어는 다른 의미화 체계를 분석하는 믿을 만한 도구로 다루어진다. 포스트구조주의에서 구조주의가 제시하는 구조화된 체계로서의 언어관은 강력한 비판 대상이다.

③ 포스트구조주의 사회이론은 의미 구성에서 기의를 기표보다 우위에 두는 구조주의적 설명을 의심한다. 이러한 의심 하에 라캉은 소쉬르와 프로이트를 연결시키고 기표를 기의보다 우위에 두게 된다. 데리다는 대개 글쓰기보다 말하기에 주어지던 우선성을 뒤집어 글쓰기야 말로 차이를 가장 잘 보여준다고 주장한다.

④ 프로이트에 대한 라캉의 포스트구조주의적 독법에서, 개인 주체는 자아에 대한 나르시스적 환상과 억압된 무의식적 욕망 사이에서 근본적으로 분열되어 있다. 이는 이후 무의식이 체계적 구조인 언어와 같은 특성을 보인다는 주장으로 이어진다.

⑤ 데리다는 소쉬르의 차이 개념을 비판하면서 의미 비판에 시간 요소를 도입하는데, 다르다는 것은 지연되는 것이다.

⑥ 포스트구조주의 사회이론에 대한 많은 비판이 존재한다. 소쉬르의 구조주의 언어학이 출범시킨 '코드로의 후퇴'가 더 심해졌다는 비판이 대표적이다. 문화적 차이와 탈중심화된 정체성에 대한 급진적 통찰에도 불구하고, 포스트구조주의 이론가들이 사회적 사물의 실재성reality, 즉 준거reference에 관한 설명을 제대로 내놓지 못한 것이 문제이다.

심화 질문

① 거울에 반사되는 이미지로 정체성을 규정하는 것에는 어떠한 문제의식이 있는가?

② 라캉의 거울단계 개념은 팝뮤직, 텔레비전 드라마, 인터넷 등 현대 대중문화를 비평하는 데 어떠한 도움을 줄까?

③ 단어가 우리의 욕망을 정확히 재현할 수 있는가?

④ 인종주의, 민족주의, 외국인혐오증 등 근본주의 이데올로기들이 만연하고 주목받는 현실에서, 근본주의 이데올로기에 빠진 사람들은 무엇으로부터 도피하려 하는 것일까?

⑤ 데리다는 지연과 언어의 위치가 의미 발생에 본질적이라고 했다. 그렇다면 사회적 맥락은 언어를 넘어서 무슨 역할을 수행하는가?

⑥ 배제된 개인과 집단의 서사와 역사를 회복하는 과정에서 수행되는 '차이의 정치'를 보여 주는 최근 사례는 무엇인가?

더 읽을거리

자크 라캉

Ecrits: A Selection (London: Tavistock Press, 1977) 《에크리》, 홍준기·이동영·조형준·김대진 옮김, 새물결, 2019)

The Four Fundamental Concepts of Psychoanalysis (Harmondsworth: Penguin, 1979) 《자크 라캉 세미나11-정신분석의 네 가지 근본 개념》, 맹정현·이수련 옮김, 새물결, 2008)

The Seminar of Jacques Lacan, Vol.1: Freud's Paper on Technique 1953-54 (Cambridge: Cambridge University Press, 1988) 《자크 라캉 세미나1-프로이트의 기술론》, 맹정현 옮김, 새물결, 2016)

The Seminar of Jacques Lacan, Vol.2: The Ego in Freud's Theory and in the Technique of Psychoanalysis 1954-55 (Cambridge: Cambridge University Press, 1998a)

The Ethics of Psychoanalysis 1959-60: The Seminar of Jaques Lacan (London: Routledge, 1992)

자크 데리다

De la grammatologie (Paris: Les Éditions de Minuit, 1967) 《그라마톨로지》, 김성도 옮김, 민음사, 2010)

L'Écriture et la différence (Paris: Seuil, 1967) 《글쓰기와 차이》, 남수인 옮김, 동문선, 2001)

La dissémination (Paris: Seuil, 1972)

Marges – de la philosophie (Paris: Les Éditions de Minuit, 1972)

Résistances – de la psychanalyse (Paris: Galilée, 1996)

라캉에 대한 유용한 입문서로는 쇼나나 펠먼Shonana Felman의 *Jaques Lacan and the Adventures of Insight: Psychoanalysis in Contemporary Culture*(Cambridge, MA: Harvard University Press, 1987), 데이빗 메이시David Macey의 *Lacan in Context*(London: Verso, 1988), 엘리자베스 그로츠Elizabeth Grosz의 *Jaques Lacan: A Feminist Introduction*, 숀 호머Shaun Homer의 《라캉 읽기Jaques Lacan》(김서영 옮김, 은행나무, 2014) 등이 있다. 라캉에 관한 훌륭한 전기로는 엘리자베스 루디네스코Elizabeth Roudinesco의 《자크 라캉1 – 라캉과 그의 시대》, 《자크 라캉 2 – 라캉과 정신분석의 재탄생》(양녕자 옮김, 새물결, 2010)이 있다. 라캉과 데리다의 관계에 관한 흥미로운 논의를 담은 책으로는 존 포레스터John Forrester의 *The Seductions of Psychoanalysis: On Freud, Lacan, and Derrida*(Cambridge: Cambridge University Press)가 있다.

데리다와 해체에 관한 유용한 소개로는 크리스토퍼 존슨Christopher Johnson의 *System and Writing in the Philosophy of Jacques Derrida*(Cambridge: Cambridge University Press, 1993), 마리안 홉슨Marian Hobson의 *Jacques Derrida: Opening Lines*(London & New York: Routledge, 1998), 크리스티나 하웰Christina Howell의 *Derrida: Deconstruction from Phenomenology to Ethics*(Cambridge: Polity Press, 1998)를 꼽을 수 있다. 기타 유용한 해설서로는 조너선 컬러Jonathan Culler의 《해체비평: 구조주의 이후의 이론과 비평On Deconstruction: Theory and Criticism after Structuralism》(이만식 옮김, 현대미학사, 1998), 존 엘리스John M. Ellis의 *Deconstruction*(Princeton, NJ: Princeton University Press)과 사이먼 크리츨리Simon Critchley의 *The Ethics of Destruction*(Oxford: Blackwell, 1992)가 있다.

인터넷 링크

라캉

www.textetc.com/theory/lacan.html

www.colorado.edu/English/courses/ENGL2012Klages/lacan.html

알튀세르

www.marxists.org/reference/archive/althusser/index.htm

지젝

www.lacan.com/Zizekchro1.htm

데리다

http://prelectur.stanford.edu/lectures/derrida/index.html

구조화 이론

꿈처럼 반복되는 일상생활 속에서, 우리는 우리 스스로를 주변의 사회적 사물들과 협상하는 다양한 재주를 가진 개인으로 생각할 기회가 거의 없다. 그도 그럴 것이 한편으로 우리 대부분은 거의 모든 시간에 걸쳐 주변 세계와 타인에 대한 '자연적 태도'를 채택하기 때문이며, 다른 한편으로는 일상생활이 다양한 꿈과 같은 속성을 나타내기 때문이다. 일상생활이 종종 꿈과 같다는 것은, 우리가 하는 일은 물론이고 우리가 그 일을 왜 하는지가 대부분 신비롭다는 말이다. 우리의 일상적 또는 습관적 행동의 신비한 점 중 하나는, 우리의 기량 또는 재주가 의식의 즉각적 범위를 벗어난 힘에 지배받는다는 점이다. 이러한 일상생활의 꿈 같고 온전히 의식적이지 않은 측면은, 아마도 아침에 꿈으로 가득 찬 잠에서 깨어나 가장 먼저 반복하는 일상에서 가장 잘 극화될 것이다.

서구 도시에 사는 대부분의 가구처럼, 나의 가족도 아침 일과를 포함한 일상의 내적 리듬, 즉 잘 구성된 일련의 반복들을 발전시켜 왔다. 주중에는 일어나서 신문을 훑어보고 이메일을 체크한 후 직장인 대학교로 출근할 준비를 하고, 그렇지 않으면 아이들의 등교 준비를 돕는다. 나의 반복이 평범한 수준에서 일관되게 일어난다면, 어린 자녀들의 반복은 정반대로 복잡하다. 초등학교 저학년인 맏딸은 침대에서 일어나는 데 상당한 격려가 필요할 정도로 하루를 조심스럽게 시작한다. 딸아이는 식사 중 아침

6장 **구조화 이론** 235

을 가장 좋아하며, 충분한 시간을 갖고 시리얼과 여러 음식들을 맛보는 것을 즐긴다. 반면 다섯 살 난 아들은 공룡대전 세팅 의식을 계속하려고 서둘러 아침을 먹는다. 이제 겨우 6개월 된 막내딸은 한 시간 넘게 엄마에게 붙어 있다가 다시 침대로 가서 계속 잠을 잔다.

여기서 내가 말하고자 하는 바는, 이러한 반복들은 평범하지만 사회 전반에 걸쳐 심층적으로 작동한다는 것이다. 사람들은 반복을 사적인 것으로, 즉 개인적 선호를 표현하는 것으로만 여긴다. 반복은 확실히 개인으로서 우리의 사적인 특성의 핵심적 부분이지만, 또한 그 밖의 무엇이기도 하다. 사회학적 관점에서 보면, 반복은 일상생활의 주기적 흐름을 한데 묶는 '사회적 접착제'라 할 수 있다. 반복이 시간이 흐름에 따라 어떻게 일상생활에 확립되고 자리 잡는지의 문제는 오랫동안 사회이론가들의 관심을 끌어 왔다. 이러한 각도에서, 반복을 단지 심리학적 성향만이 아닌 사회학적 개념으로 본다면 이는 이 용어가 개인과 사회의 관계, 자아와 문화의 관계에 대한 질문에서 근본적인 것이기 때문이다. 따라서 사회이론가들은 다른 것보다도 일상적 반복이 어떻게 우리의 일상생활에 영향을 미치는지, 그리고 사회 전체의 조직화에 영향받는지의 문제에 주목한다.

최근의 사회이론은 우리의 일상적 반복, 습관, 능숙함이 어떻게 우리의 사회 세계를 형성하는지의 문제를 중심에 놓는 방향으로 이행했다. 이 장에서는 영국의 앤서니 기든스와 프랑스의 피에르 부르디외라는 두 명의 저명한 사회이론가의 논의를 소개한다.

앤서니 기든스:
구조화와 사회적 삶의 실천적 반복

사회이론가들은 사람들이 실제적 삶과 사회적 관계를 결합하는 다양한 방식을 생각하도록 개인들이 주변의 더 큰 사회구조와 협상하는 과정에서 일상적으로 시연하는 지식과 능숙함에 초점을 맞춰 왔다. 광범위하게 말하자면, 개인과 사회의 관계를 탐구하는 데에는 두 가지 주요한 접근법이 있다(이에 관한 상세한 논의는 제1장을 참조).

사회주도적society-dominated 설명 방식이라 칭할 수 있는 것은 공통의 문화, 사회화, 일반적 사회구조가 개인의 실천을 창출한다는 관점을 제시한다. 핵심 아이디어는 개인이 더 큰 사회적 과정의 '지지자' 또는 '담지자' 역할을 한다는 것이다. 사회주도적 이론은 우리가 봤듯이 프랑크푸르트학파의 특정 강조점부터 구조주의와 포스트구조주의에 이르기까지 다양하게 덧칠되고 굴절됐다. 반면, **개인주도적**individual-dominated 설명 방식이라 칭할 수 있는 접근법은 개인을 더 광범위한 사회적 관계의 원천으로 간주한다. 핵심 아이디어는 사람들이 개인적 분투, 문화적 창조성, 또는 주변 타인들과의 경쟁을 통해 더 넓은 사회적 패턴과 문화적 관계를 산출하는 행위의 원천이 된다는 것이다. 개인 행위가 어떻게 집합적인 사회적 습관을 창출하는지의 문제는 정신분석학부터 페미니즘의 일부 분파에 이르기까지 여러 상이한 개념적 표현의 주제였다.

따라서 사회이론에서 사람들과 사회적 사물들의 관계를 생각한다는 것은, 비인격적 구조의 체계적인 힘 또는 사람들의 개인적 역량이라는 두 축 중 하나를 중심으로 하는 것으로 날카롭게 양분된다. 앤서니 기든스 Anthony Giddens는 이 두 가지 접근법 각각과 대조적으로 개인 행위가 어떻게 사회생활의 일상적 실천 속에서 구조화되는지를 파악하는 데 주목하면서, 동시에 현대사회의 구조적·조직적 특징들이 어떻게 개인 행위에 의해 재생산되는지를 인식한다.

　이러한 식의 표현은 일견 그저 학술적인 것처럼 보이지만, 기든스는 이것이 개인/사회 이원론을 타파하는 사회이론의 근본적 진전이라고 주장한다. 개인과 사회의 관계를 엄격히 대비되는 용어로 계속해서 정의하는 것은 실제 사회적 삶의 복잡성 속에서 일어나는 일들을 오해하는 것이다. 기든스는 다른 방식으로 이 문제에 접근하고자 《사회구성론The Constitution of Society》(1984)에서 **구조화**structuration 개념을 발전시키는데, 이 개념은 습관적 실천의 생산을 체계적 구조의 힘이자 행위자의 개인적 성취로 설명한다. 이 분석의 출발점은 고정되고 주어진 사회가 아니라 사회적 삶의 역동적 흐름이다.

　어떤 점에서 보면, 기든스의 논의는 사회이론의 언어적 전환linguistic turn에 상당 부분 영향 받은 것이다. 앞선 장들에서 우리는 사회이론이 (특히 구조주의 및 포스트구조주의 전통에서) 20세기 동안 소쉬르 언어학부터 시작해서 언어 문제에 상당한 관심을 기울였음을 확인한 바 있다. 기든스의 논의는 여러 구조주의자들과 마찬가지로 우리가 언어를 통해 스스로를 개인으로, 그리고 사회로 만든다고 말한다. 이 관점에 따르면, 사회는 언어에 의해 어떤 의미로든 명백히 '구조화된' 것이다. 그러나 기든스는 구조주의와 포스트구조주의에 매우 비판적이다. 예를 들어, 그는 '사회는 언어와 같다'는 구조주의의 주장을 거부한다. 그가 이러한 입장을 고수하는 이유는 앞으로 상세히 살펴볼 것이다. 여기서는 기든스가 구조주의의 입장과 달리, 사회적 행위는 언어와 유사한데 이는 일차적으로 언어가 '규칙을 따른다'는 의미에서 그렇다고 주장한다는 점만 지적하고 넘어가자.

우리는 일상적 행위—우리의 세계에 대해 생각하고 이야기하며, 따라서 어떤 의미에서는 바로 그 세계를 형성 및 재형성하는데 기여하는—를 시작할 때 그에 필요한 모든 종류의 '규칙들'을 사용한다. 이 규칙들은 때에 따라 명시적이거나 공식적이다. 이를테면 누군가 교통법규를 지키면서 운전을 하고 빨간색 신호에서 정지하는 것처럼 말이다. 그러나 '규칙'이란 많은 경우에 우리가 상식, 즉 사회에서 '당연시된' 지식으로부터 파생된 사회적 삶 속에서 행하는 수많은 일들로부터 도출하는 것이다. 그러나 앞으로 보게 되듯이, 기든스의 요점은 사회적 행위가 규칙의 지배를 받기는 해도 그 규칙에 의해 미리 정해지는 것은 아니라는 것이다. 규칙을 따르는 방식과 사회적 상황에 규칙을 적용하는 방식은 여러 가지가 있다. 그중 다수는 적절하지만 일부는 그렇지 않다. 기든스가 사회적 실천을 '규칙의 지배를 받는 것'이라고 말할 때는 인간 행위의 창조성, 즉 행위자가 규칙을 변형적인, 심지어 새로운 방식으로 적용하는 역량을 강조하는 것이다. 규칙이 사회적 행위를 형성함과 아울러 다른 방식으로 행위할 가능성 또한 포함한다.

기든스에 따르면, 우리의 행위는 개인의 각 '단위행동들discrete 'acts''을 관찰하는 것만으로는 사회학적으로 적절히 이해될 수 없다. 기든스는 행위를 의도, 동기, 이유 같은 개인적 특성에 용해시키기보다 인간 행위는 지속적 흐름이라고 주장한다. 단위행동이 개인이 행하는 바의 각각의 단편이라면, 행위는 사회적 실천의 지속적 흐름, 즉 사람들이 자신이 한 부분을 차지하는 사회 세계를 점검하고 거기에 자신을 반영하는 것이다. 기든스는 **담화적 의식**discursive consciousness, **실천적 의식**practical consciousness, **무의식**unconscious이라는 세 가지 수준의 지식 또는 동기로 구성된 인간 주체의 '계층 모형'을 발전시킨다. 그는 이러한 행위 계층 모형을《사회구성론》에서 다음과 같이 설명한다.

인간 행위자human agent or actor—나는 이 두 용어를 번갈아 사용한다—
는 행위를 하는 동안 자신이 행하는 바를 이해하는 역량을 본래 가지
고 있다. 인간 행위자의 성찰적 역량은 사회적 활동의 맥락에서 매일
행하는 행동conduct의 흐름에 지속적으로 특징적으로 포함된다. 그러
나 성찰성은 담화적 수준에서는 부분적으로만 작동한다. 행위자가 자
신이 행하는 바와 그것을 행하는 이유에 대해 안다는 것—행위자로서
알 수 있다는 것—은 대체로 실천적 의식 속에서 이루어진다. 실천적
의식은 설령 행위자가 사회적 삶의 맥락에서 어떻게 '계속할 것인지'
를 직접적인 담화적 표현으로 나타낼 수 없더라도 암묵적으로 알고 있
는 모든 것으로 이루어져 있다. 이 책의 주요 테마는 실천적 의식의 중
요성이며, 이는 의식(담화적 의식) 및 무의식 양자 모두와 구분돼야 한
다.(Giddens, 1984: xxii-xxiii)

따라서 담화적 의식은 행위자가 자기 자신과 타인 모두에게 말할 수 있
는 것이다. 기든스가 반복적으로 강조하듯이 행위자는 자신이 행하는 바
를 알 수 있으며, 이러한 인식은 종종 고도로 담화적인 요소를 내포한다.
실천적 의식 또한 행위자가 자신의 행위, 신념, 동기에 대해 아는 것이지
만, 담화적으로 표현될 수 없다는 점에서 실천적이다. 기든스는 비트겐슈
타인을 따라, 말로 옮겨질 수 없는 것은 행해져야 할 것이라고 한다. 인간
은 자신의 활동과 세계에 대해 쉽사리 표현될 수 없는 의미로 안다. 기든
스에 따르면, 이러한 실천적 지식 저장고는 사회과학 연구 프로젝트의 핵
심이다. 마지막으로 무의식 역시 인간 동기의 중요한 특징인데, 억압이라

는 장벽 때문에 담화적 의식 및 실천적 의식과는 다르다.

앞서 언급했듯이, 기든스는 '사람들이 아는 것'이 사회적 행위 그 자체는 물론 사회 분석에도 중요하다는 점을 반복적으로 강조한다. 담화적 의식은 사람들이 무언가를 말로 옮기는, 즉 사회적 행위의 이유를 표현하는 역량이다. 그러나 기든스는 언어의 한계 또한 인식한다. 말은 우리를 저 멀리 데려다 주지만 그게 다는 아니다. 사람들이 사회 세계에 대해 아는 것, 그리고 자신이 행하는 방식으로 행위하는 이유를 안다는 것의 상당 부분은 표현이 불가능하다. 인간의 역량 중 일부를 '전前의식preconscious' 또는 '실천적 의식'으로 칭하는 것은 우리가 말로 옮길 수 없는 것이 있다고 말하는 것일 뿐이다. 달리 말하면, 인간 행동의 상당 부분은 실천적으로 인도되거나 방향이 잡힌다는 것이다.

따라서 실천적인 사회적 삶, 특히 우리가 일상적 활동을 시작할 때 따르는 규칙(우리가 그것에 대해 알든 모르든)은 신비한 성취mysterious accomplishment의 영역으로 재구성돼야 한다. 예를 들어, 내가 본 장 첫머리에서 서술한 아침 반복에 대해 생각해 보자. 아침에 이메일을 확인하는 것은 내 컴퓨터만 있으면 되는 상대적으로 간단한 일이다. 그러나 어떻게 네트워크에서 이메일을 복구할 수 있는지 전문적으로 설명해 보라고 한다면, 이 주체에 대해 내가 가진 밑천은 금방 바닥날 것이다. 나는 컴퓨터 프로그램을 특정한 기술적 성취 수준에서 다룰 수 있을 뿐, 전자통신의 기술적 측면은 어떻게 설명해야 할지 모른다. 언어, 이 경우는 아침 반복을 행하면서 내가 아이들이나 아내와 나누는 말도 이 점에서 같다. 우리가 말을 주고받기는 쉬워도, 아침에 일어나는 언어 교환을 지배하는 문법 규칙을 명확히 설명하기란 참으로 어려운 일이 아닐 수 없다. 물론 내가 사회학자가 아니라 언어학자라면 우리의 대화를 지배하는 문법 규칙을 좀 더 잘 설명할 수 있을 수 있겠지만 말이다. 하지만 설령 그렇다 할지라도 문제는 종류가 아니라 정도이며, 중요한 것은 우리를 둘러싼 세계에 대한 의식적 이해는 담화적 표현과 실천적 성취 사이에서 계속 변화를 거듭한다는 것이다.

그러나 사회구조란, 사회적 권력이란, 정치적 권위란, 공통의 문화란 과연 무엇인가? 이런 점에서, 기든스의 사회이론에서 우선 강조해야 할 것은 '사회구조'가 외재적으로 존재하는 것이 아니라는 점이다. 기든스가 보기에 사회는 확실히 '구조화된' 또는 '짜여진' 것이지만, 자본주의 또는 관료제 같은 '저 바깥의' 사회적인 힘이 우리 삶의 내면 영역으로 침투한 결과는 아니다. 기든스는 사회이론에서 개인과 사회를 극명히 구분하는 것을 거부하면서 사회구조 또는 '사회'는 우리의 사회적 활동, 즉 우리가 말하는 것, 우리의 실천들, 우리가 행하는 것들의 끊임없는 산물이라고 말한다. 사회구조에 대한 이러한 개념화는 사회학의 주류적 설명 방식

▍ 사회 분석에서 구조는 … 사회체계 안에서 시간—공간의 '결합'을 허용하는 구조화 속성, 즉 식별 가능한 정도로 유사한 사회적 실천들이 계속 변화하는 시간과 공간의 범위를 가로질러 존재하게 하며 그 실천들에 '체계적' 형태를 부여해 주는 속성을 지칭한다. 구조가 변화하는 관계들의 '가상적 질서virtual order'라는 말은 사회체계가 재생산된 사회적 실천들로서의 '구조들'을 갖는다기보다 '구조적 속성'을 드러낸다는 것, 그리고 구조가 그러한 실천들의 예시 속에서만 시공간적 표현으로서 존재함, 아울러 앎의 역량을 가진 인간 행위자들의 행동을 지향하는 기억의 흔적으로서 존재함을 의미한다.

앤서니 기든스(1984) *The Constitution of Society* (Cambridge: Polity Press, p. 17) 《사회구성론》, 황명주·정희태·권진현 옮김, 간디서원(크레파스), 2012)

과 확연히 대비된다.

사회학자들은 구조를 제도적 제약의 측면에서 유사수력학적quasi-hydraulical 또는 기계적 형태로 개념화하는 경향이 있다. 이런 식의 개념화에서 구조는 신체의 생물학적 작동 또는 건물의 대들보에 비견되곤 한다. 그러나 기든스는 구조에 대한 기능주의적, 생물학적, 경험주의적 분석을 강하게 거부한다. 그는 20세기 사회이론의 '언어적 전환'을 따라 구조주의 및 포스트구조주의 이론, 특히 언어학에서 상정하는 언어와 발화의 관계를 비판적으로 활용한다. 기든스가 이렇게 하는 것은 사회가 언어처럼 구조화되어 있기(구조주의자들이 주장하듯이) 때문이 아니라, 언어가 사회적 삶의 핵심적 측면들을 예증하는 것으로 간주될 수 있다고 믿기 때문이다.

기든스에 따르면, 언어는 가상적 존재를 갖는다. 언어는 시간과 공간 바깥에 '존재'하며 발화 또는 서술 같은 예시를 통해서만 표현된다. 반면, 발화는 선험적으로 주관적인 것으로 가정되며 시간/공간의 교차점에 존재한다. 기든스의 구조주의 언어학 독해에서, 주체는 구문이나 문장을 만들기 위해 언어규칙을 사용하고, 그러면서 언어 전체의 재생산에 기여한다. 기든스는 이러한 언어구조 개념을 광범위하게 활용해 행위의 구조를 설명한다. 그의 정리theorem는 행위자가 사회적 상호작용을 수행하기 위해 구조를 활용하며, 그러면서 제도와 구조의 재생산에 기여한다는 것이다. 이러한 분석은 구조와 체계에 대한 매우 특화된 개념으로 이어진다. 기든스는 '구조'는 "행위자가 일상적 활동에서 자신이 행하는 바에 대한 지식과 별개로 존재하는 것이 아니다"(1984: 26)라고 말한다.

기든스의 이론적 접근법은 구조가 '**규칙과 자원**'으로 개념화돼야 함을 강조한다. 구조를 구성하는 규칙의 적용은 사회적·경제적·문화적·정치적 자원에 대한 차별적 접근을 산출하는 것으로 간주될 수 있다. 기든스는《사회구성론》에서 사회적 삶을 이해하는 데 가장 적절한 '규칙'에 대한 감각은 수학 공식과 관련돼 있다고 논한다. 예를 들어 숫자가 2, 4, 6, 8로 연속적으로 배열돼 있다면 공식은 x=n+2다. 기든스는 말하기를, 공식을 이해하는 것은 행위자가 사회적 삶을 반복적 방식으로 수행할 수 있도록 하며 규칙을 상이한 맥락에서 적용할 수 있도록 한다. 관료제적 규칙, 교통 규칙, 축구 경기 규칙, 문법 규칙, 사회적 에티켓 규칙 또한 마찬가지다. 규칙을 아는 것은 원칙을 꼭 명시적으로 만들어 낼 수 있다기보다는 사회적 삶에서 규칙을 '계속해서' 사용할 수 있음을 의미한다. 기든스는 "사회적 행위의 규칙과 자원은 동시에 체계 재생산의 수단이 된다"[1984: 19]고 말한다. 체계의 재생산은 기든스가 개념화하듯이 복잡하고 모순적이며 구조, 체계, 제도를 포함한다. 기든스가 보기에, 사회체계는 구조와 동일한 것이 아니다. 사회체계는 상호작용의 규칙화된 패턴이다. 이러한 체계는 결과적으로 규칙과 자원에 의해 구조화된다. 기든스는 제도를 구조화가 일어나는 상이한 양상들을 포함하는 것으로 이해한다. 예를 들어, 정치제도는 권위화, 의미화, 정당화의 문제와 관련해 사람들에게 행사하는 명령의 발생을 포함한다. 경제제도는 의미화와 정당화 과정을 통한 자원의 배분을 포함한다.

반복과 규칙은 확실히 서로 다르다. 그러나 기든스는 양자 모두 사회적 삶의 실천적 행동을 가능케 하고 인도한다고 말한다. 사회적 규칙과 반복은 놀랍게도 우리에 의해 대체로 반#의식적 방식으로 학습되고 길러진다. 우리는 수많은 규칙을 사회적 삶의 행동에 어떻게 적용해야 하는지, 기든스의 표현대로라면 '어떻게 계속할지를' 아는데, 심지어 우리가 그 규칙들을 명시적으로 형성할 수 없을지라도 그러하다. 예를 들어, 내가 아이들을 학교에 데려다주는 것은 다른 부모들과의 모든 종류의 대화

교환을 포함한다. 이러한 교환의 대부분은 반복으로 이루어져 있다. 각자의 자녀에 대한 이야기, 아이들과의 약속 잡기, 기타 등등 말이다. 자녀를 학교에 데려다주는 일이 끝나면, 대학교로 출근해 수업을 하거나 내 전문 연구 분야인 사회이론 세미나를 한다. 이러한 반복을 기든스의 구조화 이론을 통해 볼 때 흥미로운 점은, 내가 사회적 상호작용 '규칙들'을 이러한 실천적 상황들에 적용할 때 매사 잘 작동한다는 것이다(내가 그렇게 하고 있음을 인식하고 있다는 말이 아니라).

학교에서 만난 부모들은 나에게 자기 자녀와 할 일에 대해 이야기한다. 대학교에서 만난 학생들은 사회이론과 관련해 해야 할 일에 대해 이야기한다. 내가 이러한 반복을 혼동해 규칙을 잘못 적용했을 때 어떤 일이 벌어질지를 상상해 보자. 학교 운동장에서 '구조화' 사회이론에 관해 이야기했다간 학부모 친구도 생기지 않을 것이고 아이들에게 인정받기도 어려울 것이다. 강의실이 아니라 학교 운동장에서 추상적 언어로 된 사회이

█ 행위자 및 구조의 구성은 독립적으로 주어진 두 가지 현상, 즉 이원론dualism을 표상하는 것이 아니라 이중성duality을 표상하는 것이다. 구조의 이중성 개념에 따르면, 사회체계의 구조적 속성은 그것이 반복적으로 조직하는 실천들의 매개체이자 결과물이다. 구조는 개인에게 외재하지 않는다. 즉, 구조는 기억의 흔적이며 사회적 실천에서 예증되는 것으로서, 뒤르켐주의적 의미에서처럼 개인 활동에 외재하는 것이 아니라 오히려 어떤 의미에서 '내재적'이다. 구조는 제약이기만 한 것이 아니라 언제나 제약이자 가능성이다. 물론 사회체계의 구조화된 속성이 시간 및 공간에서 개별 행위자의 통제를 넘어 뻗어가지 못한다는 말은 아니다.

앤서니 기든스(1984) *The Constitution of Society* (Cambridge: Polity Press, p. 25) 《사회구성론》, 황명주·정희태·권진현 옮김, 간디서원(크레파스), 2012)

론을 이야기했다고 업무방해 혐의를 받을 수도 있다. 그러나 다행히 사회적 규칙은 통상적으로 적절한 사회적 상황에 적용된다. 규칙은 우리의 실천적 의식의 일부를 형성한다. 기든스가 보기에, 규칙은 '어떻게 계속할지' 그리고 특정한 사회적 맥락에 어떻게 적절한 규칙을 적용할지 아는 것을 포함한다.

기든스의 구조화 이론은 실천적 의식과 담화적 의식을 확실히 구분하며, 따라서 구조의 생성능력(비록 '가상적'일지라도)에 대한 사회학적 평가를 상식적인, 당연시된 지식이라는 현상학적 개념과 결부시킨다. 우리는 세계에 관해 이야기하거나 세계 위에서 행위할 때 우리 행위에 대한 합리적 설명(담화적인 것)과 특정 순간에 인식되는 것이 아닌 당연시되는 지식에 대한 일반적 인식(실천적인 것)을 뒤섞는다. 이런 점에서 실천적 의식은 당연시되는, 다시 말해 우리 머릿속에 있으나 통상적으로 의식하지는 못하는 일련의 규칙과 방법을 행위자가 사용하는 역량이다. 우리는 다양한 문법적 숙련도로 언어를 구사하지만, 대부분의 경우 우리가 사용하는 문법 규칙을 세세히 설명하지는 못한다. 일상생활을 지배하는 실천적 코드 상당수는 이러한 방식으로 작동한다. 남성은 모임에 들어가고 나올 때 여성에게 우선권을 부여하는데, 이는 정확히 왜 그래야 하는지는 모른 채 그냥 그렇게 하라고 배운 바에 따른 것이다.

이 점을 짚는 또 다른 방식은 사회이론이 한편으로는 우리가 아는 것, 다른 한편으로는 우리가 직관적으로 파악하는(그러나 명시적으로 형성할 수는 없는) 것을 동등하게 다룬다고 말하는 것이다. 그러나 비록 사회학의 언어로 쉽사리 접근할 수 없다 할지라도, 사람들의 삶 속에서 작동하는 또 다른 숨은 힘이 있다. 이 점과 관련해, 기든스는 인간 행위의 원초적 요소들을 설명하고자 정신분석학에 눈을 돌린다. 그는 일련의 정신분석학적 관점, 특히 라캉의 초기 저작 일부에 등장하는 프로이트 독해를 활용해서 유년기 동안 무의식에 각인된 '억압의 장벽'으로 인해 우리가 결코 알지 못하는 것이 존재한다고 주장한다. 비록 기든스가 특히 중점을 둔 것은 아니지만, 이는 세계 내에서 행위하는 인간 행위자로서 우리의 삶의 감정적 차원에 대한 중요한 통찰이다.

기든스는 억압된 무의식에 대한 사고를 통해 인간 행위를 설명하기보다는 위기의 순간에만 분출하는 무의식의 파괴적인 힘을 제한하는 경우가 많다. 그는 무의식적 불안은 사회적 격변 또는 정치적 위기 같은 '결정적 순간'을 제외하면 대체로 우리의 습관적 반복에 의해 억제된다고 말한다. 반복은 감정적 안정을 가져다준다. 이런 점에서, 기든스는 특히 정신분석학자 에릭 에릭슨Erik Erikson의 '자아 정체성' 설명을 유년기 아동의 반복이 감정적 안정과 사회 세계의 지속가능성에 대한 믿음을 어떻게 확립하는지를 설명하는 데 활용한다.

앞의 몇몇 문단에서 기든스가 인간 행위action, 행위agency, 주관성 문제에 어떻게 접근하는지를 살펴봤다. 구조화 이론에서 강조하는 이중성을 파악하려면 기든스 사회이론의 이러한 주관적 측면들을 사회적 실천과 구조의 문제와 연결시키는 것이 중요하다. 기든스에 따르면, 행위자는 구조의 규칙과 자원을 활용하며, 그러면서 제도·체계·구조의 체계적 재생산이 기여한다. 그는 사회적 삶의 연구에서 **방법론적 괄호치기**methodological bracketing'의 역할을 인식하는 것이 중요하다고 말한다. 기든스에 따르면, 사회과학은 제도적 분석(사회의 구조적 특성 분석)과 전략적 행위 분석(행위자가 사회적 상호작용을 수행하는 방식 연구)를 동시에 추구한다. 이처럼 상이한 층위의 분석들이 사회에 대한 과학적 연구의 핵심이자, 구조화 이론의 핵심이다. 이 점과 관련해서, 기든스는 사회과학의 연구 주제는 **개념**

을 사용하는 행위자들concept-using agents이라고 주장한다. 이 행위자들의 개념은 각자 그들의 행위가 구성되는 방식에 사용된다. 기든스는 사회 세계의 이러한 교차점을 한편으로는 평범한 행위자들에 의해 구성되는 것으로, 다른 한편으로는 사회과학자들에 의해 고안된 메타언어로 '이중적 해석학'이라고 부른다.

근대성과 자아에 관한 기든스의 논의

지금까지 살펴본 구조화 이론의 개요 어디에도 우리 시대에 명백히 새로운 현상, 무엇보다도 지구화의 진전, 하이테크 금융, 새로운 정보기술 같은 사회학적 이슈를 특별히 주목한 부분은 없다. 기든스가 이러한 사회변동의 가속화에 사회학적 관심을 돌린 것은 1990년대 초반, 특히《근대성의 결과The Consequences of Modernity》(1990)〔한국어판 제목은 '포스트 모더니티'〕와《근대성과 자아 정체성Modernity and Self-Identity》(1991)이라는 저작을 통해서다.

여기서 기든스는 정체성과 친밀성에 영향을 미치는 현재의 불안부터 핵전쟁 같은 고도의 전 지구적 위험에 이르는 현대사회의 긴장과 모순에 대한 유용한 설명을 제시한다. 그의 기본 명제는 근대성이 극적인 사회변혁을 예고하며, 이는 오늘날의 사회이론이 적절히 대처할 수 없는 종류라는 것이다. 기든스는 근대성을 침식적 자본주의와 등치시키는 마르크스의 견해를 거부하고, 근대를 관료제적 철장으로 그린 베버의 입장도 경계하면서, 근대성을 **저거노트**juggernaut〔인도 신화에서 비슈누 신의 제8화신인 크리슈나 신상神像을 뜻하는 말로서, 거대한 괴물이나 거대 조직, 불가항력적인 것을 비유하는 말〕 같은 것으로 표현한다. 기든스가 말하는 저거노트는 확실히 통제를 벗어난, 그럼에도 방대한 개인적 기회와 정치적 가능성을 제공하는 세계다. 비록 생태학적 재난, 정치적 전체주의, 핵재난 같은 근대성의 어두운 측면이 이 모든 것의 달성을 위협한다 해도 말이다.

기든스는 근대 세계에 대한 우리의 경험은 항상 양분돼 있다고 주장한다. 이를테면 안정과 위험, 친밀성과 비인격성, 안심을 주는 전문 지식과 혼란스럽게 만드는 문화적 상대주의 같은 식이다. 초기 논의에서 사회적 관계의 열린 속성을 강조한 것처럼, 근대성도 예측 불가능한 것이라고 본다. 고도 근대성이 창출한 '세계'에서 산다는 것은, "저거노트를 타고 있는 것과 같은 느낌이다. 이는 지속적이고 심대한 변화 과정이 일어남을 말하는 데 그치지 않고, 변화가 인간의 기대 또는 인간의 통제력을 일관되게 따르지 않음을 말한다."[1991: 28]

기든스가 보기에 근대성의 핵심적 특징은 **사회적 삶의 성찰성**reflexivity of social life이다. 앞서 살펴봤듯이, 기든스는 성찰성을 모든 인간 활동의 본질적 측면으로 간주한다. 기든스에 따르면, 사람들이 자신이 하는 바를 어떻게 생각하고 검토하며 성찰하는지는 사회가 자신을 어떻게 구성하는지와 관련해 중요하다. 특히 우리 시대에는 성찰성이 급진적으로 심화되어, 자기검토와 사회적 관계가 점차 긴밀하게 엮이게 된다. 기든스는 이러한 심화를 이렇게 정의한다. "근대의 사회적 삶의 성찰성은 사회적 실천이 바로 그 실천에 대한 유입된 정보에 비추어서 끊임없이 검토되고 재구성되며, 따라서 그 성격을 본질적으로 변화시킨다는 사실에 있다."[1990: 38]

현재 우리는 사회적 성찰성이 명백히 가속화되는 과정을 목격할 수 있다. 예를 들어, 커뮤니케이션 미디어와 새로운 정보기술의 확산은 명백한 현상이다. 최근 매스미디어와 정보기술의 변화는 명백히 지구를 전에 비해 더욱 상호연결시켰으며, 이는 결국 전 세계에 걸쳐 사회적인 것에 대한 성찰성의 증대로 이어졌다. 오늘날은 미디어 기술의 발달 덕에 지구의 한쪽에서 일어나는 일이 즉시 가상적으로 전 세계에 중계된다. 이런 점에서, 우리의 '사회적 시야'는 극적으로 확대됐다. 우리의 '사회적 시야'가 멀리서 일어나는 일에까지 미치게 될수록, 우리는 이러한 지식을 우리가 그것에 대해 어떻게 말할지, 어떻게 행위할지, 그리고·우리의 지역적 언어에 결합하게 된다.

예를 들어, 결혼과 이혼의 사회적 풍경 변화에 관해 우리가 아는 바를 생각해 보자. 우리는 높은 이혼율과 재혼율을 기록 중인 사회에 살고 있다. 영국과 유럽 전역의 이혼 통계를 보면, 현 시점에서 결혼한 부부의 3

❚ 근대 사회적 삶의 성찰성은 사회적 실천이 바로 그 실천에 대한 유입된 정보에 비추어서 끊임없이 검토되고 재구성되며, 따라서 그 성격을 본질적으로 변화시킨다는 사실에 있다. 우리는 이러한 현상의 본질을 명확히 밝혀야 한다. 모든 유형의 사회적 삶은 부분적으로는 그에 대한 행위자의 지식에 의해 구성된다. 사회생활의 모든 측면은 부분적으로는 그것에 대한 행위자의 지식으로 구성된다. 비트겐슈타인적 의미에서 '어떻게 계속할 것인지'를 아는 것은 인간 활동에 의해 고안되고 재생산된 관습의 본질이다. 모든 문화에서 사회적 실천은 그 안으로 공급되는 계속적 발견들의 관점에서 일상적으로 수정된다. 그러나 물질적 세계에 대한 기술적 개입을 포함한 인간 생활의 모든 측면에 적용되는(원론적으로) 관습의 급진화는 오직 근대성의 시기에만 일어난다. 근대성은 흔히 새로운 것에 대한 욕구를 특징으로 한다고 하지만, 이는 완전히 정확한 표현은 아니다. 근대성의 특징은 새로운 것 자체를 위한 새로운 것의 포용이 아니라 전반적인 성찰성의 가정에 있다. 물론 여기에는 성찰의 본질 자체에 대한 성찰도 포함된다.

앤서니 기든스(1990) *The Consequences of Modernity* (Cambridge: Polity Press, p. 38) 《포스트모더니티》, 이윤희·이현희 옮김, 민영사, 1991)

분의 1 이상이 이혼하게 될 전망이다. 미국의 일부 주에서는 이혼율이 50 퍼센트를 넘은 것으로 나타난다. **사회적 성찰성의 가속화**라는 기든스의 명제는 이러한 통계가 오늘날의 결혼에 부차적인 것이 아니라, 도대체 결혼이란 무엇인지에 관한 사람들의 이해에 영향을 미치고 이를 재형성한다는 것이다. 2000년대 초를 살고 있는 부부는 결혼 지속 기간의 일반적 확률을 '안다'(담화와 실천이 혼합된 형태로). 죽음이 우리를 갈라 놓을 때까지 지속되는 결혼에서 다음 통지가 있을 때까지만 유지되는 결혼으로의 변화는, 기든스의 근대성 이론의 관점에서 보면, 사람들의 정체성, 친밀성, 결혼 및 이혼을 지배하는 문화적 규범의 변화를 반영한 결과다.

기든스가 말하는 성찰성은 자신의 삶, 타인의 삶(가까운 타인과 먼 타인 모두), 그리고 광범위한 사회적 사건에 대한 자기검토의 세계를 의미한다. 여기서 성찰성은 성찰적 통제 또는 예측가능성과 같은 것이 아니다. 이는 일상생활에서 드러나지 않은 것의 대부분이 성찰과 유사한 행위와 반사적 반응을 포함하기 때문이다. 성찰성을 개인적인 것으로만 보는 것 또한 적절치 못하다. 성찰성은 우리가 개인적 반복의 기본적 과업 대부분을 어떻게 수행하느냐의 핵심에 놓여 있으면서, 또한 가장 넓은 의미의 사회적 과정과 조직화에 깊숙이 각인돼 있기도 하다. 마이크로소프트, 브리티시 페트롤륨British Petroleum, 캘빈클라인 등은 글로벌기업이지만, 요점은 이 조직체들이 상당히 성찰적인 방식으로 구조화돼 있지 않다면 글로벌경제에서 작동할 수 없었으리라는 것이다. 이런 점 때문에, 기든스는 개인적 성찰성과 제도적 성찰성을 구분한다.

개인적 성찰성이 자기검토, 그리고 개인의 삶에 대한 지속적 관찰 및 추적과 관련된 것이라면, **제도적 성찰성**은 광범위한 경제적 및 시장의 힘은 물론 조직적 추적, 관리적 감시와 관련된 것이다. 제도적 성찰성에 대한 기든스의 강조는 과학 및 전문 지식과도 긴밀하게 관련돼 있다. 예를 들어, 과학이 극적으로 발달한 세계에서는 (심화된 성찰성의 결과로) 과학에 대한 문제 제기가 일어난다. 행위의 경로와 선택의 시나리오는 행위하는 여러 다른 방식의 성찰적 배경에 대항해 일어난다. 이를테면 기든스는 지구온난화와 관련해 다음과 같은 개관을 제시한다.

> 많은 전문가는 지구온난화가 일어나고 있으며 자신의 말이 맞을 것이라 생각한다. 그러나 일각에서는 이러한 가설을 논박하며, 심지어 실제 추세는 (그런 것이 조금이라도 있다면) 정반대라는, 즉 지구 기후가 한랭화된다는 주장도 제기된 바 있다. 아마도 가장 확실히 말할 수 있는 것은, 지구온난화가 일어나고 있지 않다고 확신할 수는 없다는 점이다. 그러나 이런 잠정적 결론을 가지고는 위험을 정확히 계산할 수 없고 일련의 '시나리오'들을 제시할 수 있을 뿐인데, 이 시나리오들의 설득력은 다른 무엇보다도 얼마나 많은 사람이 지구온난화 명제를 확신하게 되고 그러한 기초 위에서 행동을 취하는지에 영향 받는다. 제도적 성찰성이 핵심적 구성 요소가 되는 사회 세계에서는 '시나리오'의 복잡성이 더욱 뚜렷해진다.(1994: 59)

지구온난화에 관한 전문적 견해와 일반의 견해에 대해 1994년에 집필한 이 개관은 이미 철 지난 것처럼 보인다. 그러나 기든스의 추론은 여전히 설득력 있다. 지구상의 수많은 사람이 기후변화의 잠재적 위험을 깊이 우려하면서 그와 관련해 정부가 중요한 정책 계획을 수립하도록 압력을 가하게 됐기 때문이다. 지구온난화는 우리 시대의 논쟁거리가 된 것이다. '시나리오'의 복잡성이 더 넓은 세계에 대한 성찰적 관여에 핵심적이라는 기든스의 주장은 21세기 초에 우리가 직면한 전 지구적 경로를 직접적으로 언급하고 있다.

추상적 체계와 긴밀히 연결된 신뢰와 위험이라는 기든스의 핵심 개념 두 가지는 현대 일상생활의 경험적 특성을 잘 파악한다. 기든스가 보기에 개인 주체성과 행위의 사회적 맥락의 관계는 매우 유동적인데, 우리는 이를 '추상적 체계'를 통해 이해하고 활용한다. 추상적 체계는 기술적 · 사회적 지식의 제도적 영역이다. 여기에는 국지적 지식 유형부터 과학 · 기술 · 매스컴에 이르는 모든 종류의 전문가가 포함된다. 기든스는 전문가의 영향력이 사람들의 삶에 매우 광범위하게 미친다는 점만을 강조하는 것이 아니라, 전문가 개념을 '신뢰관계', 즉 사회적 삶에서 실제적 신뢰에 대한 개인적 · 집합적 투자를 포함하는 선까지 확장시킨다. 신뢰에 대한 심리적 투자는 전문 지식의 권력에 기여하며—물론 이는 전문가 시대라는 기반 위에 있는 것이다—또한 일상의 사회적 삶에서 안정감을 형성하는 데 중요한 역할을 한다. 따라서 신뢰와 안전은 사회적 성찰성의 조건이자 결과다. 기든스는 전문 지식에 대한 성찰적 전유를 지구화되고 문화적으로 코스모폴리탄적인 사회에서 핵심적인 것으로 본다.

그 주 목적이 우리의 정체성과 사회에서 안정성과 질서를 확립하는 것일 수도 있겠지만, 성찰적 근대성은 급진적으로 실험적이며, 계산 불가능한 위험과 불안정을 끊임없이 만들어 낸다. 이는 우리가 좋든 싫든 성찰성이 확대된 사회적 우주의 양가성을 인식해야 함을 의미한다. 오늘날 개인적 또는 사회적 발전의 경로에는 정해진 것도 없고 명확한 것도 없다.

기든스는 《친밀성의 구조 변동The Transformation of Intimacy》(1992)〔한국어판 제목 '현대 사회의 성 사랑 에로티시즘'〕에서 성찰성 개념을 섹슈얼리티, 젠더, 친밀한 관계와 연결시킨다. 그는 근대화 및 전통의 쇠퇴와 더불어 인간 주체의 성생활도 새로운 기회와 위험—예를 들어, 인공수정, 체외발생 ectogenesis(임신 없이 인간 생명을 만드는 것) 실험, 에이즈, 성희롱 등—을 배경으로 관리 · 규정되는 '프로젝트'가 된다고 말한다. 기든스는 젠더와 신기술을 연결시키면서 우리는 '가변적 섹슈얼리티plastic sexuality' 시대에 살고 있다고 말한다. "가변적 섹슈얼리티는 탈중심화된 섹슈얼리티이며, 재생산의 필요와 … 남근의 지배, 남성의 성적 경험에 부여된 과장된 중요성으로부터 해방된 것이다"(Giddens, 1992: 2). 따라서 섹슈얼리티는 개방적이며, 기존의 규칙이 아니라 성찰성을 통해 관계가 형성된다. 치료법의 발달이 증명하듯이, 오늘날의 자아는 섹슈얼리티 측면에서 심각한 딜레마에 직면한다. 기든스에 따르면, "나는 누구인가?", "내가 욕망하는 것은 무엇인가?", "내가 성적 관계를 통해 얻고자 하는 만족은 무엇인가?" 등은 자아와 관련된 핵심적 이슈다. 그러나 이는 성적 경험이 제도적 제약 없이 일어난다는 의미는 아니다. 기든스는 근대적 제도의 발달은 성적 · 존재적 · 도덕적 '경험의 격리'를 산출한다고, 즉 섹슈얼리티, 친밀성, 죽음과 관련된 핵심적 문제를 부차적인 것으로 만들어 버린다고 주장한다(Elliott, 1992 참조).

달리 말하면, 기든스는 자율성이라는 관념론적 언어를 차용해 행위의 창조성과 절대적 자아실현을 향한 근대주의적 충동을 강조하면서, 주체를 객체보다 우위에 놓거나 행위자를 구조보다 우위에 놓는 지적 전통에 회의적이라는 것이다. 이는 결혼, 가족, 자아 정체성의 관계 변화에 대한 논의에서 매우 뚜렷하게 드러난다. 기든스에 따르면, 오늘날 개인은 자아 정체성, 섹슈얼리티, 친밀성에 영향을 미치는 극적인 변화 과정의 결과로 나타난 새로운 기회 및 위험과 활발하게 연계돼 있다. 이혼은 명백히 개인적 위기이며 상당한 고통, 상실감, 슬픔을 내포한다. 그러나 많은 사람들이 혼인 관계의 파탄으로 산출된 감정적 딜레마를 긍정적으로 헤쳐 나간다. 별거 및 이혼은 경제적 문제, 자녀 양육 문제와 더불어 자아와 관련된 성찰적인 감정적 관여를 일으킨다. 과거를 되짚어 보고(어디서 잘못됐는지, 어디서 기회를 놓쳤는지 등등) 미래를 모색하는 것(대안적 가능성, 자아실현의 기회 등등)은 새로운 자아 개념을 동원한 실험을 필연적으로 수반한다. 이는 정서적 성장, 자아에 대한 새로운 이해, 친밀성의 강화로 이어질 수 있다. 기든스는 혼인 관계 파탄에 대한 보수주의적 공격에 대응해 자아를 구성적 재생에 열려 있는 것으로 간주한다. 재혼과 가족생활의 성격 변화는 이런 점에서 중요하다. 그는 이 논점을 다음과 같이 발전시킨다.

예전에는 배우자의 사망에 따른 경우가 일반적이었지만, 오늘날은 이혼 후 혼인 관계 재형성으로 인해 많은 성인과 아이들이 양가족stepfamily 속에서 살고 있다. 양가족의 아이는 부모가 여러 번 결혼한 데서 비롯되는 복잡한 친족관계와 맞물려 어머니와 아버지가 둘일 수도 있고 형제와 자매가 두 쌍일 수도 있다. 심지어 호칭도 어려운 문제다. 양어머니를 '어머니'로 불러야 하는가 아니면 이름으로 불러야 하는가? 이런 문제들에 대응하는 것은 모든 당사자에게 매우 힘들며 심리적으로 대가를 치르는 일일 수 있다. 그러나 새로운 사회적 관계를 성취할 수 있는 기회 또한 명백히 존재한다. 우리가 확신할 수 있는 것은 이에 수반된 변화가 개인에게 외재적이기만 한 것은 아니라는 점이다. 이 새로운 확대가족은 자신이 그 속에 가장 직접적으로 얽혀 있음을 깨닫는 바로 그 사람들에 의해 확립돼야 한다.(Giddens, 1991: 13)

기든스의 말대로, 혼인 관계의 파탄은 열린 기획 속의 자아를 함의한다.

그 기획이란 과거를 되짚어 보고 미래를 상상하며 복잡한 가족 문제에 대처하고 새로운 자아 개념을 실험하는 것이다. 결혼과 친밀한 관계의 심화된 실험은 필연적으로 불안, 위험, 기회를 수반한다. 그러나 기든스가 강조하듯이, 자아와 사회의 관계는 협상, 변화, 발전을 수반하는 고도로 유동적인 것이다.

현재의 사회적 실천이 미래 삶의 결과를 형성하는 방식이 이혼 통계, 친밀한 관계의 성공 또는 실패 확률의 계산, 그리고 결혼하겠다는 결정의 결합만큼 명백히 드러나는 지점도 없다. 기든스가 정확히 지적하듯이, 결혼 및 이혼 통계는 사회적 진공상태에 존재하는 것이 아니다. 누구든 현재의 젠더 불확실성이 어떻게 장기적 관계에 영향을 미치는지를 어느 정도 인식한다. 기든스에 따르면, 오늘날 결혼 또는 재혼하는 사람들은 고급 이혼 통계라는 사회적 배경, 즉 결혼이 실제로 어떤 것인지에 대한 개인의 이해와 인식을 바꾸는 지식에 바탕을 두고 있다. 결과적으로, 결혼과 친밀성에 대한 기대와 열망을 변화시키는 것은 바로 관계에 대한 성찰적 검토인 것이다. 따라서 자아, 사회, 성찰성의 관계는 전통적 방식의 끊임없는 전복을 내포한 고도로 역동적인 것이다.

기든스, 정치, 제3의 길

기든스는 1990년대 후반 케임브리지대학교를 떠나 런던정치경제대학교London School of Economics · LSE 학장으로 부임했다. LSE에서 영국 고등교육에 더 직접적으로 관여하면서, 그는 더 정치적인 저작들을 내놓았다. 그의 새로운 정치적 접근법은 《좌파와 우

파를 넘어서: 급진적 정치학의 미래Beyond Left and Right: The Future of Radical Politics》(1994)에서 구체화됐다. 당시 기든스는 이 새로운 정치적 의제를 '제3의 길the third way'이라는 용어로 지칭했다. 베스트셀러가 된 《제3의 길The Third Way》(1997)은 상당한 영향력을 발휘하여, 기든스는 당시 영국 수상 토니 블레어Tony Blair의 자문역을 맡았을 뿐만 아니라 빌 클린턴Bill Clinton 미국 대통령을 비롯한 세계 각국 정부에서 자문 요청을 받았다. 기든스는 1999년 BBC 라디오방송의 권위 있는 리스 강의Reith Lectire에서 '질주하는 세계Ruaway World'라는 제목으로 지구화에 대해 강연하고, 2003년에는 상원의원으로 지명됐다.

가든스는 《좌파와 우파를 넘어서》에서 오늘날 우리가 급진적으로 손상을 입은 세계에 살고 있으며, 여기에는 우파가 제시하는 신자유주의와 좌파가 제시하는 개혁적 사회주의를 넘어서는 급진적인 정치적 처방이 필요하다고 주장했다. 그는 이를 위해 전통과 사회적 연대, 사회운동, 민주적 과정과 복지국가 재구조화 같은 문제를 다룰 구체적인 급진적 정치학 재고 틀을 제시한다. 급진적 정치학의 대두에 대한 기든스의 해석은 비판이론과 포스트모더니즘 영역의 지배적 논의를 대비할 때 가장 잘 파악될 수 있다. 벨Daniel Bell에서 하버마스에 이르기까지, 근대 정치학 자체의 위기를 말하는 이론가들은 특히 전 지구적 자본주의 체계가 개인적·문화적 삶을 침식함으로써 일어나는 공동체 상실에 초점을 맞춘다. 푸코에서 리오타르에 이르는 포스트모던 사회·정치 이론가들은 오히려 현대 지식 주장의 다원성에 초점을 맞추며 정치 발전의 정해진 경로는 없다고 결론짓는다. 반면에 기든스의 접근법은 급진적으로 다른 노선을 취한다. 그는 현대 정치적 과정의 양가성을 애도하지도 칭찬하지도 않는다. 그 대신에 이런 질문을 던진다. 정치가 자신을 돌아보기 시작하면 어떤 일이 벌어지는가? 정치활동이 자신의 성공과 과잉을 인식하면서 스스로의 제도적 조건을 돌아보기 시작하면 어떤 일이 벌어지는가?

기든스는 성찰성과 위험은 논쟁거리이며, 양자 모두 사회·문화·정치 변동에서 핵심적이라고 말한다. 앞서도 언급했듯이, 기든스는 성찰성을 지구화되고 있는 코스모폴리탄 세계에서 매스컴에 의해 촉진되는 지식과 정보의 순환으로 지칭한다. 성찰성은 정치적 활동이 무엇인지를 주기적으로 재정의하는 수단으로 기능한다. 이 점에서 볼 때, 중요한 것은 지구화의 영향이다. 기든스는 지구화 과정이 지역적 맥락을 전 지구적 결과로 변화시키면서 위험에 대한 개인적·사회적 인식을 급진적으로 심화시킨다고 말한다. 미국 주식시장에서 일어나는 투매 현상이 지역의 소매시장부터 국제적 노동분업에 이르기까지 글로벌경제 전반에 영향을 미친다. 21세기 초, 심화된 성찰성의 세계는 열대우림 파괴부터 광범위한 대량살상무기 제조에 이르기까지 인간 행위의 정치적 결과를 성찰하는 사람들의 세계다. 이러한 사회적 조건 속에서, 정치는 급진적으로 실험적인 성격을 띠게 된다. 사람들은 점차 계산 불가능한 새로운 유형의 위험과 불안을 인식하게 되며, 근대 정치문화의 험로를 헤쳐 나가려 시도한다. 이는 좋든 싫든 우리가 하나의 위험에서 다른 위험으로 이행하는 명확한 경로도 알지 못한 채 정체성과 정치의 끊임없는 재구성에 참여하고 있음을 의미한다.

기든스는 위험, 성찰성, 지구화의 변화라는 배경에 맞서 급진적 정치학의 틀을 발전시킨다. 급진적 정치사상을 재구조화하려는 기든스 청사진의 핵심적 차원은 다음과 같은 주장을 담고 있다.

- 오늘날 우리는 탈전통적 사회질서 속에서 살고 있다. 그렇다고 다수의 문화비평가와 포스트모더니스트들의 주장처럼 전통이 사라지는 것은 아니다. 그와 달리, 지구화되고 있는 문화적 코스모폴리탄 사회에서 전통은 공적 토의와 논쟁의 대상이 된다. 전통을 보존해야 하는 이유와 설명이 점점 더 요구되며, 이는 사회적 연대의 재구성에서 핵심적 요소 중 하나로 이해돼야 한다. 생태, 평화, 인권 등과 관련된 신사회운동은 사회적 연대 구축에서 전통의 집단적 재형성의 사례다(이를테면 '자연'의 보존 및 보호에 대한 요구). 반대되는 현상은 근본주의가 대두하여 공적 논쟁으로 나아가는 문제 제기가 차단되고 '전통만이 전통적 방식으로 수호되는' 것이다.

- 성찰성에 의해 촉진되는 급진적 민주화 유형은 개인 간 수준부터 전 지구적 수준까지 정치 영역에서 작동한다. 그러나 민주화라는 이슈는 공식적 정치 영역으로만 한정될 수 없는 것이, 이러한 과정들은 자유주의적 민주주의의 한계 또한 드러내기 때문이다. 미국 사회학자 다니엘 벨이 지적했듯이, 국민국가는 전 지구적 문제에 대처하기에는 너무 작아졌고, 지역적 문제에 대처하기에는 너무 커져 버렸다. 기든스는 그 대신 '민주주의의 민주화'에 관해 이야기하는데, 이것이 의미하는

바는 모든 개인적·정치적 삶이 점차 기존에 확립된 권력관계보다 대화를 통해 질서가 잡힌다는 것이다. 이러한 대화적 민주주의의 메커니즘은 젠더 관계와 부모-자녀 관계의 변화부터 사회운동 및 자조집단의 발전에 이르기까지 이미 진행 중이다. 기든스는 심리요법과 정신분석의 대두 또한 우호적인 정치적 관점에서 파악한다. 이러한 민주화의 영향은 더 전통적인 제도정치 영역에도 작용한다.

■ 복지국가는 더 급진적인 재구조화를 요하며, 이는 전 지구적 빈곤이라는 광범위한 이슈와의 관련 속에서 이루어져야 한다. 이와 관련해 기든스는 복지가 전통적인 '위로부터의 혜택 분배'에서 벗어나 그 자신이 말한 '적극적 복지positive welfare' 쪽으로 재구조화돼야 한다고 촉구한다. 적극적 복지는 개인적·집합적 책무와 관련한 자율성의 촉진을 우선적으로 고려하며, 계급 박탈은 물론 젠더 불균형에도 초점을 맞추는 것이다.

■ 전 지구적 정의의 전망은 '탈희소성의 질서'와 관련해서 나타나기 시작한다. 이는 복잡한 아이디어지만 기든스의 정치이론에서 핵심적인 것이다. 기든스는 정치가 희소성이 제거된 시대로 진입했다고 말하지 않는다. 반대로 재화와 자원의 희소성은 언제나 존재할 것이라고 주장한다. 탈희소성의 사회는 '희소성' 그 자체가 면밀하게 성찰적으로 검토되는 사회다. 기든스는 산업주의가 가져온 부정적 결과와의 대면이 지속적으로 축적하려는 자본주의의 충동에 관한 급진적 재평가로 이어졌다고 말한다. 이러한 협소한 경제적 수준을 넘어선 정치적 목표의 확장은 오늘날 '책임 있는 성장'에 반영돼 있다. 여

기서 중요한 것은 여성의 임금노동력 진입, 젠더와 친밀성의 재구조화, 이기적인 것과 다른 개인화의 대두, 생태 위기 등의 사회변동이다. 이 모든 발전은 세속화된 청교도주의로부터 사회적 연대와 책무로의 이행에 기여했다.

기든스에 대한 비판

기든스의 논의는 사회이론과 근대 사회학의 탁월한 결합으로서, 반복적인 사회적 실천들을 통한 사회의 구성 자체를 탐구하는 흥미진진한 설명을 포함하고 있다. 그러나 여기에도 난점이 없지는 않다. 일부 비평가들은 기든스가 개인/사회 이항대립을 극복하는 과정에서 중대한 실수를 저질렀다고 본다.

사회학자 마거릿 아처Margaret Archer(1982, 1990)는 기든스가 행위를 구조와 뒤섞어 버림은 물론, 사회과학의 방법론적 문제와 실질적 문제를 모두 다루려면 구조와 행위를 분석적으로 구분해 다뤄야 하는데 그러질 못했다고 주장한다. 이 논박의 핵심에는 구조는 인간 행위자의 사회적 실천 속에서만, 그리고 실천을 통해서만 존재한다는 기든스의 논의에 대한 불만이 깔려 있다. 아처에 따르면, 어떤 사회가 기든스의 가상적 구조 모델이 실제로 작동하는 방식으로 시간을 제거한다면 역사의 이해라는 측면에서 급격히 황폐화될 것이다. 다시 말해, 행위자가 어떻게 사회적 삶의 구조를 재생산하고 변화시키는 행위를 해 왔는지를 분석하려는 사회학자의 입장에서 보면, 구조는 시간에 걸쳐 역사적으로 파악돼야 할 필요가 있다.

이와 유사한 입장을 가진 니코스 무젤리스Nicos Mouzelis(1989)는 구조화 이론이 사회운동 같은 집합적 행위자에 적용 가능한지에 의문을 제기한다. 무젤리스에 따르면, 기든스의 구조화 개념은 행위자가 과도한 수준의 성찰을 하지 않고도 수행 가능한 즉각적·일상적 삶에는 어느 정도 적절하다. 그러나 행위자가 세계를 형성하는 구조의 힘을 의식적·개념적으로 성찰하는 상황에는 잘 들어맞지 않는다. 노동자들이 불공정한 노동조건에 맞서 원칙적 입장을 취하는 상황, 또는 여성들이 견고한 젠더 차별에 맞서 집합적으로 행동하는 것은 세계에 대해 고도로 성찰적인 태도를 취할 것을 요하는 상황이다. 무젤리스에 따르면, 이러한 상황은 행위자의 구조로부터의 분리를 포함한다. 행위자는 삶 속에서 구조의 힘을 이해하고, 결과적으로 그러한 견고한 상황을 변화시키고자 한다. 이러한 점에서, 경제적인 힘 혹은 젠더의 힘에 관한 논쟁은 성찰적 개인들의 일상적 행위와 떨어뜨려 놓을 수 있는 것이 아니다.

기든스에 대한 논평자들 중 가장 강도 높은 목소리를 내는 인물은 존 B. 톰슨John B. Thompson이다. 그는 1980년대와 1990년대에 걸쳐 케임브리지대학교에서 기든스와 긴밀하게 협업한 바 있다. 톰슨은 기든스 사회이론의 범위와 야망을 존경하지만, 사회구조를 파악하는 자원과 규칙 개념의 적절성에는 의문을 제기한다. 톰슨에 따르면, 규칙과 자원에 대한 기든스의 설명은 모호하고 잘못되었다. 언어를 말하기 위해 사용되는 규칙에 관한 연구는 사회구조 연구와 같은 것이 아니기 때문이다. 언어학적 및 문법적 규칙은 인간 행위에 부과되는 중요한 제약이다. 그러나 사회적 삶에 유일한 제약은 아니다. 매년 나의 소득 중 일부를 정부에 납부토록 규정한 세법稅法은 일주일에 세 번 운동하자고 스스로에게 부여한 규칙보다 사회적으로 훨씬 중요하다. 그러나 그러한 중요성을 파악하는 것은 모종의 사회구조 개념을 요한다. 따라서 사회구조는 개인이 세계의 실재를 재생산하고 그 실재에 도전하며 의문을 제기하고 변화시키는 실제적 방식에 관한 것이다. 이런 맥락에서, 톰슨은 구조의 변화적 속성에 대한 기든스의 설명에 의문을 제기하며, 그의 접근법은 사회적 삶의 구조적 특성과 제도적 특성을 부적절하게 차별화시킨다고 지적한다. 포드자동차에서 일하는 노동자는 그 제도의 재생산에 기여하는 것이라 할 수 있으며, 따라서 일상적 직업 활동을 추구하는 범위 내에서 구조로서의 자본주의를 재생산하는 데 기여한다고 할 수 있다. 그러나 노동자가 자본주의를 위협하지 않으면서 제도로서의 포드 사의 원활한 운영을 위협하는 활동을 하는 것 또한 가능하다.

> 기든스가 올바로 주장하듯이, 모든 생산 및 재생산 행위 수행은 변화를 향한 잠재적 행위 수행일 수 있다. 그러나 제도를 변화시키는 행위의 범위는 사회구조가 그로써 변화되는 정도와 꼭 일치하는 것은 아니다.(Thompson, 1989: 70)

기든스는 아마 그 누구보다도 일상생활에서 구조의 가상적인 느낌에 주의를 기울이도록 한 사회이론가다. 그러나 보이지 않는 구조의 힘에 세심히 주의를 기울이는 와중에도, 그는 언제나 개인의 활동을 상기시킨다. 그가 구조화 이론을 정식화하면서 구조는 인간 행위자의 사회적 실천들 속에서, 그리고 그러한 실천들을 통해서만 존재한다고 한 점을 떠올려 보라. 물론 기든스의 구조 개념 재구성뿐만 아니라, 그의 개인 또는 정체성 설명에도 마찬가지로 문제를 제기하는 이들이 있다.

일상생활의 반복적 속성은 세계의 질서 또는 규칙성이 존재한다는(사회적 조직화의 엄청난 복잡성에도 불구하고) 놀라운 사실을 설명하는 데 도움이 도는 강력한 사회학적 아이디어다. 이것이 단지 표면적 현상을 지적하는 것처럼 보일 수도 있다. 우리 대부분은 사회적 상황에서 '어떻게 계속 할 것인지'를 알지만, 사회적 삶에서 구체적으로 무슨 일이 일어나느냐 하는 것은 복잡하고 모순적이기 때문이다. 많은 이들은 자신의 삶이 통제 불가능한 상태라고 느끼더라도 모든 것이 잘돼 간다는 인상을 발산할 수 있다. 그러나 그렇다 해도 기든스 사회이론에서는, 최소한 개인이 사회적 상호작용 속에서 '역할 습득'을 유지하고 일상생활의 미시적 상황 속에서 '평상시와 같은 행위'를 수행할 수 있는 한, 이러한 개인적 혼란은 문제가 되지 않는 것처럼 보인다. 확실히 기든스는 **반복**이야말로 사회의 정체성 생산과 사회의 생산 모두에 필수적인 것임을 분명히 한다. "반복은 행위자가 일상적 활동의 경로를 따라 움직일 때 행위자의 인성의 연속성에 필수적이며, 또한 지속적인 재생산을 통해서만 존재하게 되는 사회제도에도 필수적이다."[1984: 60] 이는 사회학적 결정론(정체성이 재구성된다는 의미에서) 또는 정치적 보수주의의 표현이 아니다. 사회적 재생산이 왜 특정한 습관적 실천의 수용을 요구하는지에 대한 논리적 이유는 없다. 더구나, 기든스가 사회민주주의로 나아가는 '제3의 길'을 논의한 더 최근의 저작들은 그저 신자유주의와 신보수주의에 대한 불만만을 드러낼 뿐이다. 하지만 관례화에 대한 기든스의 강조는 기존의, 대안적인, 상반된 삶의 유형은 공간과 시간을 가로지르는 습관적 실천의 통합에 대한 모종의 정서적 헌신을 요한다고 주장한다.

그러나 정확히 말하자면 기든스는 사회적 삶의 반복적 속성을 극한으로 몰고 간다는 것, 또는 일부 비평가들이 기든스가 그렇다고 주장한다는 것이다. 사회적 상호작용의 구조화된 속성이 개인이 자신이 하는 바를 반복적으로 행하는 역량이라고 한다면, 이러한 반복의 일관성을 조직화하는 감각을 제공하는 것은 정확히 무엇인가? 일상생활의 조직화된 반복은 어떻게 개인의 상상 또는 사회의 사회적인 것의 복잡성으로부터 빠져나와 존재하게 되는가? 여기서 갑자기 구조화 이론이 제시하는 이중성은 익숙한 사회학적 이항대립으로 바뀌어 버린다. 다른 문제도 있다. 예를 들어, 반복이 실제로 얼마나 사생활 깊숙이 들어와 있는지, 즉 반복이 실제로 어떤 상황에서도 작동하는 사회적 일관성을 제공하여 정체성을 창출하는지 아니면 이미 형성된 자아의 감정적 복잡성의 사회적 틀을 제공하는지의 문제 같은 것 말이다. 그리고 반복이 어떤 의미에서 정체성 형성과 연결돼 있다면, 우리는 어떻게 개인이 자신의 일상적 삶을 사는 구조화된 실재를 이해하게 되는가? 달리 말하면, 중국과 북미의 반복의 사회적 차이를 만드는 것은 무엇인가? 반복 개념을 제3세계에는 어떻게 적용할 수 있는가? 반복이라는 용어는 기든스가 사용하듯이 사회적 상호작용을 설명하는 사회적으로 중립적인 개념인가, 아니면 서구적 삶의 규범적 이미지인가?

마지막으로, 사회와 개인의 관계에 대한 이러한 설명은 주체와 객체의 이원론을 초월한다는 주장 때문에 사람들의 정서적 삶을 사회학적으로 파악하는 데는 형편없음을 드러낸다는 점을 지적할 수 있다. 이러한 논박의 중심에는 기든스의 정신분석학 사용이 있다. 앞서 기든스가 실천적 의식 개념을 보완하기 위해 프로이트의 무의식 설명을 활용했음을 살펴본 바 있다. 무의식은 실천적 의식과 마찬가지로 비담화적인 인간 경험의 한 부분이다. 무의식에는 실천적 의식과 달리 유년기에 당한 억압이라는 장벽으로 인해 언어로 전환될 수 없는 부분이 많다. 확실히 억압된 무의식의 효과는 사회적 스트레스 또는 위기의 순간에 드러난다. 그러나 기든스가 보기에는 무의식을 향한 모종의 안정성이 있으며, 이는 일상의 습관과 반복의 힘으로 조정된다. 기든스는 예측 가능한 반복은 무의식을 조용히 머물게 한다고 말한다. 그러나 무의식이 정말로 반복에 의해 '봉인되는 지'를 따져 볼 필요는 있다. 소비자본주의가 촉진하는, 개인이 자기 몸에 강박을 갖거나 유명인 문화의 기준에 맞춰 끊임없이 자신의 외모를 평가하는 자기애적 반복은 어떠한가? 이러한 대중문화의 잣대 속에서 무의식을 제어하는 반복에 대해 이야기하는 것이 어떠한 의미가 있는가?

마찬가지로, 일부 비평가들은 '불안의 봉인', '존재론적 안전', '감정적 접종emotional inculation 등 기든스가 자아 조직화에 관한 일련의 용어를 통해 사회이론에 대한 정신분석학의 급진적 함의를 차단해 버린다고 지적한다. 이 용어들은 개인이 서서히 사회질서 속으로 스며듦을 주장하는 것처럼 보이며, 정신분석학에서 말하는 분열되고 파편화된 개인 주체와는 거리가 멀다.

피에르 부르디외: 아비투스와 실천적인 사회적 삶

기든스의 구조화 이론은 체계, 구조, 주체 같은 일반적 사회학적 개념을 중심축으로 상당히 큰 규모로 작동한다. 반면 프랑스 사회이론가 피에르 부르디외Pierre Bourdieu는 일상생활에서 표현되는 개인적·신체적 성향 내에 각인된 권력의 은밀한 유형을 분석하는 데 초점을 맞춘다.

부르디외는 기든스와 마찬가지로 잘 숙련된 습관이 어떻게 개인과 광범위한 사회를 연결하는지 설명하고자 사회 전체의 습관에 관심을 둔다(그리고 그러한 관심으로 인해 아비투스라는 사회학적 개념을 만들게 된다). 또한 기든스와 마찬가지로 사회적 행위자는 자신의 개인적 결정과 사생활에 영향을 미치고, 또 그에 영향을 받는 사회적 조건에 대한 복잡한 이해를 표현한다는 견해를 가졌다. 이 점에서는 부르디외와 기든스의 정확한 차이를 판별하는 것이 어려울 수 있다. 두 사람 모두 사회적 행위자의 반^反의식적 성찰성을 강조하는 데 매우 공을 들이기 때문이다. 부르디외의 이론은 행위자가 '게임에 대한 감각'을 가지고 있고, 그에 기초해 사회적 상황을 차별화는 데 적절한 반자동적 이해를 할 수 있다는 것이다. 그러나 부르디외와 기든스가 확실히 갈리는 지점, 그리고 이어서 계속 살펴보게 될 점은 권력이 작동하는 정도와 관련이 있다. 부르디외가 보기에 권력은 개인적 스타일의 극화는 물론이고 신체적 성향의 각인에도 작용한다.

부르디외가 사회이론에서 정체성과 사회구조의 관계를 재고하는 방식은, 사회가 어떻게 개인의 특정 실천을 창출하는지를 탐구하는 것이다. 기든스가 사회구조와 인간 행위를 혼합하듯이, 부르디외도 행위자를 사회적 과정의 '보조자'로 환원시키지도, 모든 사회적인 것의 원천으로 격상시키지도 않는 정교한 사회이론을 발전시킨다. 이런 맥락에서, 그는 경력 초기에 철학자 장 폴 사르트르Jean-Paul Sartre(명백히 당시 프랑스에서 가장 유명한 지식인이었던)의 자유주의적 실존주의는 물론이고 레비스트로스, 바르트, 푸코의 구조주의(제4장 참조)를 넘어섬으로써 프랑스의 지성 문화를 새로운 방향으로 돌리고자 했다. 간단히 말하면, 그의 야망은 외견상 자발적인 개인 행위가 사람들이 특정 상황에서 적절한 실천을 하도록 하는 사회적 기대와 어떻게 딱 맞아떨어지느냐 하는 퍼즐을 풀어내려는 것이었다.

부르디외는 이 퍼즐을 풀고자 《실천이론 개요Esquisse d'une théorie de la pratique 》(1972)에서 **아비투스**habitus 개념을 제시한다. 아비투스는 사회와 관련된 특정 문화적 특성과 맞물린 일련의 개인적 성향의 틀을 의미한다. 부르디외는 특유의 난해한 스타일로 아비투스 개념을 다음과 같이 논한다.

> 특정 유형의 환경을 구성하는 구조는 … 아비투스를 산출한다. 아비투스는 객관적으로 '조절되고' 규칙에 대한 준수의 생산 없이도 '규칙적인' 실천과 재현의 발생과 구조화의 원칙으로서 지속적이고 치환 가능한 성향의 체계다. 목적을 향한 의식적 지향을 선험적으로 전제하지 않고 객관적으로 목표에 적응하며 그 목표를 달성하는 데 필요한 방편의 숙달을 표현하는, 그리고 행위자의 조직화된 행위의 산물이 되지 않고 집합적으로 조율되는 것이다.(Bourdieu, 1977: 72)

이는 개인이 자신의 행위가 대체로 자발적인 것처럼 보이지만 실은 구조화된, 조절되지 않았지만 실은 규칙적인 형태로 수행되는 특정 문화적 성향을 각인하기 때문이다. 도시 내에서 새로운 곳을 여행하고자 하지만 기차역에서 줄을 서서 기다리는 자신을 발견한다. 그림을 통해 '내면의 자아'를 표현하고자 하지만 물감과 붓을 비축해 두려면 가까운 미술용품점부터 가야 한다. 이는 우리의 일상적 행동의 '자발성'이라는 것이 우리의 실천을 사회 전체의 암묵적인 규범 및 가치와 조화시키는 모종의 사회적 무의식과 언제나 중첩되는 것과 같다. 부르디외는 이것이 사회구조가 실제로 개인 행위를 결정한다고 주장하는 것은 아니라는 점을 강조한다. 아비투스는 유동적이고 열린 구조화 체계이며, 사회적 행위자가 자신이 구사할 수 있는 다양한 창의적 전략을 가지고 뜻밖의 사회구조에 대처할 수 있게 해 준다.

부르디외는 아비투스 개념을 커바일Kabyle 부족민에 관한 인류학적 연구, 특히 커바일 사회 내에서의 선물 교환에 대한 면밀한 사회학적 분석으로부터 발전시켰다. 부르디외는 사회가 개인에 선행하는 실재를 갖고 있다는 구조주의의 최초 진단은 옳다고 본다. 예를 들어, 언어는 발화행위자로서의 우리보다 앞서 존재하며 우리가 지구를 떠난 후에도 오랫동안 사회제도로 남아 있으리라는 것이다. 부르디외의 생각은, 만약 그렇다면 구조주의는 언어가 우리의 개인적 발화행위를 규제하고 심지어 형성하는 힘을 우리가 인식하든 못하든 가지고 있다고 주장한다는 점에서 옳다는 것이다.

그러나 부르디외에 따르면, 구조주의가 명백히 부적절한 지점은 사회적 행위를 개인들에게 부과되는 기계적인 규칙체계로 환원시킨다는 것이다. 부르디외는 커바일 부족 내에서 일어나는 선물 교환의 복잡다단한 측면들을 탐구하면서 인간의 명예에 대한 감각은 기존 규칙을 적용해서가 아니라 전반적 범위의 실천, 이를테면 선물에 대한 '템포에 맞는' 응답과 감사 표시를 수행함으로써 촉진된다는 점을 발견한다. 따라서 선물을 받은 행위자의 응답은 기계적 규칙의 적용에 의해 사회적으로 결정된 것이

▌아비투스는 생성도식의 습득된 체계로서, 그것이 산출되는 특정 조건에 내재한 모든 사고, 인지, 행위의 자유로운 생산을 가능케 한다. … 아비투스는 산물―사고, 인지, 행위―의 생성을 위한 무한한 역량이며 그 한계는 그것이 생산되는 역사적 및 사회적으로 상황지어진 조건에 의해 설정되기 때문에, 그것이 제공하는 조건지어진, 그리고 조건짓는 자유는 원래 조건의 단순한 기계적 재생산과 거리가 먼 것만큼이나 예측 불가능한 새로운 것의 창출과도 거리가 멀다.

피에르 부르디외(1980) *Le Sens pratique* (Paris: Les Éditions de Minuit) 《실천의 의미》

아니며, 개인적 판단의 문제에 불과한 것도 아니다. 그보다는 유동적으로 구조화되는 구조 내에서 작동하는, 수용 가능한 실천과 책무와 호혜성과 명예에 관한 집단의 규범에 의해 특징지어지는, 선물을 받은 이의 창조적 기예를 포함한다.

깊이 뿌리박힌 기질이라는 의미에서 보면 아비투스는 사회적 실천을 구조화하는 특징이지만, 실은 그 이상의 의미를 담고 있다. 우리의 실천적 또는 습관적 행동에 어느 정도 일관성이 있다면, 이는 우리의 신체가 말 그대로 기존의 사회적 배경과 맞물린 특정 유형으로 틀지워져 있기 때문이다. 아비투스가 신체적 욕구와 기질에 전반적으로 영향을 미치는 방식을 탐구한다는 것은 사회학자들이 '사회화'로 지칭하는 과정을 탐구한다는 말이다. 넓은 의미에서 보면, 사회화 개념은 아동을 더 큰 사회구조 내에서 교육하거나 규제하는 것을 말한다. 가정에서 좋은 매너를 배우는 것, 또는 학교에서 권위자에 대한 존경을 배우는 것은 사회화의 사례다. 아비투스가 신체에 침투하는 방식(그가 '물질적 형성 과정corporeal hexis'으로 지칭하는)에 관한 부르디외의 설명은 사회화 개념과 유사하지만 그 범위는 훨씬 넓다.

사회화는 능동적 또는 의식적 학습이라는 생각을 많이 담고 있는데, 부르디외는 우리가 세계 내에서 행위에 이르게 되는 방식을 이렇게 생각하지 않는다. 그는 메시지가 시간의 흐름에 따라 사람들에게 전달되는, 이를테면 문화적 규범이 습관적 행동 패턴이 되고 그에 따라 의식에서 철수하는 미묘한 방식에 관심을 갖는다. 딸이나 아들에게 저녁 식탁에서 "똑바로 앉아"라고 반복적으로 말하거나, 같은 반 친구의 집에서 음식을 대접 받으면 "늘 고맙다고 말해라"라고 가르치는 부모는 근대사회의 아비투스 재생산에 종사하는 것이다. 또한 이는 아비투스가 개인의 신체에 깊숙이 영향을 미친다는, 즉 사람들이 말하고 걷고 행위하고 먹는 방식을 구조화한다는 생각을 담고 있다. 따라서 아비투스는 신체의 양식화stylization와 상당히 관련돼 있다.

사회적 실천과 신체에 관해 지금까지 논의한 내용은 인간 행위 분석의 핵심이지만, 규칙적인 사회적 삶이 형성되고 작동하기 위해서는 그러한 실천이 광범위한 제도적 맥락 속에 안착돼야 한다는 점 또한 두 말할 나위가 없다. 부르디외는 '장field', 즉 개인이 처하는 위치의 구조화된 공간이라는 개념을 도입함으로써 이러한 작업을 수행한다. 부르디외에 따르면 교육, 경제, 문화 등등 상이한 사회적 속성과 특성을 포함한 다양한 장이 존재한다. 부르디외는 장이 개인에 선행해 존재한다고 말한다. 장은 광범위한 사회적 배경 내에서 개인에게 객관적 위치를 귀속시키며, 그럼으로써 특정 장 내에서의 투쟁과 관련된 개인과 집단 사이의 역학관계에 기여한다. 톰슨John Thompson은 부르디외의 저작에서 나타나는 장의 사회적 영향력을 다음과 같이 설명한다.

> 장은 구조화된 위치의 공간이라는 점에서는 공시적共時的인 것으로 보일 수 있다. 위치의 속성은 개인적 공간 내의 입지에 달려 있는 것이지 그 입지에 처한 입주자의 개인적 속성에 달려 있는 것이 아니다. 그러나 어떠한 장이든, 이를테면 교사가 '지식'을 전수하는 교육 공간이든 또는 문학작품이 소비를 위해 제공되는 문화적 공간이든, 공통적으로 습득하는 특정한 일반적 법칙이 있다. 따라서 모든 장에서 개인은 진입권을 뛰어넘어 자신의 선호에 맞게 구조를 바꾸고자 하는 신규 진입자들과 자신의 독점권을 지키고 경쟁을 배제하려는 기존 행위자들 사이에서 투쟁하게 될 수 있다.(Thompson, 1984: 49)

아비투스, 장, 실천, 이 모두는 정치적 변동의 가능성을 내포하고 있으며, 프랑스의 공적 생활에서 부르디외는 (사르트르의 뒤를 이어) 당대에 가장 정치적으로 참여적인 지식인 중 한 명으로 널리 인식됐다. 그의 저작들은 그 사회학적 방법상 성찰적임은 물론이고 정치지향적이기도 했다. 부르디외는 선진 자본주의의 인간적 결과를 날카롭게 인식하고 말기 저작들에서 신자유주의와 지구화를 신랄하게 논박했다.

그는 《세계의 비참La misère du monde》(1993)에서 실업수당에 의존하는 삶부터 저임금 단기고용에 이르기까지, 그리고 열악한 주거 환경부터 공장 바닥에서의 노동 경험에 이르기까지 현대의 다양한 빈곤을 거론한다. 이 책은 1천 쪽이 넘는 방대한 분량에 자유시장의 황폐화가 어떻게 일상생활의 세세한 측면 전반에 영향을 미쳤는지를 밝혀낸 저작으로서 프랑스에서 베스트셀러 반열에 올랐다. 부르디외가 말년에 저술한 다른 일부 저작들도 베스트셀러가 됐는데, 다시 말하건대 이는 그가 우리 당대의 사회적 저항이라는 한정된 범위뿐만 아니라 진보정치와 관련된 저항의 중요성에 대해서도 강력한 사회학적 판단을 내렸기 때문이다. 그는 《텔레비전에 대하여Sur la télévision suivi de L'emprise du journalisme》(1996)에서 미디어가 '문화적 패스트푸드'를 제공하고 진지한 사회 분석이라는 책무를 저버린다며 규탄했다. 그리고 《맞불Contre-feux》(1998)에서는 학계의 탈정치화를 맹비난하면서 급성장 중인 반지구화 운동에서 지식인과 예술인의 역할을 세심하게 논의했다.

취향의 문제: 부르디외의《구별짓기》

부르디외의 용법에 따르면, 아비투스는 문화적 취향 및 사회적 선호이면서 또한 권력과 사회계급의 외적 표현이기도 하다. 부르디외는《구별짓기: 문화와 취향의 사회학La Distinction - Critique sociale du jugement》(1984)에서 프랑스 사회를 노동계급, 중간계급, 중상계급으로 나누어 그 습관과 취향에 대한 탁월한 분석을 발전시켰다. 넓은 의미에서 그의 논의는 경제가 사회질서의 기준선이라면 사회적 구별짓기 투쟁은 다른 유형의 자본, 잘 알려진 **문화자본**과 **상징자본**에 의해 수행된다는 것이다.

부르디외가 보기에, 자본을 위한 투쟁은 관념보다 실천의 문제이며, 결국 빈곤과 풍요의 구분은 생활양식의 실천은 물론이고 문화의 영역이기도 하다. 부르디외는 다음과 같이 말한다.

집단의 전반적인 생활양식을 그 집단이 가구나 의복과 관련해 채택하는 스타일로 읽어 낼 수 있다면, 이는 그러한 소유물들이 그 선택을 결정하는 경제적 및 문화적 필요의 객관화라는 점뿐만 아니라 익숙한 대상들, 그것들의 화려함 또는 빈궁함, '고상함' 또는 '저속함', '아름다움' 또는 '추함' 속에서 객관화된 사회적 관계들이 마치 베이지색 융단의 있는 듯 없는 듯한 촉감 또는 야한 색상의 찢어진 리놀륨linoleum(마루 깔개의 일종)의 얄팍하고 차가운 느낌, 코를 찌르는 표백제 냄새처럼 철저하게 무의식적인 신체적 경험을 통해 나타나기 때문이기도 하다.(1984: 77)

따라서 문화는 개인이 사회적 세련됨을 보여 주는 방식의 핵심에 놓인 더 나은 삶, 매너, 교양, 또는 사회적 상호작용의 우아한 여유와 관련된 것이다. 이러한 사회적 세련됨은 특정 경제자본(예를 들면, 등록금 비싼 사립학교)을 요한다. 그러나 구별짓기를 위한 사회적 투쟁은 문화적 차원 또한 포함한다. 자아의 경작은 배움, 미학, 예술의 문제이기도 하다.

부르디외의 문화자본 개념은 사회 불평등이 문화 소비에서 표현되는 취향의 권력 구분을 통해 산출되는 수단에 주의를 기울이게끔 한다. 부르디외는 특정 유형의 문화자본 소유, 이를테면 지식인 및 예술인의 문화자본이 그러한 경쟁력을 갖지 못한 사람들에 대한 사회적 지배를 유지하는 데 사용된다는 점을 발견했다. 이러한 가치 있는 사회학적 관점은 대중문화popular culture와 미디어에 대한 분석으로 확장될 수 있다. 예를 들어 '리얼리티 TV쇼'에서는 사람들에 대한 대놓고 망신 주기 및 사회질서 내의 열등한 사회적 위치로의 격하와 관련된 새로운 유형의 상징적 폭력이 뚜렷이 나타난다. 미디어 이론가 안젤라 맥로비Angela McRobbie는 부르디외의 문화자본 개념을 활용해 영국 TV 프로그램 〈입지 말아야 할 것What Not to Wear〉(〈나 어때 보여?How Do I Look?〉과 유사한 포맷의 프로그램)을 분석하면서 상징적 폭력의 실천과 지배 유형에 초점을 맞추었다.

부르디외의 논의는 사회적 재생산 수단으로서 상징적 폭력을 재고再考할 수 있게 해 준다. … 변신을 주제로 한 TV 프로그램의 제물들은 전문가의 분석과 힐난을 위한 계급 아비투스를 표현한다.

이런 프로그램들은 문화적 중개자가 명백히 자기계발 수단으로서 개인에게 지침과 조언을 제시하는 일련의 상황으로 구성돼 있다. … 이런 프로그램은 제물이 전문가의 도움이 필요한 사람으로 나서지 않으면 효과가 떨어진다. 자신의 열등한 계급 아비투스의 기초 위에서, 그 개인은 프로그램의 맥락상 본능적으로, 그리고 무의식적으로 전문가 앞에서 자신의 위치를 알아채고 자신보다 더 잘 아는 이에 대한 감사와 존경을 담은 울음을 터뜨리는 '게임의 느낌', '사회적 실재에 대한 실천적 감각'을 갖게 될 것이다.(2005: 147-148)

부르디외의 아이디어는 사람들이 왜 특정 유형의 문화적 실천을 채택하며 어떻게, 곧 지배적 사회계급에 맞춰진 아비투스 수정을 통해 소비문화가 요하는 동조가 유지되는지를 이해하는 데 도움을 준다.

부르디외에 대한 비판

눈에 띄게 독창적인 논의를 전개한 사회이론가로 평가 받기에 손색이 없긴 하지만, 부르디외의 논의는 많은 때로는 맹렬한 논박의 대상이 됐다. 예를 들어, 비평가들은 아비투스 개념이 사회적 경험의 복잡다단함을 설명하는 데 적절한지 의문을 제기해 왔다. 논박의 요지는 아비투스 개념이 사회구조 내에서의 문화적 기질의 억제를 과도하게 강조함으로써 개인이 자신의 창조적 행위를 통해 기존의 사회체계와 협상하거나 이를 변형시키는 역량을 과소평가하게 된다는 것이다. 이러한 논박은 나름대로 타당성이 있지만, 좀 더 정교해져야 할 필요도 있다.

부르디외의 아비투스 개념은 구조주의와 포스트구조주의의 여파 속에서 이론적 혁신으로서 나타났고 반대가 여전히 가능했던 정치적·지적 분위기와 잘 맞아떨어졌지만, 현재는 세계를 이해하는 개인주의적 방식과 어느 정도 결별한 것으로 개념화된다. 부르디외가 보기에 사회는 개인 행위와 선택의 산출이기보다는 개인이 적절한 문화자본에 기초해 행위하고 타인을 배제하는 기질을 구조화하며 그러한 기질이 구조화된 장이다. 달리 말하면, 아비투스는 스스로를 정체성에 각인시키는 객체('사회')인 것이다.

사회적 재생산에는 촉진적 측면과 강제적 측면이 있다. 부르디외는 말하기를, 아비투스 개념에서 가장 역동적인 것은 사회성의 조건으로서 그것의 지위다. 아비투스는 문화가 요하는 행위 유형을 처방한다. 이러한 관점은 일반적 의미에서 급진적인 것이었지만, 전반적으로 볼 때 정체성에 관한 특정 주제(사회적 관계의 측면에서 자아의 구체적 협상)에 관한 논의와는 별로 관련이 없어 보였다. 비록 부르디외가 교육에서 미학에 이르기까지 전반적인 범위에 대한 사회학적 탐구를 제공하긴 했지만 말이다. 이러한 점에서 볼 때 일부 어려운 점은, 부르디외의 논의에서 구조가 여전히 우리에게 우리의 행위를—운명을 선택으로 오인하는 정도로까지—부여한다는 점에서 그가 구조주의와 철저히 결별하지 못했다고 할 수 있다는 것이다. 그럼으로써 부르디외의 아비투스 개념은 개인이 사회적·문화적 과정에서 맞닥뜨리는 모든 상황에서 행하는 행위의 창조성—사회 변동의 문제에 상당한 중요성을 갖는 측면—을 간과한다. 결국 찰스 레머트Charles Lemert는 "아비투스는 아비투스 내에서의 변화를 설명하지 못한다"(Lemert, 1995: 146)고 하기에 이르렀다.

사회이론에 대한 부르디외의 공헌과 관련된 논쟁에는 다른 이슈들도 있다. 핵심적인 논박은 부르디외가 다양한 사회학적 분석에서 사용한 사회에 대한 가정에 관한 것이다. 예를 들어, 일부 비평가들은 부르디외가 경제를 당연한 것으로 간주해서 사회적 삶에 대한 경제적 힘의 역할을 분석하지 않았다고 주장한다. 부르디외는 정치적 좌파에 우호적인 것으로 알려졌지만, 그의 사회이론의 정치학은 다소 완곡했다. 그는 마르크스 및 마르크스주의와 확실히 거리를 두었다. 몇몇 비평가들은 이러한 배경을 바탕으로 그가 문화자본을 경제자본보다 우위에 놓았으며, 따라서 경제적 억압이라는 이슈를 피해 가는 경향을 보였다고 주장했다.

내가 보기에 더 흥미로운 논박은 **상징적 폭력**에 관한 그의 설명이 사회에서 핵심적인 규범과 가치의 측면과 관련된 모종의 합의를 가정하고 있다는 것이다. 이는 사람들이 사회적 가치에 대해 서로 간에 공개적으로 동의한다고 가정하는 것의 문제라기보다 문화자본과 상징자본을 행사하는 사람들이 타인들에 의해 사회적 권위의 '정당한' 소유자로 인식된다는 선험적 전제의 문제다. 말하자면, 부르디외는 사회적 실천을 사회적 안정성이 어떻게 유지되는지의 측면에서 개념화했다는 논박을 받을 수 있다는 것이다. 이러한 접근법은 부르디외로 하여금 현대사회에서 상징적 지배가 어떻게 행사되는지에 관한 강력한 통찰을 발전시킬 수 있게 했지만, 이러한 통찰은 확실히 사회구조가―또는 문화자본과 더불어 행위하는 방식이―어떻게 변화될 수 있는지에 관한 사회학적 이해를 저해하는 대가를 치른다. 간단히 말해서, 아비투스가 그렇게까지 압도적으로 엄격한 개념은 아닐 수 있다는 것이다.

마지막으로, **저항**이라는 정치적 개념에 대한 부르디외의 헌신이 한편으로는 선진 자본주의의 특정 권력구조 내에서 작동하는 사회적 지배의 제약을 과대평가하게 만들었고, 다른 한편으로는 지구화의 영향의 결과로 세계가 실제로 변화된 정도를 과소평가하게 만들었다는 점은 이제 널리 알려져 있다. 프랑스의 여러 보수주의 정부가 촉진한 지구화와 신자유주의에 대한 부르디외의 공격이 확실히 도발적이었음은 의심의 여지가 없다. 그러나 투쟁하는 노동자들, 이주자들, 그리고 현대 프랑스 정치체계에서 착취당한 또 다른 사람들과의 연대에 대한 헌신에도 불구하고, 부르디외는 지구화가 가속화되는 우리 시대에 진보정치가 실제로 어떠해야 하는지에 대한 개요를 발전시키는 데 실패했다.

프랑스 사회이론은 권력에 대한 저항이라는 유토피아적 순간과 개량주의적 사회정책이라는 오염된 영역 간의 대비에 주목한 적이 많았으며, 이 점에서는 부르디외도 예외가 아니다. 그러나 저항 일반에 관한 그의 논의는 사람들의 문화적 아비투스에 대한 사회학적 진단과 맞물려 패배주의 정치학의 한 형태로 잘못 해석될 여지가 많다. 여기서 다시 한 번 부르디외와 기든스를 비교하는 것이 유용하다.

현대 정치에서 급진적 중도 또는 '제3의 길'에 관한 기든스의 이론에 대한 다양한 논박이 있지만, 그의 논의는 근대사회의 정치 지형이 수십 년 동안 일차적으로 지구화 및 정보기술 혁명의 결과로 인해 상당한 정도로 변화해 왔음을 분명히 인정한다. 확실히 기든스 후기의 정치 관련 저작들은 다양한 중도좌파 정부들—영국, 캐나다, 독일, 브라질, 멕시코, 아르헨티나, 심지어 프랑스—의 노선에 상당한 영향을 미쳤다. 반면에 부르디외의 정치 관련 저작들은 그러한 정책적 영향력을 미치지 못했는데, 왜 그러했는지를 생각해 보면 흥미롭다. 부르디외는 자신의 정치적 논박을 권력 일반에 대한 저항이라는 창공에 던진 반면, 기든스의 '제3의 길'은 글로벌 전자경제라는 실재에 대한 응답으로 고안된 새로운 정치적 경로를 구성했다. 기든스에게 역동적 경제는 부의 창출은 물론, 사회적 연대와 사회정의의 창출에도 핵심적인 것이다. 부르디외가 지구화를 본질적으로 반민주적이라면서 일축해 버린 반면, 기든스는 지구화가 더 복잡다단한 정치현상이며 '탈정치화된 글로벌 공간'을 향해 열려 있고 우리 시대의 경제적·정치적 문제에 핵심적인 것임을 인식했다. 그에 비해 부르디외가 보는 지구화는 끝없는 전체주의화이며, 유일한 정치적 균형추는 '반反지구화'다.

요약

① 구조화 이론은 개인 행위가 실제 사회적 삶의 일상적 행위들로부터 어떻게 조직화되는지, 그리고 동시에 사회의 구조적 특성들이 개인 행위를 통해 어떻게 재생산되는지를 파악하는 것을 목표로 한다.

② 영국 사회이론가 앤서니 기든스는 프랑스어에서 '구조화'라는 용어를 차용해 사회는 제도를 형성하는 반복적 실천의 복합체로 이해돼야 한다고 주장한다. 기든스 논의의 초점은 고정된 또는 주어진 사회가 아니라 사회적 삶의 역동적 흐름이다.

③ 기든스는 행위와 구조의 이원론이 아니라 이중성duality을 인식해야 한다고 주장한다. 이러한 관점에서 보면, 사회체계들은 그것이 조직화하는 실천들의 매개이자 동시에 결과다.

④ 기든스는 구조주의와 포스트구조주의를 논박하면서, 비록 언어가 사회적 삶의 핵심적 측면을 예증한다 하더라도 사회가 '언어처럼 구조화된' 것은 아니라고 주장한다. 기든스에 따르면, 인간 행위자는 사회적으로 구조화된 '규칙과 자원'을 사회적 상호작용을 위해 동원하며, 그 결과 사회 전체의 재생산에 기여한다.

⑤ 기든스에게 구조는 행위자들이 사회적 삶에서 행하는 바에 관한 지식과 독립적인 존재를 갖는 것이 아니다. 따라서 사회구조는 시간과 공간 바깥에 존재하며, '가상적' 존재로 나타난다.

⑥ 근대성의 '질주하는 세계'에 관한 기든스의 후기 논의에서, 성찰성은 개인 삶의 생산과 사회의 복잡성의 핵심이다. 기든스에게 성찰성은 사회적 실천이 바로 그 실천에 관한 계속적인 정보의 측면에서 지속적으로 탐구되고 재형성되는, 따라서 그러한 실천의 구조에 영향을 미치는 것을 의미한다.

⑦ 기든스의 구조화 이론에 대해서는 인간 행위를 사회구조와 결합하는 데 도움이 되지 않으며, '규칙과 자원' 개념이 사회적 재생산을 파악하기에는 제한적이라는 등 다양한 논박이 있었다. 성찰성에 대한 기든스의 설명 또한 개인주의적으로 편향돼 있으며 감정적·대인적 요인들을 간과한다는 논박을 받았다.

⑧ 프랑스 사회학자 피에르 부르디외가 말하는 구조화는 사회적 삶의 유동성이 아비투스라는 개념에 의해 파악된다는 것이다. 이 개념은 신체적 성향과 잘 사회화된 습관이 어떻게 개인의 삶과 사회적 삶 사이의 가교가 되는지를 지칭한다.

⑨ 부르디외는 개인 또는 집단의 아비투스가 '장'이라는 제도적 삶에 안착한다고 본다. 경제 또는 문화 영역 같은 장은 개인이 행위하는 위치의 구조화된 공간을 지칭한다.

⑩ 부르디외의 사회이론은 다른 것보다도 개인적 및 사회적 삶의 변동을 억압한다는 점, 또한 사회적 실천이 산출되는 아비투스의 영향력을 지나치게 강조한다는 점 때문에 논박을 받았다.

심화 질문

① 기든스는 사회적 지식의 두 가지 핵심 유형을 실용적 의식과 담론적 의식으로 구분한다. 양자의 차이를 어떻게 이해할 수 있는가?

② 일상적 습관, 반복, 능숙함 같은 우리의 개인적 행위는 어떻게 사회의 구조를 '재생산'하는 데 일조하는가?

③ 기든스는 사회구조가 사회체계의 '매개이면서 결과'라고 말하는 것인가? 그가 도달한 결론은 무엇인가?

④ 개인 행위에 대한 근대의 성찰적 모니터링은 사회구조를 어떻게 바꾸는가?

⑤ 아비투스는 가능케 하면서 또한 강제적이다. 어떻게 그러한가?

⑥ 의복부터 음악적 취향에 이르기까지, 부르디외는 '문화자본'이 역할을 한다고 단언한다. 나의 삶에서 문화자본의 예를 들어 보라.

더 읽을거리

앤서니 기든스

Central Problems in Social Theory (London: Macmillan; Berkeley: Uni-

versity of California Press, 1979) 《사회이론의 주요 쟁점》, 윤병철·박병래 옮김,
문예출판사, 1991)

The Constitution of Society: Outline of the Theory of Structuration (Cambridge: Polity Press; Berkeley: University of California Press, 1984) 《사회구성론》, 황명주·정희태·권진현 옮김, 간디서원, 2006)

The Consequences of Modernity (Cambridge: Polity Press; Palo Alto: Stanford University Press, 1990) 《포스트모더니티》, 이윤희·이현희 옮김, 민영사, 1991)

Modernity and Self-Identity (Cambridge: Polity Press, 1991) 《현대사회의 성, 사랑, 에로티시즘: 친밀성의 구조 변동》, 배은경·황정미 옮김, 새물결, 2001)

Beyond Left and Right (Cambridge: Polity Press; Palo Alto: Stanford University Press, 1994) 《좌파와 우파를 넘어서》, 김현옥 옮김, 한울, 1997)

(with Ulrich Beck and Scott Lash) *Reflexive Modernization: Politics, Tradition and Aesthetics in the Modern Social Order* (Stanford, California: Stanford University Press, 1994) 《성찰적 근대화》, 임현진·정일준 옮김, 한울, 1998)

피에르 부르디외

Esquisse d'une théorie de la pratique précédé de Trois études d'ethnologie kabyle (Genève, Droz, 1972)

La Distinction. Critique sociale du jugement (Paris, Les Éditions de Minuit, 1979) 《구별짓기》(전2권), 최종철 옮김, 새물결, 2005)

Homo academicus (Paris, Les Éditions de Minuit, coll. « Le sens commun », 1984) 《호모 아카데미쿠스》, 김정곤·임기대 옮김, 동문선, 2005)

Langage et pouvoir symbolique (Paris, Seuil, coll. « Points Essais », 2001) 《언어와 상징권력》, 김현경 옮김, 나남, 2014)

The Field of Cultural Production (Cambridge: Polity Press, 1993)

Les règles de l'art : genèse et structure du champ littéraire (Paris, Seuil, 1992)

La noblesse d'État : grandes écoles et esprit de corps (Paris, Les Éditions de Minuit, coll. « Le sens commun », 1989)

La misère du monde, Paris (Seuil, coll. « Points essais », 2007)

(with Priscilla Parkhurst Ferguson) *Sur la télévision suivi de L'emprise du journalisme* (Paris, Liber, coll. « Raisons d'agir », 1996) 《텔레비전에 대하여》, 현택수 옮김, 동문선, 2000)

기든스에 대한 심화된 탐구를 시작하는 좋은 방법은 크리스토퍼 피어슨 Christopher Pierson과의 대담집이다.

Conversations with Anthony Giddens (Stanford, CA: Stanford University Press, 1998) 《기든스와의 대화》, 김형식 옮김, 21세기북스, 1998)

가든스에 관한 입문서는 상당히 많은데, 그중 유용한 것은 다음과 같다.

Lars Bo Kasperson, *Anthony Giddens: An Introduction to a Social Theorist* (Oxford: Blackwell Publishers, 2000).

Ian Craib, *Anthony Giddens* (London: Routledge, 1992)

Ira Cohen, *Structuration Theory: Anthony Giddens and the Constitution of Social Life* (London: Macmillan, 1989)

기든스에 대한 비평들을 편집한 저작들은 다음과 같다.

David Held and John B. Thompson, *Social Theory of Modern Societies: Anthony Giddens and His Critics* (Cambridge: Cambridge University Press, 1989)

Christopher Bryant and David Jary, *Giddens' Theory of Structuration: A Critical Appreciation* (London: Routledge, 1991)

Christopher Bryant and David Jary, *The Contemporary Giddens* (New York: Palgrave, 2000)

피에르 부르디외에 관한 유용한 입문서들은 다음과 같다.

Harker et al. (editors), *An Introduction to the Work of Pierre Bourdieu* (Macmillan Publishing Company, 1990)

Jeremy Lane, *Pierre Bourdieu: A Critical Introduction* (London: Pluto

Press, 2000)

Michael Grenfell, *Pierre Bourdieu: Key Concepts* (London: Acumen Press, 2008)

부르디외에 대한 비판적인 평가는 다음 편저를 참조하라.

Craig Calhoun et al. (editors), *Pierre Bourdieu: Critical Perspectives* (Chicago: Uniersity of Chicago Press, 1992)

부르디외 이론의 특정 측면에 초점을 맞춘 비평서들은 다음과 같다.

David Swartz, *Culture and Power: The Sociology of Pierre Bourdieu* (Chicago: Uniersity of Chicago Press, 1998)

Loic Wacquant, *Pierre Bourdieu and Democratic Politics* (Cambridge: Polity Press, 2005)

Bridget Fowler, *Pierre Bourdieu and Cultural Theory: Critical Investigations* (London, California and New Delhi: Sage Publications, 1997)

인터넷 링크

앤서니 기든스

http://www.edge.org/3rd_culture/bios/giddens.html

http://www.theory.org.uk/giddens2.htm

http://www.faculty.rsu.edu/~felwell/Theorists/Giddens/index.htm

피에르 부르디외

http://www.kirjasto.sci.fi/bourd.htm

http://www.guradian.co.uk/obituaries/story/o,,640396,00.html

현대 비판이론

7장

2002년 초, 미국 정부는 북한, 이란과 더불어 이라크를 '악의 축'으로 규정했다. 그 요지인즉, 사담 후세인 치하의 이라크가 대량살상무기를 보유하여 세계, 특히 미국에 위협이 된다는 것이었다. 더 나아가, 미국은 후세인이 이라크 국민들을 폭압적으로 통치했으며 중동의 정치적 불안을 가중시켰다고 주장했다. 2002년 말에 열린 UN 총회에서 당시 미국의 조지 부시 대통령은 회원국들에게 이라크의 '심각하고 증대하는 위험'에 대처하자고 촉구했다. 이후 이라크가 세계평화의 목전에 위협을 초래했는지를 두고 격론이 오가는 시기가 이어졌다. UN 안전보장이사회는 이라크에 무기 사찰단을 새로 파견했다. 다수 회원국은 후세인 정권이 국제법이 요구하는 바에 협조적이었다고 주장했다. 그러나 미국, 영국, 스페인 등은 이를 믿지 않는다면서 이라크에 대한 군사행동이 반드시 필요하다고 했다. 정치적 논쟁은 2003년 초까지 계속됐으며, 다른 한편으로 세계 여러 도시에서 대규모 평화 기원 집회가 열렸다. 그러나 결국 정치적 논쟁과 외교적 대화 과정은 폭력과 파괴로 귀결되면서 종언을 고했다. 2003년 3월 19일, 미국은 '이라크 평화작전'을 개시하여 바그다드에 지속적으로 공중폭격을 가하면서 지상군까지 진격시켰다. 미국은 이라크 침공을 통해 일거에 일방적 군사주의를 수용하면서 국제법 구조를 무력화시켰다.

2003년 미국의 이라크 침공을 설명하는 문헌은 실로 그 양이 엄청났다.

옹호하는 입장에서는 미국이 세계평화 유지를 위해 자국의 군사적 우위를 활용한 것이라고 주장했지만, 이는 이라크가 대량살상무기를 보유하지 않았다는 증거가 연이어 나오면서 점점 더 믿지 못할 것이 됐다. 전쟁 반대론자들은 석유에 대한 미국의 욕망이 침공의 원인이라고 역설했다. 다른 이들은 이라크전쟁이 이슬람 테러에 대한 공포가 만연한 결과라고 주장했다. 어떤 이들은 이 전쟁이 중동 민주화라는 신보수주의 어젠다의 일부라고 주장했다. 또 다른 이들은 초고속 자본주의turbo capitalism의 이해관계가 작동한 결과라고 봤는데, 이에 따르면 자유와 민주주의에 관한 격렬한 도덕적 담론이 전쟁의 산업화가 가져오는 이윤을 변호한다고 한다.

정확히 어떤 사회적 요인들이 결합됐든 간에, 최근 세계사에서 일어난 이 충격적인 사례는 사회적·정치적 사안에서, 한편으로 민주적 논쟁과 정치적 대화 간의, 다른 한편으로 경제적·관료제적 논리의 체계적·제도적 통제 간의 복잡한 관계를 파악하는 데 도움을 줄 수 있다. 오늘날 비판이론의 세계적 선두 주자인 위르겐 하버마스의 접근법에 따르면, 전쟁으로 인한 파괴가 논쟁을 주도하게 되는 지점에서 이라크에 관한 숙의가 담론 외적 요인들(석유로 매개된 이윤 욕망 또는 제국의 영토 확장 야심 같은)에 의해 체계적으로 왜곡됐다고 한다. 프랑크푸르트학파의 전통에 기초한 하버마스의 저작들은 최근 수십 년간의 사회이론과 진보적인 정치적 상상력 재활성화의 핵심이었다. 의사소통의 실수와 사회적 오해가 어떻게 침투적인 제도적 힘에 기초하는지에 관한 그의 획기적인 논의는 점차 그 영향력이 커졌으며, 이 장 대부분은 하버마스의 비판적 사회이론을 고찰 및 평가하는 데 할애된다. 끝부분에서는 현대 비판이론의 또 다른 발전, 특히 악셀 호네트의 담론적 민주주의 이론과 그의 부정 및 인정 이론을 살펴볼 것이다.

하버마스: 사회의 민주화

고전 사회이론의 전통에서 핵심이라 할 **이성과 합리성** 관념은 프랑크푸르트학파라는 가장 대담한 사회비판을 통해 포화를 맞게 됐다. 마르쿠제, 프롬, 아도르노, 호르크하이머 등은 저술을 통해 이성과 진보적 사회변동의 근거 없는 연결을 비판했다. 프랑크푸르트학파 비판이론의 주된 요지는, 이성의 텍스처와 기술-과학적 합리화의 지배 간의 복잡한 상호관계를 탐구하는 것이었다. 유럽에서 나치즘과 파시즘이 대두하고, 러시아혁명이 스탈린주의로 퇴행하고 기술관료적 사회관리가 확산되는 시대의 사회적 야만주의와 대중을 상대로 한 테러를 설명할 사회이론이 필요했다. 그런데 제2차 세계대전의 여파 속에서 새로운 정치적 가능성이 유럽 전역으로 퍼져 나갔다. 한 마디로, 세계가 프랑크푸르트학파가 제시한 암울한 사회진단과 매우 달라 보였다는 말이다.

예를 들어, 연합국에 의해 민주적 정치제도를 만들어 갈 기본적 법체계를 도입한 서독은 자유주의적 정치문화를 발전시키기 시작했는데, 그 뒤에는 서구의 경제 번영이라는 국제적 배경이 있었다. 3장에서 살펴봤듯이, 이 시기에 마르쿠제는 미국에 남아 있으면서 나중에 그를 신좌파의 유명 인사로 만든 저작을 집필했다. 아도르노와 호르크하이머는 서독으로 돌아가 자신들의 사회비판적 논조를 지키고자 했다. 하지만 프랑크푸르트학파가 정교화한 사회이론은 여러모로 전후戰後의 호조好調와는 다소 동떨어진 것처럼 보였고, 새로운 세대의 비판이론이 나타나 사회이론의 기본 영역을 다시 만들게 됐다. 이때 가장 두드러진 인물이 위르겐 하버마스Jürgen Habermas였다.

마르쿠제, 프롬, 아도르노, 호르크하이머의 프랑크푸르트학파 저작의 사회적 배경이 대공황, 나치즘, 소비에트 공산주의였다면, 하버마스가 이론적·사회학적 사고를 발전시킨 역사적 시기는 마르쿠제 등과 상당히 달랐다. 사회적 야만주의와 대중을 상대로 한 테러의 악몽이 대중의 마음에서 서서히 사라져 가면서, 세계는 상이한 사회적 경로들과 더 낙관적인 정치적 가능성이 열린 것처럼 보였다. 전후 독일에서 아도르노의 연구조교로 있던 하버마스는 민주주의 및 자유주의적 입헌주의의 대두라는 국내적 배경은 물론, 1960년대 유럽과 미국을 휩쓸던 학생 저항운동과 신사회운동이라는 배경에 기초해 자신의 정치적 감수성을 발전시켰다. 하버마스는 사회의 급진적 민주화라는 지상명령 속에서 비판이론을 재정립하기 위해 계몽주의의 기본 가정, 특히 **자유와 연대**의 영역 확대가 사회변혁에 적절하다는 점을 믿었다.

❚ 자유롭고 동등한 참여자들 간의 포용적이고 비강압적이며 합리적인 담론이라는 프래그머티즘적 전제 하에서, 모든 이는 다른 모든 이의 관점을 취할 것을 요구받으며, 따라서 스스로를 자신에 대한 이해와 다른 모든 타인들의 세계에 대한 이해로 투사하게 된다. 이렇게 교차하는 관점들로부터 이상적으로 확대된 우리라는 관점we-perspective이 발현되며, 이로써 논쟁적 규범을 공유된 실천의 기초로 만들고자 하는지의 여부를 공통으로 검증할 수 있다. 여기에는 해석돼야 할 상황과 욕구의 측면에서 언어의 적절성을 놓고 이루어지는 상호비판이 포함돼야 한다. 성공적으로 이루어진 추상화의 과정 속에서 일반화할 수 있는 이해관심의 요체가 단계적으로 발현될 수 있다.

위르겐 하버마스(1995) 'Reconciliation through the Public Use of Reason: Remarks on John Rawls's Political Liberalism' (*Journal of Philosophy*, vo. 92, no. 3, pp. 117-118) 《《이성의 공적 사용을 통한 화해: 존 롤스의 정치적 자유주의에 관한 논평》)

하버마스는 처음부터 자신의 논의를 언어 일반, 특히 의사소통에서의 이해관심을 탐구하는 사회이론으로의 방향 전환 시도로 여겼다. 그는 앞서 살펴본 미셸 푸코, 자크 라캉, 자크 데리다 같은 전후 유럽 지성인과 마찬가지로 언어를 사회이론의 핵심 요소로 만들었다. 그러나 그의 분석적 엄격함과 언어에 대한 관심은 비판적 사회이론을 매우 특정한 방향으로, 주로 일상생활에서 합리성의 힘을 이해하는 수단으로 이끌어 내기 위해 채택된 것이었다.

언어, 의사소통, 합리성은 그가 수정한 사회이론의 핵심 주제로, 그는 계몽주의의 유산이 더 이상 국지적 전통이나 선호 또는 권력의 투영에 머물지 않는다고 주장한다. 이러한 연관성 속에서, 하버마스는 언어가 항상 상호이해와 합의에 의해 지향되며 그것을 지향한다고 논한다. 그리고 이것이 발화, 청취, 추론, 논증을 위한 인간의 가장 기본적인 역량 속에서 나타난다고 주장한다. 모든 발화행위에서는 (비록 권력에 대한 이해관심으로 형성됐다 할지라도) 타당성 주장validity claim이 제기되며, 이는 다음과 같이 호혜적으로 인식된다. 즉, 우리가 말하는 것은 의미가 통하고 진실이며, 우리가 주장을 말할 때는 진정성이 있고, 그렇게 말하는 것에는 수행적 적절성performative appropriateness이 있다는 것이다.

하버마스는 이런 식으로 비판이론을 재구성하면서, 언어에 대한 이 같은 개념화로부터 진리, 즉 우리가 궁극적으로 의사소통적 대화의 산물에 대해 합리적 동의에 도달한 것으로 정의되는 것에 대한 급진적 접근법을 기획한다. 하버마스는 자유, 평등, 상호성, 윤리적 책임성이라는 정치적 가치의 규범적 이미지를 파악하는 것은 의사소통적 이성을 위한 우리의 역량에서 비롯된다고 주장한다.

초기 하버마스: 공론장의 발전과 쇠퇴

공론장과 **사적 영역**의 사회학적 구분은 하버마스 초기 저작부터 그의 사회이론적 주요 관심사였다. 《공론장의 구조변동: 부르주아 사회의 한 범주에 관한 연구Strukturwandel der Öffentlichkeit. Untersuchungen zu einer Kategorie der bürgerlichen Gesellschaft》(1962)는 새로운 형태의 '여론' 출현의 기원을 18세기까지 거슬러 올라가 탐구한 세밀한 역사적 연구이다. 제목에서도 드러나듯이 공론장과 제도적 구조, 부르주아 사회와 사회적 변동에 관한 하버마스의 핵심적 관심사를 결합시켰다.

이 초기 저작에서 하버마스는 공론장 개념의 기원을 고대 그리스의 폴리스 생활로 거슬러 올라가 찾는다. 고대 그리스에서는 공적 영역이 심오한 대화의 장으로 구성돼 있었으며, 개인들은 이곳에서 만나 비판적 이성에 관한 공적 담론과 공통의 관심사에 대한 논쟁에 참여했다. 그러나 16세기에 상업자본주의가 발달하면서부터 '여론'의 의미는 구 유럽 사회의 전통적 구조에 배태된 정중한 삶의 지배에서 벗어나 시장경제의 확대 및 국가와 시민사회의 구분이라는 새로운 영역으로 이행하게 된다. 초기 자본주의 혹은 시장자본주의에서 개인은 대인 간 상호작용, 상업 거래, 시민적 결사체를 통해 형성된 국가와 시민사회라는 분화된 영역들을 중개하는 중요한 역할을 수행했다. 하버마스는 이러한 발전의 핵심적 조건이 부르주아 가족문화였다고 주장한다. 안온한 가족생활이라는 친밀한 영역에서 새로운 개인 주체가 등장하여 위계적 권위라는 전통적 구조를 자유로이 재고하고 따져 묻게 됐다. 이러한 발현적·비판적 태도가 공적 영역으로 이전되었으며, 그 결과 사회의 제도적 구조에 변동이 일어났다.

하버마스에 따르면, 부르주아 공론장의 등장은 다양한 공적 토론 포럼에서 그 기원을 찾을 수 있다. 이 점에서 중요한 요소가 초기 근대 유럽 도시들에서 등장한 신문, 주간지, 클럽이었다. 특히 교육 수준이 높은 엘리트들은 서로 논쟁하거나 정부 당국 및 국가를 비판할 때 신문과 잡지를 활용했다. "신문은 단순한 뉴스 전달 기관을 넘어 정당정치의 무기인 여론의 담지자 및 주도자로 변화했다." 이 새로 등장한 공적 영역의 사회적 기초는 18세기 초 유럽의 커피하우스, 집회소, 살롱 등이었다. 이곳에서 개인들과 집단들은 서로 만나서 어지러울 정도로 다양한 관념과 이데올로기에 관한 의견을 나눴다. 이러한 사회적 조건에서 비판적 논쟁이 활발히 일어났다.

이는 규제 없는 공적 대화가 대세를 장악한, 젠틀맨들이 클럽과 카페에 모여 당대의 핵심 이슈들을 놓고 토론하는 부르주아 시대의 서사다. 따라서 논쟁하는 공중公衆의 등장에 대한 하버마스의 설명은 이성과 합리성, 논리적 사고와 합의에 특히 큰 특권을 부여하는 것이다. 더 나아가 그는 부

▌ 부르주아 공론장은 무엇보다도 공중公衆으로 결집한 사적 개인들의 영역으로 이해될 수 있다. 이들은 곧 공권력 자체에 대항하여 공권력의 규제를 받는 공론장을 요구했으며, 기본적으로는 사적이지만 공적으로 중요한 영역인 상품교환과 사회적 노동관계의 일반 규칙과 관련해 공권력과 맞선다. 이 정치적 대결의 매체는 특유하며 역사상 유례가 없는 공적 논의öffentliches Räsonnement다. 독일어에서 이 말(즉, 이성적 판단Räsonnement)의 용법은 이성에 대한 호소와 이를 불평불만에 불과한 것으로 경멸하는 두 가지 논쟁적 뉘앙스를 동시에 내포하고 있다.

위르겐 하버마스(1962) *Strukturwandel der Öffentlichkeit. Untersuchungen zu einer Kategorie der bürgerlichen Gesellschaft* (Luchterhand, Neuwied am Rhein 1962 bis 1987) (《공론장의 구조변동: 부르주아 사회의 한 범주에 관한 연구》, 한승완 옮김, 도서출판 나남, 2001)

르주아 공론장의 대두를 논의하면서, 고대 그리스 도시국가의 폴리스와 18세기 초 유럽의 문인 살롱과 커피하우스가 대화와 토론의 비판적 기능이 사회적 선善으로 칭송받는 장소라는 점에서 유사하다는 점을 지적한다.

하버마스가 볼 때, 근대는 이와 명확히 대비된다. 선진산업사회의 대중민주주의에서는 공론장의 이 같은 비판적·탐구적 측면이 실질적으로 줄어들었다. 하버마스에 따르면, 미디어의 상업화가 정치 비판과 공적 의사결정 과정 포럼으로서의 부르주아 공론장을 변질시키기 시작한다. 특히 국가와 시민사회의 분리가 와해되는 현상이 일어난다. 이러한 조건에서 국가는 경제와 시민사회 영역에 더욱 깊숙이 침투하며, 그에 따라 공론장은 축소된다. 자본주의의 급속한 팽창과 그로 인한 문화 소비의 심화는 공론장의 쇠퇴를 초래한다. 하버마스에 따르면, 공론장은 자본주의사회의 관료제적 논리에 따라 위축되어 광범위한 문화적 전통의 영향을 침식함은 물론이고, 일상생활의 실천적·시민적 행위에서도 멀어지게 된다.

하버마스는 이러한 변화가 공적인 삶과 사적인 삶의 관계뿐만 아니라 현대 정치에도 심각한 결과를 초래한다고 주장한다. 그는 우리 시대 미디어의 상업화와 문화산업의 성장이 진정한 시민적 참여와 공적인 정치적 토론 역량을 떨어뜨렸다고 결론 내린다. 하버마스는 이러한 정치 왜곡을 이해할 비판의 개요를 제시하는데, 그 요지는 오늘날 개인이 본질적으로 사사화私事化된 측면에서, 중개된 스펙터클에 사로잡힌 고립된 자아로서 매스커뮤니케이션을 접한다는 것이다.

뉴미디어들이 방송하는 프로그램들은 인쇄물을 통한 커뮤니케이션과 달리 독특한 방식으로 수용자의 반응을 독특하게 제거한다. 그 프로그램들은 공중의 눈과 귀를 자신의 주문呪文으로 끌어당기는 동시에, 공중이 거리를 두고 무언가 말하고 반론할 기회를 박탈함으로써 공중을 자신의 '감독' 하에 둔다. … 이성의 공적 사용을 위해 교육된 교양계층이라는 공명판共鳴板은 깨져 버렸다. 공중은 이성을 비공공적으로 사용하는 소수의 전문가들과 공적으로 수용하기는 하지만 비판적이지 못한 거대한 소비대중으로 분열된다.[1989[1962]: 170-171, 175]

우리 시대의 중개된 대화(TV 및 라디오 토크쇼)는 정치를 하찮은 것으로 만들어 버린다. 하버마스가 결론짓듯이, "오늘날에는 대화 그 자체가 관리된다." 미디어 커뮤니케이션의 사사화된 수용은 공론장의 활성화를 이야기하는 것을 무용지물로 만드는바, 이것이 하버마스가 비판적 사회이론의 재구성 시도가 시급하다고 하는 핵심적 이유다.

그러나 공론장의 발전과 쇠퇴에 관한 하버마스의 설명에는 여러 가지 난점이 있다. 그의 저작 일반에 대한 많은 논박이 있지만, 나는 특히 세 가지 중요한 한계점을 지적할 필요가 있다고 본다.

첫 번째 중요한 논박은, 공론장에 관한 하버마스의 이론이 일련의 진보적 배제를 통해 여타 유형의 대중문화와 다양한 사회운동을 제쳐 두고 부르주아 공론장에만 중요성을 부여했다는 것이다. 이 논박과 관련해서는 좀 더 살펴봐야 할 점이 있다. 하버마스의 논의는 다양한 유형의 대중문화는 물론이고 근대국가 제도에 대한 사회운동 또한 간과하지 않는다. 다만, 그 중요성을 과소평가한 것은 사실이다. 공론장의 출현에 관한 그의 이론화에서 대중문화 유형의 중요성에 대한 인식이 적절히 반영되지 않은 것은 이러한 대안적 세계관과 이데올로기가 하버마스가 높이 평가한 커피하우스 토론과 담론만큼 상당한 영향력을 갖는 것으로(긍정적 영향이든 부정적 영향이든) 여기지 않았기 때문이다.

하버마스 초기 사회이론에 대한 또 다른, 더 혹독한 비판은 이 이론이 합리적 인간 주체라는, 그동안 많은 공격을 받고 오늘날 많은 부분 신뢰를 잃은 모델을 가정하고 있다는 것이다. 비판론자들은 이와 관련해《공론장의 구조변동》이 '이성'에 대한 전형적인 남성적·서구적 과대평가로 손상됐다고 주장한다. 하버마스는 근대 초기 여론의 주요 담지자인 커피하우스 토론에 참여한 젠틀맨들에 관해 논의하면서, 백인 및 남성 위주의 부르주아 공론장 구성이 갖는 심층적인 정치적 함의를 담아내지 못했다. 예를 들어, 페미니즘·포스트페미니즘·탈식민주의 사회이론은 백인 및 남성 중심의 합리성을 보편적이라 주장하는 것에 강하게 도전하면서 그러한 주장 속에서 소수자 문화들이 역사적으로 주변화되고 억압됐다고 논의한 바 있다. 백인 남성 부르주아가 근대 초기 공론장의 주요 행위자라면, 이는 여성, 소수민족, 기타 근대 초기 유럽의 정치적 삶을 파악하는 데 중요한 타자들을 공론장의 바로 그 특징에 핵심적인 정도로까지 배제해 온 구조적·정치적 이유에 의한 것이다. 따라서 부르주아 공론장의 남성적 문화를 일반화하려 한 하버마스의 시도는, 이러한 공적인 정치적 삶의 모델이 현대에 와서 복원된다고 했을 때 과연 자유의 기초를 제공해 줄 수 있느냐는 점에서 미심쩍다.

마지막으로, 공론장의 쇠퇴를 우려하는 하버마스의 논의에는 의심스러운 점이 있다. 이러한 입장의 가장 큰 한계는 두 가지다. 첫째, 미디어의 상업적 성격이 정치를 사소한 것으로 만들고 공적 생활을 탈정치화하는 요인이라는 설명이 맞다 하더라도, 하버마스는 미디어·문화·사회 관계의 변화를 적절히 고려하지 못했다. 일부 비판론자들은 국가와 시민사회의 분리는 물론 탈정치화된 문화의 등장으로 귀결된 사회경제적 변화를 이야기한 하버마스의 설명은 실질적으로 타당하지만, 그럼에도 그런 변화를 미디어 소비와 문화 수용의 측면에서 보지는 못하고 있다고 지적한다. 예를 들어, 일각에서는 미디어의 상업화와 문화 소비가 우리 삶의 많은 부분을 침해하지 않는다는 것을 부정하겠지만, 이는 그러한 사회적 발전이 공적인 정치적 삶을 일거에 체계적으로 격하시켰다고 본다는 점에서 확실히 지나치게 단순하다.

두 번째 한계는, 하버마스가 새로운 유형의 커뮤니케이션과 정보기술을 그리 심각하게 고려하지 않았다는 것이다. 그가 현재의 커뮤니케이션 발달과 기술 변화를 눈여겨봤더라면 오늘날 미디어 시대의 공적 정치 영역의 복잡성의 증대를 확실히 인식했을 것이다. 커뮤니케이션 미디어, 특히 인터넷과 디지털 기술의 발전은 공적인 삶과 사적인 삶의 관계를 하버마스가 공론장의 쇠퇴를 진단한 것과 대조적으로 크게 변화시켰으며, 이제 정치는 단순히 관리되는 것과는 거리가 멀어졌다. 커뮤니케이션 미디어의 이러한 발전, 특히 디지털 기술과 탈중심화된 기술의 발전이 처음에는 공적인 정치적 토론의 확대를 촉진할 것처럼 보이지 않았을지 모른다. 그러나 이는 전통적인 식자층 위주의 미디어 포맷을 기준으로 볼 때만 그렇다. 진정한 공적 토론을 구성하는 것이 무엇인지에 대한 시대착오적 가정에서 벗어나기만 하면, 현대 미디어를 존재하도록 하는 새로운 목소리들이 혼란스러우리만치 확산되는 현상을 어느 정도 이해하는 데 이러한 추세를 활용할 수 있다. 토크쇼부터 인터넷 채팅방에 이르기까지, 새로운 미디어 포럼과 포맷 다수는 많은 사람이 공론장에 참여해서 비평가들이 너무 성급하게 비정치적이거나 하찮은 것으로 치부해 버린 이슈들을 사회적으로 중요한 것으로 규정하는 장소다. 오늘날의 미디어 시대는 확실히 하버마스가 말한 공론장의 쇠퇴와는 다른 모양새를 띠며, 현재의 사회이론은 21세기 사회적 삶의 변화에 부합하는 공론장 분석틀을 요하는 것이 분명해 보인다.

자본주의, 의사소통, 식민화에 관한 하버마스의 논의

하버마스는 1970년대 후반과 1980년대에 걸쳐 점차 근대사회에서 합리적 의사결정을 하는 사회적 조건의 탐구와 의사소통적 논증과 토론이 번성할 수 있는 조건을 설명하는 데 주력했다. 어떤 의미에서, 공론장에 대한 탐구에서 의사소통에 대한 사회적 비판으로의 이행은 그의 사회이론을 더 직접적으로 정치와 관련되도록 만들었다.

공론장의 역사적 재구성, 그리고 번성과 쇠퇴는 서구 사회의 사회적 합리화와 자본주의적 상업화라는 시급한 현실에 자리를 내주었다. 근대성은 치명적인 합리화와 매혹적인 소비주의가 결합된 세계였으며, 하버마스가 보기에 그 귀결은 사회적 의식의 전반적인 파편화였다. 대기업의 극적인 성장은 물론 사회의 다양한 전문적·기술적 과정으로의 분해에 기인한 문화적 합리화의 만연이라는 배경 하에서, 이 시기 하버마스의 논의가 더 사회학적 지향성을 띠게 됐다는 것은 놀랄 일이 아니다. 후기자본주의의 도래가 글로벌리즘의 새로운 단계를 알리는 신호였다면, 사회이론 또한 당대의 가장 시급한 쟁점을 탐구할 새로운 분석틀을 요하는 상황이었다. 하버마스가 보기에 이는 거대이론으로의 귀환을 의미했다.

하버마스의 거대이론은 마르크스주의부터 프랑크푸르트학파에 이르는 개념적 전통을 재조명하고 변형함은 물론, 상징적 상호작용론과 기능주의의 전통 또한 한데 묶어 내는 것이기도 하다. 그러나 **합리성과 의사소통**의 관계라는 점에서, 하버마스의《의사소통행위이론Theorie des kommunikativen

Handelns》의 핵심적 준거는 막스 베버의 논의다. 하버마스에 따르면, 과학·법률·정치·예술·음악·문학에 이르기까지 서구문화의 합리화를 파악하는 길을 닦은 것은 다름 아닌 베버의 목적합리적 행위에 관한 설명이었다. 그러나 합리화의 보편적인 역사적 전개의 결과로서의 서구 근대화에 관한 베버의 이론이 근대사회의 형성을 이해하는 데 적절치 못한 부분이 있다는 점 또한 여러 면에서 드러난다. 하버마스가 이성에 대한 베버의 비판을 재평가하는 것은 바로 이 때문이다. 하버마스는 좋은 사회의 달성에 핵심적인 것으로서의 이성을 믿는 것과 합리화 과정 사이에는 중요한 차이가 있다고 주장한다. 문화의 사회적 합리화에 헌신하지 않고서도 이성의 힘을 믿을 수는 있다. 그러나 하버마스는 과연 베버가 자본주의적 근대화가 합리화라는 타락 과정을 통해 이성 발달의 부분적 달성에 그쳤음을 제대로 파악했는가 하는 중요한 질문을 제기한다.

어떤 점에서 합리화는 피치 못할 과정인 것이, 은행 또는 연금 같은 대규모 기술 시스템의 기능적 재생산은 우리가 알다시피 오늘날 일상생활의 조직화에 핵심적이기 때문이다. 하지만 이러한 체계적 메커니즘의 조직화는 사회적 진공상태에서 일어나지 않는다. 모든 사회구조는 외견상 기술적 또는 관리적인 것처럼 보일지라도 사회의 심층적인 상징적 틀 안에 자리를 잡아야 한다. 이는 확실히 언어, 의사소통, 문화적 관계에 대한 관심을 요한다. 하버마스가 자신의 사회이론을 이른바 '생활세계'에 준거를 두고 있다고 한 것은 바로 이런 배경에 기초해서다. 생활세계는 상징적 상호작용과 의사소통적 대화가 일어나는 모든 장소로서, 개인은 생활세계에서 특정 실천을 산출하고 일상의 활동에 각인되는 사회구조를 만난다. 그럼으로써 하버마스는 역작《의사소통행위이론》(1987)을 발전시켰으며, 합리성과 의사소통에 관해 비판이론 제1세대와 많은 부분에서 다른 설명을 제시한다.

하버마스는 프랑크푸르트학파와 마찬가지로 정치적 지배, 사회적 병리, 자아에 대한 억압 사이의 여러 연결고리에 대한 관심을 유지하지만, '관리된 사회'라는 관념이 후기자본주의사회의 특징을 적절히 잡아낸다는 생각은 받아들이지 않는다. 하버마스에 따르면, 초기 비판이론의 자기 훼손적 이성이라는 운명론적 관점은 특정 이론적 관점, 즉 기술적 합리성이 사회적 행위의 모든 영역에 뚜렷이 적용된다는 관점으로 인해 대두된다. 그러나 하버마스가 보기에, 사회는 기술적 행위양식technological modes of action을 통해서뿐만 아니라 상징적 상호작용 혹은 그가 '의사소통적 행위 communicative action'라고 지칭하는 것을 통해서도 발전한다. 외부 세계에 대한 지배가 산업적 합리화 유형에 기초한다면, 사회 세계는 언어, 의사소통, 상징적 교환을 통해 그 핵심이 구조화된다는 점을 인식하는 것 또한 중요하다. 하버마스가 볼 때 이러한 분석적 분리는 사회적 삶의 인지적 · 도덕적 · 표출적 차원이 존재함을 나타낸다. 근대 문화에서 과학, 도덕, 예술의 확장은 합리성이 '3개의 세계', 즉 우리와 외부 세계의 관계, 우리와 타인들과의 사회적 관계, 우리가 자신의 '내적 본성'으로 이끄는 미학적-표출적 차원으로 나뉠 수 있음을 보여 준다.

하버마스가 말하기를, 생활세계는 집합적으로 공유되는 헌신으로 이어지는 핵심적 확신과 전통이다. 이러한 헌신은 꼭 쉽게 표현되는 것은 아니지만, 사람들의 생활양식에서 핵심적인 것이다. 직장에 새로 온 동료를 따뜻이 환영하는 것, 어린이가 횡단보도를 건널 때 조심스레 운전하는 것, 버스에서 연장자에게 자리를 양보하는 것이 옳다고 믿는 것은, 전 세대의 문화적 전통을 보존함은 물론이고 개인 정체성과 사회 통합의 재생산에도 기여하는 기본적인 헌신이다. 그와 달리, 생활세계의 상징적 장과 부분적으로만 연계된 사회의 기능적 통합과 관련된 행위도 있다. 기능적 체계는 가치에 대한 헌신 문제와는 관련이 없다. 내 거래은행이 인터넷뱅킹 기술지원 시스템을 유지하는 것은, 일차적으로 하버마스가 '체계적으로 안정화된 행위-맥락'으로 지칭하는 것의 성취다.

이러한 체계와 생활세계의 분석적 분리를 따라 관리적 · 경제적 합리화와 일상생활의 상징적 구조를 훼손하는 왜곡을 구분해야 한다. 하버마스는 한편으로 체계의 합리화, 다른 한편으로 생활세계의 합리화는 전혀 다른 논리를 따른다고 주장한다. 하버마스에 따르면, '체계'와 '생활세계'의 분리는 문화적 지배의 신호가 아니다. 반대로 이러한 분리는 근대성에 내재한 것이다. 간단히 말해서, 근대사회에서는 복잡한 체계의 기술적 재생

■ 체계 통합이 사회통합의 유형 자체에 개입할 때는 사정이 다르다. … 의사소통적으로 구조화된 생활세계를 도구화하는 체계적 제약이 주관적으로 눈에 띄지 않는 것은 기만적 성격, 객관적으로 허위의식적인 성격을 갖게 된다. 생활세계에 대한 체계의 영향은 사회적으로 통합된 집단들의 행위 맥락의 구조를 변화시키면서, 은폐된 채로 남아 있어야 한다. 생활세계의 자족성이라는 환상을 약화시키지 않으면서 그것을 도구화하는 재생산의 압박은, 말하자면, 의사소통 행위의 미세한 구멍들로 숨어들어야 한다. 이는 명시적으로 드러나지 않으면서 가능한 이해의 상호주관성 유형을 장악하는 구조적 폭력을 야기한다. 구조적 폭력은 의사소통을 체계적으로 제약하는 방식을 통해 행사된다. 그리고 의사소통 행위의 형식적 조건은 참여자들의 객관적 세계, 사회 세계, 주관적 세계의 연관성이 전형적 방식으로 미리 재단되는 식으로 왜곡된다.

위르겐 하버마스(1981) *Theorie des kommunikativen Handelns* (Band 2: Zur Kritik der funktionalistischen Vernunft, Suhrkamp, Frankfurt am Main) 《의사소통행위이론 제2권: 기능주의적 이성 비판을 위하여》, 장춘익 옮김, 나남출판, 2006)

산과 사회적 행위자들의 의사소통 역량이 고도로 분절 및 분화돼 있다. 한편으로는 자본주의와 근대 관료제 국가의 물질적 재생산에 특화된 체계라는 영역이 존재하고, 한편으로는 자아 형성, 사회화, 문화 전승 과정에서 재생산되는 것으로서의 의사소통 역량 및 대화를 포함한 상징적 재생산에 특화된 생활세계가 존재한다.

좋은 사회가 진척되는 한, 이러한 이론은 명백히 중요한 함의를 담는다. 우선, 하버마스는 합리성의 잠재력 해방에 관한 어떠한 설명도 근대 사회적 삶의 복잡한 체계의 현존을 인식해야 함을 강조한다. 사회의 기능적 규제는 경제 및 관리 구조의 조합을 필연적으로 수반하며, 이는 근대성의 본질적 부분이다. 그러나 이러한 근대성의 본질적 측면은 체계 재생산의 합리화된 논리가 일상의 의사소통적 실천에 스며들도록 하는 은밀한 힘과 세밀히 구별돼야 한다. 하버마스가 볼 때 체계와 의사소통적 실천이라는 두 영역은 때에 따라 매우 해악적인 방식으로 상호교차하는데, 그 결과는 개인의 소외, 사회적 방향의 부재, 문화적 위기다.

하버마스는 합리화에 관한 이와 같은 구체적인 설명을 바탕으로 근대의 왜곡되고 병리적인 측면에 대한 분석이라는 비판이론의 전통적 관심사로 귀환할 수 있게 됐다. 하버마스는 마르쿠제, 프롬, 아도르노와 마찬가지로 근대 문화가 점차 관리적·관료제적 통제에 종속돼 왔다는 점에 동의한다. 근대국가가 점차 중앙집중화되고 체계화됨에 따라, 생활세계의 의사소통적·합의적 기초 또한 합리화에 종속돼 왔다. 사실상 근대성에서 체계 통합은 하버마스가 '생활세계의 내적 식민화'라고 칭할 정도까지 합리화됐다. 그는 문화적 전통의 원천의 파괴를 다음과 같이 요약한다.

근대화 과정에 대한 분석은 진보적으로 합리화된 생활세계가 형식적으로 항상 계속 복잡해져 가는 조직화된 행위 영역(경제 및 국가 행정)과 분리됨과 동시에 그에 의존한다는 일반적 가정으로부터 출발한다. 체계의 명령을 통한 생활세계의 미디어화에 기인하는 이러한 의존은 물질적 재생산의 비판적 불균형(위기를 체계-이론적 분석에 접근하도록 하는)이 생활세계의 상징적 재생산의 방해('주관적으로' 경험되는, 정체성을 위협하는 위기 또는 병리)라는 대가를 치름으로써만 회피될 수 있는 한에서 내적 식민화의 사회병리적 유형을 가정한다.(Habermas in Thompson, 1984: 291)

따라서 근대사회에서 기능적 합리화는 그 자신의 정당화를 위해 의존하는 문화 전승, 사회화, 자아 정체성 형성의 기초 자체를 위협하는 지경에 이르렀다. 오늘날 제도적 질서의 경제 및 관리 체계는 촉진적 역할을 넘어 생활세계에 합리화를 관통시킴으로써 '병리적' 효과를 산출한다. 그러나 '체계'와 '생활세계'의 구분은 하버마스로 하여금 합리화 과정이 처음에 보였던 것만큼 특성상 총체적인 것은 아니라고 주장하게끔 만들었다. 그는 주관성의 핵심에 심층적 저항이 있다고 주장한다. 생활세계는 이러한 문화적 합리화의 병리적 효과에 맞서 방어할 것이다. 하버마스는 생태운동이나 반핵운동 같은 신사회운동의 대두가 이러한 추세의 존재를 보여 준다는 점을 강조한다.

이러한 이슈들이 가진 중요성은 사회적 담론 및 공적 토론에 참여하는 역량과 대화 과정의 특정 이해관심을 억압하고 사유화하며 대체하는 현대의 특정 이데올로기적 편견의 관련성을 고려할 때 더욱 분명해진다. 낸시 프레이저Nancy Fraser는 하버마스의 논의에 대해, 남성의 지배와 여성의 종속이야말로 공적 토론 매체에 양성이 동등하게 접근하지 못하도록 상당한 한계를 짓는 현재 젠더 체계의 기본 요소라고 주장한다(1985). 프레이저는 하버마스의 모델이 젠더 문제를 간과한 채 자유로운 의사소통적 실천 조건을 이론화한다고 비판하면서, 그렇기 때문에 여성들이 특정 이슈, 사고, 감정을 드러낼 수 없는 제도적 제약을 인식하지 못하게 된다고 주장한다. 프레이저는 부부 간 성폭행marital rape을 많은 경우 범죄로 처벌하지 않는 사법 처리를 여성의 공적 담론 참여 제약 사례로 제시한다. 프레이저는 묻는다. 만약 여성들이 법적 측면에서 성적 관계를 거부할 수 없다면, 자신의 이해관계를 타당하지 않은 것으로 만들어 버리는 대화 과정에 어떻게 자신의 심층적 욕구, 열망, 욕망을 끌어들일 수 있을 것인가? 여성과 집합적 자율성의 관계가 이미 이런 식으로 체계적으로 왜곡돼 있다면—여성이 "no"라고 말할 때는 실은 "yes"를 뜻한다는 식으로—여성의 정치적 토론 참여의 핵심 또한 확실히 지속적으로 오해받거나 평가절하될 것인가? 프레이저가 보기에 중요한 문제는, 하버마스의 모델이 가장 시급한 문제가 발생하는 바로 그 시점에 정치적 발화의 공론장과 이해관심의 제도적 억압의 관계를 생각하지 못하게 만든다는 것이다.

정서적 제국주의: 하버마스에 대한 페미니즘적 비판

부유한 서구 사회에서 현재의 정치적 질서는 친밀한 관계, 보살핌 관계, 정서적 관계에 대한 경제적 힘의 전례 없는 침해에 기초한다. 우리는 점차 부유한 서구 사회와 개발도상국 모두에서 경제적 사고가 개인 정체성, 대인관계, 가족생활, 섹슈얼리티, 친밀성의 사적 영역을 침해하고 있음을 목격하고 있다.

예를 들어, 부유한 국가에서 개발도상국에 이르기까지 확산 중인 어린아이, 환자, 노약자에 대한 보살핌의 '아웃소싱'을 생각해 보자. 스리랑카, 태국, 필리핀 같은 나라에서 주변화되고 빈곤한 여성 다수는 부유층 가족 내에서 보살핌 노동이라는 유급 고용직을 얻고자 서구 사회로 이주하도록 경제적으로 내몰린다고 느낀다. 미국 사회학자 앨리 혹실드Arile Hochschild는 이러한 전 지구적 추세를 '보살핌 노동력 유출care drain'이라는 용어로 지칭하면서 개발도상국으로부터의 노동력 자산 이탈의 일종으로 보았다.

이러한 보살핌 노동력 유출을 추동하는 사회적 힘은 '체계'에 의한 '생활세계'의 식민화라는 하버마스의 아이디어에 준거해 더 잘 개념화할 수 있다. 노동지향적인 서구 사회에서 오늘날 여성과 남성은 자신에게 노동 외적인 것을 추구할 시간이 점점 더 줄어들며 그에 따라 사적 영역과 가족생활—전통적인 보살핌과 배려의 공간—은 경제적 힘의 침해에 영향 받게 된다는 것을 인식한다. 이러한 지배는 개발도상국으로부터의 보살핌 노동력 수입을 통해 일어나며, 전통적인 보살핌 역할은 점점 더 현금, 신용, 권력 불평등을 포함한 경제적 관계로 대체된다.

이런 식으로 하버마스의 사회이론은 지구화가 어떻게 우리 삶의 기본적 측면들을 재구조화하는지를 직접적으로 다룬다. 그러나 일부 페미니스트들은 '체계'와 '생활세계'의 분리를 포함하는 하버마스의 근대성 관점이 사회와 젠더의 복잡한 관련성을 고려하지 않는다고 주장한다. 말하자면, 하버마스의 논의가 젠더 문제와 관련한 근대성의 변화 논의와 증거를 제대로 탐구하지 못하고 있다는 것이다.

프레이저(1985)의 영향력 있는 논박을 보면, '체계'에 의한 '생활세계'의 식민화라는 하버마스의 명제는 현재의 젠더 불평등을 간과한다. 더 나아가, 이러한 간과가 공적 영역과 사적 영역의 관계에 대한 전통적인 남성중심적 관점을 마치 젠더 중립적인 것처럼 주장한다고 논박한다. 프레이저에 따르면, 하버마스의 생활세계의 사적 영역과 제도적 경제체계의 구분은

가정이 유급노동 직장과 마찬가지로 노동의 장소라는, 그것도 무급이며 인지되지 않는 노동의 장소라는 사실에 주의를 기울이지 못하게 만든다. 또한 여성이 가정에서 그렇듯이 유급노동 직장에서도 명백히 여성적이고 서비스지향적이며 많은 경우 여성적 특성이 강조되는 직업에 위치하는, 그러면서 게토화되는 현실을 드러내 보여 주지 못한다. 마지막으로, 하버마스의 논의는 두 영역〔공적 영역과 사적 영역〕모두에서 여성이 남성에 종속되는 현실에 초점을 맞추지 못하게 만든다.(1985: 107)

이는 하버마스의 사회이론에서 말하는 공적 영역과 사적 영역의 구분에 영향을 미치는 사회변동의 미처 탐구되지 않았던 차원에 주목하도록 만든다. 프레이저는 근대에 관한 하버마스 이론의 젠더화된 숨은 맥락에 주목한다. 그의 주장인즉, 생활세계의 사적 영역은 젠더 중립성과는 거리가 멀다는 것이다. 역사적으로 오랜 기간 동안, 생활세계의 사적 영역은 가사노동, 그리고 가족 내에서 보살핌, 안정, 배려라는 감정노동을 여성의 몫으로 떠넘겨 왔다. 그러나 돈과 권력은 사적 영역과 무관하다고 볼 수

없으며, 불과 최근에 와서야 제도화된 경제체계로부터 가족생활을 침해한 것도 아니다. 프레이저에 따르면, 돈과 권력은 가족의 내적 동학과 항상 복잡하게 얽혀 왔다.

'생활세계'가 경제체계의 침해로부터 위협받고 있다는 하버마스의 주장이 얼마나 신빙성 있다고 보는가? 이것이 현재의 젠더화된 세계를 살펴보는 데 도움이 된다고 생각하는가?

지구화와 탈국가사회에 관한 하버마스의 논의

1990년대에 걸쳐 지구화의 엄청난 가능성과 위협에 대한 문화적 인식이 증대함에 따라, 하버마스는 자유민주주의적 의사결정의 초국가적 유형이 점차 실현 가능해지고 필연적이 되는 세계에서 민주주의의 조건과 결과에 대한 새로운 탐구를 시작했다. 그는 최근 논의를 통해 국민국가는 지구화에 의한 보기 드문 정치적·법적·규범적 도전에 대응할 준비가 부족하기 때문에 초국가적 수준에서 민주주의와 인간의 자유를 촉진할 새로운 '탈국가적 성좌星座·post-national constellation'가 필요하다고 주장했다. 그는 지구화가 전통적 개념의 민주적 자치, 정치제도, 공론장은 물론이고 자유, 윤리, 정의에 던진 시급한 도전을 깊이 인식하여, 새로운 사회의 목표는 의사소통적 합리성에 기초해 영토 경계를 가로지르는 집합적 의사결정의 민주적 과정을 중심에 놓아야 한다고 했다.

하버마스는 지구화와 새로운 초국가적 제도의 정치적 가능성을 이야기하며 복잡한 후기자본주의사회에서 국민국가가 여전히 제도정치의 중심동력인지를 탐구한다. 그는 이른바 '국민국가의 죽음'에 관한 선언이 매우 과장됐다는 인식 하에, 국민국가가 전 지구적인 정치적 문제에 효과적으로 대처할 수 있는 역량에 관한 공중의 인식에 눈에 띄는 변화가 있었음을 지적한다. 하버마스의 후기 저작들에 이와 관련한 몇몇 핵심 명제가 있는데, 요약하면 다음과 같다.

첫째, 지구화가 국가 정부의 권력을 약화시키는 결과가 점차 뚜렷해진다.

사회정책의 재정적 기초는 꾸준히 축소됐으며, 국가는 거시경제정책을 통해 경제를 운용할 역량을 점차 상실했다. 덧붙여, 생활양식으로서 국적이 갖는 통합의 힘 또한 시민적 연대의 상대적으로 동질적인 기초와 더불어 감소하는 중이다. 국민국가는 행위 역량과 집합적 정체성의 안정성을 점차 상실함에 따라 자기정당화의 욕구를 충족하기가 더욱 어려워짐을 인식하게 될 것이다.[2001c: 80]

둘째, 유럽연합이 직면한 도덕적 · 정치적 도전은 자유방임주의 정책은 물론 지구화에 관한 신자유주의 또는 탈근대 이론의 수용으로 해결할 수 없다.

탈국가적 성좌의 변화된 조건 하에서, 국민국가가 과거의 껍질 속으로 후퇴한다고 해서 예전의 힘을 회복하지는 못할 것이다. 신국가주의적 보호주의는 세계사회가 그 스스로가 맞든 틀리든 망상이라고 주장하는 글로벌 정치를 통하지 않으면 어떻게 분열될 것인지를 설명하지 못한다. 국가를 탈국가적 네트워크로 병합되도록 하는 자기청산self-liquidation의 정치학은 설득력을 갖지 못한다. 그리고 탈근대적 신자유주의는 국가 수준에서 나타나는 역량과 정당화를 이끌어 나가는 데 부족한 점이 초국가적 수준에서 새로운 유형의 정치적 규제 없이 어떻게 보완될 수 있는지를 설명하지 못한다.[2001c: 81]

셋째, 하버마스는 초국가적 정치제도의 전망이 전례 없이 밝을 뿐 아니라 전 지구적 연대의 달성 욕구 또한 전례 없이 커졌다고 말한다. 그는 유럽연합 기구들이 민주적인 정치 커뮤니케이션의 심화에 상당한 공헌을 할 수 있음을 강조하며, 그런 점에서 유럽연합 회의론자, 유럽시장주의자, 유럽연방주의자들의 정치적 주장에 의문을 제기한다. 관료제적 계획과 시장 동학만 가지고는 국가정치 공동체가 초국가적 또는 초경계적 문제의 증대를 부분적으로만 해결할 수 있을 뿐이다. 하버마스에 따르면, 우리는 지구화가 민주적 정치사상을 위해 표출하는 급진적 도전들과 더불어 지구화의 힘이 가진 강도와 확장성 모두를 인식해야만 한다.

마지막으로, 하버마스는 전 지구적 수준에서 집합적 의지 형성의 대중적 과정을 옹호하는 주장을 편다. 간단히 말해서, 그는 국민국가 수준에서 장기간에 걸쳐 안정화돼 온 사회적 연대가 가일층 강화되어 공유된 헌신과 공유된 책임성에 관한 코스모폴리탄적 감각을 산출해야 한다고 주장한다. 하버마스는 이러한 민주주의의 급진화가 꼭 추상적일 필요는 없다고 말한다. 소속감, 포용, 공유된 이해관심에 관한 문화적인 코스모폴리탄적 정서의 활성화는 국민국가가 약화되면서 이미 나타나고 있다. 하버마스는 유럽 관련 논쟁에서 다음과 같이 언급한다.

〔나는〕 이익집단, 비정부기구, 시민운동 등등이 갖춰진 유럽 시민사회를 전제로 하는 범ᄊ유럽 정치 공론장〔을 옹호한다〕. 작은 국가들에서는 이

미 있는 일이지만, 국가의 교육체계가 공통의 언어(심지어 대부분 외국어일지라도)의 기초를 제공한다면 초국가적 매스미디어가 이러한 다의적 의사소통의 맥락을 구성할 수 있다. 국내 각지로부터 이러한 상이한 과정들을 활성화시키는 규범적 계기는 중첩되는 기획 또는 공통의 정치문화를 통해서만 도래한다.(2001: 103)

코스모폴리탄 글로벌 정부에 대한 하버마스의 촉구와 그가 초기에 《공론장의 구조변동》에서 제시한 공공성의 정치적 변화에 관한 획기적인 논의 간의 유사성을 파악하기란 그리 어렵지 않을 것이다. 부르주아 공론장 내에서 정치적 참여의 급속한 확대에 대한 강조는 하버마스 초기 사회사상 및 정치사상, 특히 국가 영역을 넘어선 새로운 공적 삶의 유형으로 이어지는 정치적 기획의 핵심적 측면이었다. 하버마스가 밝혔듯이, 18세기 부르주아 공론장의 역사적 등장은 개별성, 자율성, 계몽의 등장을 의미했다(비록 그가 이러한 '공적인' 정치 유형이 그리 오래 지속되지 않았음을 인식하고 있었다 하더라도). 최소한 〈탈국가적 성좌와 민주주의의 미래〉라는 글에서 전개한 논의의 맥락에서 보면, 하버마스가 여전히 정치적 참여와 의사결정 과정의 광범위한 민주화에 궁극적인 정치적 가치를 두고 있음은 분명하다. 집합적 의지 형성의 인상을 반영한 의사소통과 실천적 담론의 대중적 과정만이 초국가적 또는 전 지구적 사회정책 수준에서 일어나는 민주주의의 다원화를 추동하는 적절한 코스모폴리탄적 연대를 산출할 것이다. 결정적으로, 하버마스가 이러한 민주화를 특히 사회, 인성, 문화 영역에서 탈인습적 학습 패턴의 발전이라는 측면에서 근대성의 진전에 핵심적인 것으로 보고 있다는 점 또한 분명하다.

국가적 의식意識이 발생하는 인위적 조건은 국가의 제약 내에서 이방인들 사이에서의 시민적 연대만을 산출할 것이라는 패배주의적 가정에 맞선다. 이러한 집합적 정체성이 지역 및 왕조로부터 국가, 그리하여 민주적 의식으로의 고도의 추상화에 기인한 것이라면, 이러한 학습 과정이 계속되지 않을 이유가 있겠는가.(2001c: 102)

숙의민주주의를 향해

의사소통적 담론과 윤리에 관한 하버마스의 후기 저작들은 아마도 현대사회이론가들의 그 어떤 논의보다도 오늘날 민주주의 정치의 가능성과 딜레마에 대한 관심을 폭발적으로 증대시켰을 것이다. 1980년대 말 구소련, 동유럽, 발틱해 연안 국가들에서 권위주의적 공산주의가 무너지고 그와 더불어 브라질, 아르헨티나, 필리핀 등에서 독재에서 자유주의로의 확실한 전환이 이루어진 이후, 민주주의를 향한 전 지구적 추세는 하버마스의 영향을 받은 많은 사회과학자 및 지성인의 찬사를 받았지만 그만큼의 논박도 받았다.

에이미 거트만Amy Gutmann, 세일라 벤하비브Seyla Benhabib, 아이리스 영Iris Young 등 현대 정치를 분석한 탁월한 사회과학자들은 의사소통적 합리성과 이성적 추론이 어떻게 민주주의의 윤곽을 형성하는지, 그리고 이성적 의사결정의 집합적 프레임 형성 및 논의 과정들을 더욱 잘 이해할 수 있는 단서를 하버마스의 최근 논의로부터 끌어냈다. 이렇듯 공정하고 투명한 의사소통 과정에 초점을 맞추는 것은 많은 사회이론가 및 정치이론가들이 '**숙의 민주주의**deliberative democracy'라는 용어로 지칭했던 것이다. 앞서 언급한 저자들은 숙의라는 아이디어가 민주적 자율성의 지속적인 전 지구적 확산을 보여 줄 수 있는 민주주의 개념은 물론 이러한 민주적 추세와 상반되는 논란(서아시아에서 북미에 이르기까지 최근 벌어진 많은 내전, 민족 간 및 국가 간 갈등에서 나타나는) 또한 제공한다고 지적한다.

'숙의민주주의'란 무엇인가? 민주주의에서 숙의熟議 개념은 인민의 집합적 판단에 확고히 근거한다. 에이미 거트만과 데니스 톰슨Dennis Thompson에 따르면,

숙의민주주의는 시민과 그 대표자에 의한 의사결정의 정당화 필요성을 확증한다. 양자 모두 서로에게 부과할 법을 정당화할 것이 기대된다. 따라서 민주주의에서 지도자는 자신의 의사결정의 이유를 제시해야 하며, 시민들이 그 반응으로 제시하는 이유에 답해야 한다.(2004: 3)

여기서 강조되는 것은 상이한 주장과 관점들을 돌아보는 시민의 역량, 그리고 특정 정책 제안과 정치적 판단을 숙의하는 개인의 역량이다. 중요한 것은 집합적 의사결정 과정을 통해 결정이 이루어진다는 점이다. 그러나 숙의 과정이 언제나 합의를 산출한다는 것은 아니다. 개인과 집단의 불일치는 정치의 고유한 특징이며, 따라서 숙의민주주의는 열린 결말로 이해돼야 한다. 아마도 숙의를 특정 정치 스타일이라기보다 정치 내에서 주장과

반박이 자유로이 오가는 과정으로 보는 것이 도움이 될 것이다.

다시 한 번 2003년 이라크 침공을 생각해 보자. 미국 정부는 사담 후세인을 제거할 군사행동을 개시하기 전에 미 의회와 UN을 상대로 전쟁 결정을 정당화할 근거를 찾으려 했다. 부시 행정부는 비군사적 옵션이 소모적이라는 우려를 담은 다양한 주장을 제시했다. 그중에서 특히 이라크가 대량살상무기를 보유하고 있다는 비밀 정보는 이라크에 대한 군사행동을 정당화하는 근거로 미국, 영국, 호주 정부에 의해 인용됐다. 그러나 개인들은 이러한 정치적 주장들이 제기될 당시에 이를 세심히 살펴볼 시간이 없었다. 숙의민주주의의 관점에서 중요한 것은, 개인들이 원래 주장에 대해 추후 진지한 질문을 던질 수 있었다는 점이다. 거트만과 톰슨은 다음과 같이 논의한다.

그렇게 이루어진 숙의는 다른 방식들에 비해 미국의 군사적 승리 이후 더 지속적이고 유용한 논쟁의 기초를 닦았다. 행정부는 군사행동의 이유를 제시했고(대량살상무기의 위협 같은), 반대론자들은 원래의 의사결정을 계속 논박하고 행정부의 판단에 도전할 수 있는 더 많은 근거를 갖게 됐다. 전쟁 이전에 이루어진 불완전한 숙의는 이후의 덜 불완전한 숙의를 위한 근거를 마련했다.(2004: 2)

민주주의에서 숙의 개념이 오늘날의 정치 현실에 얼마나 적절하다고 생각하는가? 숙의민주주의라는 아이디어가 종일방송 미디어와 전 지구적 정보 흐름의 세계에 어떻게 적용될 수 있을까?

하버마스에 대한 비판

하버마스의 의사소통 행위, 민주주의, 담론윤리에 관한 논의, 아울러 유럽과 탈국가적 성좌 관련 논의는 현대 비판이론에 가장 풍부하고 정교한 공헌 중 하나로 자리매김하고 있다. 그럼에도 그의 저작들은 숱한 비판도 받았다. 나는 비평가들이 제시한 세 가지 주요 취약점에 주목할 텐데, 첫째는 근대사회에 대한 그의 분석과 관련된 것이고, 둘째는 사회비판에 쓰인 그의 언어모델과 관련된 것이며, 셋째는 그의 민주적 숙의 및 담론윤리 개념과 관련된 것이다.

사회이론은 자신의 정치적 입장 설정과 역사적 맥락화에 관한 설명, 특히 사회비판과 사회적 지배에 대한 분석 관계에 대한 설명을 하나의 담론으로 제시할 수 있어야 한다. 그러나 일부 비판론자들이 보기에 **생활세계의 내적 식민화**에 관한 하버마스의 명제는 너무 단순하게 일반화되어 있다. 한 켠에서 제기되는 불만은 하버마스가 현재에 대한 고도로 지적인 비판—초기 비판이론에서 전개된 '관리된 사회'에 대한 비판—을 또 다른 고도로 지적인 비판으로 대체해 버렸다는 것이다. 이러한 관점에서 보면, 생활세계의 내적 식민화 명제는 아도르노, 호르크하이머, 마르쿠제가 발전시킨 사회적 합리화 이론에 여전히 빚지고 있는 것이다. 사회는 개인 위에 있으며, 거대한 사회제도가 행위자들의 행위를 궁극적으로 통제한다. 나는 하버마스의 논의를 초기 비판이론에서 언급된 관리된 사회라는 현상을 수반하는 사회적 합리화 과정과 동일시하는 것은 오류임을 이미 지적한 바 있다. 한 가지 이유는, 체계와 생활세계의 분석적 차별화가 사회적 재생산 과정의 복잡성을 특정 마르크스주의 사조로는 불가능한 방식으로 인식한다는 것이고, 다른 한 가지 이유는 하버마스가 현대의 의사소통을 이론화하기 위해 채택한 대인 간 관점interpersonal perspective이 아도르노, 호르크하이머, 마르쿠제에게서 보이는 개별 주체 중심적 관점과 상당히 다르다는 것이다.

다른 한 켠에서 나오는 하버마스에 대한 불만은(이는 나름대로 좀 더 타당해 보이는데), 그가 베버의 암울한 사회진단을 너무 많이 받아들여 현대에 되살려 놓았다는 것이다. 그러다 보니 베버가 합리화를 목적합리성으로 제한시켰다는 하버마스의 비판이 최종적으로 그의 의사소통 이론에서는 사라져 버리는 커다란 역설이 발생하고 말았다. 하버마스는 사회적 합리화와 의사소통적 합리성 영역을 이론적 수준에서 분리하지만, 근대사회에서 격하된 합리성이 지배적이라는 점에서는 결국 베버에 동의하는 셈이다. 이로써 고전 사회학의 유산은 근대 사회이론에서 또 다른 방식으로 여전히 위력을 발휘한다.

그러나 내가 보기에 하버마스의 논의에서 드러나는 더 시급한 난점은, 사회적 합리화 및 지배와 관련해 그가 제시하는 고도로 지적인 또는 암울한 설명이 아니라(앞서 언급했듯이 하버마스는 이러한 이유로 논박하기에는 너무도 세심하고 정교한 사회 분석가다), 왜 행위자들이 이러한 위협을 더 정확히 인식하지 못하느냐에 관한 것이다. 이는 사실상 생활세계의 내적 식민화에 관한 하버마스의 이론이 생생한 경험으로서 그 자체의 가능성의 조건에 어떻게 근거하는지에 대한 질문을 제시하는 것 아니겠는가? 존 B. 톰슨John B. Thompson은 이러한 관심을 적극적으로 표명한다.

왜 생활세계 구성원들은 자본 축적 및 안정화의 동학에 궁극적으로 기초한 체계의 복잡성의 무제한적 증대로 자신이 위협받고 있다는 것을 인식하지 못하는가? 왜 이들은 이러한 증대에 직접적으로 저항하거나

그러한 현상의 기저에 깔린 경제체계의 변화를 개방적이며 광범위한 방식으로 요구하지 않는가?(1984)

손상된 생활세계가 사회를 실패로 이끈다면, 이는 하버마스가 볼 때 의식consciousness에 대한 접근을 차단당한(즉 부정되고, 박탈되고, 단절된) 트라우마다. 그러나 근대 문화에 대한 이러한 평가는 다분히 의심스럽다. 온라인 항공권 예매, DVD 시청, 또는 라디오 토크쇼 청취 같은 사회적 실천은 후기자본주의의 기능적 논리로 상당히 오염되어 사람들이 이 논리를 벗어나 생각하기란 불가능할 정도가 됐다. 그러나 옥스팜이나 세이브 더 칠드런에 기부하는 것, 지자체 이슈 관련 마을회의에 참석하는 것, 또는 환경을 생각해 주간 식단을 재조정하는 것에 대해서도 같은 이야기를 할 수 있을까? 하버마스의 사회학에서는 '내적 식민화' 또는 '사회적 병리' 같은 용어를 적용하지 않고서는 이러한 사회적 실천과 관련된 이데올로기적 또는 정치적 차이를 이해하기가 쉽지 않다. 하지만 이 용어들이 현재의 사회적 실천의 다양성을 포착하는데 얼마나 시사점이 있는지를 합리적으로 따져 볼 수는 있다.

둘째로, 하버마스의 논의는 그의 언어모델, 그리고 그가 의사소통적 합리성을 비판이론의 기획과 결합하는 방식과 관련해 날카로운 논박을 받았다. 예를 들어, 하버마스가 언어, 합리성, 반사실적인 이상적 담화 상황counterfactual ideal speech situation 간에 불변의, 본질적인 관련성을 가정하는 것에 대한 상당한 의구심이 존재한다. 이런 합리적 의심을 해 볼 수 있을 것이다. 축구 경기에서 큰 소리로 욕설을 내뱉는 것은 상호합의에 대한 지향을 어느 정도나 전제하고 있는가? 영국국민당British National Party 또는 국민전선National Front 같은 파시스트 조직의 슬로건 속에서 의사소통과 공동체의 이상에 대한 존중을 얼마나 찾아낼 수 있는가? 이러한 예들은 상당히 심각한 문제이며, 일부 비판론자들은 하버마스의 의사소통적 합리성 모델이 너무 절차적이고 이상적이라서 구체적인 정치적 갈등 사례에서 더 나은 논의로 간주되는 것에 사람들이 어떻게 합의하는지를 가장 추상적인 형태로만 설명할 수 있을 뿐이라고 주장하기에 이르렀다. 그렇다면 식민주의, 탈식민주의, 인종, 민족, 섹슈얼리티, 젠더의 효과는 삶에 영향을 미치는 논쟁에 참여하는 사람들에게 어떻게 영향을 미칠 수 있는가?

세일라 벤하비브에 따르면, 여기서 어려운 점 중 하나는 하버마스의 모델이 너무 광범위해서 '구체적 타자'가 아닌 '일반화된 타자'만 수용한다는 것이다. 이러한 관점에서 보면 하버마스의 의사소통적 합리성 이론의 정치적 한계를 더 정확히 알 수 있다. 이론적으로 하버마스의 모델은 이성이 개인으로 하여금 경합하는 관점들 중에서 결정을 내리고 결정 또는 규범은 모든 사람이 동등하게 영향 받는다면 공정하게 평가 받을 수 있다는 것을 가정한다. 그러나 의사소통적 합리성이라는 정치적 이상이 어떻게 언어모델로부터 행위, 결정, 논쟁, 규범이 공간적·시간적으로 널리 퍼져있는 수백만의 사람들에게 영향을 미치는 세계로 투사될 수 있는가?

마지막으로, 일부 비평가들은 특히 하버마스가 공론장을 의사소통 행위와 숙의민주주의 측면에서 재개념화하는 것에 대해 비판적이다. 이들에 따르면, 민주주의적 이상은 이른바 보편적 언어구조로부터 기획되기 어렵다. 이러한 비판을 완곡하게 표현하자면, 하버마스의 진리에 대한 심층적 합의 이론은 인권이나 표현의 자유 같은 자유주의적 가치를 충분히 보호하지 못한다는 것이다(Gutmann and Thompson, 2004 참조). 강경하게 표현하자면, 하버마스의 포괄적인 민주주의적 기획은 신경질적이고 강박적인 행동 패턴(근대사회에서 숙의적 합리성의 근거 자체를 저해하는 패턴)을 적절히 설명하지 못한다. 직설적으로 말하자면, 하버마스의 합리적 합의 개념이 현대사회에서 번성 중인 다양한 도덕적 · 윤리적 그리고 그와 관련된 평가적 관점들로 인해 정상적인 상태를 벗어나 있다는 것이다. 예를 들어, 논란이 많은 당대의 정치적 · 도덕적 이슈에 대해 개인들이 숙의할 수 있는 ('더 타당한 주장'을 성공적으로 구분하는 것은 차치하고라도) 기회를 어떻게 개인들에게 동등하게 제공할 수 있을까? 그리고 제약 없는 의사소통이라는 하버마스의 전망을 종일방송 미디어와 엔터테인먼트 문화에 어떻게 적용할 것인지도 당장은 불분명하다.

또 다른 비평가들은 하버마스가 합리적 논쟁에 대한 참여를 강조한다고 해서 공론장의 배제적 성격(즉 정체성, 젠더, 또는 민족 등을 근거로 배제하는 것)에 기인하는 문제에 적절히 대처할 수는 없다는 점(Fraser, 1987 참조)을 지적한다. 궁극적으로, 이 모든 논박은 민주화가 근대사회의 의사소통 구조의 체계적 왜곡의 중지를 요함을 인식하고 있는 것으로 보인다. 그러나 이 비평가들이 하버마스와 뜻을 같이하는 지점은, 당대의 도덕적 · 정치적 이슈들에 대처하는 수단으로서 합리적 합의 개념의 적절성과 관련이 있다. 달리 말하면, 문제는 사회적 행위에 관한 하버마스의 합의적 · 협력적 이론이 21세기 초를 지배하는 정치, 문화, 라이프스타일과 별반 관련이 없어 보인다는 것이다.

호네트: 인정투쟁

악셀 호네트Axel Honneth는 현재 비판이론 전통의 영향력 있는 계승자 중 한 명이다. 호네트는 이전의 아도르노, 마르쿠제, 하버마스와 마찬가지로 이성의 파괴와 파편화에 기초한 사회병리를 드러내고자 했다. 하버마스가 언어, 의사소통, 대화를 중심으로 이성과 비합리성의 간헐적 상호작용을 여타 중요한 힘들과 연계한 것에 비해, 호네트는 일상의 사회적 갈등을 무시, 명예훼손, 모욕의 측면에서 추적하는 것에 더 관심을 가졌다.

호네트는 《정의의 이면Das Andere der Gerechtigkeit》(2000)〔영어판 제목은 'Disrespect'〕에서 인정認定 개념에 초점을 맞추면서, 오늘날 개인 및 집단들 사이에서 일어나고 있는 특정 정체성, 욕구, 정서, 그리고 특별한 생활양식에 대한 공적 인식에 주의를 기울인다. 호네트에 따르면, 사회적 인정 욕구는 무시라는 부정적이며 고통스러운 경험의 전달 또는 전파에서 비롯된다. 그가 보기에, 모욕이라는 심리학적 경험으로부터 부정의不正義, 사회적 적대감, 문화적 갈등이라는 정치적 여파에 이르는 과정은 자기존중을 위한 개인적 욕구와 욕망의 복원 시도가 미수에 그친 것이다. 인정은 의사소통 그 자체의 대인적·역동적 과정과 마찬가지로 자기주장과 종속, 개인주의와 연대에 대한 끊임없는 탐구, 그리고 그것들 간의 화해를 촉진하는 개방적 사안이다.

사회적 삶은 상이한 인정들을 포함하며, 각각은 대인적 상호작용 경험들과 도덕적 주장들 속에 자리 잡고 있다. 호네트는 특히 세 가지 유형의 인정에 초점을 맞춰 비판이론의 규범적 혹은 유토피아적 열망과 연결시키고자 한다. 바로 ① 자기확신self-confidence, ② 자기존중self-respect, ③ 자아존중감self-esteem이다. 자아의 연속성에서 확신은 유년기의 친숙한 또는 중요한 타자들과의 1차적인 정서적 관계에서 비롯된다. 호네트는 이러한 인생 초기의 경험들이 성숙한 자아 발달의 달성에 필수적인 전제 조건이라고 본다. 호네트는 D. W. 위니콧D. W. Winnicott의 정신분석 이론에 기초해 인생 초기의 사랑이라는 경험이 어떻게 개인의 사회적 상호작용의 협상에 기여하는지를 일상생활의 도덕적 행동의 형성에서 무의식적 자발성의 역할에 초점을 맞춰 탐구한다. 유아와 어머니 또는 중요한 타자와의 초기 상호작용에서 중요한 것은, 아동이 스스로를 일거에 독립적 존재로 본다는 것이 아니라 자기주장과 애착 간의 복잡한 정서적 상호작용이 확립된다는 것이다. 인간관계의 핵심은 언제나 연결과 분리 간의, 그리고 종속과 자기주장 간의 급진적 긴장으로 특징지어진다. 그리고 개인이 자신의 정체성과 긍정적인 정서적 관계를 발달시키는 것은 바로 이러한 상호작용으로부터, 또 더 넓은 세계에서 행위하기 위한 자기확신으로부터다.

호네트가 보기에, 사랑은 개인이 삶을 통해 한편으로는 타인으로부터의 인정욕구와 다른 한편으로는 자기주장 욕구를 조화시키는 어려운 정서적 작업을 준비하게 하는 역할을 수행한다. 따라서 사랑은 도덕적 정체성과 정치사회 양자 모두의 근간이라고도 할 수 있다. 확실히 호네트는 사랑으로부터 비롯되는 자기확신 경험은 정체성 인식의 여타 유형들(존경, 존중 등)에 '개념적 및 유전적으로 우선한다'고 주장한다. 인정욕구에는 끝이 없다. 인정욕구는 상호주관적 · 호혜적 · 도덕적 · 정치적 · 법적 유형으로만 확립될 수 있으며, 이는 특정 종착점이 있다기보다 항상 진행 중인 과정임을 의미한다. 이는 모든 인정욕구가 모종의 인격적 상처 또는 문화적 트라우마를 근저에서 저버리는 한 가지 확실한 이유이다. 호네트에 따르면, 문제가 되는 위반 유형 혹은 종류는 세 가지로, 자기확신, 자기존중, 자아존중감이라는 초기의 유형학과 일치한다. 사람들은 친숙한 사회적 관계와 더 넓은 사회적 관계에서 반복적으로 학대를 당하기 때문에, 자아 정체성 경험은 일정 정도의 정서적 손상을 포함하는 경우가 많다. 유사한 논리가 근대 정치세계 일반에서 작동하는데, 여기서는 특정 법적 권리로부터의 배제가 개인의 자기존중 감각에 대한 위해와 불가분의 관계에 있다. 달리 말하면, 자아존중감의 운명은 개인이 선택한 삶의 방식에 타인들이 어떻게 반응하고 개입하느냐에 달려 있다는 것이다.

따라서 인정욕구는 항상 무시와 관련된 특정 경험에 정박해 있으면서 사회적·정치적 측면에서 상기되고 변화하고자 한다. 수치심, 모욕감, 또는 분노는 정서적으로 무한하며 부정의의 신호로 해석된다. 확실히 자유를 향한 욕구는 사회적 무시의 경험을 통해 그 핵심이 형성된다. 이러한 부정의, 혹은 무시당한 경험은 기존 정치질서에 대한 사회적 적대감 또는 문화적 갈등을 촉발하는 요인으로 작용한다. 호네트는 민주적인 공론장을 향한 진보적 운동은 이런 방식으로만 이해 가능하다고 말한다. 여성운동과 페미니즘을 예로 들어 생각해 보자.

여성운동의 등장, 특히 1960년대와 1970년대 페미니즘의 전성기는 작게는 직장에서 크게는 사회 일반에서 이루어지는 여성 배제에 대한 비판적 탐구와 관련된다. 페미니즘의 전반적 감수성은 여성이 겪는 고통을 협소한 심리학 영역에서 벗어나 사회적 삶 전반으로 확장해 재평가하는 것을 포함한다. 사회운동으로서의 페미니즘은 여성이 당하는 억압에 대한 새로운, 계몽된 이해를 제공했다는 진정한 흥분을 불러일으켰다. 근대의 많은 여성이 겪은 불안과 억압은 여성 자신의 정서적 결함이나 부적응이 아니라 사회 전반의 권력 불균형과 젠더 분화에 기초한다. 호네트의 아이디어를 적용해 보면, 여성을 공론장에서 배제하고 가정에 묶어 두는 것은 통제와 폭력, 멸시와 부정의가 가부장제와 혼합되면서 나타난 것이다. 따라서 페미니즘은 사회이론과 사회운동 양자 모두의 측면에서 더 많은 사람을 트라우마적인 배제에 대한 새로운 자의식으로 이끌어서 젠더 부정의로부터 젠더 투쟁으로의 사회변화가 일어나게끔 했다.

어떤 점에서 보면, 호네트가 현대 비판이론의 지향점을 의사소통에서

인정으로 재조정한 것은 사회비판의 초점을 현재의 정치적 갈등으로 노골적으로 이전한 것이다. 말하자면, 호네트는 새로운 사회운동 범위의 사회학적 중요성에 동의하고 이들의 정치적 인정 요구를 존중하면서 그 속에서 계급, 경제, 국민국가에 관한 전통적 관념에 대한 급진적 도전을 발견하고 있는 것이다. 호네트가 보기에, 인정에 관한 비판이론은 포스트페미니즘과 환경운동부터 원주민 투쟁과 다문화주의 정치학에 이르기까지 정체성, 문화, 민족, 차이에 대한 새로운 정치학과 잘 부합한다. 그렇다고 비판이론이 현재의 정치적 기류의 가늠자에 불과하다는 것은 아니다. 비판이론은 개인 및 집단이 21세기의 격랑을 어떻게 헤쳐 나갈 수 있을지에 관한 규범적 또는 유토피아적 이미지이기도 하다. 이런 관점에서 본다면,

---

▌ 무시의 피해자들이 … 정치적 행위에 참여하는 것은 그 자신들로 하여금 모욕을 수동적으로 참아 내는 마비적 상황을 박차고 나와 새롭고 긍정적인 자신과의 관계에 도달하도록 하는 직접적 기능을 갖는다. 이러한 투쟁 동기의 기초는 무시당하는 경험 그 자체의 구조와 연결돼 있다. … 사회적 수치감은 모욕과 굴욕의 수동적 인내를 전형적으로 수반하는 약화된 자기존중을 표출하는 도덕적 감정이다. 이렇게 행위를 억제하는 상태가 집합적 저항에 대한 참여를 통해 극복되면, 개인은 자신의 도덕적 또는 사회적 가치를 간접적으로 확신할 수 있는 표현 유형을 드러내게 된다. 개인은 미래의 의사소통 공동체가 자신의 현재 능력을 인정해 주리라는 기대를 가지고 자신이 (현재 상황에서는 그렇게 인식될 수 없는) 개인으로서 사회적으로 존중받고 있음을 발견한다. 이런 점에서, 정치적 투쟁에 대한 공개적 참여는 무참하게 무시당했던 능력을 표출하기 때문에, 이러한 참여는 개인의 잃어버린 자기존중을 조금이나마 복원하도록 해 준다.

악셀 호네트(1992) *Kampf um Anerkennung* (Frankfurt a. M. 1992(neue Auflage 2003)) 《인정투쟁: 사회적 갈등의 도덕적 형식론》, 이현재·문성훈 옮김, 사월의책, 2011)

예를 들어 국제 앰네스티Amnesty International 같은 조직이 국가의 고문에 맞서 벌여 온 투쟁은 신체에 대한 침해를 폭로하고 이를 인권에 대한 요구와 연결시킨다는 점에서 '**자기확신의 정치학**'의 일부를 재구성한 것이다.

호네트의 인정이론은 현대사회이론에서 중요한 위치를 차지한다. 그의 논의는 새로운 정체성과 문화적 차이의 정치학에 관한 대안적 전략의 개요를 그려 냄으로써 사회이론, 도덕이론, 정치철학의 새로운 장을 열었다. 그의 접근법은 '**인정의 정치학**'을 이야기하는 다른 학자들, 이를테면 찰스 테일러Charles Taylor, 세일라 벤하비브와 관련된 면이 있지만, 분명히 정치철학보다는 사회이론의 측면에서 가장 풍부하다. 호네트 이후 사회갈등의 이해는 무시와 모욕의 경험에 기초한 새로운 인정의 정치학의 파악을 의미하게 됐다. 이러한 관점에서 보면, 대체된 감정에서 비롯된 정치적 의미와 규범적 가능성을 복원하려는 호네트의 시도는 사회적 위기와 정치적 지배의 개인적 차원의 탐구라는 프랑크푸르트학파 원래 기획으로 되돌아가는 것이다. 그럼에도, 그리고 호네트의 작업이 여전히 정교화되는 과정에 있음을 감안하더라도, 지적해야 할 난점들은 있다.

먼저 지적할 것은, 인정에 대한 호네트의 설명을 결정적으로 증명하는 데 이루어져야 할 것이 당장은 확실치 않다. 말하자면, 인정욕구로 대변되는 인간의 욕구에 대한 이러한 추상적 설명이 현재의 전 지구적 실재를 상대로 어떻게 정확히 검증될 수 있을 것인가? 사회 내의 일부 집단만이 특정 유형의 공적 인정을 요한다는 사실이 호네트 이론의 일반적 설명력을 무력화하는가? 사람들이 상처 받은 감정을 인식하게 되는 개인적·사회적 조건은 어떠한가? 호네트는 유색인종 여성, 민족집단, 원주민, 기타 주변화된 사람들에 대한 무시 같은 무시의 객관적 유형이 항상 상처 받은 감정에 대한 인식을 수반한다고 가정하는 것처럼 보인다. 정말로 그러한

가? 문화적 트라우마가 가져오는 결과는 무엇인가? 국가폭력의 피해자가 겪은 상처와 고통이 너무도 가혹해서 개인이 이러한 부정의에 맞서 싸우기가 불가능한 경우는 여기에 해당하는가? 여기서 난점은 호네트가 한편으로는 인간 고통의 감정적 차원에 주목하면서 다른 한편으로는 정신분석학만을 선택적으로 활용하다 보니, 무의식이 상처 받은 감정을 인정에 대한 공적 요구로 전환하는 것을 가로막을 수 있다는 점을 제대로 평가하지 못하게 된다는 것이다.

다시 말하면, 무시에서 인정투쟁 및 부정으로의 이행은 상당히 특수한 개인적·정치적 조건에서만 일어날 수 있다는 것이다. 지구화가 다국적 기업과 끊임없이 반복되는 엔터테인먼트 문화를 특징으로 하는 우리 시대에는, 사적인 상처를 정치적 인정 요구로 전환하는 개인들의 감정적 역량은 일정 정도 무력화된다. 이는 호네트가 크게 주의를 기울이지 않은 점일 뿐만 아니라—실제로 그는 프랑크푸르트학파와 달리 '문화산업'에 대해 별로 언급하지 않는다—, 인정에 대한 요구가 실제로 사회적 관계로 전환될 수 있는 정도를 과대평가하게 되는 지점이기도 하다. 호네트의 설명에 따르면, 새로운 정체성과 문화적 차이의 정치학으로 전개되는 더 포괄적인 제도적 인정 유형의 등장은 본질적으로 사회의 도덕적 과정과 연관돼 있다. 그러나 다시 말하건대, 왜 그래야만 하는가? 왜 인정의 정치학이 언제나 사회의 진보적인 도덕적 진전으로 귀결돼야 하는가? 도덕적으로 타당한 정체성 정치의 유형과 그렇지 못한 유형을 어느 정도나 적절히 판단할 수 있는가? 신민족주의 운동 또는 민족적 부족 전통에서 비롯되는 인정 요구는 무엇인가? 그리스 출신의 프랑스 학자 코르넬리우스 카스토리아디스Cornelius Castoriadis는 이러한 정치적 논점을 잘 짚어 낸다.

나는 타인들의 특성을 단지 다르다 하여, 그리고 그들이 누구이며 무엇을 하는지와 상관없이 존중하지는 않는다. 나는 사람들의 목이나 손을 자르는 자들을 존중하지 않음은 물론이거니와(설령 그들이 나를 직접적으로 위협하지 않는다 하더라도), 새디스트, 아이히만Adolf Eichman(나치 독일의 장교), 또는 베리야Lavrenti Pavlovich Beria(구소련 스탈린 정권 당시 비밀경찰 총수)의 특성도 존중하지 않는다.(1997a: 398)

인정투쟁이 도덕적 진보로 귀결되는 것이 사실이라면, 그것이 어떻게 무시가 한없이 일어나는 것처럼 보이는 세계와 부합하는지를 보여 주는 것은 호네트의 몫이다. 호네트는 하버마스와 마찬가지로 사회 내 개인, 집단, 사회제도의 학습 역량을 강조하고자 도덕성에 초점을 맞춘다. 이는 현대 비판이론의 핵심적 측면이다. 그러나 하버마스와 호네트의 논의 모두 아도르노, 프롬, 마르쿠제의 프랑크푸르트학파 저작에서 정교화된 사회비판에 대한 헌신과 때로는 긴장관계를 이룬다. 프랑크푸르트학파가 보여 주었듯이, 도덕적 담론은 우리가 가장 역량 있는 것이 무엇인지를 깨닫는 데 도움을 준다. 반면에 사회이론의 임무는 우리가 어떻게 그리고 왜 그런 고매한 야망이 부족할 때가 많은지를 일깨우는 것이다.

요약

① 현대 비판이론은 오늘날 전 지구적으로 일어나는 변화를 분석하기 위해 신마르크스주의 프랑크푸르트학파가 발전시킨 아이디어를 체계적으로 확장한다. 현대 비판이론의 선도적 인물은 프랑크푸르트대학교 석좌교수이자 유럽 최고의 공적 지식인 중 한 명인 위르겐 하버마스다.

② 사회이론에 대한 하버마스의 공헌은 50여 년에 걸쳐 있다. 그러나 광범위한 의미에서 이 모든 공헌은 사회적 삶과 도덕성에 관한 더 포괄적인 의사소통적 접근법의 이름으로 기술관료적 사회정책과 권력정치에 문제를 제기한 것이다.

③ 하버마스는 언어 일반, 특히 의사소통에 초점을 맞춰 인간 의사소통, 대화, 토론의 전제 조건을 재구성하고자 한다. 그의 근본적 아이디어는 세계에 대한 모든 진술은 세 가지 타당성 주장을 제기한다는 것이다. 그 주장이 이야기하는 것이 사실이라는 것, 그 주장이 진지하다는 것, 그리고 그 주장을 이야기하는 것에 수행적 적절성이 있다는 것이다. 하버마스는 이러한 생각에 기초해 의사소통적 대화를 통한 합리적 동의로 정의된 진리에 관한 이론을 고안한다.

④ 공론장에 관한 하버마스의 연구는 시장자본주의에서 개인적 삶과 사회적 삶의 관계 변화에서 이성과 합리성이 핵심적임을 밝힌다. 그러나 선진 자본주의에서 관료제, 기술, 문화산업은 공적인 정치토론의 역량을 침식한다. 하버마스는 정치와 사회적 삶이 관리되고 있다고 말한다.

⑤ 하버마스가 보기에 근대사회는 '생활세계'와 '체계 재생산' 사이의 갈등으로 인해 체계가 생활세계를 식민화하기에 이를 정도로 손상됐다. 생활세계에서 의사소통적 행위(원론적으로 합리적 토론에 개방적인 사회적 대화)와 자본주의 문화·관료제·기술 사이의 이러한 갈등은 근대 세계를 지배해 왔다.

⑥ 하버마스가 재구성한 비판이론에는 다양한 논박이 있는데, 그중 하나는 대규모 기술체계에 의한 생활세계의 식민화 설명이 너무 마르크스주의적 또는 결정론적이라는 것이다. 그와 연관된 비판은 개인의 삶 속에서 문화와 경제가 어떻게 뒤섞이는지를 하버마스가 간과했다는 것, 그리고 그가 현대

의 문화적 과정을 사소한 것으로 치부하다 보니 자본주의, 관료제, 기술로부터 비롯된 사회병리 문제에 문화적 창조성이 활용되는 중요한 방식을 놓쳐 버린다는 것이다.

심화 질문

① 공적 토론이 이성과 합리성의 진전으로 귀결되는가?

② 근대적 공적 토론장에는 어떤 것이 있는가?

③ 하버마스는 자유와 연대가 지지 받아야 할 보편적 가치라고 주장한다. 동의 하는가? 이 가치들이 힘을 통해서라도 지지 받아야 하는가?

④ 살면서 공론장과의 접촉을 경험한 적이 있는가? 토론과 숙의는 어떻게 더 좋은 사회로 이어질 수 있는가?

⑤ 블로그, 채팅방, 게시판 같은 인터넷 뉴스원news sources을 정치 발전 및 뉴스 참여를 위해 사용하는가?

더 읽을거리

위르겐 하버마스

Theorie des kommunikativen Handelns (Suhrkamp, Frankfurt am Main 1981) 《의사소통행위이론: 행위합리성과 사회합리화》, 장춘익 옮김, 나남, 2006)

Moralbewusstsein und kommunikatives Handeln (Suhrkamp, Frankfurt am Main 1983)

Strukturwandel der Öffentlichkeit. Untersuchungen zu einer Kategorie der bürgerlichen Gesellschaft (Luchterhand, Neuwied am Rhein 1962 bis 1987) 《공론장의 구조변동: 부르주아 사회의 한 범주에 관한 연구》, 한승완 옮김, 나남, 2001)

Faktizität und Geltung. Beiträge zur Diskurstheorie des Rechts und des demokratischen Rechtsstaates (Suhrkamp, Frankfurt am Main 1992) (《사실성과 타당성: 담론적 법이론과 민주적 법치국가 이론》, 한상진·박영도 옮김, 나남, 2007)

Die postnationale Konstellation. Politische Essays (Suhrkamp, Frankfurt am Main 1998).

악셀 호네트

Kampf um Anerkennung (Frankfurt a. M. 1992 (neue Auflage 2003)) ((인정 투쟁: 사회적 갈등의 도덕적 형식론). 문성훈·이현재 옮김. 사월의책, 2011)

Das Andere der Gerechtigkeit. Aufsätze zur praktischen Philosophie (Frankfurt a. M. 2000)

하버마스 초기 저작에 관한 유용한 입문서는 다음과 같다.

Thomas McCarthy, *Critical Theory of Jürgen Habermas* (MIT Press, 1978).

John B. Thompson, *Critical Hermeneutics: A Study in the Thought of Paul Ricoeur and Jürgen Habermas* (Cambridge: Cambridge University Press, 1981)

하버마스의 원숙기 사회이론에 관한 유용한 입문서는 다음과 같다.

William Outhwaite, *Habermas: A Critical Introduction* (Cambridge: Polity Press, 1994).

Stephen White, *The Cambridge Companion to Habermas* (Cambridge: Cambridge University Press, 1995)

하버마스의 사회이론을 간략하게 소개한 책은 다음과 같다,

Jane Braaten, *Habermas's Critical Theory of Society* (SUNY Press, 1991).

숙의민주주의와 관련해서는 방대한 문헌들이 있다.

Amy Gutmann and Dennis Thompson, *Why Deliberative Democracy?* (Princeton University Press, 2004).

Seyla Benhabib (ed.), *Democracy and Difference* (Princeton University Press, 1996).

James S. Fishkin, *Democracy and Deliberation: New Directions for Democratic Reform* (Yale University Press, 1991).

호네트의 초기 사회이론 관련 논의는 다음을 참조하라.
Anthony Elliott, *Critical Visions: New Directions in Social Theory* (Rowman and Littlefield, 2003).

인정이론에 관한 호네트의 접근법을 잘 요약한 책은 다음과 같다.
Simon Thompson, *The Political Theory of Recognition* (Cambridge: Polity Press, 2006).

인터넷 링크

비판이론

www.cla.purdue.edu/academic/engl/theory/

http://plato.stanford.edu/entries/critical-theory/

www.uwec.edu/ranowlan/intr_whystudy_crit_thy.htm

위르겐 하버마스

www.habermasforum.dk/

www.uky.edu/%7Ecfzurn/CZonJHKong.pdf

www.Helsinki.fi/~amkauppi/hablinks.html

악셀 호네트

www.phillwebb.net/History/TwentiethCentury/Continental/Marxism/Honneth/Honneth.htm

페미니즘과 포스트페미니즘

8장

내가 몇 년 전 근무하던 대학에서 한 통의 이메일이 잘나가던 동료들의 학계 경력을 한순간에 위협했던 적이 있다. 자세한 내용은 오래되어 기억이 안 나지만, 핵심은 당시 사람들이 그것을 '젠더 사건'이라고 불렀다는 점이다. 사태는 이메일에서의 부주의한 단어 사용 그 이상도 그 이하도 아닌 일에서 시작되었다. 그로 인해 학과 전체에 강력한 감정들이 폭발했다. 학과 교수진들이 갈라져서 적대하게 되었고, 몇몇 교수들은 중재를 위해 개입하게 되었다. 하지만 이후의 또 다른 이메일 교환이 사태를 더 악화시켰다. 언어는 한때 가졌던 사회적 사물 및 사건과의 연결로부터 멀어져 버렸다. 그 속에서 작동하는 감정의 골은 혼란으로 가득한 언어 교환을 가열시켰다. 어느 누구도 사건과 관련해 일관된 견해를 유지하기 어려웠다. 학과 내에 존재하던 기존 의미 패턴은 의문시되었다. 그에 더하여 이 논쟁의 원래 당사자들은 상대편의 오해와 젠더정치를 위반하였다는 혐의에 맞서 스스로를 방어하는 와중에 왜곡의 과정을 거쳤다. 각 이메일은 "내가 말하고자 했던 바는 … 이었다"는 말로 시작되었다.

30여 년 전에 유럽에서는 정신분석학자이자 페미니스트인 줄리아 크리스테바가 언어 속에서 작동하는 무의식적인 힘들이 갖는 패턴과 놀이를 통찰력 있게 서술했다. 그녀는 아마도 머릿속에 이러한 종류의 경험들을 담고 있었을 테다. 비록 문학비평가인 그녀의 대부분의 저작이 시인들과 소설가들을 다루고 있지만 말이다. 크리스테바가 페미니즘과 포스트 페미니즘에 기여한 바를 이번 장에서 살필 텐데, 그녀는 스스로 **'기호적인 것'**이라고 부른, 감정이 결부된 영역인 억압된 무의식이 페미니즘을 가능케 한다고 보았다. 불평등한 젠더 관계가 어떻게 정체성과 일상생활을 형성하는지를 더 잘 이해하고자 정신분석학을 참조한 많은 페미니스트 사회이론가들(줄리엣 미첼, 낸시 초도로우, 제시카 벤저민, 주디스 버틀러 등)처럼, 크리스테바는 현대사회의 가부장적인 성적·사회적 질서를 약화시키킬 수단으로 '억압된 무의식' 또는 기호적인 것에 초점을 맞춘다. 크리스테바식 페미니즘은 어떤 의미에서는 라캉, 언어학, 문학비평, 포스트구조주의 등을 혼합하여 그녀만의 제품을 만든 것이다. 하지만 이번 장에서는 여러 중요한 페미니즘 비평을 사회학, 심리학, 정치이론, 포스트모더니즘, 퀴어이론 등에 걸쳐 광범위하게 검토할 것이다. 페미니즘과 포스트페미니즘 이론은 육체화된 경험과 사회적 관계, 정체성과 문화, 정체성 또는 섹슈얼리티 문제와 사회조직의 문제 각각을 상호 연계시켜 주는 이론적 시야를 제공한다.

가부장제 이론화하기: 1970년대 페미니즘

내가 앞서 언급한 대학 안에서 벌어진 젠더 논쟁은 1980년대에 일어났다. 그 당시는 여성 간, 여성과 남성 간 복합적인 차이, 사회적 다양성과 문화적 차이로 인한 권력 문제를 학계, 페미니스트, 정치적 진보주의자들 간에 정체성을 형성하는 과정에서 점차 심각하게 깨닫던 시기다. 아마도 내가 기억하기로, 대학에서 젠더 논쟁이 발생한 이유는 여성과 남성 간의 정치적 차이가 있었던 것처럼 여성 동료 간의 분할도 다양했기 때문인 듯하다.

사회이론의 층위에서 이 같은 젠더 차이와 페미니즘 내부의 사회적 분할 양자를 점점 더 주목하게 된 것은, 포스트구조주의(5장 참조)의 영향력과 결부되어 있다. 다양한 포스트구조주의자들은 '정체성' 의심에서 형이상학적 토대를 폭로하는 쪽으로 나아가는 것이 더욱 소비주의화되고 개인화되는 1980년대에 들어맞아 보인다고 강조했다. 하지만 젠더 차이화를 포스트구조주의 혹은 포스트모던 담론 분석으로 해체하는 작업은 그 자체로 초기 페미니즘 감수성에 대한 반작용이었다. 이제 1970년대 젠더 이론을 언급할 텐데, 1970년대에는 여성의 공유된 욕구와 정치적 이해가 젠더 비판의 핵심으로 간주되었다.

프랑스 페미니스트 시몬 드 보부아르Simone de Beauvoir는 고전으로 꼽히는 《제2의 성Le deuxième sexe》(1949)에서 "여성은 태어나는 것이 아니라 만들어지는 것"이라고 선언했다. 이 구절은 1970년대 젠더 이론의 모든 것을 미리 보여 주는 것이었다. 이는 젠더가 기저에서 '여성성'과 '남성성'을 시종일관 만들고 형성한다고 뭉뚱그리는 주장이다. 인간은 여성과 남성으로 태어나지만, 사회적 구성 과정을 통해 남자와 여자가 된다. 이와 같은 사회적 구성의 젠더화 과정에 분석적 엄밀성을 부여하고자 영국 페미니스트인 앤 오클리Ann Oakley(1972)는 생물학적 **섹스sex**와 사회화된 **젠더gender**를 구분 지었다. 이는 결과적으로 생물학의 자연화를 사회학이 관찰해 온 문화적 학습으로 덮으려는 시도라 할 수 있다. 이러한 견지에서 보면 젠더 재생산은 사람들이 구분되는 젠더 행동 패턴으로 사회화되는 방식을 의미한다. '남성성'과 '여성성'의 젠더 역할을 사람들은 일상생활에서 자연스러운 성향으로 경험한다. 하지만 그것은 사실상 사회와 문화에 의해서 심층에서 결정된 것이다. 젠더는 문화의 힘에 의한 사회화, 역할학습, 젠더 스테레오타입 등과 밀접하게 얽혀 있다.

우리의 전 삶이 어떤 '성역할' 또는 '성역할 스테레오타입'의 틀로 수행된다는 주장은 1970년대 페미니즘 사회이론에 매우 정치적인 성격을 부여했다. 가족생활, 교육, 직업시장 같은 더 큰 젠더적 맥락을 연구할 때 페미니스트 사회이론은 젠더와 섹슈얼리티가 사회관계와 문화 지배를 조직화하는 핵심적인 동력이라고 주장했다.

1970년대 페미니즘의 가치 있는 통찰 중 하나는, 사적 삶과 가족생활,

▌ '섹스'는 생물학적 용어다. '젠더'는 심리학적이고 문화적인 용어다. 우리의 상식에 따르면, 이 둘은 단지 동일한 분할을 보는 두 가지 방식이며, 거기에 속하는 생물학적 여성female sex은 자동적으로 상응하는 여성적 젠더에 속한다. 남자가 되고 여자가 된다는 것, 소년이 되고 소녀가 된다는 것은 옷, 제스처, 직업, 사회적 관계망, 인성 등의 기능에 지나지 않는다. 마치 특정 성기를 지니고 있는 것과 마찬가지로.

이러한 사실은 많은 사실적 증거에 의해 뒷받침된다. 첫째로, 인류학자들이 보고한 바에 따르면 다양한 문화들에서 젠더를 다양하게 규정한다. 모든 사회가 생물학적 섹스를 젠더 귀속의 기준으로 활용하는 것은 사실이다. 하지만 단순한 섹스라는 출발점을 넘어서면, 어떠한 두 문화도 하나의 젠더를 다른 젠더와 구분하는 데 완벽히 일치하진 않는다. 말할 것도 없이 모든 사회는 자신의 젠더 규정이 생물학적인 두 가지 성에 상응한다고 믿는다.

그러므로 문화적으로 볼 때 우리는 남녀 간 동일한 생물학적 구분이 젠더 역할의 광범위한 변이들과 공존함을 발견한다. 대조적으로 우리는 또한 문화적으로 규정된 젠더들이 다양한 섹스들과 공존하는 개개인을 발견한다.

앤 오클리(1972) *Sex, Gender, and Society* (Melbourne: Sun Books, p. 158) 《섹스, 젠더, 사회》

섹슈얼리티와 문화 간의 긴밀한 연계를 파헤친 것이었다. 젠더 스테레오 타입이나 규범은 자본주의 시장관계나 관료제 같은 특정 이데올로기적 세력장으로부터 떨어질 수 없는 것으로 제시된다. 따라서 그것들은 권력 및 사회통제 문제와 깊숙이 얽혀 있다. 만일 젠더 역할이 성적 불평등의 패턴을 반영한다면, 이는 우리가 남성이 지배적인 사회질서 하에서 살고 있기 때문이다. 이런 생각에 따라 남성성은 권력과 위세를 상징하게 되며, 여성은 성차별적 문화에 종속되고 억압된 존재로 내던져진다. 따라서 페미니즘의 정치적 책무는 사회질서 내의 남성 지배를 비판하는 것일 뿐 아니라, 현대사회의 사회정의 및 젠더 관계의 변혁에 관심을 갖는 특정한 정치를 수행하는 것이었다.

1970년대 젠더 이론의 부상은 급진 정치, 특히 해방운동 및 흑인 시민권 저항이 급부상하던 시점에 일어났다. 페미니즘은 다양한 해방적 사회운동의 일부로서, 변혁되고 해방된 사회조직을 만든다는 명분을 갖고 현대사회의 전반적인 성적·사회적 질서를 의문에 부치는 데 주력했다. 일부에서는 페미니즘이 제기한 야침 찬 사회비판이 지나치게 정치적이라고 보았다. 다른 이들에게는 페미니즘의 해방적 열정이 그저 유토피아적 몽상처럼 보였다. 그러나 페미니즘 사회이론의 정치적 분파로서 여성운동은 개인들의 영역에서나 정치 영역에서 깜짝 놀랄 만큼 성공적으로 영향력을 확장했다. 페미니스트 사회이론가들은 양육에서 결혼에 이르기까지 젠더 분야들이 본질적으로 사회적이고 정치적인 것임을 폭로했다. 젠더는 남녀 간 차이의 구성과 남성 지배 역사의 영속화, 양자를 언급하는 맥락에서 채택되었다.

이 같은 사회이론의 정치적 선택이 가져다준 이득은, 젠더의 사회적 작동에 대해 놀라우리만치 직접적인 설명이 제공되었다는 점이다. 매 국면

마다 젠더 역할로 돌아가라고 반복해서 말하는 권력을 드러냈다. 하지만 1970년대 페미니즘의 기저에는 지배적 남성성과 종속적 여성성이라는 젠더 이분법이 너무 깊숙이 뿌리내려 있었다. 여성과 남성 간의 유사성이나 감정적 연결점은 논의에서 밀려났고, 여성들 간의 사회적·문화적 차이 문제는 이론적으로든 정치적으로든 무시되었다. 페미니즘 이론가 라인 시걸Lynne Segal은 1970년대 젠더 이론의 한계를 관찰하면서 이렇게 말했다.

> 많은 남성들에게는 남성만의 특권이라고 여겨지는 권력이 거의 없거나 없다. 반면 여성 중 유의미한 소수는 상당한 권력과 특권에 접근한다. 젠더 이분법은 결코 본래의 형태대로 존재한 적이 없다. 여성과 남성은 항상 이미 인종, 계급, 연령, 성적 지향, 그리고 다중적인 소속의 맥락에 삽입되어 있다. 이들 각각은 그들이 권력 및 권위와 연계되거나 멀어지는 데 깊숙이 연관돼 있다.(1999:42)

1970년대의 젠더 이론은 이제 어느덧 수십 여년이 지난 것이 되었다. 하지만 1970년대에 등장한 젠더 사회이론이라고 다 똑같은 것은 아니다. 분명 젠더 이론은 여성들이 공유하는 욕구, 사회적 종속과 젠더 불평등 문제에 주된 초점을 맞추었지만, 이 시기에도 다양한 페미니즘 사회이론이 존재했다. 가장 의미 있는 이론적 진전은, 불평등한 젠더 관계가 어떻게 개인들의 경험과 일상생활 구조를 만드는 근본 재료가 되었는지 이해하려는 노력이다. 또 다른 혁신적인 페미니스트 연구는 한편으로는 여성의 엄마로서의 역할놀이에 초점을 맞추었고, 다른 한편으로는 젠더를 문화적으로 학습하는 문제에 초점을 두었다. 두 접근에서 젠더는 사회학적이고 심리학적인 복잡성을 갖는다는 특징이 있다. 미첼, 디너스타인, 초도로우, 벤저민 같은 페미니스트 사회이론가들의 정초적 작업에는 젠더 영역이 언제나 사회, 문화, 정치 같은 더 커다란 구조들 내에서 개념화되었다.

줄리엣 미첼: 여성성과 성적 차이

1974년 출간된 줄리엣 미첼Juliet Mitchell의 《정신분석과 페미니즘Psycoanalysis and Feminism》은 영어권 페미니즘 이론의 새로운 길을 대표했다. 널리 읽힌 이 책은 페미니즘과 여성의 억압 문제에 정신분석학의 중요성을 옹호하면서, 영향력 있는 페미니즘 심리학 저변에 깔려 있는 생물학적 환원주의에 대한 강력한 비판을 발전시켰으며, 영어권 대중들에게 자크 라캉을 소개했다. 앞서 살펴본 다른 사회이론가들처럼 미첼도 어떻게 현대사회가 젠더 분할을 영속화시키는지 포착하고자 정체성을 연구했는데, 이때 라캉주의적 접근을 활용했다. 미첼은 정체성을 형성하는 데 상실loss이 갖는 중요성을 강조하며 라캉의 강조점을 급진화시킨다.

미첼은 현대사회에서 가부장제의 무의식적 습득이야말로 여성이 겪는 고통의 중심에 있다고 주장한다. 여성성, 가족, 성정치에 대한 미첼의 분석에서 라캉에 기초한 페미니즘은 다음과 같은 요점을 발전시키게 된다. 남녀 간 위계적 권력관계 내에서 인간 무의식의 위치, 생물학적 성과 성적 차이의 구성 간의 분리, 섹슈얼리티와 불평등한 권력관계를 재생산하는 여타 형식의 이데올로기 간의 연계 등이 그것이다. 프로이트와 라캉 이론이 제공하는 성적 차이에 관한 설명은 가부장적 사회관계를 정당화한다기보다는 그것의 심리적 뿌리를 분석하는 것으로 독해되어야 한다는 주장은 아마도 페미니즘에 관한 미첼 초기 저작의 주된 공로일 것이다. 이러한 견해에 따르면, 마초이즘, 남근선망, 질투, 허약한 초자아 등 '여성성의 핵심 표식mark'에 관한 프로이트의 설명은 여성의 본래적인 심리적 속성이 아니라 여성이 가부장 법에 종속됨으로써 야기된 결과물로 이해된다.

미첼 그리고 라캉에게 여성성은 상실로 규정된다. 이 견해에서 여성은 정체성이 구성되는 다양한 언어적 · 심리적 · 사회적 · 문화적 구성의 바깥에 존재하지 않는다. 섹슈얼리티와 주체성은 무의식 속에서 얽히게 되며 언어의 상징적 질서에 진입함으로써 구성된다(라캉이 소쉬르에게 영향받아 제시한 언어관에 대해서는 5장 참조). 아마도 현대사회이론이 관심 갖는 정신분석학의 가장 논쟁적인 주장 중 하나는, 젠더 정체성이 상실(특

▌ 페미니즘 운동의 대부분은 프로이트를 적으로 규정한다. 정신분석학은 여성이 열등하며 여성은 진정한 여성성을 오직 아내와 엄마로서만 달성할 수 있다고 주장한다고 여겨져 왔다. 정신분석학은 부르주아적이고 가부장적인 현 상태를 정당화하는 것으로 여겨졌으며, 프로이트 개인의 삶도 그러한 특질을 보여 주었다는 것이다. 나는 대중적인 프로이트주의가 이러한 묘사에 응답해야 한다는 데는 동의한다. 하지만 이 책은 정신분석학과 프로이트의 작품을 거부하는 것은 페미니즘에 치명적이라고 주장한다. 과거 정신분석학이 악용되어 왔어도, 정신분석학은 가부장제 사회에 그렇게 우호적이지 않으며 가부장제를 분석한다. 만일 우리가 여성의 억압을 이해하고 그것에 도전하는 데 관심이 있다면, 우리는 정신분석학을 무시할 수 없다.

줄리엣 미첼(1974) *Psycoanalysis and Feminism* (London: Penguin Books, p. xiii) (《정신분석학과 페미니즘》)

히 남근의 소유와 부재)과 연결되어 있다는 주장일 것이다. 5장에서 제시된 라캉의 이론을 감안할 때, 라캉의 '프로이트로 돌아가자'는 운동은 포스트소쉬르 언어학의 렌즈를 통해 오이디푸스 콤플렉스, 거세 등 정신분석학의 핵심 개념들을 재해석하는 것과 관련이 있다. 미첼이 특별히 주목한 것은 섹슈얼리티에 관한 라캉의 작업이다. 이제 우리는 프로이트의 작업과 그것을 수정한 라캉의 작업을 몇 가지 측면에서 재고하지 않을 수 없다. 프로이트 이론의 몇 가지 특징은 미첼의 페미니즘을 이해하는 데 필요하다. 오이디푸스 콤플렉스에 관한 프로이트의 설명에서 능동적이고 남성적인 섹슈얼리티는 양성 간의 유년기로 귀인되는데, 이에 대해 그는 "소녀는 일종의 소년이다"라고 말한 바 있다. 이러한 견지에서 볼 때 생물학적인 성적 차이는 페니스의 유무가 중심이 되는 남근기 이전의 유아들에게는 무관한 것이 된다. 프로이트에 따르면, 소년들의 경우 오이디푸스 콤플렉스는 아버지의 거세 위협에 대한 상상에 근거한다. 소녀들의 경우, 거세는 이미 이루어진 것으로 상상된다.

왜 프로이트는 소녀가 '남근선망'으로 고통받는다고 주장했을까? 많은 페미니스트들은 프로이트의 정신분석학이 성차별적이라며 거부한다. 적어도 애초에는 왜 그런지 이해하기 쉽다. 하지만 미첼은 이 주장을 거부하는데, 프로이트가 주장한 어린 소녀들의 '남근선망'은 실은 우리의 감정적 삶, 젠더, 친밀성 등에서 가부장제가 어떻게 지속되는지에 대한 비판이라는 것이다. 미첼은 프로이트를 재독해하여, 소녀들은 거세가 (자신들에게 그리고 비슷하게 '거세당한' 엄마들에게) 이미 발생했다고 상상함으로써 성기의 차이에 반응한다고 말한다. 프로이트는 이러한 일이 환상의 층위에서 벌어진다고 분명히 주장한다. 하지만 그것은 소녀들이 종전의 남성적 섹슈얼리티를 의문시하는 환상이다. 소녀는 자신에게 능동적이고 리비도적인 욕망을 추구할 수단인 페니스가 없음을 깨닫는다. 소녀는 분노하여 엄마를 거부하고 감정적으로 후퇴하는 대신에 아버지에게로 향한다. 하지만 자신이 배타적으로 아버지를 소유할 수 없음을 깨닫고 나면, 소녀는 일종의 감정적인 막다른 골목에 이르게 된다. 그리고 무의식적으로 다시 엄마에게로 향한다. 그래서 자신을 엄마의 여성적 젠더 위치와 동일시하게 된다.

미첼은 젠더 정체성에 관한 프로이트의 설명 중 오이디푸스 컴플렉스, 거세 콤플렉스, 성적 차이 등을 유아에게 일어나는 고통스러운 감정적 분열의 결과로 보는 이 같은 테마들이 라캉의 저작에서 풍부하게 발전되었다고 본다. 라캉 이론에서 유아가 사회적 관계로 진입하는 것은 언어의 상징적 차원에서 일어난다. 엄마의 몸에 상상적인 일체감을 느끼던 아이는 사회적이고 성적인 차이의 상징적 질서 속으로 이행하는데, 여기에 요구되는 것은 제3자인 아버지와 그 도구인 언어다. 유아가 엄마의 몸으로 접근하는 것을 금지함으로써, 상징적 질서(또는 라캉이 '아버지의 이름'이라고 부르는 것)는 거세 위협을 불러일으키도록 작동한다. 이 같은 위협을 뒷받침해 주는 **힘**은 아버지의 **팔루스**phallus로 상징화된다. 팔루스는 유아를 엄마(엄마는 억압되어야만 한다)를 향한 욕망에서 멀어지게 하거나, 상징적 질서로의 진입을 상징하기도 한다. 말하자면 개체가 상징적 질서 내에서 젠더화된 주체로 자리 잡는 것은 필연적으로 엄마 신체의 상실이라는 근본적 상실로부터 가능하다는 것이다. 인간 섹슈얼리티가 결여로 인해 생성되는 것은, 엄마 육체의 상실 때문이다. 그리하여 팔루스는 성적 분할의 층위에서 분열되고 불완전한 인간 주체를 대표한다.

라캉을 따라 미첼은 팔루스가 문화적 환상의 층위에서 불평등한 젠더 관계를 인간 정체성의 심장부에 새겨 넣는다고 주장한다. 미첼은 젠더 관계가 불평등한 한 가지 이유는 사회적 차이가 남성에 의해 **재현**되기 때문이라고 지적한다. 아이는 언어와 상징적 세계를 대표하는 아버지를 준거로 차이에 대면한다. 라캉을 구조주의적 강조점들과 연결시키면서, 미첼은 여성의 섹슈얼리티가 '실정적인positive' 내용을 갖고 있지 못하다고 주장

▌ 소녀는 두 번째 여성 정체성을 자신이 유혹당하거나/강간당하거나 아버지를 유혹하는 오이디푸스 콤플렉스 안에 있는 가부장제 법칙 내에서 획득한다. 소년이 아버지로부터의 상징적 거세를 수용함으로써 가부장제 법칙의 상속자가 되는 것과 같이, 소녀는 이와 같은 상징적 유혹과 함께 여성적 운명을 배운다. 하지만 그것은 소년의 '거세'보다는 덜 중요하다. 그녀는 아버지의 개입 이전에 어느 정도 자신의 상황을 인식하기 때문이다. 그녀는 자신이 팔루스의 상속자가 아니므로 상징적 거세를 받아들일 필요가 없다는 사실을 이미 알아챈다(그녀는 이미 '거세되었다'). 하지만 그녀의 오이디푸스 콤플렉스에 아버지의 역할이 없다면, 그녀는 전前오이디푸스의 딜레마에 계속 갇혀 있을 것이다(그리하여 정신증에 걸릴 것이다become psychotic). 오이디푸스 콤플렉스를 통해 그녀는 여성성의 유산을 물려받기 때문이다. 프로이트는 여성이 남성보다 '더 양성적'이라고 말했다. 이 언급은 가부장제 내의 그녀의 욕망이 아버지의 위치를 차지하며 엄마를 위한 팔루스가 된다는 사실을 프로이트가 계속 암시한 것이다. 여성의 전前오이디푸스 계기에서의 양성적 성향은 강력히 잔존하고 그녀의 오이디푸스 콤플렉스는 빈약하고 이차적인 사태가 된다. 그녀는 아버지의 법에 대한 종속으로 인해 자신이 '자연'과 '섹슈얼리티', 자생적이고 직관적인 창조성의 카오스를 대표하게 됨을 배운다. 여성이 법의 '손길'을 수용하지 못하게 되면서, 그녀의 종속은 스스로를 그 반대의 방향으로, 즉 사랑과 비합리성이 전부인 방향으로 구축하도록 한다. 이것이 가부장제 역사의 조건이다.

줄리엣 미첼(1974) *Psycoanalysis and Feminism* (London: Penguin Books, p. 404-405) 《정신분석학과 페미니즘》

한다. 여성성은 그저 남성성과의 차이로부터 그 의미를 획득한다. '여성'이라는 범주는 이상화된 타자로 작동하며, 특정한 실제 여성들로부터 전적으로 분리되어 작동한다. 남성과 여성은 욕망, 충족, 기쁨, 온전함을 이룰 수 있는 잠재적 장소가 되어 환상의 위상에 놓인다. 여성의 섹슈얼리티는 따라서 그러한 주체성의 구조를 알려 주는 결여를 상상적으로 보충한다. 급진 페미니스트 정치는 미첼이 보기에 체계적이고 불평등한 젠더 관계의 핵심인 공고한 남성적·팔루스적 환상을 심문하고 뒤집으려 한다.

아마도 미첼의 정신분석과 페미니즘의 연계에서 가장 놀라운 것은 그리고 많은 이들이 불편하게 느낄 만한 것은, 심리적 경험과 젠더 정체성을 포함하는 더 복잡한 모델에 가까운 문화적 학습이나 사회화 개념을 건너뛰고 있다는 점이다. 이는 프로이트와 라캉에 대한 페미니즘적 독해와 관련되는데, 특히 아버지나 남성이 엄마와 유아의 상상적인 통일성을 단절시키고 현재 젠더질서에서 권력과 욕망을 핵심적으로 연계시켜 준다는 정신분석학의 주장이 문젯거리가 된다. 물론 페미니즘 사회이론 내에서 미첼의 작업에 대한 하나의 반응은, 그저 정신분석학 자체를 성차별적인 것으로 기각하는 것이다. 하지만 앞서 보았듯이, 미첼은 이미 그러한 주장을 직접적으로 대면하였고 정신분석학을 가부장제에 대한 비판으로 재부각시켰다.

더욱 흥미롭게도, 일부 비평가들은 아버지와 남성이 언제나 상징적·언어적 질서를 대표하는가라고 의문을 제기했다. 만일 그러하다면, 확실히 비非가부장적인 상징질서는 불가능하다고 말하는 셈이다. 그러면 페미니스트의 정치적 프로젝트가 한 방에 잘려 나가는 셈이다. 이러한 의문은 명백히 페미니즘 사회이론에 생생하게 살아 있으며, 젠더 정체성에 관한 미첼의 접근이 갖는 주된 단점을 명백히 보여 주는 것이다. 아마도 가장 널리 인정되는 미첼의 한계는, 복잡한 정신분석 범주와 개념들을 활용하기는 하지만 그녀의 분석이 현 사회에서 젠더가 갖는 고정성과 동형성을 과장하는 경향을 보인다는 점이다. 미첼이 주장하는 대로 만일 여성이 전적으로 자신의 무의식적 섹슈얼리티를 억압하고 결여된 타자(즉, 남성 욕망의 대상)인 팔루스와의 상징적인 관계 속에 붙박혀 있다면, 애초에 페미니스트 전략을 추동하는 것이 무엇인지 그리고 어떻게 급진 정치가 기존 젠더 범주들을 뒤흔들 수 있는지 이해하기 어렵다.

젠더 정체성에 관한 미첼의 설명과는 반대로, 우리는 "언어의 상징적 질서가 정신분석 이론이나 포스트구조주의가 힘들여 천착한 대로 그렇게 공고하고 단일한 것인가", "여성성은 단지 남성성의 부정적 반대항으로만 규정되는가" 물을 수 있다. 이는 페미니즘 사회이론이 끊임없이 돌아가는 질문들이며, 1980년대와 1990년대에는 새로운 응답들이 발전되었다. 우선 우리는 페미니즘 사회이론의 다른 버전으로 돌아가야 한다. 아버지와 남성에 대한 강조를 멀리하고 젠더 정체성 구성에 어머니와 여성을 향했던 이론들이 존재했다.

디너스타인: 사회의 양육제도

가족 안에서의 초기 감정 경험이 젠더 정체성 형성에 근본적이라는 생각은 가부장제에 관한 페미니즘적 해석에서 중심 아이디어였다. 도로시 디너스타인Dorothy Dinnerstein은 가부장제 하 젠더 불평등 분석에서 엄마 역할이 미치는 영향을 특히 강조하였다.《인어와 괴수The Mermaid and the Minotaur》(1976)에서 그녀는 사회 양육제도가 양성兩性에 미치는 심리적 영향을 탐구한다. 후기자본주의 사회들에서 여성에게 배타적으로 맡겨지는 양육 때문에 남녀 아이들은 젠더를 폭력적으로 형성해야 하는 사회적 맥락을 마주하게 된다. 여성의 양육은 불가피하게 우리가 여성을 두려워하도록 이끈다. 남녀 유아 모두 엄마가 자신들에게 휘두르는 힘을 두려워한다. 그 두려움 때문에 감정적 안전을 찾아 아빠로 향하고 엄마를 배반하게 된다. 아버지의 부성적 권위는 유아의 무력감, 분노, 미움과 관련되는 양가성으로부터의 탈출로를 제공한다. 디너스타인은 "의존하고 복종하는 느낌을 두 번째 부모—다른 젠더가 새로운 거래와 깨끗하게 지워 줄 것이라는 약속을 가져온다—에게 이전할 가능성은, 유아기를 벗어나면서 우리가 남성 지배의 덫에 빠지도록 부추긴다."[1976:186] 다시 말해 가부장제는 감정적 양가성을 부정한 결과물로 등장한다. 엄마와 연결되는 무의식적 고통이 부인되면서 부성적 권위를 이상화하는 것으로 이어진다. 이러한 부인否認의 심리적 대가는 심각하다. 남성과 여성은 어른거리는 엄마 지배의 기억을 계속 가지고 지낸다. 유아의 무력감이 거부될 수는 있지만 억압된 것의 귀환은 계속해서 남성적 문화를 능가하고자 위협한다. 유의미하게도 이러한 상황은 남성보다는 여성에게 더 나쁘다. 엄마 역할의 힘과 관련하여 현재의 젠더 체계 내에서 여성은 이중으로 모욕당한다. 엄마로서 그리고 아내나 여인으로서.

엄마/아이 관계에 대한 자신의 분석을 클라인의 틀과 관련지으면서, 디너스타인은 사회적으로 지배적인 젠더 이데올로기들이 여성(특히 엄마로서 여성의 역할)에 의해 박해받거나 억압당한다는 불안을 돌파하는 데 실패한다고 주장한다. 엄마를 독립적인 행위자로 보는 대신, 여성을 전능한 대상이자 공포의 대상으로 보는 판타지들이 넘쳐난다. 이러한 맥락에서 디너스타인은 현대 문화의 가장 병리적인 특징들을 거론한다. 남성은 여성을 통제하고 모욕할 필요가 있다. 여성은 자신의 생물학적 성을 거부하는 데 협조적이어야 한다. 자연의 지배, 성폭력, 그리고 인간의 취약성에 대한 문화적 거부. 젠더의 변동을 위해서는 양육을 공유해야 한다고 그녀는 말한다. "첫 번째 부모가 여성인 한, 여성은 어쩔 수 없이 필수적인 유사-인간 보호자이자 유사-인간인 자아의 적, 이 이중적 역할에 붙잡힐 수밖에 없다."(1976:111)

디너스타인의 작업은 젠더 관계에 대한 주류 페미니즘의 설명에 대한 첫 번째 정신분석학적 도전 중 하나다. 그녀에게 사회는 외부에 존재하여 젠더 권력을 외부에서 찍어 누르면서 사람들에게 작동하는 무엇이 아니라 성적 경험의 깊은 감정적 뿌리를 관통하는 일종의 힘으로, 자아를 구성하는 바로 그 행위 내에서 반여성적 정서가 생겨난다는 것이다. 그렇기에 그녀의 저작은 섹슈얼리티, 권력, 문화 간의 연계라는 중요한 이슈를 제기한다.

이러한 중요한 지적에도 불구하고 디너스타인의 비판에는 몇 가지 중요한 결점이 있다. 이를테면 그녀는 초기 생애의 심리적 고통 회피가 보편적이고 기계적인 방식으로 여성에 대한 평가절하와 연결된다고 가정한다. 하지만 이러한 시각이 간과하는 것은, 모성이 사회적·정치적·경제적 맥락 속에 놓여 있다는 점이다. 부모됨과 양육의 사회적 조직화를 왜곡하는 가부장적 맥락 말이다. 다시 말해, 디너스타인의 모델이 적절히 포섭하지 못하는 것은 바로 이데올로기의 영향력이다. 이데올로기는 사회가 개인들의 감정, 사고, 열망에 영향을 미치는 복잡하고 상충하는 정치적 형식들이다. 이 문제를 다루지 못하는 것은 심각한 문제이다. 이 때문에 디너스타인은 여성뿐 아니라 남성도 이상화되고, 질투하고, 두려워하고 증오한다는 점을 무시한다. 게다가 현대 젠더체계에 대한 그녀의 설명은 젠더 권력에 대한 저항 또는 젠더 권력의 변혁을 이해하기 어렵게 만들어 결국 일종의 이론적 장벽에 부딪히고 만다. 여기서 여성과 남성은 모성, 아이 양육, 자연에 대한 신경증적·편집증적 반응을 피하고자 가부장제에 의존할 운명이 되고 만다.

초도로우: 모성의 재생산

《모성의 재생산The Reproduction of Mothering: Psychoanalysis and the Sociology of Gender》(1978)에서 낸시 초도로우Nancy Chodorow는 여성만의 엄마 역할이 젠더 억압으로 이끈다고 주장한다. 그녀가 보기에 여성의 모성은 젠더 발달과 분열을 이해하는 데 매우 중요하다. 성별 노동분업은 전 지구적인 현상이기 때문이다. 초도로우는 여성이 엄마 역할을 수행하면서 주로 감정적이고 관계적인 이슈에 몰두하게 된다고 주장한다. 여성은 자신의 에너지를 아이와 가족을 돌보는 데 쏟아붓는다. 이와 대조적으로 남성은 공적이고 경제적인 일의 세계, 차갑고 동떨어진 세계에서 일한다. 남성은 자신의 감정적 삶에 덜 연결되어 있으며, 타자 및 사회와 더 분석적으로 관계 맺는 양식을 발달시킨다. 초도로우는 우리가 이 같은 젠더 역할 분리 및 그에 따라 형성되는 자아감에 대해 더 많이 알 필요가 있으며, 그래야 젠더 위계의 문화적 논리를 이해하고 억압적 사회관계에 도전할 수 있다고 말한다.

초도로우에 따르면, 프로이트의 젠더 발달 모델은 엄마가 배경으로 밀려나는, 잘해 봤자 믿을 수 없는 것이고 최악의 경우 잘못된 것이다. 프로이트적 이론은 엄마를 아이의 첫 번째 감정적 애착 대상으로 자리매김하면서, 모성의 감정적 결과와 관련한 비옥한 연구 영역을 열어 주긴 했다. 하지만 엄마는 역설적이게도 프로이트 저작에서 자아 심리를 형성하는 데 거의 영향력이 없는 존재로 간주된다. 엄마에 대한 유아의 애착은 아버지의 침입으로 깨진다. 이를 프로이트는 오이디푸스 콤플렉스로 이론화했다. 팔루스로 대표되는 엄마/아이 양자 관계에 대한 아버지의 상징적 개입은 자아, 젠더, 섹슈얼리티, 의미, 합리성, 문화 등을 구성하는 데 근본적이다. 프로이트의 이론은 본질적으로 아버지-중심적이다. 엄마는 자아와 젠더 발달에 그다지 기여하지 못한다고 간주된다. 이와 같은 고전 프로이트 이론의 가부장적 가정을 거부하면서, 초도로우는 정신분석학의 대상관계 이론 그리고 핵심 젠더 정체성 이론에 주목한다. 이를 통해 그녀는 (고전적인 프로이트 이론처럼) 유년기 유아의 욕구와 욕망뿐 아니라, 부모가 경험하는 아이를 향한 욕망과 행동도 고찰하는 시각을 개발했다. 자아와 젠더의 구성과 발달은 부모와 아이 간의 쌍방향적인 과정이라는 것이다.

자아와 젠더의 창조는 엄마에 대한 이미지를 감정적으로 획득하거나 병합하는 내면화에 달렸다는 것이 초도로우의 주장이다. 오이디푸스 이전 시기에 아버지는 강력한 감정적 영향력이 있는 인물이 아니다. 젠더의 분화 과정은 엄마와 아이 간의 관계와 상호작용으로 시작된다. 이제 우리는 초도로우 논제의 심장부로 들어가게 된다. **엄마는 아들에게 하는 방식과 다른 방식으로 딸들과 관계를 맺는다.** 엄마는 딸과는 엄마 자신의 연장이자 분신이자 동일한 젠더에 속하는 것으로 관계를 맺는다. 엄마가 딸들을 동일한 존재로 다루므로 딸은 자신을 엄마와 분리하는 것이 굉장히 어렵다는 점, 엄마와 분리된 채로 개인 정체성과 자율성을 갖는 것이 어렵다는 점을 발견한다. 그 결과는 매우 복잡하다. 딸들은 엄마와의 강력한 감정적 지속성을 갖고 자라난다. 이와 같은 지속성은 여자 성인의 삶 전

▌ 엄마는 딸들에게 더 동질감을 경험하고 연속성을 느낀다. 그에 따라 소녀들은 엄마−유아 양자 관계에서 주된 일부로 남는다. 이것이 의미하는 바는 한 명의 소녀가 지속적으로 통합되고 분리되는 경험을 하며, 일차적(주된) 동일시로 특징지어지는 애착 속에 있게 된다는 것이다. 대조적으로 엄마들은 아들들을 반대편 남성으로 경험한다. 소년들은 전前오이디푸스 관계로부터 더욱 밀려나와 엄마에 대한 주된 사랑과 감정적 유대를 단념하게 된다. 소년은 자아의 경계를 감정적으로 더욱 개별화되고 더욱 방어적인 딱딱함으로 경험한다. 분리의 문제가 성적인 문제와 얽히게 된다. 이는 여성이 남성보다 '더 약한' 자아 경계를 가짐을, 혹은 정신증에 걸리기 쉬움을 의미하는 것이 아니다. 양육자와의 관계에서 초기의 어려움은 남아와 여야 양자에게 똑같이 심대한 효과를 미친다. 하지만 이러한 효과들은 젠더에 따라 다르다. 생애 초기의 개별화 양식, 자아와 그 내적 대상 세계의 주된 구성, 초기의 갈등, 초기 자아의 무의식적 규정, 초기의 개별화에 대한 위협, 방어를 요구하는 초기의 불안 등에서 남아와 여아는 모두 다르다. 왜냐하면 초기 엄마−유아 관계의 성격이 다르기 때문이다.

낸시 초도로우(1978) *The Reproduction of Mothering* (CA: University of California Press, p. 166-167) 《모성의 재생산》, 김민예숙·강문순 옮김, 한국심리치료연구소, 2008)

반에 친밀하고 관계적인 연결성을 제공해 준다. 동시에 다른 사람들과의 결합에 문제를 야기한다. 즉, 상호관계의 경계를 혼동하거나 자아와 정체성의 혼란을 야기할 수 있다. 이 모든 것으로 인해 딸들은 어머니의 사랑으로부터 아버지가 제공하는 안전으로 나아가게 된다. 이어지는 아버지와의 방어적 동일시defensive identification가 억압적인 젠더 관계와 가부장제를 무의식적으로 지탱하는 요소다.

엄마가 딸들에게 부여하는 동일성의 감각은 아들들에 투사하는 차이 및 타자성과 뚜렷하게 대조적이다. 초도로우에 따르면, 소년들은 소녀들보다 더 쉽게 분리된다. 엄마가 남아를 다른 젠더에 속하는 존재로 다르게 대우하기 때문이다. 여기서 남성성은 엄마의 비관여로 구성된다. 엄마는 여기서 아이의 타자성 때문에 소년이 분리되고 개별화되도록 만든다. 소년은 엄마에 대한 초기의 감정적 애착을 부인하는 법을 배워야만 한다. 엄마에 대한 감정적 의존으로부터 멀어지면서 소년들은 자신의 에너지를 더 역동적이고 종종 공격적인 놀이와 관계 쪽으로 돌린다. 그러면서 엄마의 도움으로 훗날 자본주의의 경제적 세계가 요구할 일종의 감정적 벗어남과 분석적 사고방식을 준비하기 시작한다.

레즈비언 엄마라면 어떨까? 남자 주부는 어떤 영향을 미치는가? 형제자매는 어떤 영향을 주는가? 만일 초도로우가 젠더 정체성이 자기 이론이 암시하는 것처럼 명확하지 않다는 것을 고민했다면, 여성이 맡는 엄마 역할의 감정적 뿌리를 다룬 그녀 책 속 이야기는 더 강력했을 것이다. 여성 정체성의 감정적 핵심은 관계적이며, 양육, 돌봄, 공감, 관계맺기 등에 몰두하기 때문에 여성은 성인기의 관계에서도 타자로부터 감정적 자원을 찾으려는 경향이 있다. 남성은 종종 감정적으로 분리되어 있고 더 상호적이고 돌보는 관계에 덜 반응하기 때문에, 여성은 자기 파트너와의 상호적인 소통과 에로틱한 친밀성으로부터 단절되어 있다고 느낀다. 이와 같은 감정적 병목 상태로부터 벗어나기 위해 여성은 모성성의 전망과 도전으로 향한다. 그래서 초도로우는 엄마가 되고자 하는 욕망이 부분적으로는 현 젠더 위계의 왜곡과 병리로부터 형성된다고 주장한다. 그러나 이 같은 비관적인 평가에 반해, 육아의 공유가 젠더 차이와 위계의 재생산에 도전하고 그것을 전복할 수 있는 수단이라고 권장한다.

초도로우의 작업은 페미니즘, 사회학, 사회이론에 심대한 영향을 미쳤다. 핵심 젠더 정체성에 대한 그녀의 설명(즉, 여성성과 남성성이 사회적으로 기인한 심리적 구성을 갖는다는 점)은 그 적용 범위가 잠재적으로 광범위하기 때문에 설득력 있다. 육아에 대한 공공정책부터 남성과 여성의 도덕적 태도 차이까지 적용 범위가 넓다. 남성과 여성에게 기본적인 젠더 정체성이 존재한다는 초도로우의 주장은 가부장제가 지속되는 이유를 이해하고자 하는 많은 이들에게 매력적이었다. 이러한 견지에서 여성 심리에 관한 그녀의 주장은 시사하는 바가 많다. 특히 엄마/딸의 원초적 유대를 되찾기 위해 여성들이 아이를 갖길 원한다는 주장이 그러하다. 남성들이 성적 친밀성과 인격적 소통으로부터 단절되어 있기 때문에, 여성의 삶은 잠재적으로 감정적 상실을 겪는다. 이런 각도에서 보면 아이를 갖고자 하는 욕망은 실제로는 현 젠더체계의 왜곡에 뿌리를 두고 있는 것이다. 반대로 초도로우가 묘사한 남성의 이기적 특질은 친밀성과 사랑에 대한 남성의 불안을 직접적으로 설명한다. 남성성은 필수적으로 불관용, 비예민성, 감정적 강제성과 관련된다. 그래서 남성의 성적 지배는 종종 여성에 대한 폭력 사용과 관련되며, 남성 정체성의 손상되고 깨지기 쉬우며 위태로운 성격에 뿌리를 두고 있다.

하지만 초도로우의 페미니즘에 문제가 없는 것은 아니다. 일례로 여성만의 엄마 역할이 젠더 억압을 형성한다는 그녀의 주장은 지나치게 깔끔하다. 초도로우는 엄마로서의 여성 및 최초의 양육자로서의 여성이라는 모델을 제시하며, 여성의 욕망은 이러한 사회적 역할에 의해 강력히 제약당한다고 주장한다. 하지만 엄마 역할이 진정 그토록 제약적이며 강제적일까? 예를 들어, 아들에게 '여성적인' 표현 양식을 고무하는 엄마라면? 딸들에게 자율성, 독립, 성취 같은 '남성적' 목표를 고무하는 엄마라면? 싱글맘이 증가한다면? 초도로우는 현대사회의 가족이 갖는 복잡성을 무시하는 경향이 있다. 그 대신 오늘날 급속히 쇠퇴하는 전통적인 엄마 역할을 특권화하는 듯하다. 린 시걸Lynne Segal은 이렇게 지적했다.

> 나는 가족 이데올로기 내부에 가려져 있는 놀랄 정도의 다양성을 발견해 왔다. 돌봄을 제공하는 아빠들, 가정 내에서 강력하고 힘 있는 '워킹맘'들, 아버지나 오빠들과 강력한 유대를 맺는 딸들, 아들을 사랑하지 않는 엄마들, 딸들을 수용하지 않는 엄마들, 아들들과 동일시하는 엄마들 등등.(1987:140)

다른 정신분석학 지향의 페미니스트들도 강력한 비판을 제기해 왔다. 재클린 로즈Jacqueline Rose는 초도로우가 성적 정체성과 자기애의 정신 역동을 설명하지 않으며, 그저 젠더 역할 문제만 다룬다고 지적했다. 초도로우의 작업은 정신분석의 핵심인 환상과 무의식의 위치를 뒤바꾸어, '젠더 각인'이라는 사회학적 개념을 더 선호했다는 것이다. 로즈는 여성과 남성의 심리적 생애는 초도로우 이론이 제시하는 것보다 더 모순적이고 분열되어 있다고 지적한다. 비슷하게 재닛 세이어즈Janet Sayers는 초도로우가 여성성을 모성애와 혼동한다고 주장한다.

이들의 비판은 모두 정당하며, 여기서 더 나아갈 수도 있다. 초도로우는 엄마가 자기 딸 또는 아들과 관계 맺는 방식이 기존 젠더 규범과 거의 일치한다고 가정한다. 따라서 이 같은 관계 방식은 자아, 섹슈얼리티, 젠더 수준에서 매우 정형화된 감정적 결과를 낳게 된다. 하지만 우리는 중요한 타자에 대한 아이의 감정적 반응을 부모 또는 문화적 규범에 준거해서 이해할 수 있다고 함부로 가정하지 말아야 한다. 프로이트와 프로이트 이후의 다른 사회이론가들이 주장했듯이, 아이의 타자 및 세계 경험은 인지적 이해 양식뿐 아니라 환상을 경유해서도 이루어지기 때문에 주의할 필요가 있다. 초도로우는 정신분석학의 통찰에 거칠게 기대고 있으며, 따라서 '핵심 젠더 정체성'이라는 그녀의 개념은 프로이트 이전의 정체성 이해로 돌아가 버린다. 심층 심리 수준에서 엄마가 자기 딸을 동일하게 인식하는 것은 분명히 성적 차이와 그 문화적 구조가 갖는 심리적 중요성의 증거가 된다. 우리는 환상이 이 같은 심리적이고 문화적인 구조를 형성하고 왜곡시키며 변형시키는 방식을 분석할 필요가 있다.

여기서 프로이트의 오이디푸스 컴플렉스 이론과 라캉의 언어와 상징에 대한 강조가 중요하다. 프로이트와 라캉에게서 성차의 표지로서 아이를 엄마의 신체와 분리시키고 언어질서와 상징의 세계로 진입시키는 것은 아버지의 팔루스phallus다. 이런 접근에서 욕망은 언어에 토대하고 있다. '여성성'과 '남성성', '여성'과 '남성', '그의'와 '그녀의'처럼 성性은 언어에 따라 조직된다. 반면, 초도로우는 엄마라는 존재가 젠더 정체성 구축에서 더 중심적인 역할을 수행한다고 본다. 그녀가 감정적 연결과 분리를 분석하고자 끌어오는 대상관계 이론은 프로이트와 라캉의 아버지 중심적 시각을 실질적으로 교정해 준다. 하지만 아버지에서 어머니로 프로이트의 강조점을 이동시키는 것은, 성적 차이 그 자체를 문제시하지 않는 한 그다지 급진적인 정치적 제스처라고 하기 어렵다. 초도로우는 정신분석 이론이 그 심층에서 비대칭적인 젠더 관계를 포함하고 있다는 점을 보는 데 실패했다고 할 수 있다.

제시카 벤저민: 사랑 분석

제시카 벤저민은 영향력 있는 저작 《사랑의 사슬The Bonds of Love》(1988)에서 초도로우의 분석을 확장시켜 여성과 남성의 사랑 경험에 초점을 맞추었다. 초도로우처럼 벤저민도 가부장제가 모성의 가치를 폄하하고 부성이 행위 능력과 권력이라는 상징적 힘을 갖는다고 보았다. 초도로우와 다른 점은, 성적 정체성이 단순히 젠더 비대칭을 반영한다고 보지는 않은 것이다. 그 이유를 이해하고자 벤저민은 '**동일시 사랑**identificatory love' 개념을 발전시켰다. 이는 아이가 부모와 관련된 애착 감각과 분리 감각을 세워야 하는 전前오이디푸스적 친밀함의 단계를 의미한다. 여기서 중요한 것은 감정적 연속성이다. 동일시를 통해 어린아이는 타자와 감정적으로 연결된 채로 자아 감각을 따로 분리해 낼 수 있다.

현대 문화를 고찰하는 가운데, 벤저민은 아이가 자신의 전前오이디푸스 시기 부모와의 동일시 사랑을 전치시키거나 버릴 수밖에 없다고 주장한다. 남녀 아이들은 엄마에 대한 동일시 사랑을 유지할 수 없다. 엄마는 현대의 성 이데올로기에 의해 평가절하되기 때문이다. 이러한 생각으로 벤저민은 초도로우와 유사한 입장을 채택한다. 논의의 핵심은, 소년들은 아버지의 팔루스에 동일시하여 어머니와 분리될 수 있어 자율적인 개인성을 수립할 수 있는 반면, 이 같은 정신적 개별화 경로가 소녀들에게는 거부된다는 것이다. 아버지와의 대안적이고 공감적인 관계는 거부되고, 그 결과 소녀들은 욕망이 '결핍'되며 남성 권력을 이상화하는 가운데 마조히즘을 일으킨다. 벤저민이 보기에 이것이 의미하는 바는 건강한 감정적 관계를 지탱하는 독립성과 의존성 간의 긴장이 문화적으로 무너지는 것이다. 더군다나 남성과 여성의 성적 관계는 주인/노예 패턴으로 병리화되고 왜곡된다.

《사랑의 대상을 주체로 대하기Like Subjects, Love Objects》(1995), 《타자의 그늘The Shadow of Others》(1998)에서 벤저민은 개별 정체성을 만들어 나가는 협상뿐 아니라, 여성과 남성이 성적 대상의 선택에서 경험하고 발견하는 다중적 동일시의 범위를 더 자세히 고찰한다. 이와 같은 상호개인적인 페미니즘 정신분석은 자아가 다중성과 차이를 받아들이고 보충적인 에로틱한 환상과 젠더 이상理想을 갖게 되며 동일시의 동요와 변경을 감내하는, 오이디푸스 이후의 자아 구성을 정교화한다. 이 저작들에서 벤저민의 논지는 매우 복잡하다. 비록 전통적인 정신분석학의 입장대로 아버지 또는 남성중심적인 비교적 논란이 덜 되는 입장에서 출발하지만 말이다. 그녀는 젠더 정체성을 남성성 대 여성성, 능동성 대 수동성, 동일성과 타자 등 분열되고 양극단화된 것으로 보는 프로이트의 구상을 강력하게 의문시한다. 오이디푸스 이론은 지나치게 깔끔하게 해부학적 차이 개념에 따라 성을 구분함으로써, 개인들이 감정적으로 갖고 있을 뿐 아니라 동일시하는 남성적이고 여성적인 자아 이상의 다양한 심리적 경로를 알 수 없게 만든다.

사랑과 동일시가 양극단화되는 오이디푸스 논리에 반대하면서, 벤저민은 엄마와 아빠 양자에 대한 흐릿하고 불분명한 감정적 동일시에 초점을 맞춘다. 그러면서 상호 관계와 환상은 항상 공존한다고 강조한다. 여기서 가장 중요한 것은, 전前오이디푸스기의 심리 발달에서 나타나는 원초적 동일시가 양성적이고 다성적임을 강조하는 부분이다. 벤저민에 따르면, 전오이디푸스기의 양성성은 오이디푸스기에 일어나는 반대 성sex에 대한 방어적 거부가 상호배타적인 젠더 위치의 선택뿐 아니라 양성적 동일시의 거부에 근거한다는 점을 보여 준다. 양극단 논리가 갖는 역설을 대체하면서 벤저민은 남성적 문화 속 젠더 관계를 지배하는 형식을 정교하게 묘사한다고 할 수 있다. 하지만 그녀의 비판 지점은 전오이디푸스 시기가 전 생애에 걸쳐서 귀환할 수 있다는 것이고, 실제로 전오이디푸스 단계의 교차적 동일시가 차이와 다중성을 용인하면서 '오이디푸스 이후'를 알려 준다는 점이다. 그리하여 정체성, 섹슈얼리티, 젠더에 관한 흥미롭고 창의적인 접근이 가능해진다.

벤저민의 논의는 젠더 분석, 특히 소년들의 성장과 관련하여 중요한 함의를 갖고 있다. 분열과 양극단화를 유지 가능한 심리적 긴장으로 대체하는 심리적 과업, 그리고 자아와 타자에 대한 상충하는 감정적 성향을 관리하는 능력은 오이디푸스기와 전오이디푸스기의 유동하는 경계로부터 귀결된다. 소년들이 거부된다는 느낌 또는 금지된 동일시를 극복하는 열쇠는 전오이디푸스 시기의 다중적 동일시를 재획득하는 데 달려 있으며, 특히 엄마를 창조적인 주체로 경험하는 것에 달렸다.

그렇다면 변화의 가능성은 있는가? 젠더의 변혁을 평가하는 대목에서 벤저민은 초도로우와도 디너스타인과도 크게 다르다. 벤저민은 아버지에 대한 동일시는 자율적인 여성 주체를 이룩하는 데 긍정적인 역할을 수행한다고 말한다. 하지만 아버지에 대한 어떠한 동일시도 여성에 대한 문화적 평가절하가 존재하는 한 한계가 있다. 이러한 맥락에서 초도로우와 디너스타인이 제안했듯이 부모의 배치를 변경하는 것만으로는 젠더 구조를 바꾸기 어렵다. 비억압적인 젠더 관계는 오히려 퇴행적인 어머니에 대항하는 억압적이고 진보적이고 자율적인 아버지라는 문화적 분열을, 덜 엄격한 성적 역할을 허용하는 새로운 성적 동일시로 대체하는 것에 달렸다. 이는 분리라는 방어적 양식을 거부하는 것과 관련이 있다. 즉, 아버지의 팔루스가 더 이상 위협적인 엄마를 저지하는 지배적 매체로 활용되어선 안 된다. 아이는 사회적이고 성적으로 자율적인 엄마 그리고 더욱 공감적이고 배려하는 아빠와의 관계 속에서 더 유동적인 성적 동일시를 만들어 내고 남성적 · 여성적 정체성 양자를 표현할 수 있다. 사랑과 이상화라는 두 형상(엄마와 아빠)은 따라서 비가부장적인 사회화 패턴의 창조에 필수적인 것이 된다.

줄리아 크리스테바: 기호학적 전복

프랑스 사회이론가 줄리아 크리스테바Julia Kristeva의 저작들은 정체성에 대한 페미니즘적 비평을 극한까지 밀어붙인다. 그녀의 포스트-라캉주의는 프로이트 독해에 영감을 주었고, 페미니즘은 그녀가 '**기호적인 것**the semiotic'—일상적 발화를 구조화하고 방해하는 전前오이디푸스 시기의 갈망과 욕동drives의 잔여물—이라고 부르는 감정적 영토를 그려 내도록 이끌었다.

크리스테바의《시적 언어의 혁명La Révolution du langage poétique》(1974)에는 일상적 언어의 기존 의미 내에서 작동하는 기호적 과정에 대한 강렬한 표현이 등장한다. 그녀는 이 책에 대해 이렇게 말했다.

> 나에게 흥미를 주는 것은 기호적인 것을 통해 프로이트에게서는 극히 초보적이고 부정확하던 심리적 재현의 수준을 더 정교화하는 것이다. 그것은 심리 감정을 재현하는 것으로 매우 원초적이고 깨어지기 쉬운 것이다. 충동과 감정은 사실상 언제나 심리적이다.(Guberman & Kristeva: 22)

기호적인 것의 개념을 정신분석학적으로 확장시키려는 크리스테바의 야심 찬 시도는 구조주의와 포스트구조주의가 갖는 핵심적 약점에, 특히 기호의 자의적 성격이라는 공리에 부딪힌다. 크리스테바는 자신의 핵심 개념들을 파리 포스트구조주의의 전성기 때 주조하였다. 하지만 그녀가 만든 개념들의 함의는 구조주의 논쟁의 이데올로기적 한계를 넘어섰을 뿐 아니라, 사회이론의 노력들에 크게 기여한다.

크리스테바의 천재성은 그녀가 개인과 사회에 관한 소쉬르 모델을 의문시하는 방식에서 명확히 드러난다. 특히 구조주의는 주체성의 감정적 차원을 매개해 주는 용어가 없다고 비판하는데, 기표의 놀이는 전체적인 언어체계뿐 아니라 주체성과 의미의 층위도 다루어야 한다. 그녀의 유연하고 세련된 지성은 작가로서의 스타일에서도 제 목소리를 명확히 드러 낸다. 감정적 압박과 원초적 불안이 사회의 생산과 재생산을 구조짓는다 는 점을 보여 주기 위해, 그녀는 시적이고 정교한 표현의 문장을 통해 언 어의 리듬과 소리가 어떻게 언어 자체 내에 무의식적인 압력을 행사하는 지를 보여 주었다. 크리스테바는 이처럼 유동적이고 이종적인 감정의 흐 름 속에서 일종의 전오이디푸스 경험에 대한 애착의 잔여물을 본다. 특히 엄마 몸을 접촉한 기억의 지속적인 효과를 본다. 기호적인 것은 따라서 상징적인 것의 '타자'이다. 비록 크리스테바는 이와 같은 두 가지 의미화 양식이 항상 서로 얽혀 있음을 주장하지만 말이다.

예술, 문학, 모성애, 정신분석, 철학 등 다양한 연구들에서 크리스테바 는 엄마 몸의 기억뿐 아니라 여성성을 환기시킨다고 보는 아방가르드 시

▌ 나에게 의미화는 내가 significance라고 부르는 과정이다. 이 과정의 동학을 깨닫기 위해 나는 두 가지 용어를 구분한다. 상징적인 것과 기호적인 것. 상징적 인 것은 언어의 지류적tributary 의미화이다. 언어기호가 문법에 따라 접합되는 순 간에 나타나는 연대기적이고 논리적인 모든 의미의 효과다. 다시 말해, 상징적인 것은 통시적이고 공시적이다. 그것은 언어의 취득과 현재의 통사적 구조 양자에 관련된다. 다른 한편, 기호적인 것은 언어로 환원될 수 없거나 언어 외부에서 작 동하는 의미의 효과다. 비록 언어란 것이 즉자적인 맥락에서 필요하고 최종적 준 거로 필요하긴 하지만 말이다. 예를 들어, 기호적인 것은 아이가 언어를 습득하 기 이전의 음성 모방을 의미한다. 또는 추상화에서 색채의 유희 또는 의미화가 결여된 그러나 의미를 지니고 있는 음악 조각을 예로 들 수 있다.

줄리아 크리스테바(1996) 'A Conversation with Julia Kristeva' in R. M. Guberman (Ed.) *Interviews* (New York: Columbia University Press, p. 21) 《줄리아 크리스테바와의 대화》

인의 언어에서, 또 아이들의 놀이와 정신에서 작동하는 기호적인 것을 거듭해서 관찰한다. 기호적인 것을 여성성 테마와 연계시키면서 크리스테바는 특히 페미니스트들과 일반적인 젠더 권력 분석에 자신의 사회이론이 갖는 중요성을 강조한다. 그녀는 기호적인 것과 페미니즘의 연관에 대해 이렇게 설명한다.

> 자본주의 일변도의 우리 사회들에서 '여성 이펙트the woman effect'는 **권력**과 **언어** 양자—언어권력이라고 말할 수도 있는—와의 특정한 관계를 수반한다. 이 같은 특수한 관계는 권력과 언어를 전유하는 것이 아니라, 은밀한 지지와 유용한 뒷받침, 보이지 않는 매개자가 되는 것에 기반한다. 나는 이러한 언어의 언어적(그리고 사회적) 기능 양식을 '**기호적인 것**'이라고 불러 왔다. 기호적인 것은 예술적 실천에서, **쥬이상스** jouissance보다는 '대상object'을 덜 의미화하는 담론에서, 그뿐만 아니라 리듬, 억양, 아이의 음성 모방에서도 발견할 수 있다.(Guberman & Kristeva: 104)

마치 기호적인 것과 여성적인 것 사이에 연결로가 존재하는 것 같다. 이에 대해 짧게 그러나 좀 더 자세히 고찰해 보자. 침묵, 지지, 비가시성, 소리, 억양, 모방 등은 기호적인 것이 몸에 의미를 부여하는 조건들이다.

《시적 언어의 혁명》은 크리스테바의 학문 경력 초기인 불과 30대에 파리의 좌파 지식인들 사이에서 화젯거리가 되었다. 그녀는 롤랑 바르트 아래서 박사 과정을 밟았는데, 특히 자크 라캉 사유의 흔적이 이 거대한 과제에 명백히 드러난다. 하지만 그녀가 진정한 지적 사건을 일으킨 것은 분과학문들의 그 대담한 혼합 때문일 것이다. 이 책은 헤겔, 후설, 프로이트, 레비스트로스를 다루면서도, 자아와 사회의 복잡한 관계에 대한 포스트라캉주의적 이해를 정교화하는 유례없는 묘기를 보여 준다.

《시적 언어의 혁명》은 의문의 여지없이 빼어난 사회이론 저작이다. 하지만 그렇다고 해서 이 저작이 사회이론에 대한 크리스테바의 가장 중요한 공헌은 아니다. 그 영예는 《사랑의 역사Histoires d'amour》(1983)나 《우리 자신에게 타인Étrangers à nous-mêmes》(1988)에 돌아가야 한다. 《시적 언어의 혁명》이 자아/사회의 관계를 새롭게 사고할 유용한 개념들을 제공했다면, 《사랑의 역사》와 《우리 자신에게 타인》은 사랑, 친밀성, 젠더, 심리, 문화 재생산, 이주, 세계화 등 사회학적 핵심 이슈와 관련한 크리스테마의 통찰력을 제공한다. 어떻게 이처럼 정신분석학과 페미니즘, 사회이론을 잘 혼합할 수 있는가? 이를 파악하려면 크리스테바의 선구적 저작인 《시적 언어의 혁명》으로 돌아가 그 중심 개념들을 고찰할 필요가 있다.

《시적 언어의 혁명》에서 크리스테바는 정신분석학에서 구조언어학의 정태적인 입장과 이분법적 대립을 극복할 수단을 찾는다. 비록 그녀의 사고는 소쉬르의 영향을 많이 받았지만, 문화가 주체들을 대신해 발화한다는 구조주의자들의 정태적 언어 개념이 "주체와 사회의 현대적 변화에 직면하여 어쩔 수 없이 시대착오적"임을 깊게 인식한다. 크리스테바의 흥미를 끈 이러한 변화 중 하나가 페미니즘인데, 1960년대부터 1970년대 초에 여성운동은 현대사회의 가부장적 성질서에 유효한 타격을 가했다. 기존 성관계들의 억압성은 라캉 이론에 기댄 크리스테바가 보기에 팔루스로 상징화되는 가부장제로부터 연원한다. 가부장제에서 주체들은 성적 차이로 규정되는 상징적 위치에 끼워 맞춰진다. 라캉의 이론과 오이디푸스기의 진행에서 살펴보았듯이, 상징적 질서 속 젠더화된 정체성은 개인에게 중심성과 안정성이라는 환상을 제공한다.

크리스테바가 파악한 라캉 정신분석학의 장점은, 말하는 주체의 구성이 이미 주어진 사회적 역할과 성적 관계의 구조 내에서 전개되며 개인이 상징적 질서에서 벗어나는 고통을 보여 준다는 점이다. 하지만 라캉은 '분열된 주체'에 대한 강조에도 불구하고 전언어적인pre-verbal 경험을 보지 않고 발화와 언어의 결정력을 지나치게 강조했다. 비록 언어가 의미의 영역이자 사회적 상호작용 규칙에 해당하는 영역이지만, 자아와 사회의 동학은 더 깊숙한 층위의 감정적 힘으로 유지되고 전개된다. 따라서 크리스테바의 핵심 과제는, 주체의 삶과 더 큰 사회적 맥락에서 우리 삶에 자국을 남기는 전언어적 감각을 해명하는 것이었다.

크리스테바가 추적한 기호적인 것의 육체적 기원은, 유아와 엄마/초기보육자 간의 전오이디푸스 상호작용으로 돌아가는 것이다. 성적 차이가수립되기 전인 전오이디푸스기의 영역에서 유아는 아직 언어에 도달하지못하며 따라서 전언어적 경험이 압도적이다. 엄마의 포옹, 어루만짐, 흔들기, 노래하기 등 여타 일반적인 돌봄은 전언어적 기호의 토대와 기능에중요하다. 크리스테바가 보기에 엄마의 돌봄이 갖는 감각적 특질은 개별주체의 정신적 삶에 지울 수 없는 자국을 남긴다. 그 모든 것이 감정적 원천이자 적극적인 충동의 흐름으로 구성된다. 어떤 의미에서 타자를 향해(그러므로 언어를 향해) 초점을 맞춘다는 점은 기호적인 것의 미덕이다. 감정 영역은 계속해서 상호인격적이기 때문이다. 그리고 이것은 그 자체로유아의 언어적 상징질서로의 진입이 상상계를 압도하고 제약하는 라캉주의적 결정론을 해체한다.

전前언어적 기호를 일종의 언어적 형식으로 묘사하거나 언어 내부에 작동하는 감각적 경험의 각인으로 묘사하기 때문에, 크리스테바는 정신적·사회적 삶에서 감정의 역할을 강조할 뿐 아니라 라캉의 객관주의에 가장 강력히 도전한다. 하지만 크리스테바가 감정을 상징적 질서보다 우위에 둔다고 말하려는 것은 아니다. 이를테면 그녀는 유아가 상대적으로 안정적인 상징과 언어의 영토에 진입하면 기호적 과정이 어쩔 수 없이 폐쇄된다고 일관되게 주장한다. 다만, 이러한 폐쇄가 완전하지 않을 뿐이다. 기호적인 것과 상징적인 것의 상호교차는 흥미롭게도 유동적이다. 크리스테바는 기호적인 것이 항상 언어 **내부에서** '작동'한다고 암시한다. 기호적인 것은 주어진 형식과 상징적 구조로부터 정체성 형성이 중단되거나 변형될 위험에 빠뜨린다.

이 모든 것을 말하는 또 다른 방식은, 우리 모두가 문화의 복화술사라는 것이다. 우리는 단지 타인의 언어를 발음할 뿐이다. 문화와 사회가 부여하는 코드와 맺는 본질적으로 수동적인 관계를 표현하는 제스처를 취하면서 말이다. 그런데 너무 자주 우리는 깜짝 놀랄 정도로 창조적이고 특이한 것을 말한다. 주어진 언어의 상징적 질서가 우리를 진정 새롭고 다른 것에 가까이 가는 것을 막는다면, 기호적인 것은 복잡한 상상계, 충동, 감정이 활동하도록 만든다.

초기 《시적 언어의 혁명》의 크리스테바에게 기호적인 것은 욕망의 이름으로 상징 구조에 도전하는 상상력의 시도였다. 그녀의 설명에서 역사적으로 이를 관찰할 수 있는 두드러지는 장소는 말라르메 같은 다양한 모더니즘 작가들의 시적 언어였다. 이들의 **'기호적 위반'**은 전통적인 문학을 폭파시켰다. 크리스테바가 기호적인 것을 발견했던 또 다른 장소는 정신분석학 그 자체였다. 정신분석학을 통해, 말할 수 없는 감정이 분석가에 의해 풀려나와 (기쁜 것이든 파괴적인 것이든) 강렬한 원초적 불안과 감정이 활동할 수 있게 된다.

크리스테바는 기호적인 것을 엄마의 몸에 대한 기억과 내밀하게 얽혀있는 것으로 개념화했다. 이는 통상적으로 여성적인 것과 관련된다. 하지만 우리가 보아 왔듯이 기호적인 것이 담론 내에서 작동하는 힘이라면, 이는 여성에게 배타적인 언어와 동떨어진 것이 아니다. 기호적인 것이 전前오이디푸스 시기에 구성된다는 점에 주목하면, 젠더 위계에 대한 오이디푸스기의 구분짓기에 앞서는 것이다. 따라서 크리스테바에게 기호적인 것은 양성에게 가용한, 언어 내부에 포함된 감정적 힘으로 남아 있다.

1970년대 그녀의 저작은 전前언어적이고 탈안정화하는 기호적인 것을, 다양한 남성 아방가르드 시인과 작가들의 작품들에서 탐지한다. 일부 페미니스트들은 크리스테바가 그녀의 기호학적 문학 연구에서 여성 작가들을 소홀히 한다고 강하게 비판했다. 기호적인 것은 이론상 양성 모두에게 가능한 경험 양식이라는 것이다. 하지만 크리스테바의 문학비평에서 무의식적 힘의 급진성은 대개 남성들에게서만 작동하는 것으로 보인다. 크리스테바가 이어지는 저작에서 문학, 철학, 정신분석학 분야의 위대한 여성 작가들에 대해 몇 권 저술한 것은 이러한 비판의 결과인 듯하다.

모성과 모성애에 대한 크리스테바의 저작은 여성 정체성의 특수한 감정적 모순을 자세히 탐구한다. 이 저작은 1970년대 후반부터 1980년대 초반에 씌어졌는데, 이 시기는 그녀 자신이 엄마가 된 때이다. '모성 윤리'에 관한 그녀의 도발적인 이론이 페미니즘과 사회이론의 발전을 자극한 것은 의심의 여지가 없다. 이 시기 크리스테바는 《공포의 권력Pouvoirs de l'horreur》(1980)과 《사랑의 역사》(1983) 같은 저작에서, 모성이 '상징적인 것의 기호화'를 대표한다고 주장했다. "한 엄마는 언제나 영원한 분열division이다. 육체 그 자체의 분열이자 결과적으로 언어 속의 분열이다." 임신하고 엄마가 되는 모든 경험은 강력한 무의식적 힘과 원초적인 불안을 활성화하여 육체와 언어, 상상력과 재현, 자연과 문화 간의 억압된 분할을 다시금 깨어나게 한다.

모성애와 모성 윤리에 관한 크리스테바의 견해

〈벨리니가 말하는 모성애La maternité selon Bellini〉(1975), 〈성모애상聖母哀傷·Stabat Mater〉(1977), 〈한 정체성에서 다른 정체성으로D'une identité l'autre〉(1977) 등 육아와 출산에 관한 도발적인 일련의 에세이들에서 크리스테바는 모성에 관한 지배적인 문화적 재현물들과 모성 자체의 심리적 경험 양자를 분석한다. 그녀는 정신분석학의 **환상**fantasy 개념이 모성의 복잡함과 특히 엄마와 아이 사이의 복잡한 감정적 역동을 포착하는 데 핵심적 중요성을 갖는다고 주장했다.

기독교 신학에서의 처녀성 숭배부터 대중문화 매체에서의 여성 이미지에 이르기까지, 크리스테바는 모성에 관한 지배적 과학의 이해 방식이 여성들을 대상화해 왔음을 보여 준다. 지배적 이해 방식에 의하면, 엄마의 욕망은 여성성과 모성성을 오가면서 가부장제의 이름으로 아이를 갖고 종을 재생산하며 생물학적 기능을 완성시키는 것과 연결되는 한에서만 존재한다. 크리스테바는 모성애의 **실천**보다는 모성의 **환상**에 초점을 맞춘다. 그러면서 프로이트가 제시한 자아 개념에 진 빚을 명시적으로 인정한다. 비록 모성이 가부장제에 의해 손상되었지만, 모성애는 사실상 억압된 욕망과 결합되어 있다.

이처럼 도발적인 주장을 전개하면서 크리스테바는 고전적 정신분석학으로 돌아간다. 프로이트는 모성을 억압된 것의 회귀로 간주했다. 아버지의 아이를 임신하고 싶은 딸의 숨겨진 소망의 귀환이라는 것이다. 프로이트 견해의 근본은 오직 팔루스, 즉 오이디푸스 콤플렉스의 상징적 아버지를 향할 때에만 여성의 욕망이 존재한다고 가정하는 것이다. 크리스테바에 따르면, 프로이트는 모성을 전적으로 가부장적인 용법으로 구성했다. 이처럼 모성애를 오이디푸스식의 남성적 논리와 연관시키는 것은 여성이 자신의 욕망, 자신의 향락, 자신의 양가적인 모성 판타지를 말하지 못하도록 방해한다. 크리스테바에게 모성애는 철학, 문학, 정신분석 전통에서 하듯이 생물학적이고 사회적인 재생산을 강조하는 것과는 다른 방식으로 접근해야 하는 것이다.

'성모애상'이라는 제목은 십자가 앞에 선 처녀 마리아의 비통함을 가리키는 것으로, 크리스테바가 자신의 임신과 출산 경험을 반추하는 내용이다. 이 글은 두 가지 담화로 구분되는데, 한 편에서는 기독교 신학의 신비주의적 언어와 합리적인 과학의 언어로 쓰고, 다른 한 편에서는 사적이고 자전적인 모성에 대한 설명을 전개한다. 에세이를 이런 식으로 분할함으로써, 크리스테바는 모성의 이상과 현실 간의 분열과 틈을 강조하고자 한다. 가장 중요한 것은, 그녀가 분열 그 자체가 모성 경험을 규정한다고 주장한다는 점이다. 모성은 급진적인 역설이자 이질적인 상태이며, 단독적이면서도 복수적인 상태이고, 동일성이자 차이인 상태이다. 크리스테바는 이렇게 말한다.

한 엄마는 지속적인 육체의 분할 상태이다. 그리고 그것은 결과적으로 언어의 분할이다. 언제나 그러했다. 몸과 그 안에 존재하는 것 사이에서 열리는 이 또 다른 심연이 존재한다. 즉, 엄마와 아이 사이에 심연이 있는 것이다. 나 자신 또는 내 몸과 이 안에 이식되어 자라나는 것, 일단 탯줄로 연결된 접근할 수 없는 타자 사이의 연결점은 무엇인가? … 그 심연을 통해 사유하도록 노력하기. 현기증으로 휘청거리기. 어떠한 정체성도 확고하지 않다.(1986: 178-179)

모성과 연관된 열정은 여성을 정체성과 그 붕괴 사이에, 자의식과 그 말소 사이에서 갈라 놓는다.

임신기 동안 엄마의 몸 안에서 벌어지는 변화의 경험은 그녀를 남성과 가부장제 논리의 협소한 제약으로부터 멀리 벗어나게 한다. 프로이트는 모성을 아버지에 대한 억압된 갈망의 표현으로 보았지만, 크리스테바는 아이를 갖고자 하는 욕망 자체가 모성적 신체를 회복하고자 하는 승화된 욕망이라고 보았다. 말하자면, 엄마에 대한 여성의 욕망에는 동성애적 요소가 있거나, 적어도 환상 속에서는 그러하다고 제안하는 것이다. "아이를 낳음으로써 여성은 자기 엄마와의 접촉에 돌입한다. 그녀는 자신의 엄마가 되고 그녀가 자신의 엄마인 것이다."(1980a:239) 이처럼 모성애의 동성애적 측면을 강조하면서 크리스테바는 정신분석학을 아버지와 오이디푸스 콤플렉스로부터 멀어지게 재저술하고, 여성들 간의 (상상적) 관계, 시간과 세대를 초월하여 지속되는 관계로 향하게 만든다.

크리스테바는 모성 경험의 복잡성과 이질성을 여성만이 아니라 아이의 감정 발달에도 연결시킨다. 그녀는 오이디푸스 콤플렉스 돌입 이전의 자아 출현을 형성하고 규제하는 모성의 중요성을 강조한다. 이때 언어, 합리성, 성적 주체성의 습득이 일어난다. 이는 크리스테바 논의의 중요한 측면으로, 프로이트와 라캉이 개진한, 아이를 언어와 상징질서로 나아가게 하는 것은 아버지라는 주장에 직접적으로 도전하는 것이다. 크리스테바는 엄마가 아이의 심리적 세계에 규제와 질서 감각을 부여한다고 주장한다. '아버지의 법'(라캉) 이전에 유아는 지속적으로 다양한 엄마의 조절들regulations, 크리스테바가 **'법 이전의 법'**이라고 부른 것을 마주한다. 프로이트와 라캉은 자아에 대한 규제를 합리성 또는 구조에 입각해서 보지만, 크리스테바는 자아 구성에서 몸의 중요성을 강조한다. 엄마는 유아의 몸으로 들어갈 것과 유아의 몸이 피해야 할 것을 조절한다. 이처럼 유아의 영양과 사랑에 대한 엄마의 조절과 통제는 자아를, 타인을, 그리고 사회를 감정적으로 다룰 토대를 제공한다.

크리스테바에 대한 평가

크리스테바의 도발적인 젠더 작업은 근래의 사회이론과 특히 페미니즘에 상당한 영향을 미쳤다. 그 이유 중 일부는 의심할 바 없이 그녀의 논의가 현대사회에서 벌어지고 있는 심대한 인격적 · 문화적 · 정치적 변화들을 반영하기 때문이다. 크리스테바는 자아와 사회 관계에 대하여, 특히 무의식, 정서, 젠더, 섹슈얼리티, 상호주체성의 교차에 고도로 민감한 새로운 이해에 공헌해 온 지식인들 중 한 명이다.

이러한 이해는 인격적 · 정치적 삶에서의 역동성, 혁신, 상상력을 중시하며, 여성운동과 게이 레즈비언 운동에서 여타 신사회운동에 이르는 20세기 마지막 10년을 넘어 21세기가 시작되는 시기에 발생한 사회 재규정의 다양하고 복잡한 과정에 들어맞았다. 특히 1970, 80년대가 포스트모던적인 1990년대에 길을 내주면서 상업, 커뮤니케이션, 문화의 지구화가 모두에게 명백해짐에 따라, 개인 주체의 감정적 역동에 대한 크리스테바의 강력한 지도地圖는 자아 성찰성이 점점 더 강화되고 경제적 유연성이 더 요구되는 사회적 조건에 처한 여성과 남성의 조건을 파악하는 데 적절해 보였다. 아마도 사회적 삶에서 가장 심층의 감정적 차원과 연관되는 성적 규범이 엄청나게 변모하는 젠더 관계보다 더 명확히 드러나는 곳은 없을 것이다.

라캉주의 정신분석학에 대항하여 살펴보면, 크리스테바가 발전시킨 기호적인 것의 이론은 상징적 규범에 대한 개인들의 종속을 의문에 부치는 수단으로 보일 것이다. 크리스테바에게는 담론적인 것에 대한 지나친 강조가 현대 이론들의 근본적인 취약점으로 보였을 것이다. 그리하여 이는 라캉과 그 추종자들이 언어가 재현할 수 없는 감정을 어떻게 코드화하는지 파악하는 데 무력한 핵심 이유다. 유아기, 모성, 가족, 사적 영역과 공적 영역의 맥락에서 감정과 정서의 역할을 회복시킨 작업의 중요성에도 불구하고, 크리스테바에 대한 많은 비판은 (무의식적 힘, 에너지, 충동의 배치가 의미화 과정을 구조화하고 변형시킨다고 보는) 전前언어적 기호 이론을 발전시키려는 그녀의 전반적인 시도를 겨냥해 왔다. 따라서 일부 페미니스트들은 정체성의 상징적 형식이나 가부장적인 성적 지향 부과에 대한 대안으로서 기능할지도 모르는 기호학적 기호를 찾는 작업을 허상이자 반동적인 것으로 비판해 왔다. 이 같은 일반적인 이론적 비판의 결과는 젠더 권력 분석에 대한 더욱 특정한 관심으로 귀결되어 왔다. 예를 들어,

일부 페미니스트들은 모성을 기호적인 것으로 숨겨 버린다고 크리스테바를 비판한다.

그러나 모든 페미니스트 사회학이 크리스테바에 비판적인 것은 아니다. 많은 이들이 그녀의 프로젝트가 주류 사회과학이 무시하던 기본적인 젠더 범주를 재사고할 수 있게 해 준다고 지적한다. 모성을 기호적인 것에 기반하여 일종의 젠더 권력의 내적 한계로 고찰한 그녀의 작업은 본질주의를 함유하지 않는다. 그녀가 기호적인 것을 상징적 언어질서의 해방적인 대안으로 제시하는 것은 아니라는 점에 유의해야 한다. 임상 정신분석가로서 크리스테바는 확실히 상징적 질서의 거부가 정신증psychosis의 형태로 감정적 재난만 불러올 수 있음을 잘 알았다. 하지만 그녀는 상징적 언어질서가 단일한 구조가 아니라고 일관되게 주장하였다. 오히려 상징적 질서는 안정성의 환상을 제공한다. 사회적 권력과 상징적 질서는 유동적이며 논쟁적이다. 이러한 각도에서 볼 때 기호적인 것은 지배적인 준거틀과 싸우고 그것을 전복시키는 상상력 넘치는 시도의 핵심이다.

크리스테바는 따라서 무의식과 상징적인 것, 욕망과 사회적인 것, 내적 세계와 외적 세계를 대립시킴으로써 사라지고 마는 주체성, 사회, 역사에 대한 포스트라캉주의적 접근을 새롭게 했다고 말할 수 있다. 하지만 언어 및 공적 정치 담론 속 감정적 자원으로 기호적인 것을 보는 그녀의 통찰이 아무리 뛰어나다 해도, 그러한 원초적인 감정 과정이 어떻게 사회 및 사회변혁 과정과 연관되는지에 대한 설명에는 중대한 결함이 있다. 무엇보다 어떻게 개인에게 집중되는 기호적 과정이 방법론적으로 더 큰 사회구조, 특히 사회적 권력의 작동과 정치적 지배 등에 적용될 수 있는지 명확하지 않다. 또 하나, 기호적인 것은 크리스테바의 저작에서 너무나 자주 개인의 등 뒤에서 작동하는 일종의 미니 행위자mini-agent로 나타난다.

그렇다면 개인들은 정확히 어떻게 상징적 권력을 기호학적으로 변형시키는 것을 성찰하거나 알아챌 수 있는가? 이 같은 시적 언어의 혁명(따라서 비판적인 것의 보존), 또는 일상의 전반적인 파열은 존재하는가? 그리고 어떻게 그러한 내적 변혁이 현대사회의 권력 네트워크와 기술적 과정에 스며들어 가는가?

이러한 비판들에도 불구하고 크리스테바가 사회이론에서 근래의 정체성과 문화 연구에 미친 영향력은 엄청나다. 프로이트와 라캉에 대한 그녀의 독해는 과감하고 생산적이며, 놀랄 정도로 급진적인 일격을 가하여 그 정교한 창조성과 순수한 열림을 통해 '과정 중의 주체'를 역사적 삶에 대한 상상력의 밑바닥에 자리 잡도록 만들었다.

이리가라이: 여성적 상상계

뤼스 이리가라이Luce Irigaray는 라캉과 더불어 정신분석가로 훈련받은 벨기에 태생의 프랑스 철학자이다. 그녀는 여성적인 것은 담론으로든 이론으로든 가부장제 하에서는 적절히 상징화될 수 없다는 논쟁적인 주장을 제기했다. 여성적인 것은 팔루스적 사회관계가 기대고 있는 구조에서 억압된 것이자 그것을 몰래 지탱하는 것이기 때문이다. 이리가라이는 라캉에게서 단서를 얻어 여성적인 것이 상징질서 내에서는 영구히 언어로부터 배제됨을 보여 주었다. 그녀는 '거울-반사specularization' 과정이 여성에게 가하는 인격적으로 파괴적인 결과에 대해 썼다. 여성은 남성성에 대한 팔루스중심적인 이상을 남성에게 반사한다. 그리하여 여성적인 것은 그 자체의 용어로 규정되지 않고 언제나 거울, 반사, 대상으로 규정된다. 엄마의 헌신부터 성적 꾸임에 이르기까지, 여성적인 것의 유혹적 현현은 남성적 욕망의 환상을 틀짓는다.

더 구체적으로, 이리가라이는 전前오이디푸스기의 엄마와 딸 관계가 상징적 경계의 '외부'에 남아 있다고 주장한다. 그리하여 여성은 '유기遺棄' 상태이자 모성적 공간에서 미분화된 상태에 남겨진다.

현재의 사회문화적 작동 논리 속에서는 딸이 자신을 어머니와의 관계 하에 자리 잡게 할 가능성이 없다. 왜냐하면 엄밀히 말해서 딸과 엄마는 하나가 될 수도 둘이 될 수도 없으며, 둘 다 이름도 의미도 자신의 성sex도 가질 수 없고, 둘 다 "서로를 통해서 정체성을 규정"할 수 없기 때문이다.(1977)

하지만 라캉과 달리 이리가라이는 외부이자 타자로서의 여성이라는 관념이 언제나 전복, 즉 지배적인 남성적 사회질서를 변혁한다고 주장한다. 여성적인 것이 가부장적 언어와 문화를 파괴한다는 것이다. 여기서 이리가라이의 입장은 기호적인 것에 관한 크리스테바의 생각과 가깝다. 하지만 이리가라이는 여성 섹슈얼리티의 전복적 효과와 관련하여 크리스테바보다 더 나아간다. 여성, 여성 섹슈얼리티, 신체 간의 직접적인 연관을 제시한 것이다. 엘렌 식수Hélène Cixous 같은 '여성적 글쓰기écriture féminine' 운동에 속한 다른 페미니스트들과 노선을 같이하여, 이리가라이는 여성적인 것을 복수적이고 분산되며 복잡한 여성의 섹슈얼리티와 몸 경험에 근거하여 규정한다. 여성은 여성적 섹슈얼리티와 다른 관계를 수립할 필요가 있다. 문화적 실천으로서의 글쓰기를 통해 가부장제가 전복되는 데 영향을 줄 필요가 있다. 여성적인 것에 대해 말하는 행위가 가부장제의 제약 하에 있는 성별화된 정체성을 변혁할 수 있다고 이리가라이는 말한다. 그녀의 더 최근 저작《성적 차이의 윤리Éthique de la différence sexuelle》(1984)에서 《둘이 되기Être deux》(1997)에 이르기까지, 이리가라이는 윤리적 실천이라는 프레임으로 정체성에 대한 재협상을 위치시킨다. 윤리적 실천은 다른 성의 타자성에 대한 인정을 말한다. 성적 차이의 윤리는, 유한함, 죽음, 창조, 신성에 대한 민감성을 가지고 타자인 그/그녀 자신의 입장에서 타자성을 존중하는 것이다.

이리가라이의 저술은 생물학적 본질주의라는 비판을 받아 왔다. 여성의 종별성種別性 혹은 여성의 몸 자체에 대한 이리가라이의 직접적인 호소는 모든 사회적 맥락을 전복하는 여성 섹슈얼리티의 변하지 않는 초역사성이 존재함을 가정한다. 특히 모이Toril Moi와 시걸Lynne Segal은 이리가라이의 주장이 본질주의적이라고 강력히 비판했다.

다른 페미니스트들은 이 같은 본질주의 비판에 의문을 제기하고, 이리가라이의 작업은 더 폭넓은 성적 차이의 문화적 힘을 기반으로 여성 종별성의 재생산과 변형을 이론화하려는 것이라고 옹호했다. 이리가라이는 확실히 전前오이디푸스적 엄마/딸 관계에 기반하여 사회-상징적 힘을 비트는 힘을 추적하려 하지만, 여성적 종별성 호소는 아무리 봐준다 해도 분명 문제가 있어 보인다. 줄리엣 미첼은 이러한 입장의 난점을 이렇게 요약한다.

우리는 상상계를, 기호계를, 카니발을 상징계와 법의 대안으로 선택할 수 없다. 전자들은 법에 의해 그 자체의 무시무시한 공간으로, 그 자체의 상상적 대안으로, 하지만 상징적 대안은 아닌 것으로 이미 수립되어 있다. 따라서 정치적으로 말한다면 지배적인 법에 도전할 수 있는 것은 오로지 상징적인 것, 즉 새로운 상징과 새로운 법뿐이다.[1984:291]

주디스 버틀러: 젠더 수행의 대본

언어를 감정적·기호적 힘을 코드화하는 것으로 본 것은, 그것을 단지 합리적 의도의 '중립적인' 표현으로 보는 것보다는 중대한 진보이다. 왜냐하면 기호적인 것의 전前언어적 잔여물을 언어 형식이라고 볼 수 있다면, 그것은 우리의 일상적인 사회적 접촉에 언제나 정서와 불안의 강력한 저류가 작동한다는 것을 의미하기 때문이다. 우리가 젠더에 대한 사회적 실천을 할 때보다 이 점이 더 명백하게 드러나는 경우는 없을 것이다.

제8장에서 언급한 '젠더 사건'으로 돌아가 보자. 앞서 나의 대학 동료는 젠더 정치의 뜨거운 말들의 교환 속에 붙잡혔다. 나는 이러한 정치적 열기의 많은 것이 경력 상승 문제에서 나온다고 암시했다. 내 많은 동료들에게 승진 문제는 말하자면 젠더 정치 자체의 표출이라고 할 수 있다. 모두가 이 사건에 대해 견해를 갖고 있는 듯이 보였다. 견해가 없더라도 동료들은 재빨리 논쟁에서 '입장'을 취했다. 전통주의자들 편을 들던가, 자유주의자들과 통하든가, 아니면 급진주의적 입장을 택했다. 이러한 언어

교환의 기호학적 양식에 주목할 때, 적어도 크리스테바가 사태를 보는 방식에 따르면, 의심의 여지없이 사람들이 실제 서로에게 하는 말의 무의식적 힘과 충동의 복잡한 계열이 드러난다. 억압된 욕망과 원초적 불안의 파괴적 힘에 대한 강조는 그 사건 이후 실제로 왜 많은 동료들이 일상의 대화를 다시 시작하는 데 어려움을 겪었는지를 잘 설명해 준다. 사실 일부는 아직도 서로 말을 하지 않는다!

그러나 강력한 무의식적 힘이 주기적으로 상호소통을 억누른다고 말하는 것이 여기서 진행되는 일을 이해하는 유일한 길은 아니다. 감정적 삶이 현재 사회학의 중심 주제가 되었음에도 불구하고, 기호적인 것을 언어 안에 내재한 힘으로 보는 크리스테바의 관념에 도전하는 사회이론가와 페미니스트들은 많다. 내가 기술한 상황에서 젠더 정체성에 연계된 감정적 성향을 질문하면서, 어떤 이들은 대학 내 사태에서 깊은 분열을 강화시킨 성적 위계라는 관념 자체가 **반복되는 젠더 수행**gender performances에 의해 생겨난 환상이라고 주장하기도 했다. 내 동료들이 특정한 젠더 포지션을 '취한' 것이 숙련된 상황적 수행이라는 것이다. 그 드라마틱한 결과로 내적 감정과 성향이 생겨났다. 단지 여기에 대해 일상생활에 대한 파괴이고 전복이라고 이름 붙인 것일 수 있다.

젠더가 '**반복되는 수행**repeated performance'을 통해 구성된다고, 즉 젠더 역할의 '행함doing'을 강조한 인물은 주디스 버틀러Judith Butler이다. 그녀는 우리 시대의 섹슈얼리티와 페미니즘 논쟁에서 가장 영향력 있는 비평가 중한 명이다. 《젠더 트러블Gender Trouble》(1990)에서 버틀러는 페미니즘이 정체성에 기반한 이론에 호소함으로써 의도치 않게 그것이 반대하는 이분법적인 젠더위계를 강화하는 데 복무함을 대담하게 지적했다. 뿐만 아니라 정체성과 젠더의 수행적 본질을 강조하는 도발적이고 독창적인 이론의 윤곽을 제시했다.《젠더 트러블》은 거의 즉각적으로 페미니즘, 섹슈얼리티 연구, 퀴어 이론 형성에 커다란 영향을 미쳤고, 이후 버틀러의 작업은 지속적으로 사회이론 발전의 최첨단 지위에 군림했다. 버틀러의 이 책이 영향력이 컸던 부분적 이유는 그 시의적절함이었다. 1990년대는 포스트구조주의의 시대에서 포스트모더니즘의 지배로 막 이행하는 시기였고, 버틀러의 저작은 프랑스 역사가 푸코, 라캉의 정신분석 이론, 포스트모던 페미니즘의 해체적 시각들을 비판적이고 멋지게 혼합했기 때문이다.

《젠더 트러블》에서 버틀러의 중심 테마는 언어 또는 담론으로, 특히 기호는 언제나 차이의 문제라는 포스트구조주의의 통찰이다. 버틀러는 젠더 정체성의 핵심 속성을 찾는 대신에, 오히려 정체성을 '담론의 효과'로 보는 관념의 귀결을 탐구하여 푸코의《성의 역사》에 대한 비판을 직접 도출한다. 푸코의 저작이 실마리를 제공한 것이다. 그리고 다음으로 라캉 정신분석학에 준거한 재공식화를 시도한다. 버틀러는 포스트구조주의 철학의 맥락에서 정체성의 관계적 성격을 규명하려 한다. 주체는 언어 구조 내에서 차이를 통해 구성된다는 것과 동일한 형식으로, 발화는 담론과 이분화된 젠더질서를 연결시킴으로써 우리를 여성과 남성으로 위치짓는다. 정체성은 기호에 **즉자적으로** 드러나는 것이 아니다. 그것은 상황 속에서 언어를 사용하는 법을 배움으로써 드러난다. 그 자체가 언어적 차이와 문화적 관습의 문제이다. 이로써 주체는 자기 자신을 여성 또는 남성의 젠더 역할로 투사한다.

지금까지의 젠더 정체성 구성 설명은 포스트구조주의 페미니즘 이론의 재구성에 불과해 보일 수 있다. 버틀러를 이런 시각에서 보는 것도 일정 정도 장점은 있다. 하지만 버틀러가 시도한 포스트구조주의 테마 전유는 곧이곧대로 혹은 무비판적으로 이루어진 것이 아니다. 푸코주의를 급진

페미니즘적으로 체계화한 결과는, 언어 또는 담론이 어떻게 우리로 하여금 주체성 자체의 내적이고 감정적 측면에 주목하도록 만드는지에 대한 새로운 강조이다. 젠더 수행은 일상적 발화에 뿌리내리고 있으며, 가능한 정체성의 범위를 구성하고 퇴적시킨다. 시간이 갈수록 열등한 자아라는 환상, 감정, 욕망을 만들어 내어 고정시킨다. 이에 대해 버틀러는 "행위 뒤에는 행위자가 없다"고 말한다. 외부와 내부, 외재성과 내재성의 이분법을 의문시하면서, 버틀러는 사람들이 반복되는 일련의 젠더 수행을 통해 그저 스스로를 자기 내적 삶의 저자로 보고 싶어 할 뿐이라고 주장한다. 그와 같은 수행은 남성성과 여성성에 대한 문화적 재현물과, 전 사회적인 문화 속에서 말하고 듣는 젠더 대본에 의해 규율된다.

이 논의의 핵심을 다른 식으로 말하자면, 젠더 수행은 언제나 지배적인 여성성과 남성성의 문화적 재현을 환상과 이상화를 통해 변형하면서 복제하고 모방한다는 것이다. 버틀러가 보는 수행은 최소한의 행위 수행 또는 자의성이다. 젠더 정체성의 '구성된' 성격은 개인을 주체로 만드는 사회정치적 힘을 은폐한다. 이는 그 자체로 젠더란 것이 구조적 결정임을 보여 준다. 하지만 버틀러는 능수능란하게 제약이야말로 섹슈얼리티와 젠더가 가능해지는 조건이라고 주장한다. 젠더 수행을 언어와 권력에 대한 포스트구조주의의 견해와 연결함으로써, 버틀러는 섹슈얼리티와 몸, 욕망이 어떻게 상징적 장場 내에서 일관되게 지속되는지, 또 젠더 자체의 재생산이 무너질 가능성이 있는지 보여 준다. 지배적인 이성애 규범의 제약되고 제약하는 측면에도 불구하고, 버틀러는 사람들을 '문화적 얼간이'로 간주하지는 않는다. 모든 젠더 수행은 반복의 열린 과정을 포함한다. 그리고 반복은 프로이트와 버틀러 모두에서 변화의 가능성에 열려 있다.

만일 모든 수행이 정체성의 효과를 수립하기 위해 반복된다면, 그 모
든 반복은 행위와 행위 사이에 틈새를 만들어 낸다. 〔틈새의〕 위험과 과
잉은 구성되고 있는 정체성을 뒤흔들 수 있다. 무의식이란 바로 모든
수행을 가능케 하면서도 불가능하게 만드는 이 과잉이다. 무의식은 결
코 수행 자체 속에서는 온전히 드러나지 않는다.(1990: 137)

매일매일 반복되는 사회적 실천과 젠더 규범은 따라서 정체성 형성의
규칙화된 측면을 보증한다. 하지만 반복 그 자체가 수행성의 시간적인
되풀이를 통해 작동한다. 지배적인 젠더 관계에는 **고유한 불안정성**intrinsic

▌ 여성은 태어나는 것이 아니라 만들어진다는 보부아르의 주장에 옳은 점이 있
다면, 여성 자체가 과정 중에 있는 용어라는 것, 즉 시작하거나 끝난다고 당연하
게 말할 수 없는 구성 중에 있다는 것, 되어 가는 중에 있다는 입장을 따른다는
점이다. 진행 중인 담론적 실천으로서 그것은 개입과 재의미화에 열려 있다. 젠
더가 가장 물화된 형식으로 응결되는 것처럼 보인다 해도 그 '응결congealing'이야
말로 다양한 사회적 수단을 써서 유지되고 규제되는 집요하고 교활한 관행이다.
마치 문화적 변용과 구성의 과정을 지배하는 어떤 목적인telos이라도 있는 것처럼,
보부아르에게 여성이 된다는 것은 종국에는 결코 가능하지 않다. 젠더는 본질의
외관, 자연스러운 듯한 존재를 생산하기 위해 오랫동안 응결되어 온 매우 단단한
규제의 틀 안에서 반복된 몸의 양식화이자 반복된 일단의 행위이다. 젠더 존재
론의 정치 계보학은, 만약 성공적이기만 하다면 젠더의 본질적 외관을 젠더의 구
성적 행위들로 해체할 것이며, 이러한 행위들을 젠더의 사회적 외관을 감시하는
다양한 힘들이 만든 강제적 틀 안에 두고 이를 설명할 것이다.

주디스 버틀러(1990) *Gender Trouble: Feminism and the Subversion of Identity* (London:
Routledge, p. 33) 《젠더 트러블》, 조현준 옮김, 문학동네, 2008)

---

instability이 존재한다. 모든 정체성 수행은 버틀러가 보기에 상징적 규범을 생산하면서도, 잠재적으로 그 규범의 위반을 그 자체 생산한다. 젠더 재의미화의 수행적 과정은 언제나 잠재적으로 파괴적이고 훼방하는 것이다. 그리고 그것은 버틀러가 본인의 페미니즘 분석의 분명한 정치적 귀결이라고 특정화하려는 이 같은 분석적 배경에 대항한다. 버틀러에 따르면, 패러디는 동성애적인 정체성을 명확하게 떠오르게 한다. 예를 들어, 퀴어 실천과 정치는 그 반복 과정에서 섹슈얼리티, 몸, 욕망이 생산되고 탈안정화되는 복잡한 방법들을 밝혀 준다. 위반 지점은 특히 '드래그drag'〔성별이나 성정체성과 상관없이 의상 등으로 정체성을 표현하는 것〕와 '젠더 벤딩gender bending'〔남녀 구분 없는 차림이나 행동〕과 맞아떨어진다.

> 드래그는 젠더를 모방하면서 은연중에 젠더 자체의 우연성뿐 아니라 모방적인 구조도 드러낸다. 사실 이 쾌감의 일부, 그 수행의 현기증은 어떤 근본적인 우연성을 인식하는 데 있다. 이 규제에 의해서 자연스럽거나 필연적이라 추측되는 인과론적 통일성의 문화적 배치에 직면한 섹스와 젠더 관계의 우연성을 깨닫게 되는 것이다.〔1990: 137〕

버틀러에 대한 평가

버틀러의 작업이 왜 섹슈얼리티 연구, 페미니즘, 사회이론에서 특히나 환영받았는지 몇 가지 중요한 이유를 들 수 있다. 첫째, 버틀러의 이론은 사회에서 벌어지는 친밀성의 변동에 들어맞는 섹스, 젠더, 정체성 간의 다양한 분리에 대해 강력한 이론적 설명을 제공한다. 버틀러의 설명은 서구 사회들의 정치적 조건에 뿌리내린 문화적·성적 정체성의 균열에 주로 의문을 제기했으며, 주류 정체성 정치의 한계를 조명했다. 버틀러는 정체성, 섹슈얼리티와 현실의 혼합물로서 사회적 삶의 작동에 주목한 첫 번째 페미니스트로, '여성'을 정체성의 범주로 해체하고 정치적 목표가 그저 '남성', '여성', '레즈비언', '퀴어' 혹은 어느 하나의 정체성이 되어 버리는 것이 아님을 역설했다. 그녀는 수행성과 정체성의 반복성, 그리고 젠더와 섹슈얼리티의 전복적 구성 등 포스트모던하면서 포스트구조주의적인 논의를 선취한 페미니스트로서, 1990년대의 문화적 분위기에 대응하였다. 특히 정체성 감각은 어떤 규정적 본질로 환원될 수 없다고 했다.

둘째, 젠더를 반복적인 문화적 공연으로 규정한 버틀러의 관점은 배제 및 지배와 싸우는 전통적인 정치 전략을 거부하는 지식인들과 활동가들에게 매력적이었다. 특히 포스트모더니스트들은 정체성 정치에 대한 버틀러의 거부를 환영했다. 그들은 버틀러의 수행성 강조에서 지구화, 미디어, 정보기술, 정체성, 문화, 재현 등과 관련된 일련의 심대한 사회변동 맥락을 파악할 수단을 발견했다. 어떤 이들은 단일한 이해관계의 정치는 과거의 것이라면서, 제도적 삶에 대한 공정한 참여를 명분으로 경쟁적으로 사회적 배제를 시도하는 자유주의 정치를 전복하는 데 버틀러를 전유했다. 세계는 더 이상 전통적인 정치적 대표 개념이나 공론장으로는 적절히 이해될 수 없으며, 지구화 조건에서는 대중매체에서 상연되는 것처럼 섹스와 젠더, 사적인 것과 공적인 것의 탈결합을 가장 적절히 파악할 수 있는 것은 수행성 논리라는 것이다. 또 다른 이들은 새로운 사회적 동맹과 정치적 경합 형식을 논구하고자 버틀러를 끌어들였다. 문화 연구, 비판 인종이론, 탈식민 이론을 다루는 사회학자들이 이에 해당한다.

하지만 사회이론 측면에서나 젠더 비판 모델 측면에서 버틀러의 작업에도 여러 문제들이 있다. 버틀러 비판가들은 '수행(또는 공연)performance' 개념에 우려를 표한다. 그것이 하나의 젠더를 의지적으로 선택하는 과정처럼 보인다는 것이다. 이런 비판은 내가 보기에 《젠더 트러블》을 잘못 독해한 것이다. 사실 버틀러는 젠더 수행성이 선택이라기보다는 성적 규범에 의한 강제적 반복이라는 데 공감을 표해 왔다. 어쨌든 그녀는 인간 주체의 행위 수행보다는 구조화를 강조한다. 젠더 정체성은 담론의 수행적 반복을 거쳐 안정성과 일관성을 갖는다. 이 모든 것을 버틀러는 '이성애적 매트릭스'라는 구조적 층위에 위치시킨다. 이러한 견지에서 보면, 버틀러의 주체 이론은 아마도 **비자발적 수행**involuntary performance으로 고쳐 쓸 수 있을 것이다. 하지만 그렇다 해도 버틀러가 반복적인 젠더 공연을 설명하면서 강제constraint의 계기를 특권화하는 한, 이 같은 관점이 푸코식의 결정론적 강조를 재생산하는 일을 피할 수 있을지는 의문이다. 버틀러의 이론적 프레임에서 빠진 것은, 다른 무엇보다 행위 수행에서의 성찰 개념이다. 이는 특히 젠더 정체성과 사회구조의 관계와 밀접하게 관련된다.

이와 관련하여 상당한 비판과 논쟁이 기존의 젠더 범주와 불화하는 버틀러의 성적 수행 설명에 따라다녔다. 버틀러의 젠더 트러블 이론은 우리가 보았듯이 주변화되거나 비규범적인 섹슈얼리티의 잠재적으로 전복적인 힘을 강조하고, 그것이 성적 이분법과 젠더 위계를 보장하는 이성애 매트릭스를 무너뜨린다고 주장한다. 립스틱 레즈비언부터 드래그 퀸에 이르기까지, 젠더를 구부리는 모든 공연은 잠재적으로 규범적인 젠더 프레임을 잠재적으로 약화시키고 무너뜨리며 위반할 수 있다. 하지만 성도착과 퀴어적인 젠더 공연에서 버틀러의 위반적 연극학에 대한 호소는 주로 관행적이거나 주류적인 젠더 정체성과 관련해서 수사적 힘을 획득한다.

마지막 분석으로, 일부 비평가들은 수행성을 주류적 수행성과 위반적 수행성으로 나누는 것이 지나치게 제한적이라고 지적한다. 린 시걸Lynne Segal은 이렇게 말한다.

> 메이 웨스트부터 마돈나에 이르기까지, 발렌티노부터 마이클 잭슨에 이르기까지, 대중문화 아이콘들은 언제나 성적 모호성의 형식 위에서 성공했다. 성적 모호성은 이성애주의적이고 성차별적인 문화의 심장부에서 위반적이고 도착적인 역동에 매혹적으로 호소한다. 하지만 드래그와 퀴어가 급진적 청중에게 그러하듯 보수적 청중에게 유명해지면서(또는 유명해지지 않으면서), 정상적인 젠더와 섹슈얼리티 구조를 동요시키고 전복할 역량이 미러링하고 정당화하는 역량보다 더 강한 것처럼 보이지 않는다.(1999:61)

궁극적으로 드래그 또는 젠더 구부리기 강조에 대한 비판은, 대안적인 성별화와 젠더화로 복잡하게 변형되고 있는 현 시대의 정체성 형식에 대한 대응으로는 미약하다는 주장이다.

퀴어 이론

자아 정체성의 확인은 그것이 자유로운 것만큼 제약될 수도 있다. 인격적이고 문화적인 문제들에 관한 논쟁들은 특히 공통의 정체성과 공동체를 주창하는 정체성 정치와 관련되어 있어, 진보적인 성정치를 주장하는 사람들은 종종 골머리를 앓는다. 고정된 정체성과 범주의 제한에 빠지지 않으면서, 어떻게 새로운 자아 감각과 연대성, 공동체 등을 창조하여 사회적 배제와 정치적 억압을 교정할지가 주된 딜레마였다.

우리는 대부분의 시간을 우리의 경험에 대해 이야기하고 서로 이해하며 공통의 소속감을 느끼면서 정체성 감각을 만들어 간다. 우리는 인격적 삶과 문화적 삶의 관계가 이 복잡하고 다원적인 세계에서 열려 있기를 원한다. 우리는 우리의 정체성이 단순하게 일반화되는 것을 원치 않는다. 우리 중 누구도 우리의 경험이 스테레오타입으로 코드화되어 버리는 것을 원치 않는다. 개인적 정체성과 사회적 차이의 관계에 대한 선입견은 지난 수십 년간 점점 더 성정치에서 핵심이 되고 있다. 특히 레즈비언과 게이 운동에서 그리고 퀴어 이론과 정치에서 발전되었다. 그러한 입장에서 자아에 대한 핵심적인 도전은 정체성을 찾으려는 요구와 문화적 다양성 및 사회적 차이의 균형을 잡는 것이다. 8장의 나머지 부분에서는 사회적 삶의 내밀한 조직에서 일어난 이 같은 변화를 일별해 보겠다. 특히 오늘날 성정치에서 대두해 온 자아 개념들에 주목할 것이다. 오늘날 페미니즘 및 게이 연구는 특히 성정체성의 역사적 형성에 대해 강력한 아이디어들을 발전시켜 왔다. 성과학의 사회적 영향을 핵심 테마로 해서 말이다. 이 연구들은 여러 측면에서 자아와 성적 정체성에 대한 대안적 역사를 보여 준다. 성정체성과 자아에 대한 시각들에서 특히 두드러지는 면모들을 간단히 살펴보자.

성적 지향성을 표시하는 데에는 여러 가지 방식이 존재한다. 다양한 역사적 시점, 다양한 문화권에서 '동성애', '게이', '레즈비언', '퀴어' 등은 동성 간의 성적 욕망과 실천을 가리키는 데 사용되었다. '동성애homosexual'의 어원은 특히 이 맥락에서 흥미롭다. '동성애Homosexualität'란 단어는 독일의 성개혁가 카를 케르트베니Karl Kertbeny가 1868년에 만들었는데, 이 단어를 스위스의 의사 카롤리 마리아 벤케르트Karoly Maria Benkert가 다음 해에 사용했다. 그리고 19세기가 끝나기 전에 영어로 널리 쓰이게 되었다. 구분되는 정체성으로서 동성애와 이성애 간의 구분과 관련된 문화는 1920년대와 1930년대 몇몇 요점이 등장하기 전까지는 출현하지 않았다. 이전에는 동성애가 대개 특정한 종류의 행동으로 간주되었다. 법은 불법적인 행동(소도미sodomy)을 처벌했지 일탈적 정체성을 처벌하지는 않았다. 의료적/전문가적 용어로 '동성애'가 서서히 공공 담론과 공동 문화에 스며들자 모든 것이 변했다. 이는 전문가적 지식이 일상생활에 어떻게 침투하는지를 보여 주는 좋은 사례다. 당시 동성애가 독특한 정체성으로 확정된 것은 이를 특수한 심리적 성향, 특수한 자아 감각으로 보고 주류 이성애와 분리하고 구분하는 과학 지식이 침투했기 때문이다. 이는 심리적 건강이 정상적인 개인 정체성 감각에 달렸다는 강압적 관념이 생겨날 길을 열어 주었다.

동성애는 처음부터 의료기관의 관점에서 배제되었다. 주류 의학 담론에서 동성애는 병리적인 것으로 취급되었다. 하지만 이는 또한 정체성에 대한 지속적인 심문으로 가는 길을 열었다. 이러한 맥락에서 동성애가 특정한 성본능과 자아 감각을 지닌다는 문제 설정이 등장했다. 게이 이론 연구자 제프리 윅스Jerffry Weeks가 저술한 《커밍아웃Coming Out: Homosexual Politics in Britain from the Nineteenth Century to the Present》(1977)은 동성애 정체성을 한편으로는 사회적이고 역사적인 사건과, 다른 한편으로 섹슈얼리티를 통치하는 광범위한 대중의 과학적 관념들이 합쳐져 교차된 개념으로 설명한다. 과학의 역할, 특히 성과학의 역할을 일별하면서 윅스는 어떻게 역사적인 힘들이 정체성에 기반한 게이 해방을 진보적인 방식과 보수적인 방식으로 형성해 왔는지 호소력 있게 이야기한다.

1960,70년대에 여러 서구 국가들에서의 게이 해방운동의 발흥은 섹슈

얼리티, 자아, 정체성에 관한 지배적 개념들을 계속해서 심문하는 작업과 밀접하게 연관되었다. 일부 게이 저술가들은 동성애가 심리적·사회적으로 이성애와 동등하다고 주장했다. 이러한 관점은 단번에 동성애를 정상적 인간과 구별되는 것으로 보는 주류 사회의 흐름을 모두 포함했으나, 중대한 전도가 일어나 이제 동성애는 이성애와 동등한 도덕적 가치를 갖는 것이 되었다. 이러한 접근에 따라, 게이 해방운동에서는 하나의 판본과 또 다른 판본이 광범위하게 채택되었다. 문화적으로 퍼져 있는 호모포비아에 대항하여 게이가 정상인과 구별되는 인격적·성적 정체성 감각을 갖는다는 개념을 채택하여 게이들을 방어하고 게이 인권을 증진시켜야 한다는 것이다.

게이 해방운동의 정치적 급진주의를 비판하는 중대한 비판들이 많지만, 나는 자아 문제와 직접 관련된 것들만 살펴볼 것이다. 특히 포스트모던성 이론가들은 게이 해방운동이 인종, 종족, 계급적 차이들을 무시한다고 비판한다. 이 비판은 타당성이 있는데, 게이 정체성을 합법적으로 승인받으려는 욕구는 종종 더 큰 사회적 이슈를 희생시켰다. 또 다른 사회적·역사적인 힘이 자아에 미치는 감정적 피해를 무시했던 것이다. 하지만 이러한 비판도 과도한 면이 있다. 게이 해방운동을 통합된 것으로 다루면 이를 지나치게 단순화시킬 위험이 있다. 사실 많은 게이 활동가들은 여타 차별 이슈들에 대해서도 강력한 정치적 활동을 수행한다. 이를테면 흑인운동이나 노동조합운동 등도 함께 수행하는 것이다. 이보다 더 중요한 지점은, 역설적이게도 게이 해방운동이 본질주의적 정체성을 주장하고 세상을 주류가 겪는 경험과 비주류가 겪는 경험으로 분할하는 등 동성애와 이성애 간의 분리를 강화한다고 비난받았다는 점이다.

그리고 얼마 지나지 않아 게이 해방운동의 정체성 틀은 성정체성, 선호,

활동과 관련된 다양한 종류의 정치학으로 이어졌다. 이는 새롭게 등장한 포스트구조주의 및 포스트모더니즘 사회이론과 연결되었다. 1980년대 후반과 1990년대 동안, '퀴어queer'란 단어는 이론가들과 활동가들이 정체성 정치를 공격하며 섹슈얼리티에 대해 질문하고 자아를 탈중심화하며 우리 사회와 문화를 지배하는 이성애/동성애 분할을 넘어 대안적인 정치 지형을 구성하는 데 두루 사용되었다. 그리하여 퀴어 이론은 초국적 자본, 지구화된 기술, 포스트모던 문화의 새 시대에 걸맞는 성정치를 대표하게 되었다. 정체성 정치에서 **퀴어 정치**로의 이행에 영향을 주는 사회적이고 역사적인 힘은, 지구화로 인한 사회적 정체성과 정치적 제휴의 파편화이다. 퀴어 정치는 다원주의적이고 다차원적이며 개방적인, 특히 자아와 섹슈얼리티 층위의 경험을 중시한다.

다이애나 퍼스Diana Fuss의 저작은 이러한 맥락에서 중요하다. 1980년대에 널리 퍼진 정체성 정치에 대한 광범위한 불만을 성찰하면서, 퍼스는 게이 및 레즈비언 해방 담론이 지혜롭지 못하게 이성애적 규범을 강화했던 방식을 비판했다. 이후로 그녀의 비판은 퀴어 이론가들이 주창한 전복의 정치의 일부가 되었다. 동일성과 차이 개념에 집착하는 우리 문화의 섹스, 젠더, 섹슈얼리티의 모습을 묘사하면서, 퍼스는 동성애와 이성애 간의 대립이 세상을 정상과 병리, 포함과 배제, 동일성과 타자성 등으로 분할하는 사회적 충동을 강화한다고 주장했다. 정체성을 이성애/동성애로 나누어 보는 논리는 차이에 기반한 논리다. 하지만 성적 지향 형식은 사실 언제나 상호교차하는 것이다. 동성애가 이성애에 복속되는 것은 오로지 심리적 배제와 억압을 통해서이다. 퍼스에 따르면 이 때 일정 부분 문제가 되는 것은 우리가 정체성 속에서, 그 논리와 범주 속에서 길을 잃는다는 것이다. 정체성 범주에 의문을 제기하면서, 퍼스는 이렇게 물었다.

정치는 정체성에 기반하는 걸까, 아니면 정체성이 정치에 기반하는 걸까? 정체성은 자연적인가, 아니면 정치적인가? 역사적인가 아니면 심리적인가? 그것도 아니면 언어적 구성물일까? '정체성'의 해체가 정체성 정치를 신봉하는 이들에게 가져다주는 의미는 무엇일까? 페미니스트, 게이, 레즈비언 주체들은 통합되고 안정된 정체성 없이 해낼 수 있을까? 우리는 정체성 말고 다른 무엇에 기반하여 우리의 정치를 기초해야 하는 것 아닐까? 다시 말해 '정체성 정치'의 정치학은 무엇인가?(1989:100)

퍼스는 결국 정체성 범주를 불안해하면서 붙잡지 않을 때 우리의 삶이 어떻게 될지 고민해 보라고 말한다. 그녀는 1990년대 퀴어 이론과 퀴어 정치가 제기한 도전을 받아들여 정체성 범주 없이 자아가 무엇을 할 수 있을지 묻는다.

페미니즘 이론화에 대해 퀴어 이론 측에서 제출한 가장 잘 알려지고 영향력 있는 저자는 보통 '퀴어 이론의 대모'로 불리는 이브 코소프스키 세지윅Eve Kosofsky Sedgwick이다. 언어의 성정치를 다루는 데 뛰어난 재능을 가진 영문학자 세지윅은 담론이 동성애 경험에 미치는 중요성을, 자아와 정체성 측면뿐 아니라 사회적 지식 생산과 분배의 측면에서도 강조한다. 그녀의 가장 중요한 책《벽장의 인식론The Epistemology of the Closet》(1990)은 이성애/동성애 대립을 우리 문화의 '주인 개념'으로 묘사한다. 이성애/동성애 대립은 자아, 정체성, 섹슈얼리티를 구조화할 뿐 아니라 사회 관습, 사고 방식, 문화적 지식의 핵심까지 구조화한다. 동성애에 대한 규범적 규제와 제재는 결코 게이와 레즈비언에게만 적용되지 않았고, 앞으로도 그러할 것이다. 그것은 이성애 정체성의 심장부까지 파고들며, 이성애는 동성애 경험과 대립하여 자신을 유지해 나갈 것이다. 하지만 억압된 것은 귀환하기 마련이다. 이성애와 동성애는 내밀하게 그리고 구분 없이 얽혀 있다. 동성애적 동일시는 세지윅뿐 아니라 버틀러에게도 이성애적 관계망 내에 갇혀 있다. 마찬가지로 이성애도 게이 및 레즈비언 관계망 내에서 형성된다.

세지윅은 당대의 게이 레즈비언 연구와 관련된 어떠한 학자들보다 자아, 정체성, 섹슈얼리티의 정치적 한계를 더 깊이 탐문했다. 그녀의 퀴어 이론은 동성애가, 동성애를 히스테리컬하게 부인하는 이성애 문화의 통합된 일부라고 역설한다. 사회적 삶의 중심이 언어라고 보는 입장에 따라, 세지윅은 이성애/성차별 문화가 갖고 있는 공포를 배반하는 키워드들을 고민했다. 따라서 '벽장'은 동성애를 병리적인 것으로 만드는 젠더와 섹슈얼리티와 관련된 기본 인식들이다. 세지윅은 '벽장', 즉 재현, 은유, 욕망, 환상이 동성애적·이성애적 정체성, 경험, 정의definition의 심장부에 박혀 있다고 주장한다. 예를 들어 커밍아웃의 경험을 생각해 보라. 커밍아웃 이야기는 오랫동안 게이 경험의 공통된 일부였다. '게이여도 괜찮아'는 게이 및 레즈비언 운동에서 권장되던 잘 알려진 슬로건 중 하나다. 청년들은 이 슬로건으로 동성애로 인한 어려움에 대처하였다. 하지만 대부분의 경우, 커밍아웃 스토리는 섹슈얼리티에 대한 지배적 관념들을 흔들고 훼손할 가능성이 있다. 벽장과 커밍아웃의 부딪힘에서 발현되는 에로틱한 에너지와 불안한 공포 때문에, 우리는 자아, 섹슈얼리티, 젠더에 관한 진실을 결코 알 수 없다는 것이다. 벽장은 '정상적 섹슈얼리티'의 밑바닥에 놓여 있으며, 언제라도 열릴 수 있는 것이다.

이 같은 정체성 범주에 대한 일격이 갖는 정치적 함의는 무엇일까? 적어도 최근 퀴어 이론의 역사에서는 이 점이 매우 모호하다. 퍼스와 세지윅 등 여타 저자들의 책에서는 일관되고 통합되어 있으며 고정된 것으로 여겨지던 정당한 문화적 정체성 형식이 자아의 층위에서는 섹스, 젠더, 섹슈얼리티를 억압적으로 묶어 버리는 것에 대해 심문하는 전복적인 비판으로 의문시되었다. 일종의 반anti정체성 정치로서, 퀴어 이론은 대안적이고 전복적이면서도 위반적인 성정치의 동맹을 주창하고 찬양한다. 퀴어 정치는 레즈비언, 게이, 양성애 정체성을 포괄할 뿐 아니라, 페티시

■ 요즘 사용되는 '벽장 밖으로 나오라coming out of the closet'는 문구는 게이적 기원으로부터 명백히 분리되었다. 벽장이라는 수사는 그 게이적 종별성이 증발될 수 있으며 증발되어 왔으며 일부 근대적 관심사의 핵심에 근접해 있다. 하지만 나의 가설은 정확히 그 반대가 진실이라는 것이다. 20세기 서구문화에서 의미 경쟁의 가장 중요한 장소들의 집합은 결과적으로 호모소셜homosocial/호모섹슈얼homosexual 규정의 역사적 종별성의 자국을 지닌다. 세기 전환기부터는 남성적인 것이 두드러지지만 배타적으로 두드러지지는 않는다. 내가 말한 대로, 이 같은 장소들 중에는 비밀성/공개성, 사적인 것/공적인 것의 개념쌍이 있다. 이처럼 인식론적으로 변모된 개념쌍과 더불어, 때로는 그것을 통해서 '벽장'과 '커밍아웃'이라는 형상에 압축되어 이 매우 특정한 규정의 위기가 남성적/여성적, 주류/소수자, 순결/성년, 자연/인공, 새로운/낡은, 성장/퇴락, 도시의/지방의, 건강/질병, 같은/다른, 인식/망상, 예술/키치, 신실성/감수성, 자발성/중독 등 현대의 문화를 조직하는 기초가 되는 여타의 개념쌍에 지울 수 없는 자국을 남겼다. 그래서 동성애/이성애 사이의 위기가 확산된 흔적은 여기저기 스며들었기에, 어떤 맥락에서든 이에 대해 논의할 경우, 그것은 동성애혐오적 분석을 하지 못하도록 아마도 암묵적 강제를 지속시키는 것이 분명하다.

이브 코소프스키 세지윅(1990), *The Epistemology of the Closet* (Berkeley: University of California Press), pp.72-73 《벽장의 인식론》

즘, 사디즘, 드래그퀸(여장 남자), 트랜스섹슈얼, 남자 같은 여자butch와 젠더 벤더gender bender〔남녀 구별이 안 되는 사람들〕도 포괄한다. 퀴어로서의 정체성을 갖는다는 것은, 잠정적으로 비결정성을 갖는 것이다. 퀴어됨에 대한 평가는 가부장적 권력관계의 '정상성'을 의문시하고 전복하는 섹슈얼리티 형식에 대한 자기동일시에 달렸다. 많은 포스트모던 문화처럼, 퀴어 이론과 퀴어 정치는 뻔뻔하게 열린 것, 다원적인 것, 복수적인 것이다. 성적 규범에 대한 위반은 퀴어됨을 규정하는 핵심 열쇠이다. 하지만 어떻게 위반을 통해 진보적 정치를 구성할지는 전적으로 불분명하다. 제프리 윅스는 이러한 비판을 잘 묘사했다.

> 역사를 장기적 관점에서 볼 때 퀴어 정치는 새로운 물결이라기보다는 짧은 잔물결인 것으로 판명되었다. 퀴어 정치는 위반 스타일의 결점을 전부 갖고 있다. 대안의 내용보다는 대립을 고조시킨 것이다. 비록 낡은 견고한 것들을 해체하고자 했지만, 새로운 경계를 만들고 말았다. 심사숙고하여 위반하고자 했지만 많은 레즈비언과 게이들을 모욕하는, 종종 내부의 적을 찾도록 하는 라벨들을 채택함으로써 불일치를 만들어 냈다.[1995:115]

전복적 수행 같은 버틀러의 개념처럼, 퀴어 이론에서의 위반 편향은 구체적인 변혁의 세세한 디테일보다는 겉멋으로 향하게 한 듯하다.

퀴어 정치가 정치적 위반을 위한 기초를 제공할 수 없다고 주장한 것은 이러한 연유 때문이다. 퀴어 이론화에서 문학적 해체를 강조한 것이 일부 평론가들 눈에는 지적으로 흥미로워도 정치적으로는 협소해 보였던 것이다. 퀴어 이론의 전반적 스타일은 성적 위반에 대해 완고하게 계속 떠드는 것이었고, 그것은 탈정치적이라고 평가되었다. 사회적 제도나 경제발전 또는 정부 정책 등의 현실에 대한 분석적 관심은 거의 없었다. 포스트모던 문화 속에서 위반의 언어가 때로는 반정치적 비합리주의로부터 멀지 않은 경우가 많다. 하지만 다른 이들은 사회과학과 문학비평을 무너뜨리는 퀴어 이론을 독자적인 연구 분야로 환영한다. 그리고 정체성에 대한 퀴어 비평에서 자아 경험과 사회관계뿐 아니라 지식과 정치에 대한 급진적인 재평가를 본다. 실제로 패트리샤 클러프Patricia Clough는 자아, 정체성, 섹슈얼리티에 대한 퀴어 이론의 탐구 스타일이 그 자체로 정치적임을, 그리하여 언제나 문화적 가정들과 성적 이데올로기들이 과잉결정됨을 보여주었다고 주장해 왔다. 특히 주류 사회과학 스타일의 그 가부장적인 확실성, 구조, 질서에 대한 갈망이 드러나고 의문시되었다.

비슷한 의혹이 퀴어 이론의 자아 개념에도 제기되어 왔다. 자아에 대한 퀴어 이론의 지속적인 심문은 급진적인가 아니면 반동적인가? 확실히 퀴어 이론의 핵심인 도착적 수행 또는 젠더 교정 기법은 우리 문화가 갖고 있는 안정적 자아, 정체성, 섹슈얼리티, 젠더 등에 대한 강박의 비일관성을 극적으로 드러낸다. 하지만 자아와 정체성 정치에 대한 지속적인 폭로전 속에서 퀴어 이론이 자아에 대한 심리학적 분석 같은 것을 제공할 수 있는지는 명확하지 않다. 자율적이고 합리적이며 남성적인 계몽주의 문화의 자아를 탈중심화하거나 해체하는 것은 중요하다. 하지만 하나의 범주로서의 자아가 일거에 사라질 수 있다고 상상하는 것은 또 다른 문제다. 앞서 버틀러에서 세지윅에 이르는 정체성 비판은 개인성과 자아의 영역을 초월하려고 하지 않았다. 하지만 지성적으로는 성적 위반에 대한 요청을 고무할 수 있더라도, 퀴어 이론의 넘치는 활력과 이상주의는 문화변동과 정치변동에 따르는 상당한 인격적·감정적 어려움을 과소평가하고 있다.

요약

① 페미니즘은 젠더와 정체성의 관계를 핵심적인 정치적 문제라고 본다. 1970년대의 젠더 이론은 생물학적인 (본성으로 간주되는) '섹스'와 (사회적으로 구성된) 사회화된 젠더 간의 구분을 근본적인 것으로 만들었다. 1970년대와 1980년대 초반 젠더 이론은 남성성과 여성성의 정신역동적 얽힘뿐만 아니라 어머니 역할 같은 복잡한 여성의 역할에 대한 페미니즘의 관심으로 가득 찼다.

② 줄리엣 미첼 같은 페미니즘 이론가에 따르면 프로이트와 라캉의 정신분석 이론은 불평등한 젠더 관계가 어떻게 여성과 남성에 의해 감정적으로 경험되는지에 관해 중요한 비판점을 제공한다. 미첼은 유아가 아버지의 이름이라는 법에 종속되는 것은 언어를 통해서이며, 거세 위협이 억압, 성적 차이, 젠더 정체성을 수립시킨다고 주장한다.

③ 미첼의 페미니즘은 젠더 위계의 강고함과 통일성을 과장한다는 비판을 광범위하게 받았다.

④ 페미니스트 낸시 초도로우에 따르면, 여성만의 양육은 현대사회의 젠더 위계에 핵심적이다. 그것은 연결되고 감정이입하는 여성 정체성과 고립되고 도구적인 남성 정체성 간의 사회관계상 간극을 생산한다. 남성 정체성은 엄마에 대한 원초적인 동일시를 거부하는 것에 기초하여 취약한 자아 감각을 야기하며, 세계에 대한 추상적 태도로 방어적으로 구조화된다. 여성의 정체성은 강력한 젠더 감각을 토대로 하지만 자율성과 개체성의 역량이 제한적이다. 초도로우에 따르면, 현재의 젠더 위계를 벗어날 수 있는 유일한 길은 부모의 공동육아다.

⑤ 프랑스의 여러 페미니스트들은 현대사회의 가부장적인 성질서를 비판하고자 프로이트와 라캉을 끌어들였다. 크리스테바는 '기호적인 것'의 개념을 통해 이를 표현했다. 기호적인 것은 엄마의 신체와 연관된 강렬한 정서를 담는 전前오이디푸스 영역이다. 이리가라이는 전복적인 '여성성'은 섹슈얼리티와 신체에 대한 여성의 복수적·복합적인 경험과 관련되어 그 기초가 형성된다고 주장한다.

⑥ 주디스 버틀러에게 젠더 정체성은 '담론적 효과'이다. 섹슈얼리티는 젠더의 반복적 수행으로 만들어지는 심리적이고 문화적인 환상을 통해 형성된다.

⑦ '퀴어'란 용어는 1980년대 후반에서 1990년대에 걸쳐 섹슈얼리티와 정체성의 탈중심화를 질문하는 사회이론가들이 사용했다. 퀴어 이론은 복수성, 다차원성, 양가성을 긍정하는 정치라고 할 수 있다.

심화 질문

① 8장이 다룬 페미니즘과 포스트페미니즘의 관점에서 볼 때, 섹스와 젠더의 구분은 무엇을 가리킨다고 생각하는가?

② 정신분석학은 불평등한 젠더 관계를 주장하는 페미니즘의 비판에 도움이 되는가 아니면 방해가 되는가?

③ 포스트페미니즘적 감수성이 등장하면서 페미니즘이 후퇴했는가?

④ 현재의 남성적 사회에서 억압된 '여성성'의 정치적 측면을 어떻게 묘사할 수 있을까?

⑤ 섹슈얼리티에 대한 퀴어적 관점의 등장은 어떤 정치적 결과를 낳고 있는가?

더 읽을거리

줄리엣 미첼

Psychoanalysis and Feminism (London: Penguin Books, 1974) 《정신분석학과 페미니즘》

Mad Men and Medusas (New York:Basic Books, 2001) 《광인들과 메두사》

낸시 초도로우

The Reproduction of Mothering (Berkeley: University of California Press, 1978) 《모성의 재생산》, 김민예숙·강문순 옮김, 한국심리치료연구소, 2008)

Feminism and Psychoanalytic Theory (London: Polity Press, 1989) 《페미니즘과 정신분석 이론》)

Femininities, Masculinities, Sexualities: Freud and Beyond (Lexington: University Press of Kentucky, 1994) 《여성성, 남성성, 섹슈얼리티 : 프로이트를 넘어서》)

제시카 벤저민

The Bond of Love: Psychoanalysis, Feminism, and the Problem of Domination (New York: Pantheon Books, 1988) 《사랑의 사슬》)

Like Subjects, Love Objects: Essays on Recognition and Sexual Difference (New Haven: Yale University Press, 1995) 《사랑의 대상을 주체로 대하기: 인정과 성적 차이》)

Shadow of the Other: Intersubjectivity and Gender in Psychoanalysis (New York: Routledge, 1998) 《타자의 그늘: 정신분석학에서 상호주체성과 젠더》)

줄리아 크리스테바

Pouvoirs de l'horreur. Essai sur l'abjection (Seuil, 1980) 《공포의 권력》, 서민원 옮김, 동문선, 2001)

La Révolution du langage poétique. L'avant-garde à la fin du xixe siècle (Lautréamont et Mallarmé, 1985) 《시적 언어의 혁명》, 김인환 옮김, 동문선, 2000)

Histoires d'amour (Denoël, 1983) 《사랑의 역사》, 김인환 옮김, 민음사, 2008)

Étrangers à nous-mêmes (éditions Fayard, 1988) 《우리 자신에게 타인》)

Soleil noir. Dépression et mélancolie (Gallimard, 1987) 《검은 태양》, 김인환 옮김, 동문선, 2004)

주디스 버틀러

Gender Trouble: Feminism and the Subversion of Identity (New York: Routledge, 1990) 《젠더 트러블: 페미니즘과 정체성의 전복》, 조현준 옮김, 문학동네, 2008)

Bodies that Matter: On the Discursive Limits of Sex (New York: Routledge, 1993) 《의미를 체현하는 육체》, 김윤상 옮김, 인간사랑, 2003)

The Psychic Life of Power: Theories in Subjection (Stanford, California:

Stanford University Press, 1991) 《권력의 정신적 삶: 예속화의 이론들》, 강경덕·김세서리아 옮김, 그린비, 2019)

이브 코소프스키 세즈윅

Between Men: Literature and Male Homosocial Desire (New York: Columbia University Press, 1985) 《남성들 사이에서: 영문학과 남성의 호모소셜 욕망》)

The Epistemology of the Closet (Berkeley: University of California Press, 1990) 《벽장의 인식론》)

Tendencies (Durham: Duke University Press, 1993) 《경향들》)

현 사회이론에서 포스트페미니즘에 대한 훌륭한 소개와 비판은 많이 나와 있다. 그중에서도 다음 책들은 소개할 만하다. 루이 맥내이Lois McNay의 《젠더와 행위성Gender and Agency》(Cambridge: Polity, 2000), 드루실라 코넬Drucilla Cornell의 《변혁: 회상적 상상력과 성적 차이Transformations: Recollective Imagination and Sexual Difference》(New York: Routledge, 1993), 린 시걸Lynne Segal의 《왜 페미니즘인가?Why Feminism?》(Cambridge: Polity, 1999), 사라 갬블Sarah Gamble이 편집한 《페미니즘과 포스트페미니즘에 관한 루틀리지 컴패니언 The Routledge Companion to Feminism and Postfeminism》(London: Routledge, 2001), 캐럴 맥칸Carole R. McCann과 김승경Seung-Kyung Kim이 편집한 《페미니즘 이론 독본: 지역적 지구적 시각Feminist Theory Reader: Local and Global Perspectives》(London: Routledge, 2002), 앤 브룩스Ann Brooks의 《포스트페미니즘: 페미니즘, 문화이론, 문화형식들Postfeminisms: Feminism, Cultural Theory, and Cultural Forms》(London: Routledge 1997), 태니아 모드레스키Tania Modleski의 《여성 없는 페미니즘: 포스트페미니즘 시대의 문화와 비평Feminism Without Women: Culture and Criticism in a Postfeminist Age》(New York: Routledge, 1991).

인터넷 링크

페미니즘과 포스트페미니즘
www.marxists.org/subject/women/feminists.htm

www.cddc.vt.edu/feminism/psy.html

http://bailiwick.lib.uiowa.edu/wstudies/ (feminist theory)

줄리엣 미첼

www.jesus.cam.ac.uk/contacts/fellows/profi les/mitchell.html

낸시 초도로우

http://cyberpsych.org/homophobia/chodorow.htm (Chodorow on homophobia)

제시카 벤저민

http://nyih.as.nyu.edu/object/JessicaBenjamin.html

줄리아 크리스테바

www.msu.edu/user/chrenkal/980/jkrist.htm

www.egs.edu/resources/kristeva.html

주디스 버틀러

www.theory.org.uk/ctr- butl.htm

http://sun3.lib.uci.edu/indiv/scctr/Wellek/butler/

이브 코소프스키 세즈윅

http://web.gc.cuny.edu/English/fac_esedgwick.html

퀴어 이론

www.queertheory.com/

www.theory.org.uk/ctr- quee.htm

포스트모더니티

9장

지금까지 우리는 현대사회이론들의 수많은 시각과 문제 설정을 탐구했다. 포스트마르크스주의, 구조주의, 페미니즘 등 우리가 살펴본 이론적 시각들이 사회 비판에서 어떤 시각을 갖고 있는지를 기준 삼아 살폈다. 때로는 실현 가능한 미래의 대안이라는 측면에서 각 이론이 문제 삼는 사회적 삶의 형태에 따라 묶어 보기도 했다. 앞 장에서 살펴본 사회이론들은 어느 정도 총체성의 경향을 띠고 있다. 즉, 사회에 대한 규정, 구성, 변형이 이론에 의해 전반적으로 그려질 수 있다고 본다. 프랑크푸르트학파는 문화산업이 발전된 자본주의의 조직논리와 불가분하게 얽혀 있으며, 강력한 소비주의로 잉여 억압과 공적 삶의 재조직화를 통해 개인들의 삶을 조작한다는 것을 드러냈다. 구조주의는 개인적이고 사회적인 삶과 대중문화와 고급문화를 틀짓는 기호와 구조들이 언어체계의 과정에 지배됨을 보여 주었다. 페미니즘은 섹스와 젠더의 상호얽힘을 증명하였고, 가부장제의 억압으로부터 자유로운 정체성으로 해방되어야 한다고 외쳤다.

근대 사회과학 특유의 실천적이고 개괄하려는 야심에 덜 찌든 사회비평가들은 이러한 (근대주의적) 개념의 난제와 정치적 곤경에서 벗어나기 위해서는, 전반적인 사회이론을 전치시키고 탈중심화시켜야 한다고 주장했다. 회의주의자들은 이렇게 말한다. 왜 사회 재생산과 정치적 지배를 설명하면서 자본주의, 언어, 젠더 같은 단일한 추동자를 설정하려고 노력하는가? 우리는 오늘날 이론의 설명력에서 벗어나는 다차원적인 세계를 살고 있지 않는가? 왜 개념적 정돈을 시도하며 세계를 구획된 하위체계로 나누고 미시적 과정과 결정론적 동일성을 계속해서 추구하는가? 이런 식의 이론 작업이야말로 억압적인 정치적 폐쇄성의 한 형태가 아닌가? 요약하면 이렇다. 가렵지 않은 곳을 왜 긁는가? 계몽으로부터 뻗어 나온 사회이론의 총체화 야망 없이 오늘날 대부분 대중들이 직관적으로 인지하고 있는 바를 포착하자. 인간 경험은 복합적이고 분산되어 있으며, 파편화되어 있고 복잡하며 모순적이다. 이렇듯 새로운 문화적 분위기의 선언들을 거치며 우리는 포스트모더니즘이라는 골치 아픈 물결에 진입해 왔다.

포스트모더니즘은 급진적인 정치와 이론이 쇠퇴하면서 1980년대에 나온 반응이다. 제조업의 아웃소싱이 서구에서 제2세계와 제3세계로 건너가 이루어지고, 소비문화가 쉬지 않고 보급되며 새로운 정보기술이 발전하면서 새로운 형태의 정체성 정치가 출현했다. 이미 '포스트모더니즘postmodernism'이란 용어는 문학비평에서 연구된 바 있다(Anderson, 1998). 포스트모더니즘의 개념사보다 더 흥미로운 것은 '포스트모던postmodern'이란 용어가 대중문화의 상용어가 된 속도다. MTV, 마돈나, 모바일폰으로부터 아이러니, 정보문화, 아이팟까지 '포스트모던'이라는 라벨이 붙었다. 이런 의미에서 포스트모더니즘은 새로운 문화적 분위기이자 새로운 미학적 스타일로서 위계질서를 무너뜨리면서 해석의 다양성, 이데올로기적 폐쇄성의 전복, 자기반영적 다원주의 등을 통해 동일성, 사회, 그리고 정치를 공격했다.

이제 소개하려는 포스트모던 사회이론에서, 나는 다양한 사회이론가들이 발전시킨 포스트모더니티postmodernity를 보는 시각에 담긴 핵심 아이디어들에 집중할 것이다. 이 시각들은 다음과 같이 명명될 수 있다. ① 분열적 욕망으로서의 포스트모더니티 ② 시뮬레이션된 미디어문화로서의 포스트모더니티 ③ 지구자본주의의 변형으로서의 포스트모더니티 ④ 액체사회성으로서의 포스트모더니티. 이런 식으로 포스트모더니티를 묘사하면서 나는 ①에는 질 들뢰즈와 펠릭스 가타리 그리고 장 프랑수아 리오타르를 ②에는 프랑스 사회학자인 장 보드리야르를 ③에는 미국 문화이론가 프레드릭 제임슨을 ④에는 유럽의 사회학자 지그문트 바우만을 떠올리고 있다.

들뢰즈, 가타리, 리오타르, 보드리야르, 제임슨, 바우만의 저작들은 포스트모더니티에 대한 비판적인 성찰에 매우 중요하다. 이 저자들은 포스트모더니티의 조건과 결과를 음미하는 대단히 강력한 미학적·문화적·사회학적 이해 방식을 발전시켰다. 하지만 이들 각각은 동시에 포스트모던이라는 개념에 대해 유보적이다. 이들은 자기 나름대로 사회이론의 이른바 '포스트모던적 전환'에 대해서 어느 정도 거리를 두려고 했다. 이로 인해 이들의 아이디어가 포스트모더니티의 특징들을 평가하는 데 핵심적인 중요성을 갖게 된 것이다. 9장에 걸쳐 중간중간에 정체성, 문화, 사회의 포스트모던적 변형에 관한 중요한 연구들도 추가적으로 소개할 것이다.

들뢰즈와 가타리:
분열적 욕망으로서의 포스트모더니티

질 들뢰즈Gilles Deleuze와 펠릭스 가타리Félix Guattari의 저작은 1968년 이후 리버테리언libertarian 좌파정치의 맥락에서 등장했다. 1995년에 스스로 생을 마감한 철학자 들뢰즈와 1960년대 반정신의학 운동을 활발히 수행한 정신분석가 가타리는 '**욕망의 철학**'이라고 명명되는 흥미롭고 독창적인 저작을 함께 저술했다.

그중 널리 찬사받는 《안티 오이디푸스L'Anti-Œdipe》(1972)는 포스트모던 급진 정치 서클에서 환영한 책으로, 분열적 욕망을 사회변혁을 설명하는 기초로 보는 시각을 다듬었다. 프랑스 정신분석학계를 분노케 한 이 책은 욕망에 대한 포스트모던 시각을 발전시키며 두 가지 핵심 주장을 제출했다. 첫째, 들뢰즈와 가타리는 정신분석 이론 자체의 논의를 활용하여 고전적 프로이트주의 교의를 비판했다. 둘째, 이른바 '**분열분석**schizoanalysis'이라고 하는, 욕망에 대한 복합적이고 탈인격화된 설명을 제시했다. 들뢰즈와 가타리는 분열증을 현 시기, 즉 포스트모더니티 사회 풍경이 부상하는 시대적 욕망의 본질을 이해하는 모델로 삼으려 했다. 그들은 분열적 욕망의 유동적이고 복합적인 강도를 찬양하면서, 자본주의 사회규범의 억압적 작동을 반대했다. 이 분석에 쓰인 개념이 '**주체 없는 기계**subjectless machine'이다. '주체 없는 기계'는 목적 없이 순환하는, 스스로를 생산하고 재생산하는 욕망의 분열적 흘러넘침을 가리킨다. 욕망이 상품 형식의 기호 하에 미리 정해진 길로 향하는 자본주의 담론의 오이디푸스적 논리에 대항하여, 들뢰즈와 가타리는 분열적 욕망의 탈인격적 흐름이 잠재적으로 자본주의를 훼방하는 리비도를 접속시키는 생산적 네트워크가 될 것이라고 주장한다.

이와 같은 포스트모던 사회변혁의 시각에서 보면, 세계는 끊임없이 위치전환하는 리비도적인 상징적 형식들의 혼합물이다. 들뢰즈와 가타리는 억압의 트라우마라는 각도에서 자본주의 생산의 역사적 발전을 해석한다. 초기 단계에서 자본주의는 경제적 영역을 친족체계, 관습, 종교적 신앙 같은 상징적 형식들로부터 절단한다. 이 역사적 시점에 자본주의 생산은 기존의 사회적 역할과 정체성 같은 집단주의 형식 내에 착근되어 있었다. 하지만 독점자본주의가 출현하면서 사회적 세계는 급진적으로 변형되었다. 전통적인 사회적 형식을 쓸어 버리고, 경제적 힘은 사회 그 자체의 상징적 조직을 심대하게 갉아먹는다. 국제 자본주의 체계와 세계시장의 창출은 지역공동체와 전통의 상징적 프레임을 무너뜨린다. 들뢰즈와 가타리는 이러한 과정을 사회적 코드의 '**탈영토화**deterritorialization'라고 부른다. 자본주의는 무자비하게 부르주아지의 문화 형식과 도덕 코드를 부수어 이를 상품 교환과 익명성으로 전환시킨다. 들뢰즈와 가타리는 자본주의 경제관계의 논리는 분열적 욕망의 비연속성과 깊숙이 얽혀 있다고 주장한다. 상품 자체의 무차별성처럼 분열증도 상징적 한계점을 모른다. 따라서 현실의 구속을 받지 않고, 초자아의 죄의식도 없다. 그 대신 분열 욕망은 쾌락의 파편들 속에서 스스로를 재생산한다. 그리하여 자본주의의 시간성을 쪼개 운동의 유동성으로 만든다. "욕망의 질서는 생산의 질서이다. 모든 생산은 곧 욕망의 생산이자 사회적 생산이다."[1972]

하지만 자본주의는 '탈영토화'시킬 뿐 아니라 끊임없이 급격하게 새로운 방식으로 '재영토화'한다. 기존의 사회적 경계를 무너뜨리는 자본주의에 반대하며, 들뢰즈와 가타리는 근대성의 심장부에서 파시즘적이고 편집증적인 경향과 분열증적 흐름을 억압적인 규범으로 재구조화하는 경향, 그리하여 깊이 스며든 병증으로 기능하는 경향을 지적한다. 여기서 강조되는 것은, 욕망을 국제적 은행과 주식시장, 보험시장 같은 질서정연하고 관습적인 세계로 재코드화하는 후기자본주의사회의 억압적 성격이다. 분열증적 편집증적 욕망은 둘 다 사회적 체계 내에서 발견되는 생산형식이다. 지구적 자본주의는 사회적 형식을 심대하게 탈영토화하여 한편으로는 분열증적 흐름으로, 다른 한편으로는 이러한 흐름을 문화의 상징적 순환으로 재코드화한다. 아이팟부터 IMF에 이르기까지, 욕망의 분열증적 신호는 끊임없이 자본주의의 경제 논리를 지탱하기 위해 재코드화된다.

자본주의의 창조적 파괴와 더불어, 유사한 모순이 정신분석 자체 내에서도 작동한다. 오이디푸스 이전의 욕망은 들뢰즈와 가타리에 따르면 불연속적이고 변동하는 것이다. 욕망은 단지 '기계의 일부'의 생산으로, 이는 리비도의 표면을 횡단하며 퍼지고, 다른 인간 '기계'와 접속하면서 그

▌ 흐름의 탈코드화와 사회체socius의 탈영토화는 따라서 자본주의의 가장 두드러진 중요한 특징을 구성한다. 탈코드화와 탈영토화는 그 극한까지 도달하며 정신분열적인 한계까지 이른다. 또한 자본주의의 명령에 따른 최고 강도로 기관 없는 신체 위에 탈코드화된 흐름의 주체인 스키조schizo[분열증적 주체—옮긴이]를 생산한다. 스키조는 자본주의보다 더 자본주의적이며, 프롤레타리아보다 더 프롤레타리아적이다. 이러한 경향성이 점점 더 진행되면서 자본주의의 흐름은 그 자체를 불가능의 지점으로 직행시킨다. 우리는 진정 아직까지 그것에 관해 어떤 것도 본 적이 없다! 정신분열증이 우리의 특별한 질병, 우리 시대의 질병이라고 우리가 말할 때, 그것이 의미하는 바는 단지 현대의 삶이 사람들을 미치게 만든다는 이야기가 아니다. 그것은 삶의 양식의 문제가 아니라, 생산 과정의 문제이다. 또한 그것은 단지 코드의 실패 문제가 아니라 코드들 간의 관계를 정확히 공식화하는 문제이다. 예를 들면 산업사회의 모든 층위에서 발생하는, 분열증과 점점 증대하는 불협화음과 부조화의 메커니즘에 따른 의미의 변동 현상이다.

질 들뢰즈 & 펠릭스 가타리(1972) *L'Anti-Œdipe-Capitalisme et schizophrénie* (en collaboration avec Félix Guattari, Paris, Les Éditions de Minuit, 1972) 《안티 오이디푸스》, 김재인 옮김, 민음사, 2014)

작동이 복수화된다. "가슴은 우유를 생산하는 기계다. 입은 가슴과 짝을 이루는 기계다"(1982) 욕망은 그 뿌리부터 분열적이고 주체 없는, 탈인격적인 생산력이다. 하지만 욕망은 오이디푸스화 이후부터는 이러한 특징을 상실한다. 분열적 욕망의 탈인격적 힘이 오이디푸스에 의해 억압적으로 코드화된다. 들뢰즈와 가타리가 보기에, 오이디푸스 콤플렉스는 욕망을 인격화하고자 작동된다. 모든 무의식의 생산을 가족생활이라는 근친상간적 성적 영토에 한정하기 때문이다. 정신분석은 욕망을 인격화하면서 '아빠 – 엄마 – 나'라는 신경증적 구조로 정향시키는 억압적 힘으로 기능한다.

자본주의의 재영토화 과정은 그 뿌리까지 편집증적이다. 그 같은 사회 병리는 깊숙이 에워싸되, 완전히 무너뜨리지는 않는다. 들뢰즈와 가타리가 보기에, 욕망의 분열증적 속성은 자본주의 생산의 정돈된 구조들을 끊임없이 벗어난다. 욕망의 분열증적 시련은 위반적이고 다형적이며 파편적이다. 리비도의 무정부적이고 이종적인 흐름 속에서 분열증적 욕망은 역설적이게도 그것이 코드화되어 있는 중앙집중화되고 통합된 자본주의 생산조직을 벗어난다. "분열증은 사회적 생산의 극한에서 생산되는 욕망이다."(1982) 초현실주의 전위처럼, 들뢰즈와 가타리는 위반, 한계의 파괴, 규칙의 무력화에 매혹된다. 평범한 삶의 경계를 부수면서 분열증적 욕망은 순수 생산이 된다. 그 자신으로 돌아가는 욕망은 또 다른 욕망을 생산한다.

들뢰즈와 가타리의 **위반 욕망**에 대한 찬사는 5장에서 다룬 라캉식의 무의식 모델과 날카롭게 대조된다. 라캉이 무의식을 상실과 연관시키는 반면, 들뢰즈와 가타리는 분열적 욕망을 순수한 긍정성으로 인식한다. 게다가 그들은 라캉의 프로이트를 정치적 정향상 본질적으로 보수적이라고 본다. 전통적 정신분석이든 라캉주의 정신분석이든, 욕망을 사회질서에 인간 주체가 적응하기 위한 상실로 본다. 이런 각도에서 보면, 정신분석은 후기자본주의 주체성의 자아중심적이고 신경증적인 구조들에 필수적인, 동일시를 위한 오이디푸스적 강제를 해독하거나 재기입하는 것이 된다. 이 경우 권력의 기호들은 우리를 계속해서 개인 주체로 구성한다. 그러나 들뢰즈와 가타리는 욕망의 경로가 다양하다는 것을 강조한다. 분열증적 증식, 열림, 지그재그, 흐름 등. 그리고 이를 설명하고자 '분열증 분석'을 제시하여 무의식적 욕망을 수력학水力學적인 **욕망기계**로 해석한다. 리비도 에너지의 무의식적 흐름은 사회적 과정에 정박하면서도 사회적 과정을 탈안정화한다. 들뢰즈와 가타리가 보기에, 분열증은 혁명적이다. 왜냐하면 그것은 동일화, 범주화, 분화에 도전하기 때문이다. 이 관점에 따르면, 무의식적 욕망은 아무것도 재현하지 않는다. 재현을 재현하지도, 기호를 재현하지도 않는다. 욕망은 그저 존재할 따름이다. 욕망은 비결정된 탈인격적 생산으로 사회를 떠다닌다. 그리하여 공장 은유인 '욕망기계'가 사용된 것이다.

들뢰즈와 가타리의 논의는 수많은 비판적 반응을 불러일으켰다. 일부 비판자들은 분열증이 원래 반역적이고 전복적이라며 비아냥거렸다. 정신을 파괴하는 분열적 욕망의 흐름을 찬양하는 것을 가지고 들뢰즈와 가타리가 인성과 사회의 상호적 변화라는 이슈로 잘못 빠져들었다고 비판하기도 했다. 분열증의 임상적 묘사로 인해 다양한 비판가들이 들뢰즈와 가타리가 제기한 용어들을 오해했다. 임상 연구가 드러내는 것은 하나의 세계일 뿐 도취적인 찬사가 아니다. 그것은 탈통합, 파편화, 테러, 감정적 황폐화이다.

들뢰즈와 가타리의 옹호자들은 분열증적 과정의 관점에서 급진적으로